KB213070

목양교사를 위한
반목회 길라잡이

목양교사를 위한 반목회 길라잡이

임계빈 지음

하나님의 사람을 **엘맨**
만들어 가는 ELMAN

목차

PART 1.
한국교회 주일학교 심폐소생술

PART 1.

한국교회 주일학교 심폐소생술

우리나라는 아시아에서 유일하게 기독교가 성공한 국가입니다. 예루살렘에서 로마를 거쳐 유럽으로 들어간 기독교는 가는 곳마다 성공했고 문명국가, 선진국이 되었지만 아시아 지역은 기독교를 제대로 수용하지 못했습니다. 이처럼 기독교가 좀처럼 성공하지 못한 척박한 아시아에서 '어둠에 묻혔던 고요한 나라 조선' 한국교회는 세계 기독교사에 획을 그을 만큼 놀라운 성장을 경험했습니다. 1960년에 5천 교회였던 것이 2010년에는 6만 교회로 50년 사이 12배로 늘어났고, 교인 수도 같은 기간 동안 60만 명에서 900만 명으로 무려 15배로 증가했습니다. 또한 2008년 말 한국교회가 파송한 선교사는 미국에 이어 2위로, 173개국에 16,000명의 선교사를 파송했습니다. 1970년대부터 하루에 10개꼴로 교회가 탄생하였다니 한국교회 부흥의 역사는 실로 놀랍습니다. 이는 하나님의 은혜이며 복음을 전해준 선교사들과 믿음의 선진들의 헌신 덕분입니다. 세계 교회는 한국교회의 성장을 경이로운 눈으로 바라보면서 찬사를 아끼지 않았습니다. 그러나 한국교회의 업적과 영광은 여기까지입니다.

역사적으로 몰락한 교회들을 타산지석으로 삼아야 합니다. 타산지석은 다른 산(山)의 나쁜 돌이라도 우리 집 산의 옥돌을 가는 데 쓸 수 있다는 뜻으로, 본(本)이 되지 않은 남의 말이나 행동도 내 지식과 인격을 수양하는 데 도움이 된다는 말입니다. 비슷한 말로 반면교사가 있습니다.

영국은 유럽에서 기독교 종주국입니다. 지금도 영국의 국교는 성공회입니다. 50년 전만해도 영국교회는 교회마다 초만원이었습니다. 영국의 부흥은 영국에서 끝나지 않고 전 세계에 영향을 끼쳤습니다. 작은 섬나라가 존 웨슬리, 조지 뮬러, 찰스 스펄전, C. S. 루이스, 로이드 존스, 존 스토트처럼 세계 기독교 역사에 획을 긋는 인물들을 배출했습니다. 영국은 1,500년 넘긴 기독교 역사를 가지면서 찬란한 역사와 건축, 문화의 꽃을 피워냈고, 세계 곳곳에 기독교를 전파한 선교국가였습니다. 또한 영국교회는 세계에서 가장 많은 선교사를 파송했습니다. 하지만 지금은 아닙니다. 지금의 영국은 다릅니다.

영국은 지난 30년 동안 5,000개 교회가 문을 닫았습니다. 지금도 매주 4개씩 문을 닫습니다. 영국에서 교회가 다른 용도로 사용하는 것을 목격하는 것은 그리 어려운 일이 아닙니다. 학교나 도서관은 물론, 상점, 심지어는 PUB(카페와 BAR의 중간 정도 형태)로 바뀌기도 합니다. 겉모습은 여전히 교회지만 내부의 모습은 교회가 아닌 것입니다. 영국선교사는 1년에 220개정도의 교회가 모슬렘과 술집이나 카페 등 다른 용도로 팔려가고 있다는 충격적인 사실을 알려주었습니다. 영국어린이 사역기관인 CPAS 관계자는 말합니다. "우리가 알고 있듯이 우리는 주일학교가 죽어가는 것을 보고 있다. 영국의 교단들이 힘을 합하여 어린이들 전도에 특단의 정책과 노력을 기울이지 않는 한 우리가 우리 교회의 마지막 세대가 될 것이다." 영국교회의 53%가 교회주일학교를 제대로 운영하지 못하고 있으며, 86%의 교회에는 중고등부가 없습니다. 영국 일간지인 인디펜던트에 "영국교회가 40년 이내에 사라진다"라는 기사가 실렸는데 성공회의 조지 캐리 주교는 "영국은 이제 선교지가 되었다"고 탄식했습니다.

2차 세계대전 당시 수천 명이 모였고 위대한 강해설교가 로이드 존스의 설교에 감격과 눈물을 흘리던 교회는 200명 남짓 모이는 초라한 교회가 되고 말았습니다. 한때는 우리나라를 비롯한 아시아권에 많은 선교사를 보냈던 교회들이 이제 노인 10명 미만의 교회가 되어버렸습니다.

사랑의교회 오정현 목사 일행이 에든버러시 중심가에 위치한 성 앤드루스 앤드 조지스 교회(1766년 설립)를 찾았을 때 노인 8명이 앉아 주일 11시 예배를 드리고 있었다고 합니다. 대부분의 영국교회는 10~20명의 노인 신자가 예배를 드리고 있는 실정입니다. 웨일스의 한 목회자는 한 해에 220여 개의 교회가 문을 닫을지 모른다는 암울한 심경을 전했습니다.

영국교회는 특별한 교회가 아닙니다. 세계의 모든 부흥했던 교회가 쇠락해 가는 과정을 고스란히 재현하고 있을 뿐입니다. 지금 한국교회에서도 똑같은 일이 재현되고 있습니다. 한국교회가 내려앉고 있습니다. 1970년대부터 힘차게 부흥하던 한국교회는 2,000년대를 들어서면서 한국교회의 위기를 말하는 목소리가 커져갔습니다. 한국교회에 대해 우려하는 목소리가 높아졌습니다. 2010년 이후 내리막길로 들어섰는데, 그 내려오는 속도가 너무 빠릅니다. 한국교회의 위기를 보여주는 여러 징후들이 있지만 교인들의 증감률은 이를 적나라하게 보여주고 있습니다. 1960~70년 사이 교인 수는 412%나 증가했고, 1970~85년 사이에도 103%나 증가했지만, 1985~95년 사이에는 35%로 떨어지고 급기야 1995~2005년 사이에는 14만 4천 명이 줄어들어 -1.6%의 성장률을 보이게 된 것입니다(이원규, 한국교회 무엇이 문제인가?, 감신대출판부, 1998, 179~185). 국민일보는 일 년에 3,000개 교회가 문을 닫는다고 보도했습니다(2017.10.20). 통계상 주일과 국경일을 제외하면 하루에 10개 교회가 문을 닫는다는 이야기입니다. 이처럼 한국교회는 '수직강하'라는 표현을 써도 될 만큼 빠르게 추락하고 있습니다. 한국교회를 경이로운 시선으로 바라보던 세계 교회가 이제는 걱정스러운 시선으로 한국교회의 쇠락을 주시하고 있습니다.

교회교육리더십센터가 주최한 교육목회 전략 세미나에서 미래학자이자 아시아미래협회장 최윤식 박사는 한국교회에 닥칠 심각한 도전을 경고한 적이 있습니다. 최 박사의 말에 따르면 한국교회가 점점 줄어드는 것은 교회주일학교의 침체와 맞아떨어집니다. "지금도 침체되고 있지만, 10년 뒤에는 한국교회의 침체가 더욱

가속화될 것이다. 지난 100년의 데이터를 분석해 보면 한국교회
는 1960년대까지 교회주일학교가 성장했기에 지금까지 성장세를
유지할 수 있었다. 사실 현재의 부흥도 당시 교회주일학교의 부흥
이 받쳐주고 있다."

우리나라에 교회주일학교가 소개된 지 135년이 넘었습니다.
1888년 아펜젤러 선교사와 스크랜톤 선교사에 의해 주일학교가
처음 시작되었습니다. 1888년 1월 15일 M. F. 스크랜톤 선교사
가 서울 정동 이화학당 내에서 어린이와 부인을 데리고 성경 공부
를 시작한 것에서부터 출발한 것입니다.

그 후 교회주일학교는 1930년대에 가장 활발한 모습을 보였
습니다. 1929년에는 5,061개 주일학교가 있었고, 학생 수는
107,350명이었습니다. 1937년 이후 일본의 탄압 정책으로 교회
주일학교 교육도 압박을 받았으나 1945년 해방과 함께 다시 활기
를 띠게 되었습니다. 해방 이후에도 미국의 모형을 따라 교회 교
육의 주도적 역할을 했습니다. 그동안 주일학교는 한국교회의 발
전과 함께했습니다. 주일학교는 신앙 교육뿐만 아니라 교회의 성
장에도 결정적인 기여를 해왔습니다. 교회주일학교는 역동적이며
생산적이었습니다.

한편 1970년대에 접어들면서 교단이나 교회마다 교회 교육의
중요성에 대해 눈을 뜨기 시작하면서 주일학교를 위한 다양한 연
구와 개발이 이루어졌습니다. 공과 개발 및 교재 개발, 교사 교육
프로그램 개발, 교육 자료 및 프로그램 개발, 교육 시설 확충, 교육
전도사 제도의 정착 등에 힘을 쏟으면서 1970년대, 1980년대 한

국교회 성장에 기여했습니다. 한국교회는 70년대와 80년대에 10년마다 2~3배의 획기적 성장을 거듭했는데, 여기에는 교회주일학교의 부흥이 지대한 공헌을 했습니다. 70년대 당시에는 대부분의 교회가 장년 수에 비해 교회주일학교 어린이 수가 더 많았습니다. 그러나 오늘날은 그런 교회를 거의 찾아보기 힘들게 되었습니다.

한국교회의 다음 세대는 이미 추락하고 있습니다. 한국교회가 위태롭다는 감지 신호등이 사방팔방에서 작동되고 있습니다. 교회교육선교회 회장 김성환 목사는 수년 전에 이미 "교회의 50% 이상이 어린이예배를 드리지 않고 있다"라고 주장했습니다. 백석대학교 김남일 교수는 "2050년 이후에는 전국의 대부분 교회에서 교회주일학교 아이들의 분포가 5~10% 미만이 될 가능성이 크다. 장년의 60~70%는 55세 이상 은퇴자와 노인이 될 것이며, 가히 충격적이고 끔찍한 인구 구성이 교회 내에서 나타날 수 있다"라고 말했습니다. 1987년 전체 개신교 교인의 50%가 주일학교 학생이었던 반면에 2004년에는 27%로 큰 폭으로 감소되었습니다.

장신대학교 기독교교육학과 양금희 교수가 통계청 자료를 토대로 제시한 바에 따르면, "1985년 전체 기독교인 대비 교회주일학교 아동 수는 13.7%다. 그러나 10년이 지난 1995년에는 10.7%, 또 10년이 지난 2005년에는 10.2%까지 줄어들어 10년 만에 3.5%가 줄어들었다고 한다". 지난 10년간 전체 교인 수가 32.8% 늘어난 반면 어린이 신자 수는 3.5% 줄어들어 문제의 심각성이 더해지고 있습니다. 우리나라의 낮은 출산율은 본질적으로 교회주일학교 학생의 감소 원인이 되고도 남지만 문제는 일반 출산율보다 교회주일학교 학생의 감소 폭이 더 크다는 것입니다. 그리고 전체 아동 인구의 감소와 비교할 때 개신교 어린이 신자 수는 훨씬 가파른 감소 추세를 나타내고 있다고 분석했습니다.

지앤컴리서치의 통계 전문가 지용근 대표는 "2008년과 2017년 사이 예장 통합의 경우 교회주일학교 인구가 35% 감소했다면 같은 기간 같은 연령대 우리나라 전체 인구는 20% 감소했다. 교회주일학교 인구가 총 인구보다 1.75배 감소한 것은 신앙의 계승 비율이 줄어들었다는 것을 의미한다. 30년 뒤 교회주일학교 통계를 추산해 보면 2050년이 되면 2018년 (318만 명) 대비 65%가 감소할 것으로 예상된다"고 전망했습니다. 이런 추세라면 2040년대는 현재 200만 명의 교회주일학교 신자가 50만 명대로 급격히 줄어들 것으로 예측됩니다.

코로나19는 가뜩이나 교회주일학교의 운영을 힘겨워하던 교회를 초토화시켰습니다. 그나마 주일학교가 부흥 되고 있던 상황이었다면 몰라도 주일학교가 위기라고 이구동성으로 외치던 시점에 코로나19를 맞아서 그 여파가 쓰나미처럼 강합니다. 포스트코로나에서 예상되는 한국교회의 변화에 대한 생각과 관련하여 주일학교 학생 감소의 가속화를 1위로 답변한 경우가 26%, 2위로 답변한 경우가 22.9%로 가장 높게 나타났습니다. 포스트코로나에서 한국교회의 가장 큰 문제는 주일학교 감소의 가속화라는 것입니다.

저자는 숫자적 감소는 진정한 위기가 아니라 생각합니다. 그보다 더 큰 문제는 사실, 남아있는 어린이들의 신앙의 질이 낮다는 것에 문제를 둡니다. 많은 분들이 교회학교의 숫자적 감소에 위기 감을 느끼지만 아이들의 신앙이 영양실조이고 나약한 것에 대해서는 문제의식을 갖지 않는 것 같습니다. 밖으로 나가는 '안 나가' 아이들의 숫자만 걱정하지 예배당 안에 남아 '안 믿어' 라는 무늬만의 어린이 신자들을 살펴주고 걱정해 본 적이 없습니다. '잘 나오고 있으니까...'라고 생각할 뿐입니다.

우리는 큰 착각에 빠져있습니다. 주일에 교회를 빠짐없이 가면 신앙은 저절로 클 것이고, 믿음도 저절로 성숙할 것이며, 성경은 당연히 잘 알고 있을 것이라는 착각이 그것입니다. 모든 교회가 그런 것은 아니지만 많은 교회에서 따로 시간을 내어 아이들에게 성경공부를 시키지 않습니다. 아이들은 오랜 시간동안 교회에 다녔지만 신앙이나 성경지식이 제자리걸음인 모습을 볼 수 있습니다.

이런 어린이 신자들로 교회가 채워지고 그 숫자가 늘어난다고 해서 다음 세대가 부흥될 수 있을까요? 교회에 남아 있는 그들이 진정 예수를 믿기는 할까요? 오죽하면 '모태신앙'은 기도 못해, 전도 못해, 찬양 못하는 '못해 신앙' 이라는 우스갯소리가 나왔겠습니까. 모태신앙으로 20년간 교회에 출석하고, 교회주일학교에서 말씀을 배웠지만 구원의 확신이 없습니다. 교회주일학교를 정상적으로 6년을 다녀도 기도를 못하는 아이들, 6년을 교회주일학교에 다녀도 구원의 확신이 흔들리는 학생들, 성경요절 단 1개도 줄줄 암송하지 못하는 어린이들, 트롯트는 입에서 술술 나와도 찬양한 곡을 제대로 부르지 못하는 아이들.. 심지어 예수 그리스도가 누구인지조차 모르고 교회주일학교를 졸업하는 상황까지 벌어집니다. 그냥 믿는 척했을 뿐입니다.

기독신문 정형권 기자도 같은 지적을 하고 있습니다. "사실대로 말하면, 교회주일학교 공과공부 시간에 말씀을 배우지 못하고 있습니다. 그 안에 말씀이 없으니 믿음으로 사는 것이 무엇인지도 모르죠. 모태신앙도 교회와 세상 사이에서 방황하다가 청년 대학생이 되면 결국 교회를 떠나게 됩니다."

교회 밖으로 나간 산토끼 어린이와 청소년 신자들을 잡아오려고 별의별 프로그램을 동원하기 전에 교회 안의 집토끼 어린이와 청소년 신자들에 먼저 주목하고 예수님의 제자로 무장시키는 것이 다음 세대의 부흥을 위한 가장 기초적 대안입니다. 그런 의미에서 교회교육훈련개발원 대표 권진하 목사도 "교회주일학교의 위기는 외부가 아니라 내부에 그 원인이 있다"라고 진단합니다.

이런 경고음이 주는 위기를 한국교회가 제대로 파악하지 못하고 차일피일 미룰 경우 '다음 세대'는 없고, 설령 생존한다고 해도 앞선 세대의 믿음의 고백과 내용을 대물림하지 못하는 '다른 세대'만 있을 뿐입니다. '다른 세대'는 기독교의 본질을 떠난 인본주의 세대를 말합니다.

다음 세대를 고려하지 않고 퍼주기에 여념이 없던 우고 차베스 (Hugo Chaver) 정권의 포퓰리즘 정책으로 베네수엘라 경제는 5년째 몰락의 길을 걷고 있습니다. 이에 대해 워싱턴포스트는 "베네수엘라 어린이들이 제대로 못 먹어 한 세대가 통째로 절멸 위기에 처해 있다"라고 썼습니다. 그런데 이것이 한국교회의 현실이 될 수도 있습니다.

대부분의 교단의 교회 수는 늘어도 교회주일학교 출석수는 점점 줄고 있습니다. 문제는 획기적인 대안이 나오지 않으면 앞으로도 계속 줄어들 것으로 예상된다는 점입니다. 때로는 우리가 코뿔소와 같지 않나 하는 생각이 듭니다. 코뿔소는 평균 시속 50킬로미터로 달리지만 시력이 극도로 나빠. 열심히 뛰는데 종종 목표물과 상관이 없는 다른 사물과 부딪치곤 합니다. 문제는 속력이 아니라 방향입니다.

한국교회 가운데 90% 넘는 교회에서 현실적으로 나타나는 위기 상황입니다. 지금 한국교회는 위기의식이 없어서가 아니라 위기가 왔지만 뾰족한 대안이 없고 기고만장한 거인 골리앗 앞에서 기가 죽어 있는 사울 왕과 군사들처럼 두려움의 시선으로 바라보고만 있는 실정입니다. 너도나도 답답하기는 마찬가지입니다.

한국교회는 지금 대안을 내어 놓아야 합니다. 새로운 부흥이 일어나야합니다. 그렇지 못한다면 유럽교회의 쇠퇴보다 더 빠른 속도로 역사 속에 사라질 수 있습니다. 1995년에 한국교회 수는 9만 5천개 정도였습니다. 하지만 현재는 5만 5천개 교회로 감소되었습니다.

그렇다면 교회가 살아남을 수 있는 가장 확실한 방법은 무엇일까요? 우리는 더 이상 물러설 곳이 없습니다. 한국교회 현실이 매우 어려운 상황에 있습니다. 지금 다음 세대를 붙잡지 않으면 미래는 매우 어렵습니다. 왜 다음 세대를 준비해야 합니까? 골든타임을 놓치면 미래가 더 어두워질 수도 있습니다. 지금 준비하지 않으면 큰 재앙이 올지도 모르기 때문입니다.

그래서 로잔세계복음화운동의 총재인 더그 버드셀(Doug Bird-sall)은 "어린이들을 하나님께 인도하지 않고서는 기독교의 미래가 없다"라고 단언합니다. 최윤식 박사는 교회주일학교를 살리고 한국교회를 살리기 위해서는 앞으로 짧게는 10년, 좀 더 길게는 15년이 관건이라고 예측합니다. "한국교회는 마지막 10년 안에 교육부서를 살리지 못하면 절대로 못 일어난다. 앞으로 10년이 가장 중요하다. 교회가 힘들더라도 교회주일학교에 씨앗을 뿌려야 한다." 라고 강조합니다.

국민일보가 창간 27주년을 기념하여 "다음 세대! 우리의 희망, 우리의 고민" 콘퍼런스를 개최했습니다. 주강사이자 4/14 윈도 운동 창시자 루이스 부시 박사는 다음 세대 운동의 중요성과 위기, 교회가 할 일에 대해 강의했습니다. 그는 저명한 선교학자로, 10여 차례 한국을 방문한 경험으로 강연에서 우리나라의 사례를 많이 인용해 주목을 받았습니다. 부시 박사는 교회가 다음 세대를 잃어버리는 심각한 상황을 세월호 사건에 빗댔습니다. 그는 세월호 사건 당시 "눈을 뜨고 아이들을 잃어버리는 나라"라는 기사 제목을 봤습니다. 맞습니다. "지금 한국교회는 아이들을 눈앞에서 잃어버리고 있다"라고 말했습니다. 부시는 "교회는 이제 다음 세대를 향해 전심으로 일해야 한다. 때가 됐다. 내일은 어쩌면 늦을지 모른다. 바로 오늘 우리의 마음을 바꿔야 한다. 다음 세대를 향한 태도가 변해야 한다"라고 말했습니다.

새로남교회 오정호 목사는 목회자 특별 세미나에서 "교회주일학교를 살리지 못하면 미래 한국교회의 절반을 잃게 된다"라고 강조했습니다. 오 목사는 장년 성도의 20.7%는 모태신앙이며, 29.9%는 초등학생 때 처음 교회에 나왔다면서 교회주일학교를 살리지 않으면 한국교회 미래의 절반을 포기하는 것이라고 지적했습니다.

새에덴교회의 소강석 목사도 기독신문에서 다음 세대의 위기를 거론하며, 다음 세대에 대한 투자를 최대화하지 않으면 한국교회에 큰 어려움이 닥칠 것을 경고한 바 있습니다. "미래학자들의 예견을 굳이 내세우지 않더라도 한국교회가 교회주일학교에 소홀하며 다음 세대를 준비하지 않으면 미래가 없다. 그런데 지금 한국교회의 교회주일학교는 심각한 위기 상황이다. 과거 교회주일학교가 부흥했고 지금 그 열매를 따 먹으면서도 다음 세대를 위한 준비는 거의 전무한 실정이다. 교회주일학교가 쇠퇴해 가는 지금 이대로 두면 미래학자들의 전망처럼 크리스천 숫자가 400~500만으로 떨어질 것은 자명하다. 대부분의 교회가 우선 먹기는 곶감이 달다고 장년 부흥에만 신경을 쓰고, 교회주일학교 등 후대를 위한 교육에는 투자를 하지 않기 때문이다. 이제라도 교회주일학교에 관심을 더욱 높여야 한다. 과감한 투자를 해야 한다. 먼저 총회적으로 대안을 마련해야 한다. 그리고 앞으로 예배당을 짓는 교회들은 교육을 위한 시설을 우선 배려하는 것도 명심할 부분이다."

한국교회가 눈을 떠야 합니다. 교회지도자들이 바르게 가르쳐야 합니다. 바르게 보아야 합니다. 다음 세대를 바라보아야 합니다. 학자들에 따르면 1900년부터 1940년까지는 생산사회, 1980년까지는 소비사회, 2020년까지는 문화엔터테인먼트(연예사회),

2060년까지는 교육사회라고 했습니다. 이에 따라 미래의 대안은 교육입니다.

아프리카의 나이팅게일 백영심 간호사는 아프리카에서 30년을 '시스터 백'으로 살았습니다. 시스터 백은 현지 사람들이 그를 부르는 애칭입니다. 그는 케냐에서 4년, 나머지 세월은 아프리카 중에서도 최빈국이라는 말라위에서 보냈습니다. 자기 월급을 쪼개고 아껴 말라위에 유치원·초등학교·진료소를 지었고, 200병상 규모의 최신식 종합병원인 대양누가병원과 2010년에는 대양간호대학을, 2012년에는 정보통신기술대학을 세웠습니다. 왜 대학을 세웠나요?라는 질문에 "아프리카에 온 지 15년 정도 됐을 때 변화가 없다는 생각에 회의감에 빠졌어요. 이대로라면 100년을 여기서 살아도 그대로일 것 같았어요. 교육만이 이들을 변화시킬 수 있다고 생각했습니다."

독일(서독) 총리를 역임한 빌리 브란트는 "19세기는 군사력, 20세기는 경제력이 지배했다. 21세기는 자녀교육을 하는 나라가 세상을 지배할 것이다"라고 말했습니다. 이 말은 교회에도 해당됩니다. 군사력(교인 수), 경제력(헌금 능력), 교육(대물림) 가운데서 교육하는 교회가 가장 건강한 교회가 될 것입니다.

21세기의 트렌드는 성장이 아니라 건강성에 있습니다. 세계적으로 학업성취도가 가장 높은 나라는 미국이 아니라 핀란드입니다. 핀란드는 교육비를 많이 지출하는 나라가 아닙니다. 미국은 8,700달러이고, 핀란드는 7,500달러입니다. 그런데 핀란드가 세계 제일이 된 것은 무엇일까요? 헬싱키 아라비아 종합학교 교장에게 그 이유를 물었습니다. 이유는 세 가지입니다. 첫째도 교사요, 둘째도 교사요, 셋째도 교사 때문입니다. 그렇습니다. 교사가 살아야 합니다. 교사가 살아 움직이고 있으면 다음 세대도 희망을 가질 수 있습니다.

역사상 부흥한 교회의 특징은 담임교사의 극성스러울 정도의 열정에 의한 반 부흥의 결과입니다. 교회주일학교의 부흥은 절대적으로 반목회에서 일어난다는 것입니다. 주일학교 침체의 가장 큰 원인은 바로 교사의 문제입니다. 교사는 교육의 90퍼센트를 좌우할 만큼 중요합니다.

한 주일학교의 형편을 알아보려면 그 교회의 주일학교 교사를 만나보면 알 수 있습니다. 왜냐하면 교사의 모습이 곧 교회주일학교의 모습이기 때문입니다. 학생들이 아무리 훌륭하고 좋은 환경 속에서 그리고 다양한 재능을 가지고 있다 할지라도 바른 교사들이 없다면 학생들은 제대로 성장할 수 없습니다.

많은 기독교 교육학자들은 "주일학교는 교사의 손에 달려 있다"라고 합니다. 왜냐하면 교사는 모든 주일학교 커리큘럼의 열쇠일 뿐 아니라 학생과의 관계 프로그램 운영에 있어서도 중요한 위치를 차지하고 있기 때문입니다.

교회주일학교가 바르게 성장하고 운영되기 위해서는 교사 자신의 성숙과 철저한 소명의식이 있어야 합니다. 한 걸음 더 나아가 효과적인 반목회가 이루어지도록 주일학교 시스템, 체제에도 획기적인 변화가 있어야 합니다.

한 노인이 도토리나무를 정성껏 심고 있었습니다. 이 모습을 바라보고 있던 젊은 사람이 노인의 하는 일이 부질없어 보여 한 마디 했습니다. "어르신, 이 나무가 언제쯤 열매를 맺겠습니까?" "아마 70년 후쯤 될 거야." "그때쯤 그 열매는 어르신 것이 아닐 텐데요?". 노인은 허리를 펴고 하늘을 올려다보며 대답했습니다. "지금 이 숲을 보게. 내가 태어날 때는 이렇지 않았네. 우리 선조가 다음 세대를 생각하며 나무를 심었기에 이 푸른 숲을 우리가 누리고 있지. 다음 세대를 생각하지 않으면 모두가 죽는다네."

지금 한국교회는 위기입니다. 지금보다 다음 세대가 더 위기입니다. 하지만 위기는 기회이기도 합니다. 모두 위기라고 말하지만 정작 위기에 대처하기 위해 준비하는 사람은 소수입니다. 어쩌면 아무리 노력해도 안 되고 대안이 없기에 포기하고 있는지도 모릅니다. 한국교회의 지도자들은 이 슬기로운 노인의 지혜에 귀를 기울여야 합니다. 다음 세대를 위해 도토리나무를 심는 평범한 노인의 미래 투자를 배워야 합니다. 그래야 다음 세대, 우리의 자손들이 푸른 한국교회에서 푸르게 신앙생활을 할 수 있습니다.

지금 유아들에게 씨를 뿌려 10-20년 후에 웃으며 열매를 거두게 할 것인가, 현재에 만족하면서 눈앞의 열매만 거두다가 10년 후 비어 있는 들판을 보며 후회할 것인가? 지금이 결정해야 할 적기입니다.

우리가 주님의 제자이고 교회주일학교가 제자를 삼는 사역이라면 실망하지 말고 다시 일어서야 합니다. 성령님의 기름 부으심을 통해 교회주일학교가 다시 일어나야 합니다. 그 핵심에 교사가 있습니다. "힘든 시대이지만 되는 교회주일학교는 된다"는 믿음으로 다시 일어서야 합니다.

　본장에서는 교회주일학교를 다시 한 번 부흥케 하기 위하여 그 핵심에 자리 잡은 교사를 다시 살릴 수 있는 심폐소생술에 대하여 살펴보려고 합니다.

1. 다수의 교사 vs 단 한 명의 교사

　보통 우리는 큰 교회, 좋은 시스템, 특별한 프로그램에 관심이 많습니다. 무엇보다 작은 교회에서 사역하는 교역자나 교사는 늘 일할 사람이 없는 것을 가장 큰 고충이라고 합니다. 정말로 한국교회 주일학교의 문제는 교사가 부족한 데 있을까요? 정말로 사람이 없어서 교회주일학교가 이 지경에 이르렀을까요?

　한국교회 주일학교의 회복은 결코 많은 교사 수에 있지 않습니다. 소수로도 얼마든지 큰일을 할 수 있습니다. 개척 교회에서 헌신하는 한 명의 교사로도 교회주일학교는 충분히 일어날 수 있습니다. 지금 우리 교회에 있는 바로 그 교사들로 인원은 충분합니다. 지난 역사에 쓰임 받은 사람들을 키웠던 한 사람의 교사가 될 수 있다면 말입니다.

　17세기 후반에 기록된 천로역정은 세상을 바꾸었습니다. 존 번연 (John Bunyan)은 당시 가난한 땜장이였습니다. 존 기퍼드 (John Gifford) 목사는 최선을 다해 그 볼품없고 무식한 청년을 가르쳐 회심하도록 했습니다. 놀랍게도 땜장이 청년이 쓴 책은 전 세계에서 성경 다음으로 많이 번역된 책이 되었습니다. 시간이 지난 후에 존 번연은 역사적인 인물이 되었지만 존 기퍼드 목사를 기억하는 사람은 거의 없습니다. 하지만 존 기퍼드 목사가 없었다면 존 번연이 있을 수가 없습니다.

알베르 카뮈(Allbert Camus)는 한 살 때 아버지를 잃고 극빈 가정에서 자랐습니다. 그런 그를 친절히 대하며 아버지의 빈자리를 채워 주었던 초등학교 2학년 담임 루이 제르맹, 알베르 카뮈는 노벨문학상 수상 소감에서 그 선생님을 향해 특별히 감사를 표현하기까지 했습니다. "단순히 그가 월급을 받고 가르치도록 되어 있는 것만을 가르친 것이 아니라 개인적인 삶 속에서 그들을 단순 소박하게 맞이하여 주었으며, 그들과 함께 그 삶을 살았고 그들에게 자신의 어린 시절과 그가 사귀었던 어린이들의 이야기를 해 주었습니다".

세계적인 교회 성장학자인 엘머 타운즈 교수가 처음 교회주일학교에 나오게 된 것은 지미 브릴랜드라는 교사 때문이었습니다. 초등학교 1학년 때부터 그의 전도를 통해서 교회주일학교에 첫발을 내딛기 시작했습니다.

지미 브릴랜드 선생님은 초등학교밖에 나오지 않았고, 자기 집과 자동차도 없는 가난한 분이었습니다. 하지만 이 선생님 한 분으로 인해 엘머 타운즈 교수는 14년간 교회주일학교를 한 번도 빠지지 않게 되었습니다.

엘머 타운즈 교수는 훗날 이렇게 고백합니다. "아버지가 알코올 중독자였는데, 선생님은 나에게 아버지 역할을 대신해주셨어요. 뿐만 아니라 성경을 가르쳐 주고 기독교 세계관을 심어 주는 등 진정한 목자의 역할을 해주셨습니다." 그가 어린 시절 안 좋은 행동을 하게 되면, 선생님은 "예수님이라면 어떻게 하실까?"라는 질문을 던지면서 진지한 고민을 하게끔 만들었습니다.

엘머 타운즈 교수는 지금의 자신을 만든 최고의 인물로 그 선생님을 꼽고 있습니다. 더욱 대단한 것은 그때 교회주일학교 같은 반이었던 25명 가운데 19명이 모두 전임으로 기독교 사역을 하고 있다는 사실입니다. 한 명의 교사는 이처럼 강력합니다.

맷이라는 사람이 있었습니다. 그는 고등학교 시절, 부적응 학생이었습니다. 수업에 흥미를 느끼지 못해 성적을 내지 못했던 열등한 학생이기도 했습니다. 그는 그저 그림을 끼적거리는 취미 외에는 다른 어떤 분야에도 관심이 없었습니다. 주변 사람들은 그가 그리는 그림을 낙서라고 생각했기에 한심한 아이로 취급했습니다. 그러던 그가 고등학생 때, 10년 전인 초등학교 1학년 때 자신을 가르쳤던 엘리자베스 후버(Elizabeth Hoower) 선생님을 우연히 만났습니다. 그 선생님은 놀랍게도 1학년 때 그가 그린 그림을 보관하고 있었습니다. 맷은 선생님의 관심과 사랑으로 삶의 의욕을 불태우기 시작했고, 급기야 그가 그린 그림은 세계에서 가장 유명한 만화 시리즈가 되었습니다. 그는 바로 〈심슨가족〉을 탄생시킨 맷 그레이닝(Matthew Abram Groening)입니다. 그는 자신의 재능을 기억해 준 선생님에 대한 존경의 마음으로 선생님을 심슨 시리즈에 한 캐릭터로 등장시킵니다. 얼마나 보람되고 기쁜 순간입니까. 후버 선생님에게는 맷 그레이닝 말고도 수많은 제자가 있었을 텐데, 초등학교 1학년이었던 맷의 보잘 것 없는 낙서를 10년간 간직한다는 것은 결코 쉬운 일이 아니었습니다. 그녀는 적어도 10년간 10개 학년의 학생들을 가르쳤을 것이기 때문입니다. 또 그녀가 맷이 유명해질 거라 상상하며 그림을 간직한 것도 아닐 것입니다. 실제로 맷과 그가 그린 〈심슨가족〉의 주인공 심슨은 세계적인 인물이 되었지만, 엘리자베스 후버 선생을 아는 사람은 드뭅니다. 하지만 맷 선생님이 없었다면 우리는 맷 그레이닝을 만날 수 없었을 것입니다.

1858년 보스턴 어느 교회에 킴벌이라는 주일학교 교사가 있었습니다. 그는 구둣방에서 일하는 한 학생을 주님께 인도하였고, 나중에 그 사람이 교사가 되었습니다. 그가 바로 유럽과 미국에서 복음을 전파한 전도자 무디입니다. 21년 후 무디가 런던에서 전도 집회를 할 때 그곳에 참석한 메이어가 무디의 동역자가 됩니다.

이후 메이어가 미국에 건너가 집회를 하는데, 채프만이 회심을 하게 됩니다. 채프만 역시 순회 설교자가 되어서 사역을 하던 중, 한 메이저리그 야구 선수가 그의 메시지를 듣고 회심하는데, 그의 이름이 빌리 선데이였습니다.

나중에 빌리 선데이 또한 엄청난 복음전도자가 되었습니다. 하루는 빌리 선데이가 강사로 초청되어 3주간 전도 집회를 하였는데, 아무런 결신자가 나오지 않았습니다. 그러다가 단 한 명의 결신자가 나왔는데, 그는 12살짜리 소년이었습니다. 그 12살짜리 소년이 나중에 전 세계에서 수십만 명의 영혼을 주님께 인도한 복음 전도자 빌리 그레함 목사입니다.

당신이 빌리 그래함처럼 유명한 목사나 복음 전도자가 될 수는 없을지라도, 한 영혼을 주님께로 인도한 킴빌 선생님은 될 수 있습니다. 결국 엄청난 일의 시작은 한 교사로부터 시작되는 것입니다. 이런 것을 가리켜서 한 교사의 힘이라고 합니다.

하나님께서 일하시는 스타일은 결코 '다수와 함께'가 아닙니다. 오히려 소수입니다. 가데스 바네아에서 10명의 정탐꾼 아니 이스라엘 백성 200만 명과 여호수아와 갈렙, 이 둘은 극히 소수였습니다. 미디안과의 전투를 앞둔 기드온에게는 3만 2천 명의 군사가 있었지만 하나님의 시선에는 300명이면 충분했습니다.

우리는 많은 교사를 꿈꾸지 말고, 헌신된 한 명의 교사를 찾으면 됩니다. 토인비가 말한 것처럼, 역사 속에서 큰 역할은 다수가 아닌 '창조적 소수'가 해냈습니다. 지금 교회주일학교에 필요한 것은 결코 많은 교사가 아니라 진짜 교사 한 명입니다. 진짜 교사가 있으면 교회주일학교는 반드시 변화될 수 있습니다.

지금 한국교회의 현실 속에서 한 교사보다 더 중요한 것이 없고, 교회 교육을 살리는 유일한 대안은 헌신된 한 교사라고 믿습니다. 확실한 교사 한 명만 있다면 교회주일학교는 반드시 살아납니다.

교회주일학교가 잘 안 되는 곳을 방문해보면, 주로 부정적인 말을 많이 합니다. "우리는 안 됩니다. 우리 부서는 힘듭니다. 지금 이 인력으로 무엇을 합니까? 이 예산으로 무엇을 합니까? 교회에서 관심도 갖고 있지 않습니다. 우리 주일학교는 소망이 없습니다."

혹시 지금 이러한 마음을 갖고 있는 분이 있다면, 꼭 이 말을 하고 싶습니다. "한 명의 교사만 있으면 할 수 있습니다."

교회에 그 한 명의 교사가 지금 없습니까? 그렇다면 당신이 그

한 명이 되십시오. 어디서 찾으려고 하지 말고 당신이 그 한 명이 되면 됩니다.

2. 누가 교사입니까

일반교육이든 신앙교육이든 교육에 있어서 가장 중요한 요소는 단연코 교사입니다. 그런데 신앙교육에 있어서 교사는 일반교육과 좀 다릅니다. 신앙교육의 진정한 교사는 하나님입니다. 신앙교육은 인간이 교사로 가르치는 것의 한계를 인정하고 있습니다. 신앙교육의 진정한 교사는 성부, 성자, 성령, 삼위일체 하나님이십니다. 우리의 다음 세대와 기성세대들을 가르치시고 변화 시키는 주체는 하나님이십니다. 우리는 모두 인생이라는 교육의 장에서 교사이신 하나님께 교육받는 학생입니다.

우리는 모두 하나님의 동역자로서 하나님의 가르치심에 동참하는 학생이자 동시에 서로에게 영향을 줄 수 있는 교사가 됩니다. 교회주일학교 교사만 교사가 아니라 어른이고 아이이고 모두가 모두의 교사가 될 수 있습니다. 우리는 모두 부름 받은 교사입니다. 이것이 교사가 가지는 정체성입니다. 하나님은 부족하고 연약한 우리를 하나님의 동역자로 삼으시고 다음 세대를 위한 교사로 불러주십니다. 그 부르심에 기쁘게 응답하는 하나님의 사명자가 되기를 바랍니다.

흔히 교육은 교사가 하고 부모는 잘 먹이고 입히고 사랑하면 된다는 생각을 많이 하는데 부모가 가장 일차적인 교사라는 걸 알아야 합니다. 오늘날 교회는 주일학교 교사에게만 큰 짐을 지워주고 있습니다. 하지만 자꾸 교회에다 미루지 말고 이제 부모가 신앙 교사의 역할을 해야 합니다. 나는 부모 교사입니다. 부모는 자녀에게 첫 번째 교사입니다. 가정에서부터 신앙을 전수하는 일을 시작해야 합니다.

우리 다음 세대들이 기성세대에게 교사가 됩니다. 장년은 다 배운 사람이고 교육이 끝나 교사의 역할을 하고 다음 세대들은 배우는 사람이라고 생각하면 안 됩니다. 다음 세대도 교사입니다. 이 말은 교사가 평생 배우는 학생이라는 자세를 유지할 때 비로소 가능한 말입니다. 우리가 하나님 앞에서 평생 배우는 학생이라는 위치에 있을 때 서로가 서로에게 배울 수 있습니다. 배움의 자세를 가진 이에게는 갓난아이도 교사로 보입니다. 어른들이 다음 세대에게 배운다 할 때 어린 아이같이 되지 않으면 절대 천국에 들어가지 못한다 합니다. 어린 아이 같이 된다는 것은 돌이켜야 한다는 말입니다. 여기 돌이킨다는 헬라어 원어는 '스트레포'(return)라는 단어인데 물리적인 방향 전환 뿐만 아니라 마음의 변화, 행동의 변화까지 나타냅니다.

다음 세대가 교사라 할 때 한 가지 더 중요한 것은 다음 세대의 주도적인 역할입니다. 다음 세대는 서로가 서로에게 교사의 역할을 충분히 할 수 있습니다. 실제로 아이들은 서로서로 영향을 주고받으며 자라납니다. 그래서 교회나 가정에서 부모님이나 교사들이 친구 관계에 관심을 많이 가져주어야 합니다. 목양 현장에서 보면 같은 또래 친구들이 이야기하면 선생님이 말씀하는 것보다 더 잘 듣는 경우가 많습니다. 오히려 다음 세대가 선생님보다 더 좋은 교사 역할을 할 때도 많습니다. 본서 4장에 소개하는 부산 서부교회, 천안 갈릴리교회, 거창중앙교회, 부산 예환꿈교회는 한결같이 다음 세대 교사들을 이름은 다르지만 적극적으로 세우고 있습니다.

어른 세대가 모두 교사입니다. 교회 안의 모든 어른 세대가 모두의 교사이자 부모 역할을 해야 합니다. 교사는 부모입니다. 교회 주일학교 교사는 제2의 부모입니다. 비록 전문가는 아니지만 그 일을 사랑하며 하나님의 부르심을 받은 이들이기에 다음 세대를 가르칠 충분한 자격이 있습니다. 교사들이 다음 세대를 내 자녀로 사랑하고 믿음으로 가르칠 때, 우리 다음 세대는 신앙인으로 빚어져 갈 것입니다.

3. 지금이라도 성경적으로 교육하기를 시작하라

누군가 "교회주일학교가 왜 잘되지 않는가? 왜 신앙의 세대 전수에 실패하는가?"라고 묻는다면 저자는 이렇게 답할 것입니다. "교회주일학교를 성경적으로 이끌지 않아서입니다." 이벤트 중심, 먹거리로 학생들을 유인하고 붙잡으려는 노력, 흥미 위주의 프로그램, 중·고등학교까지 부지런히 교회를 다녔던 아이들 중에 대학생이 되면 약90% 정도가 교회를 떠나는 현상은 지금의 한국 교회주일학교 교육이 전면적으로 실패했음을 보여주는 강력한 징표입니다.

교회주일학교 교육 방향의 수정이 필요할 뿐 아니라 구조적 한계는 없는지 생각하게 됩니다. 왜냐하면, 루터나 칼빈 등 종교개혁가들은 가정, 교회, 학교를 가장 표준적인 교육의 장으로 삼고, 가정이 주축이 되어 교육을 실시해야 한다고 주장했기 때문입니다. 그렇다면, 하나님의 말씀 교육을 교회에서만 한다는 것은 기껏해야 반쪽짜리가 될 수밖에 없을 것입니다. 고대의 유명한 시인이었던 조지 하버트는 "훌륭한 어머니는 백 명의 교사보다 가치 있다"고 말했습니다. 이 말은 훌륭한 어머니는 백 명 이상의 교사를 집안에 두고 있는 것과 같다는 의미입니다.

성경은 분명하게 자녀 양육에 대한 정답을 주고 있습니다. 신명기 6장 4~9절을 보세요. "이스라엘아 들으라 우리 하나님 여호와는 오직 유일한 여호와이시니 너는 마음을 다하고 뜻을 다하고 힘을 다하여 네 하나님 여호와를 사랑하라 오늘 내가 네게 명하는 이 말씀을 너는 마음에 새기고 네 자녀에게 부지런히 가르치며 집에 앉았을 때에든지 길을 갈 때에든지 누워 있을 때에든지 일어날 때에든지 이 말씀을 강론할 것이며 너는 또 그것을 네 손목에 매어 기호를 삼으며 네 미간에 붙여 표로 삼고 또 네 집 문설주와 바깥문에 기록할지니라".

이 말씀을 시작하는 히브리어 단어가 '쉐마' 들으라 이기에, 보통 이 구절을 '쉐마'라고 부릅니다. 유대인들에게 쉐마는 지상 대명령입니다. 그들에게 가장 중요한 말씀 중의 한 말씀입니다.

하나님은 교사로서의 사명을 먼저 부모에게 주셨습니다. 성경에서 부모가 되었다는 사실은 육체적으로 자녀를 낳았다는 의미보다도 하나님의 말씀대로 자녀를 양육한다는 의미가 있습니다. 쉐마 (신 6:4~9)에서 하나님은 이스라엘 백성들에게 말씀을 부지런히 자녀에게 가르치라고 명령하고 있습니다. 6절에 보면, "오늘 내가 네게 명하는 이 말씀을 너는 마음에 새기고"라는 말씀은 우선 부모에게 주시는 말씀입니다. 우선, 자녀를 둔 부모가 하나님의 말씀을 마음에 새겨야 합니다. 특히 하나님을 바로 알고 그분을 사랑하는 사람이 되어야 합니다. 그래야 자녀를 가정에서 하나님의 말씀대로 교육할 수 있는 것입니다.

7~9절에 보면 구체적인 교육 방법론이 제시됩니다. "네 자녀에게 부지런히 가르치며 집에 앉았을 때에든지 길을 갈 때에든지 누워 있을 때에든지 일어날 때에든지 이 말씀을 강론할 것이며 너는 또 그것을 네 손목에 매어 기호를 삼으며 네 미간에 붙여 표로 삼고 또 네집 문설주와 바깥문에 기록할지니라." 부모는 가정에서 자녀에게 하나님의 말씀을 '부지런히' 가르쳐야 합니다. 특히 하나님을 알려줘야 하며, 그 분을 경외하고 사랑하도록 자녀를 교육해야 합니다. '집에 앉았을 때에든지 길을 갈 때에든지 누워 있을 때에든지 일어 날 때에든지', 즉 말씀 교육에 항상 힘써야 한다는 것입니다. 심지어 손목에다가도, 그리고 미간에다가도 말씀을 붙여 늘 쉽게 말씀을 접하도록 해야 하며, 출입하는 집 문과 문설주에다가도 말씀을 기록해 자녀들이 시시때때로 말씀을 읽고 암송하도록 교육해야 합니다. 그러한 과정을 통해 하나님을 참되게 사랑하는 신앙인을 길러낼 수 있게 됩니다. 요컨대, 우리는 신명기 6장 4~9절에서 하나님이 직접 명령하신 말씀을 통해 자녀교육의

목표와 원리, 구체적인 교육 방법에 대해 배울 수 있는 것입니다.

자녀의 첫 번째 교사는 부모입니다. 이것은 하나님께서 하신 명령입니다. 하나님은 자신의 하나님 됨의 선포와 그의 백성으로서의 삶의 규례와 율례를 그 부모에게 위임하셨습니다.

구약의 부모들은 이스라엘 역사 속에서 하나님의 활동에 관한 이야기를 들려주고 자녀들이 부모를 통해 하나님의 뜻을 이해하게 하는 중간자로 봉사하였습니다. 부모들은 하나님의 말씀을 소중히 여기고 그 말씀을 자녀들 마음 깊숙한 곳에 간직하도록 하는 책임이 있었습니다. 이들에게는 종교와 교육이 통합되었습니다. 그것은 토라(Torah)의 의미에서도 알 수 있는데 이것은 일반적으로 율법이라고 번역되지만 실제의 의미는 가르침입니다. 이스라엘은 종교가 생활에 배어 있습니다. 부모들은 가정에서 신앙의 전통과 예식을 지키며 자녀로 하여금 그것을 보면서 하나님께 초점이 맞춰지는 질문을 하도록 유도하고 그 질문에 대답하면서 가르칩니다(출 12:26, 13:14, 신 6:20 등). 자녀들은 출생 시부터 이러한 교육적 환경에서 성장하였던 것입니다.

교사로서의 부모의 역할은 신약에서도 강조되고 있습니다. 그 예가 가장 잘 나타난 곳이 에베소서 6장 4절입니다. "또 아비들아 너희 자녀를 노엽게 하지 말고 오직 주의 교훈과 훈계로 양육하라." 여기에서 '교양'(nurture)은 헬라어로 '파이데이아'(παιδεια)인데 이것은 성장하는 아이들 즉 지도와 가르침, 교훈, 그리고 훈련과 심지어 징계의 방식으로 어느 정도의 강제가 필요한 아이들을 키우고 다룬다는 뜻입니다. 그리고 '훈계'(admonition)는 헬

라어로 '뉴테시아'(νουτηετσια)입니다. 이 단어의 긍정적인 의미로
는 격려의 말에 의한 훈련, 부정적인 의미로는 교정을 위한 훈계의
의미입니다. 즉 예수 그리스도께서 부모를 통하여 자녀를 성숙시
키기 위하여 주시는 지도와 교훈과 의의 교정의 의미가 있습니다.
주님은 이를 통해서 그 자신이 그 전체 삶의 영역에서 의식적으로
그리스도의 주권 아래 사는 것을 가능하게 하시는 것입니다. 부모
들은 자녀들로 하여금 예수 그리스도에 대한 구원의 지식에로 인
도하는 것, 자신의 전 삶의 영역에서 세상을 다스리는 하나님의 대
리자가 되도록 훈련시키는 것입니다.

첫 번째 교사는 부모입니다. 부모가 하나님을 섬기며 말씀대
로 따라 사는 삶을 통해 자녀는 하나님을 경외하는 삶을 배웁니
다. 성경은 분명히 자녀 신앙에 대한 책임이 부모에게 있다고 말
합니다. 자녀들이 하나님을 사랑하고 섬기고 따르게 하는 일은 부
모 몫입니다.

우리 교회주일학교가 그간 크게 놓쳤던 부분이 바로 이 말씀. 신
명기 6장 4~9절, 에베소서 6장 4절입니다. 부모들이 영적으로 바
로 서지 못해서 가정에서 신앙 교육을 전혀 하지 못했습니다.

2021년 목회데이터연구소에서 발표한 코로나19 이후 청년들
의 신앙에 대한 인식 조사 결과입니다. 교회 청년들의 47%가 "10
년 후에 교회를 더 이상 나가지 않을 것 같다"고 답변했습니다.
"그간 부모에게 끌려와서 교회를 다녔지만 앞으로는 교회 나갈 일
이 없다"는 청년이 대다수입니다.

다음 세대를 키우지 못한 부모들의 직무유기가 더 큽니다. 교회

에서 오랫동안 중·고등부에서 부장으로 봉사하고 있는 장로님은 "중·고등부 학생들의 대다수가 주일에 교회에 와서 예배를 드리려고 앉아 있지만 주중에는 교회와 무관한 생활을 하고 있다. 그래도 아이들이 교회에 나와서 앉아 있는 것만으로도 기특하다. 교회에 발걸음조차 끊은 학생들 중에는 교회 중직자의 자녀들이 생각 외로 많다"며 깊은 한숨을 내쉬었습니다. 지금 장로와 권사, 안수집사 등 한국교회의 중직자 가정에서 교회에 나오지 않는 자녀가 대략 100만 명으로 추정됩니다. 이것은 무엇을 말합니까? "한국교회는 자기 믿음은 성공했지만 믿음의 전승에는 실패했다!" "수평전도는 성공했지만 수직교육은 실패했다!". 자녀들의 세속적 성공을 구하다가 자녀들의 믿음을 잃어버린 것입니다.

박상진 교수는 한국교회가 직면한 교회교육이 위기를 맞은 가장 큰 요인으로 "가정의 신앙교육 부재"라는 설문조사 결과를 내놓았습니다. 또한 부모를 1순위로 꼽은 응답자가 37.4%로 가장 많았고, 담임목사 28.6%, 교육 담당 교역자 7.7% 순으로 집계됐습니다. 1순위 응답을 직분별로 분석한 결과 담임목사 59.3%는 교회교육 위기의 책임이 담임목사 자신에게 있다고 답했으며, 교회주일학교 교사들의 43.9%는 부모에게 책임이 있다고 답했습니다. 교회교육의 위기를 불러온 책임이 1차적으로 부모에게 있다는 의견이 당연 우세합니다. 교역자와 교사보다 부모의 책임론이 크게 부각되고 있습니다.

박 교수는 교회교육의 위기를 불러온 요인을 교사, 교육 내용과 방법, 교회, 교회주일학교, 노회와 교단, 부모, 학교, 문화, 종교,

인구 등 10가지로 설정하고 각 요인별로 2~6개 문항을 계발해 질문한 결과 부모 요인이 1~3위를 차지했는데, 모두 80점 이상을 받았다고 밝혔습니다.

1980년대 한국교회의 폭발적 부흥에는 교회주일학교와 청년사역이 큰 역할을 했습니다. 당시 부모들은 경제위기와 무한경쟁 가운데서도 자녀들이 주일성수를 하고, 교회 활동에 최선을 다하도록 가르쳤습니다. 이로 말미암아 교회주일학교와 청년부가 성장하고 발전할 수 있었습니다. 그러나 당시 학생들이 학부모가 된 지금에 이르러 상황은 반대로 흘러가고 있습니다. 많은 부모가 무한경쟁에서 살아남으려면 좋은 학벌과 직업을 가져야 한다면서 세속적 방법으로 자녀들을 교육하고 있습니다. 부모는 자녀가 남들보다 좋은 교육을 받도록 사교육에 집중하고 있습니다. 모태신앙을 가진 부모는 자신들이 받았던 교회교육을 자녀도 반드시 받아야 한다고 생각하지 않습니다.

이것이 바로 지금 대한민국 교회주일학교의 현주소입니다. 우리 자녀 세대는 신앙의 홀로서기에 완전히 실패했습니다. 그렇다면 우리는 이제 어떻게 해야 합니까? 성경에서 하라는 대로만 하면 됩니다. 지금이라도 부모들을 양육하고 부모들을 자녀 신앙 교육의 주체로 세워야 합니다. 더 이상의 신앙 교육의 구경꾼으로 방치하지 말고, 부모들이 자녀들을 영적으로 양육시키도록 만들어야 합니다.

한국교회는 두려움과 떨림으로 각성해야 합니다. 교회 밖을 대상으로 열심히 전도운동을 펼치고 있지만 우리는 지금 남을 전도할 입장이 아닙니다. 신앙의 울타리 밖으로 나간 자녀들을 전도하는 것이 급선무입니다. 그러하기에 전도는 이제 가정이 그 대상입니다. 자녀가 선교의 대상이 되어야 한다는 것입니다.

월간 〈교육교회〉에서 양금희 교수는 "최근 들어 교회와 가정이 연계하는 교육에 관심을 기울이고 있는데 신앙이란 일주일에 한 번 가는 교회주일학교에서만 형성되거나 자라날 수 있는 것이 아니라 삶 전체를 통해 습득되고 형성되는 것이라고 할 때 가정은 절대적인 신앙교육의 장소로써 교회가 함께 연계하지 않으면 안 되는 곳이다"라고 가정을 강조합니다. 그러나 가정에서 부모들은 더 이상 신앙교육을 책임지지 못하고 있습니다. 오히려 세속적 자녀교육관으로 자녀들에게 이중적인 신앙인의 모습을 보여줌으로써 자녀들이 부모 때문에 교회를 떠나기도 합니다.

이에 대해 박상진 교수가 다음과 같이 말합니다. "기독교교육학이 발전하면서 교회주일학교는 전에 비해 상당히 전문화됐다. 하지만 교회주일학교의 시스템과 기술, 여러 가지 문화 프로그램 등에 관심을 갖게 되면서 정작 신앙교육의 주체인 부모들이 신앙교육으로부터 멀어졌다. 열정적인 신앙을 가진 부모들도 자녀교육에 있어서는 철저하게 세상적인 것이 오늘날의 모습이다. 이처럼 자녀교육에 있어서만큼은 세상의 부모와 다를 것이 없는 부모의 이원론적 가치관 속에 교회주일학교에서 일주일에 10~20분 받는 신앙교육으로는 이미 어그러진 아이들의 가치관을 변화시킬 수 없다. 다음 세대 교육을 논할 때는 부모의 역할을 빼놓을 수 없다."

남서울대학교 조충현 목사도 같은 점을 강조합니다. "주일성수는 좋은 대학에 갈 수 없는 방해물이 아니며, 기독교인이 반드시 지켜야 할 계명이다. 교회는 단지 큰 시험과 어려움을 앞두고 기도를 하러 오는 곳이 아니라 자신이 하나님의 뜻을 이루기 위해 헌신해야 하는 곳이다. 부모가 자신을 사랑해서 자녀를 사랑하는 것과 자녀를 섬기면서 사랑하는 것은 다르다. 부모가 자신의 욕심과 욕망을 버리고 자녀를 사랑한다면 부모는 당연하게 자녀의 영적인 부분에 가장 많은 신경을 쓸 것이다. 부모의 이런 인식을 깨닫게 하는 교육이 교회주일학교의 시작이다."

일반 학교의 학생들은 성적을 올려줄 학원이라도 있습니다. 교회교육은 예배당 수업으로 끝입니다. 아이들은 일주일 내내 성경 한번 펼쳐 볼 시간이 없습니다. 그러다 보니 믿음의 성장이나 영적 진보가 없습니다. 이런 상태로 고등학교 때까지는 교회 울타리 안에 남아있지만 대학 진학, 사회 진출과 함께 울타리를 떠난다는 것입니다. 안타까운 것은 교인들의 자녀, 특히 직분 맡은 자의 아이들입니다. 자녀들의 신앙을 어려서부터 부모들이 철저하게 책임졌다면 적어도 목사, 장로, 권사, 집사의 자녀 100만 명은 교회 안에서 헌신된 사역자로 살아가고 있을 것입니다. 우리는 한국교회의 성장을 이루는 데는 성공했지만 자녀를 말씀으로 키우는 자녀교육, 신앙 전승에서는 실패하고 말았음을 자책하고 반성해야 합니다.

지금이라도 교회주일학교 교육은 성경적으로 돌아가야 합니다. 이것이 무너진 다음 세대를 세우는 길입니다. 이 방법이 신앙의 세대 전승을 가능하게 할 수 있는 유일한 방법입니다. 우리 아이들의 신앙 교육에 있어서 반드시 부모가 제 역할을 해야만 합니다.

1800년대 미국에서 가장 유명한 인물은 미국 제16대 대통령 에이브러햄 링컨(Abraham Lincoln)일 것입니다. 링컨의 친모 낸시는 매일 저녁 링컨에게 성경을 가르쳤고, 성경책을 유품으로 물려주었습니다. 어린 아들을 두고 세상을 떠난 낸시는 링컨에게 다음과 같은 유언을 남겼습니다.

"여러 번 읽어 이젠 낡았지만, 우리 집에서 가장 값진 가보다. 너에게 100에이커의 땅을 물려주게 된 것보다 이 한 권의 성경책을 물려주게 된 것을 기쁘게 생각한다. 네가 책 속에 있는 진리의 말씀대로 살아간다면, 네가 100만 에이커의 대주주가 되는 것보다 기쁘겠다." 비록 링컨은 어린 나이에 어머니를 여의었지만, 어렸을 때 어머니가 해주신 신앙 교육대로 잘 자라 미국 역사상 최고의 대통령이 될 수 있었습니다.

한국교회는 지난 세월 요란하게 교회생활을 했고 부흥에 매달렸습니다. 그러나 정작 가정에서는 신앙생활을 제대로 하지 못했습니다. 자녀들의 신앙을 교회주일학교에 위탁한 채 자신들은 교회 부흥의 일익을 담당하는 것으로 믿음생활에 올인 했습니다. 그 결과 교회는 부흥시켰지만 정작 자녀들은 교회를 떠났고, 한국교회는 역피라미드 현상을 보이고 있습니다.

아니, 역피라미드라는 말로는 교육 현장의 심각성을 제대로 전하지 못할 정도입니다. 중하위 세대가 통으로 사라지고 있습니다. 장-노년 세대는 탄탄한데 그 아랫세대는 한국교회를 떠받치고 일으킬 힘이 없습니다. 청소년 세대는 신앙고백 없이 유령 같은 존재로 교회를 출입하고 있습니다. 그야말로 한국교회는 공중누각인 셈입니다. 특단의 대책이 없다면 138년 역사의 한국교회가 쓰러지는 것은 수 십 년을 넘기지 못할 수도 있습니다. 한국교회가 다음 세대의 모판 관리에 팔을 걷어붙이고 나설 때입니다. 기회가 언제나 있는 것은 아닙니다. 비록 늦은 감이 있지만 지금이 마지막 골든타임입니다.

4. 바꿔라! 세대통합 교육으로

한국은 이미 20퍼센트의 인구가 복음화 되었기 때문에 기독교 부모들이 자신의 자녀에게만 신앙을 성공적으로 전수하였다면 지금의 위기는 오지 않았을 것입니다. 또한 기독교인이 불신자보다 더 출산율을 높이면 자연적 성장만으로도 한국교회는 충분히 성장할 수 있습니다.

이러한 이유 때문에 미국의 많은 교회는 이미 20년 전부터 주일학교의 패러다임을 바꿔왔습니다. 그 이유는 교회주일학교 및 다음 세대 사역이 안 돼도 너무 안 되었기 때문입니다. 미국 내 이른바 역사와 전통이 있는 주류 교단 교회들은 그동안 엄청난 쇠락을 경험했습니다. 팀 맥나이트(Tim McKnight)는 2012년 미국 역사상 최초로 기독교 인구가 50% 아래로 떨어졌고, 청소년 세대라 하는 2세대 중에 기독교 세계관을 소유한 학생들은 4%밖에 되지 않는다고 밝혔습니다.

미국에서 가장 큰 교단인 남침례 교단의 경우, 연간 침례(세례)

를 받은 청소년들의 수가 1971년 약 13만 명에서 2006년 8만 명이 안 될 만큼 큰 폭으로 떨어졌습니다. 그사이 전체 인구수가 1억 명 가까이 늘었음에도 말입니다. 이런 이유로 2000년이 되면서 남침례교단 안에 주일학교에 대한 대대적인 혁신과 변화가 일어났습니다.

그것은 바로 온 세대를 통합하는 교회주일학교로 전환하는 거였습니다. 미국 내 이른바 역사와 전통이 있는 주류 교단 교회들이 엄청난 쇠락을 경험했지만 교회교육에 특별한 관심을 가지고 있던 초교파 교회나 회중 교회들은 오히려 성장을 경험했습니다. 이렇게 성장한 교회 중 세대통합 교육을 한 곳이 많습니다.

최근 미국 교회교육에 불고 있는 주류의 흐름은 부모와 함께하는 세대통합 교육입니다. 이미 미국의 성공적인 많은 교회들이 대부분 세대 간의 관계 개선에 최대의 관심을 가지고 세대간 목회(intergenerational ministry) 혹은 다세대 목회(multi-gener-ationalministry)라는 새로운 패러다임으로 전환하고 있습니다. 과거의 장년중심 목회를 탈피하여 차세대를 교회의 중심으로 영입하는 시도입니다. 다음 세대 교회교육을 위한 콘퍼런스인 오렌지콘퍼런스(Orange Conference)로 우리에게 잘 알려진 노스 포인트 커뮤니티교회가 그 대표적인 주자입니다. 그 교회는 더 이상 주일학교가 교회의 한 부분으로 존재하는 조직이 아닌, 교회와 가정을 합친 하나의 그림으로 가야 한다며 주일학교 패러다임을 시작했습니다. 그리고 실제로 세대를 통합하는 교회주일학교를 운영하면서 힘이 더 커졌습니다.

그런데 사실 이러한 변화는 교회교육에 처음 시도된 혁신적 변화가 아닙니다. 본래 교회의 모습으로 되돌아간 것입니다. 양승헌 목사에 의하면, 교회가 세대 분리형 교육이 아닌, 함께 공동체적으로 하나 되는 교육을 할 때 신앙의 세대 전수에 가깝게 다가갈 수 있다고 합니다. 세대통합 교육이 아이들을 오히려 영적으로 지적으로, 정서적으로 성장시킬 수 있다는 것입니다. 세대통합 교육이 기존의 교회주일학교 패러다임보다 훨씬 긍정적인 요소가 많습니다.

교회에서 언제부터 지금과 같은 연령별 분리 교육이 시작되었을까요? 원래 교회교육에 교회주일학교라는 개념이 없었습니다. 유대인들에게도 교회주일학교 또는 어린이예배라는 개념이 없었습니다. 초대교회에도 교회주일학교는 없었습니다. 어른들이 드리는 예배에서 어린이들이 독립해 그들만의 예배를 드린 기록은 어디서도 찾아볼 수 없습니다.

1780년대 영국에서 주일학교의 아버지라고 불리는 로버트 레이크스(Robert Raikes)의 활동이 시작되었습니다. 산업혁명으로 맞벌이 부부가 늘어나면서 많은 어린이가 방치되었습니다. 이에 평신도였던 신문업자 레이크스가 주중 학교를 열었는데, 이것이 교회주일학교가 되었습니다. 교회주일학교가 생기면서 어른들과 함께 드리던 예배에서 독립했습니다. 어린이 신자들은 자기들끼리 예배를 드리게 되었고, 교회가 커지면서 부서별 예배가 되었던 것입니다.

이런 예배 스타일은 지난 수백 년 동안 교회를 크게 부흥시켰습니다. 그러나 독립된 어린이예배가 효율성이 떨어지고 세대 간의 믿음 전승에 있어 걸림돌이 된다는 문제가 발생하면서 다시 초대 교회의 통합예배로 돌아가는 교회들이 생겨났습니다. 부모와 자녀들이 함께 통합예배를 드리게 된 것입니다.

세대를 통합하는 교육으로 대세가 움직이고 있습니다. 최근 미국 바나 리서치 결과에 의하면, 신앙심이 좋은 부모일수록 자녀들과 함께 기도하고 찬양하고 예배를 드린다고 합니다.

경북 경산시 진량제일교회는 모든 세대가 함께하는 예배 구조로 바꾸었습니다. 주일 오후예배는 '온가족예배'로, 수요예배는 '수요성령집회'라는 이름으로 진행합니다. 특히 기도회 중심의 집회 형식으로 진행되는 수요성령집회는 시작부터가 다릅니다. 매주 아이들과 부모들이 자발적으로 콰이어에 참여해서 강단에 올라 뜨겁게 찬양합니다. 설교가 끝나고 이어지는 기도회에서는 모든 참석자가 빼놓지 않고 다음 세대를 위해 기도합니다. 그리고 담임목사도 집회에 참석한 모든 아이를 강단으로 불러 일일이 안수기도 해줍니다.

김종언 담임목사는 이렇게 말합니다. "모든 세대가 함께하는 예배와 기도는 전 교회적으로 다음 세대에 더 많은 관심을 갖게 하고, 세대 간의 신앙적 공유가 중요하다는 것을 인식하는 계기가 됐다. 좋은 신앙의 유산을 다음 세대에 물려주고, 세대와 세대가 같은 신앙 안에서 하나가 되는 일에 계속해서 관심을 가질 것이다."

과천약수교회(설동주 목사)는 매월 첫째 주일에 3대가 함께 예배를 드립니다. 부모와 자녀 간 예배문화의 벽을 허물어 트림으로서 자연스럽게 하나의 신앙공동체를 만들어 나가고 있습니다. 3대가 함께 한 자리에서 예배를 드리며 자녀들은 부모의 예배드리는 모습을 조부모의 예배드리는 모습을 자연스럽게 보고 배웁니다.

3대가 함께하는 예배는 학생들이 장년예배에 능동적으로 참여하도록 하기 위해 만들어졌습니다. 또한 예배에 참석한 자녀들이 어른들 앞에서 직접 성경봉독을 하고, 성가대에도 참여하게 해서 함께 예배를 이끌어갑니다.

그러면서 가장 두드러지게 나타난 효과는 자녀들의 예배 자세입니다. 설동주 목사는 "초·중·고등학생들이 3대 예배를 드린 후 또래 집단끼리 예배드릴 때와는 전혀 다른 모습을 보인다... 경건한 예배 자세와 성스럽기까지 한 예배를 경험하고 다시 각 기관으로 돌아가 예배를 드릴 때 아이들은 지난 예배와는 전혀 다른 예배의 자세를 갖게 된다"고 말했습니다.

이제 교회주일학교는 패러다임을 바꿔야 합니다. 성경이 말하고 있는 '부모와 함께하는 주일학교', 즉 세대통합 교육으로 가야만 합니다. 세대통합 주일학교는 교회의 구성원을 연령별로 분리하는 분리 교육을 지양하고 어린아이, 청년, 장년, 노년층을 하나로 묶는 통합된 주일학교 구조입니다. 따라서 교회 규모와 관계없이 적용이 가능하고, 노년층이 많은 교회도 얼마든지 실행할 수 있습니다. 작은 교회에 적용하기 좋다는 것도 매우 큰 장점입니다.

총신대학교 기독교교육과 김희자 명예교수는 "세대통합은 교회와 가정의 의무이자 기본이다. 하나님께서 가정과 교회를 세우신 이유 중 하나는 다음 세대에게 신앙의 유산을 물려주기 위함이다"

라고 말했습니다.

세대통합 주일학교 모델은 교회 상황에 따라 다양합니다. 티모시 폴 존스는 3개 종류의 세대통합 주일학교의 모델이 존재한다고 했습니다.

첫째, 가정 기초 사역(Family-Based Ministry)으로, 교회 내 각 주일학교 부서는 그대로 존재하되, 각 세대를 통합하는 커리큘럼과 활동들이 추가됩니다. 부서별로 활동하고 예배를 드리지만, 실제로는 온 세대가 함께하는 행사에 집중하게 하는 구조입니다.

둘째, 가정 구비 사역(Family-Equipping Ministry)으로, 이 모델의 경우도 각 부서가 동일하게 존재합니다. 하지만 사역자가 교육의 일차적 주체를 부모로 여기고, 부모 제자훈련에 집중합니다. 그리고 각 가정에서 부모가 직접 자녀들을 양육하는 데 힘쓰도록 만듭니다. 교회주일학교 아이들의 신앙 양육 주체가 교사가 아닌 부모라는 점이 핵심입니다.

셋째, 가정 통합 사역(Family-Integrated Ministry)으로, 오직 가정 제자화가 목표입니다. 이 모델의 경우 각 교육 부서 및 여전도회 남전도회가 존재하지 않습니다. 모두가 매주 함께 예배드리며, 교회 대부분의 행사와 프로그램도 온 세대가 함께합니다.

세대통합 주일학교는 교회교육을 각 부서에 일임하는 구조가 아닙니다. 각 부서를 하나로 통합해 교회가 안고 가는 구조입니다. 주일학교 아이들을 교육 부서의 구성원이 아닌 교회 전체의 구성원으로 봅니다. 여러 모델에 따라 각 부서 예배와 양육이 있기도 하고 없기도 하지만, 공통적으로 교회가 부모를 통해서 아이들의 신앙을 양육하는 데 집중합니다. 다음 세대의 영적 책임을 교회 전체가 지고, 부모를 통한 신앙 훈련을 강조하며, 온 세대가 하나 되는 교육 청사진을 그리는 것이 세대통합주일학교입니다.

〈도표 1〉 일반적인 주일학교와 세대통합 주일학교 패러다임 비교

	일반 주일학교	세대통합 주일학교
사역 대상	주일학교 학생, 교사	부모, 주일학교 학생, 교사
사역 목표	주일학교 학생들을 변화시켜 그리스도의 제자로 삼는 것	부모와 주일학교 학생들을 양육하여. 온전한 가정에서 바르게 신앙생활 하도록 돕는 것
사역 방법	주일학교 학생들과 깊은 관계 형성	부모 및 주일학교 학생들과 깊은 관계형성
프로그램	주일학교 학생들의 눈높이에 맞는 프로그램	부모와 자녀의 관계 형성에 도움이 되는 온 가족이 함께 하는 프로그램

누군가 저자에게 한국교회 다음 세대 사역에 있어서 대안을 말하라고 한다면, 과감히 세대통합이라고 말하겠습니다. 많은 교회가 고령화 되어가는 이 시국에 세대통합 주일학교가 교회를 살리는 유일한 대안이 될 것입니다.

부서 중심의 교회교육은 이미 한계에 다다랐습니다. 아이들도 새롭게 변하는 교회를 찾고 있습니다. 이제 교회는 하나로 가야 합니다. 교회교육은 하나여야 합니다. 우리의 기득권과 생각을 조금만 내려놓는다면 모든 교회에서 세대통합 교육이 가능하리라 믿습니다.

5. 일만 스승 vs 한명의 영적인 부모

여기서 보다 현실적이면서도 직접적인 질문을 던져볼 수 있을 것입니다. 이것이 실은 주일학교 교사들이 던져야 할 가장 중요한 질문이 될 것입니다. 그것은 바로 다음의 세 가지 질문입니다. 사실 이 질문은 결국은 하나라고 할 수 있습니다.

* 나는 사람이 좋아 교사가 되었는가? 아니면 직분과 일 때문에 교사가 되었는가? (나는 사람이 먼저 보이는가? 아니면 일이 먼저 보이는가?)
* 나는 학생들을 진심으로 사랑하는가?
* 만일 내 아이라면 지금처럼 하겠는가?

이런 맥락에서 나는 교사로서 정말 아이들을 사랑하는가? 라는 것과 그 아이들을 사랑하되 진정으로 내 자녀들처럼 사랑하는가? 라는 것입니다. 다른 말로 만일 내 자녀라면 지금처럼 대할 것인가? 라는 것입니다.

바울은 고린도 전서 4장 15절에서 "그리스도 안에서 일만 스승이 있으되 아버지는 많지 아니하니 그리스도 예수 안에서 내가 복음으로써 너희를 낳았다"고 말합니다. 여기서 스승으로 번역된 헬라어는 '파이다구스'라는 말로 영어성경에는 보호자(guardian, NIV) 혹은 개인선생(tutor. NASB)으로 주인의 어린 자녀를 학교에 데려다 주던 노예를 일컫는 말로 쓰였습니다. 비록 그들은 노예

였지만 이 보호자는 어린아이들에게 존경을 받고 예절을 가르치는 책임이 있는 선생이었습니다. 하지만 이들은 여전히 노예이며 아버지는 될 수 없었는데, 바울이 지금 말하는 의도는 이렇듯 기본 예절과 교양을 가르치는 스승과 같이 교회 안에서도 신앙을 지식적으로 가르치는 교사들은 많을 수 있지만 자신과 같이 아버지로서 영적인 부모의 역할을 하는 사람은 적음을 말하고 있는 것입니다. 이런 면에서 바울은 이 본문을 통해 일만 스승이 아니라 한 명의 제대로 된 영적인 부모. 아비가 얼마나 중요한지를 말하고 있다고 볼 수 있습니다.

또 다른 측면에서, 주님의 마지막 명령인 마태복음 28장 18~20절을 따라 모든 교사는 제자를 삼는 사람들이라고 할 수 있고 주님의 제자를 양육하는 사람으로서 교사에 대해 성경은 몇 가지 메타포(metaphor)를 사용하고 있는데 그 중에 우리가 놓치기 쉬운 것이 바로 이 영적인 부모 메타포라고 할 수 있습니다. 이것에 대해 제자훈련 전문가인 게리 쿠니(Gary. W. Kuhne) 교수는 제자훈련 사역을 위한 '목자' 메타포와 '부모' 메타포의 가장 큰 차이는 바로 인격적인 관계맺음(personal relationship)이 있느냐 하는데 있다고 말합니다.

비록 목자도 양과의 관계형성에 대해 강조하는 면이 있지만 부모와 자식과 같은 친밀한 인격적인 관계에 대해서는 말하고 있다고 보기 어렵기 때문에 이런 면에서 부모 메타포는 교사들에게 어떤 관계 맺음을 해야 하는지 가르쳐 준다는 면에서 시사 하는 바가 아주 크다고 하겠습니다.

실제로 많은 제자훈련 프로그램이나 교회학교에서 제자를 기르는 일에 있어서 프로그램과 가르치는 내용에 집중했지 실제로 인격적인 관계맺음에 대해 강조하는 경우가 적었는데 이것에 대해 부모 메타포는 새로운 관점을 제시한다고 할 수 있습니다. 즉, 내가 가르치는 아이들의 영적인 부모로서 제대로 스스로에 대해 인식(self-conception)하고 있는지부터 점검해야 한다는 것입니다. 이것을 통해 정말 내가 가르치는 학생들이 나의 자녀라면 이렇게 대할 것인지, 이렇게 가르칠 것인지, 이렇게 기도할 것인지 묻는다면 교사로서 새로운 다짐으로 시작할 수 있지 않을까 생각이 됩니다.

영적인 부모가 되라

바울은 이 영적 부모 메타포를 데살로니가전서 2장 7절과 11절에서 사용하고 있습니다. 7절에서 바울은 "우리는 그리스도의 사도로서 마땅히 권위를 주장할 수 있으나 도리어 너희 가운데서 유순한 자가 되어 유모가 자기 자녀를 기름과 같이 하였으니"라고 말하면서 자신의 사도로서의 위치를 정확히 하면서도 젖먹이는 유모가 갓난아이 때부터 모성을 가지고 기르는 것에 비유하였습니다. 여기서 쿠니 교수는 바울이 모성의 온화함(being gentle), 살뜰히 살핌(being caring), 지극히 개인적이고 인격적임(being personal), 애정어림(being affectionate)을 보여주고 있다고 말하면서 이런 여성적인 세밀함의 부분을 가지고 제자를 길러내는 어머니 됨의 모습이 있어야 한다고 말합니다. 이어 11절에서는 "너희도 아는 바와 같이 우리가 너희 각 사람에게 아버지가 자기 자녀에게 하듯 권면하고 위로하고 경계하노니"라고 말하는 바울의 말에서 아버지 메타포를 발견할 수 있다고 말합니다. 쿠니 교수에 의하면 이 아버지 메타포는 몸소 섬김(being a servant), 도덕적 기준이 됨 (being ethical), 삶을 지도함(being directive), 성경적인 기준이 됨(being biblical)의 모습을 보여주는데 이를 통해서 제자 된 자들의 아버지 역할을 감당해야 한다고 말하고 있습니다.

〈도표 2〉 영적인 부모로서 교사의 덕목

영적 부모됨		내용	체크 리스트				
			1	2	3	4	5
어머니됨	1. 온화함	어떤 일에 인내하고 잘 참음 어떤 일에도 온화하게 대함					
	2. 살뜰히 살핌	학생을 따뜻함과 보호하며 살핌					
	3. 인격적임	개인적으로 친밀함 학생에 대해 잘 알고 이해함					
	4. 애정어림	논쟁하기보다 사랑을 표현 함, 학생이 두려워하지 않음					
아버지됨	5. 몸소 섬김	가장이 자신을 희생해서 가정을 세우듯 학생들을 세움					
	6. 도덕적 기준이 됨	아버지가 자녀를 나무라듯 훈계함. 옳은 것을 말하고 가르침					
	7. 삶을 지도함	아버지가 용기를 북돋우듯 신앙이 자라도록 용기를 줌. 아버지의 든든함과 같이 신앙의 버팀목이 됨					

〈표 2〉의 영적인 부모로서의 교사의 덕목 체크리스트는 쿠니 교수의 책, [Follow-up dynamics]에 있는 내용을 정리해서 목록으로 만들어 본 것입니다. 체크리스트에 자신의 모습이 어떠한지 점검해 본다면 영적인 부모로서의 교사 자신의 위치를 알고 무엇이 부족한지 살필 수 있는 기회가 될 것입니다. 이를 통해 교사들이 더욱 도전을 받고 스스로를 점검할 수 있는 기회가 될 수 있기를 기대합니다.

6. 다음 세대 vs 다른 세대

시대마다 새로운 세대가 등장했습니다. Z세대, 밀레니얼세대(Millennials)로 알려진 Y세대, X세대의 등장은 기존의 기성세대를 긴장하게 했습니다. 베이비붐 세대가 볼 때 X세대, X세대가 볼 때 밀레니얼세대, 밀레니얼세대가 볼 때 Z세대는 새로운 세대입니다. 거기에 새로운 알파세대가 등장했습니다. 새로운 세대는 이전과는 다른 세대임이 분명합니다. 새로운 세대는 외모에 있어서는 기성세대와 비슷하지만 생각이 다릅니다. 그리고 새로운 세대는 기성세대와 사용하는 언어가 다릅니다. 허두영 작가는 그가 쓴 '세대 공존의 기술'에서 세대 간 의사소통에 어려움을 겪는 가장 큰 이유 중 하나로 언어 문제를 들었습니다.

새로운 세대는 언어뿐만 아니라 생각(가치관)도 기성세대와 다릅니다. 임홍택 작가의 '90년생이 온다'라는 책에서 70년대생을 IMF 직격탄을 맞은 세대로, 80년대생을 2008년 글로벌 금융위기의 영향을 받은 세대로, 90년대생을 9급 공무원을 원하게 된 세대로 소개했습니다. 90년대생들의 특징은 다음의 세 가지입니다. 첫째, 90년대생은 길고 복잡한 것들을 좋아하지 않습니다. 90년대생 언어에서 줄임말이 전방위적으로 확대되었습니다. 그만큼 간단한 것을 선호하는 세대라고 할 수 있습니다. 둘째, 90년대생은 '재미'(fun)를 추구합니다. 이전 세대가 '삶의 목적'을 추구했다면 90년대생은 '삶의 유희'를 추구합니다. 셋째, 90년대생들의 특징은 '정직함'입니다. 그들은 공정하지 못한 것에 분노합니다. 그들은 솔직한 편입니다. 새로운 세대는 자신이 수용할 수 없을 때 그것을 표현하는 것이 이전 세대와 너무 다릅니다.

미국 퓨리서치센터에 의하면, 1964~1980년에 태어난 세대를 X세대, 1981~1996년에 태어난 세대를 N세대라고 합니다. 명확한 기준은 없으나 대부분의 전문가는 1980년대 초반부터 2000년 사이에 태어난 세대를 밀레니얼 세대로 정의합니다. 현재 나이로 계산하면 대략 20대부터 30대 후반까지의 나이대를 아우릅니다. 90년대생들도 여기에 포함됩니다. 그리고 소위 'Y세대'를 밀레니얼 세대로 부릅니다.

밀레니얼세대를 겨우 파악했더니 이젠 Z세대가 나타났습니다. 이 말은 로버트 킨슬과 마니 페이반이 지은 "유튜브 레볼루션"(Youtube Revolution)의 제13장 제목입니다. 유튜브는 기존의 방송이 하지 못하는 영역에서 성공하고 있습니다. 새로운 세대가 등장함으로 새로운 직업이 생기고 새로운 산업도 발전하게 됐습니다. 그런데 새로운 세대가 등장한 이후 또 새로운 세대가 등장함으로 긴장감을 더해가고 있습니다. 다음 세대는 이전과는 다른 세대임이 분명합니다.

Z세대보다 더 어린 세대인 알파세대(Alpha generation)가 이미 등장했습니다. 2010년 이후 출생자를 알파세대로 정의했습니다. 알파세대로 명명한 이유는 두 가지입니다. 첫째, 세대를 지칭하는 로마 알파벳을 모두 소진하여 그리스어 알파벳으로 다시 시작하는 의미입니다. 둘째, 알파는 최상위급에 붙이는 단어로 기성세대들을 능가할 특별한 미래 세대라는 기대감을 담은 의미입니다. Z세대의 가장 큰 특징은 어려서부터 인터넷을 자연스럽게 접한 세대라는 것입니다. Z세대들은 IT 기술에 익숙함을 느끼고, 사교 생활에 있어서 스마트폰, SNS를 자유롭게 사용합니다. 디지털 네이티브 (디지털 토착민)세대라고 불리기도 합니다.

알파세대는 Z세대보다 더 진화해 테크 중심적 소비와 라이프스타일을 역사적으로 가장 크게 누릴 세대입니다. 아직은 소셜 미디어를 비롯한 온라인으로 활동 영역이 제한적이지만 이들이 10대로 본격 진입하는 수년 후에는 주목할 세대로 부상할 가능성이 큽니다. 아직 특성이 제대로 드러나지 않은 미래 세대입니다.

기성세대는 새로운 세대에 관해 관심을 가져야 합니다. 기성세대는 새로운 세대와 공존해야 합니다. 새로운 세대는 기성세대의 자녀세대입니다. 새로운 세대가 잘 성장해야 미래가 희망적입니다. 시간이 지나가게 되면, 새로운 세대는 기성세대를 대신하게 됩니다.

이스라엘 역사에서 신앙고백의 대물림에 실패함으로써 어떻게 신정주의 국가가 우상 숭배 국으로 변질되었는지를 찾아볼 수 있습니다. 여호수아 사역 말기, 가나안 입성 100년 이내 이스라엘의 역사에서 3세대의 믿음을 동시에 볼 수 있습니다. "이스라엘이 여호수아가 사는 날 동안과 여호수아 뒤에 생존한 장로들 곧 여호와께서 이스라엘을 위하여 행하신 모든 일을 아는 자들이 사는 날 동안 여호와를 섬겼더라"(수 24:31)

제1세대는 여호수아를 대표로 하는 그룹입니다. 여호수아와 갈렙을 비롯해 출애굽 때 20세 미만이었던 젊은이들이 가나안 1세대에 속합니다. 출애굽 과정에서 벌어지는 생생한 기적과 광야 40년의 여정에서 하나님의 임재와 능력을 목도한 세대입니다. 눈앞에서 홍해가 갈라지고, 구름기둥과 불기둥을 보고, 만나와 메추라기가 내리고, 반석에서 생수가 터지고, 모세가 손을 들면 이스라엘 군대가 이기고 손을 내리면 아말렉이 이기는 희한한 일을 목도했습니다. 그래서 모세는 이런 이적을 체험하거나 광야의 구덩이에서 살아남은 큰 나라가 어디 있느냐고 반문합니다(신 4:7 참조).

그러니 그 믿음이 얼마나 대단했을까요! 이들은 가나안의 우상에게 쉽사리 넘어갈 수 없는 세대로, 율법을 준수하고 계명을 자녀들에게 전승하는 일에 올인 했습니다. 이들은 성공적인 믿음의 세대입니다. 자신의 믿음도 성공했고 여호와의 믿음을 자녀들에게 전승하는 일에도 성공했습니다.

제2세대는 장로들 세대로 '여호수아 뒤에 생존한 장로들'입니다. 하나님의 임재와 능력을 직접 목격하지는 못했습니다. 홍해 사건, 구름기둥과 불기둥, 만나와 메추라기, 반석에서의 생수 등을 자기 눈으로 직접 보지 못했습니다. 이적으로 점철된 광야 세대가 아니라 가나안에 들어와서 출생한 세대이기 때문입니다. 그러나 눈으로는 보지 못했지만 귀로는 생생하게 전해 들었습니다. 여호수아, 갈렙과 함께했던 광야 세대의 앞선 선조, 부모에게서 하나님의 존재와 권능을 귀가 닳도록 전해 들은 것입니다. 이 2세대의 믿음은 눈으로 본 부모세대만큼이나 확실했고 깊었습니다.

성경에서 '안다'는 것은 체험적 신앙을 뜻합니다. 그러나 자녀에게 다음 세대에게 믿음을 전승하는 일에 성공한 1세대와는 달랐습니다. 2세대는 귀를 통해 하나님의 역사를 듣고 자기 믿음으로 수용하는 데는 성공했지만 다음 세대에게 자기 자식들에게 대를 이어가며 전하는 일에는 실패했습니다.

그렇다면 제3세대는 어떻게 되었습니까? 앞서 언급한 성경 말씀에서 '이스라엘'은 3세대를 가리킵니다. 그들이 "모든 일을 아는 자들이 사는 날 동안"에만 여호와를 섬겼다는 것은 부모 세대가 죽으면서 여호와를 섬기지 않았다는 뜻입니다. 믿음의 전승, 대물림이 끊어진 것입니다. 여호와 신앙이라는 믿음이 계속 이어져야 하는데 부모가 떠나면서 신앙의 배턴을 이어받지 않았던 것입니다. 그러다 보니 홍해 사건, 구름기둥과 불기둥, 만나와 메추라기, 반석에서 생수가 터져 나온 기적의 사건은 역사가 아니라 전설이 되어버렸습니다.

하나님이 하신 일이 전설이 되다 보니 그 사건을 일으킨 하나님도 전설이 되고 만 것입니다. 그래서 가나안 350년 동안 이스라엘은 '자기 소견대로 사는' 민족이 되고 우상에게 중독된 배교의 역사를 쓰게 되었습니다.

하나님의 선민으로 살아야 할 제3세대가 하나님 중심이 아니라 자기 소견대로 사는 세속화의 1차적 책임은 누가 져야 할까요? 당연히 2세대 부모가 져야 합니다. 하나님을 듣고 알고 믿었지만, 자신이 믿는 하나님을 자식들에게 가르치지 못했고 전승해주지 않았던 2세대 부모가 자녀를 영적으로 실족시킨 책임을 마땅히 져야 합니다.

기성세대는 젊은 세대를 이해하기 위한 다양한 노력을 해야 합니다. 먼저 소통을 위한 노력을 해야 합니다. 고양이와 개는 서로 다른 신호를 주기 때문에 소통할 수 없습니다. 개가 친근감을 나타내기 위해서 꼬리를 들 때, 고양이는 친근감을 느끼지 못하고 싸울 준비를 합니다. 이처럼 우리가 다음 세대에 대해 연구하지 않는다면 그들과 소통할 수 없습니다. 실제로 지금 직장에서는 젊은 직원들과 의사소통이 되지 않아 많은 문제가 발생하고 있습니다. 꼰대가 되지 않으려고 노력하고 있지만, 젊은이들에게 호감을 주는 것은 결코 쉬운 일이 아닙니다.

다음 세대는 하나님의 자녀가 돼야 합니다. 만약 그렇게 되지 않는다면 사사기의 불행이 이 시대에 반복되어 나타날 수 있습니다. 사사 시대에 등장한 '다른 세대'는 여호와를 알지 못했고, 여호와께서 이스라엘을 위해서 행하신 일도 알지 못했습니다(삿 2:10). 그래서 그들은 하나님을 떠났습니다. 하나님의 백성인 이스라엘 백성이 여호와 하나님을 모른다는 것은 '신앙 계승'에 실패했음을 의미합니다. 하나님의 구원과 인도하심을 다음 세대에 전달하지 못한 것은 분명히 앞선 세대의 잘못이었습니다.

구약 사사기에 등장한 여호와를 모르는 다른 세대는 이 시대에도 나타날 수 있습니다. 만약 우리가 다음 세대에 대한 신앙 계승에 실패하면 사사기의 불행이 재현될 수 있습니다. 다음 세대를 세우기 위해서는 다음 세대의 특성에 관해 관심을 가져야 합니다. 다음 세대를 하나님의 자녀로 잘 키우는 것이 우리의 목적입니다. 다음 세대는 하나님의 세대입니다. 교회 안에 있든지 밖에 있든지 하나님은 모두를 사랑하시며 그들의 삶에 대한 계획을 가지고 계십니다.

7. 지금보다 5년, 5년보다 10년 후가 더 좋은 교회

당신의 교회는 지금이 좋은 교회입니까? 5년 후가 좋은 교회입니까? 지금이 좋은 교회라면 그 말은 욕입니다. 그런데 5년 후, 10년 후에 더 좋은 교회가 되려면 지금부터 5년, 10년을 더 아래로 내려가서 봐야 하는 것입니다. 무슨 말이냐 하면 5년, 10년 뒤에 어른이 될 아이들이 있는 곳으로 가서 보라는 말씀입니다. 교회주일학교 현장으로 가서 직접 현실을 보고, 거기에 투자하고 씨를 뿌려야만 5년, 10년 후에 좋은 교회가 되는 것입니다.

오늘보다 내일이 좋은 교회가 되기 바라신다면 교회에 아이들과 청년들이 모일 수 있는 일을 해야 됩니다. 아이들과 청년이 많이 모이는 교회는 지금보다 내일이 더 좋은 교회임에 틀림없습니다. 그런데 그 일은 교육을 통해서만 이루어집니다. 아이들을 보면 그 교회의 내일을 내다볼 수 있기 때문입니다. 아이들과 청년이 많이 모이는 교회는 지금보다 내일이 더 좋은 교회임에 틀림없습니다. 5년 후면 좋아질 겁니다. 또 10년 후면 더욱 근사해질 겁니다.

김동호 목사는 지금보다 5년, 5년보다 10년 후가 더 좋은 교회가 되려면 기성세대가 아니라 차세대에 투자하는 교회가 되어야 한다고 말합니다. 다시 말해서 차세대 교육에 투자하는 교회가 되어야 한다는 말입니다.

마태복음 25장에 나오는 달란트 비유를 어떻게 해석해야 할까요? 이 말씀에서 달란트는 은사, 돈, 시간, 재능 등으로 해석될 수 있습니다. 그 해석이 옳습니다. 그러나 교회교육을 하는 사람으로서 나는 달란트를 투자로 봅니다. 어디에 투자할까요? 다섯 달란트 받은 좋은 가장 효과적인 곳에 투자를 했습니다. 두 달란트를 받은 종도 나름 최선의 투자를 했습니다. 한 달란트 받은 종은 그냥 땅에 묻었습니다. 그것도 일종의 투자라면 투자입니다. 그러나 땅에 대한 투자는 주인에게 인정을 받지 못했습니다. 달란트를 맡긴 주인이 원했던 투자 방식이 아니었기 때문입니다. 한 달란트 받은 종은 투자 대상을 잘못 선택했고, 투자 방법에서 실패했습니다. 그것은 투자가 아니라 투기였기 때문입니다.

다섯 달란트, 두 달란트 받은 종들이 무슨 장사로 이윤을 남겼는지 알 수 없지만 효과적인 투자를 한 것만은 사실입니다. 그들은 효과적인 투자 대상을 설정했고, 이익이 나는 곳에 주인이 맡긴 달란트를 투자한 것입니다.

한국교회는 아이들과 청소년, 그리고 청년들을 '연보도 못하는 것들(?)이라고 깔보는 경향이 없지 않습니다. 너무나 어리석은 일이 아닐 수 없습니다. 한국교회는 주인에게 달란트를 받은 종과 같습니다. 우리는 지금 어디에 투자하고 있습니까?

한국교회가 타산지석으로 삼아야 할 영국교회는 다음 세대를 키우지 못했고 다음 세대에 투자하지 못했습니다. 대신 해외선교에만 주력했습니다. 내 자식들이 제대로 된 교육을 받을 수 있도록 유능한 교사들을 세우고 교회교육에 주력해야 하는데, 선교에만 힘을 쏟느라 다음 세대를 키우는 일을 소홀히 한 것입니다.

또한 다음 세대에 대한 투자보다 사회복지에 경쟁적으로 투자했습니다. 사회복지가 좋은 것이지만 교회의 존재 이유는 아닙니다. 교회는 복음을 전해 죽어가는 생명들을 구원해주는 일이 1차적이고, 그 믿음을 다음 세대에 전해주는 것이 교회의 본질입니다. 그러나 영국교회는 사회복지를 노래하다 교회의 본질이 주객전도가 되고, 생명력을 잃은 것입니다.

우리 한국교회가 영국교회를 따라가고 있습니다. 한국교회는 선교강국입니다. 교회마다 복지에 대해 경쟁적입니다. 좋고 바람직한 일입니다. 문제는 다음 세대를 키우는 투자 없이 선교 복지로 가고 있다는 것입니다. 지속적으로 선교와 복지 사업을 하려면 이를 추진할 수 있는 다음 세대의 인재들이 있어야 합니다. 그런데 인재는 키우지 못하고 우리만 열심을 내고 있으니 우리가 죽으면 선교와 복지도 함께 죽는다는 가장 기본적 개념을 한국교회의 지도자들이 놓치고 있는 것입니다.

다음세대를 독립군 자식을 만들지 말아야 합니다. 꽤 큰 교회가

1년 예산의 60퍼센트 이상을 해외선교에 쓰는 교회가 있습니다. 그 큰 교회의 1년 교육 예산이 천만 원밖에 안 됩니다. "이 집 아이들은 독립군의 아이 같다. 제 아버지는 독립운동 하느라 정신이 팔려 자기 아이들이 밥을 먹는지 굶는지 도무지 모른다."

이제 한국교회가 투자할 대상을 제대로 정하고 헌금이 다음 세대를 위해 쓰일 수 있기를 기대합니다. 선교도 중요하지만 교육은 못지않게 중요한 일입니다. 교육과 선교는 같은 일입니다. 선교를 교육해야 되고 교육을 통해서 또 선교하는 것입니다. 교육은 교회가 맡은 가장 중요한 사명 중에 하나임에 틀림없습니다.

적어도 땅이나 건물 등 부동산에 달란트를 묻어두는 일은 하지 말아야 합니다. 땅에 대한 투자는 가장 안전한 것 같지만 사실은 가장 효과가 떨어지는 투자 대상이며 방식입니다. 그것은 결코 다음 세대를 위한 투자가 아니라 투기에 가깝습니다.

사실 한국교회는 투자만 해야 하는 어린이 선교에 대해서 매력을 느끼지 못한 것이 사실입니다. 한마디로 주일학교 어린이들에 대한 배려와 케어(돌봄), 그리고 성경 프로그램이 없는 것입니다. 이로 인해 한국 교회의 마이너스 성장은 예견돼 왔습니다.

이러한 문제 해결 방안은 하루아침에 생겨날 수 없습니다. 지속적인 관심과 후원이 필요합니다. 단기간에 얼마만큼의 돈을 집중적으로 써서 해결될 문제는 아닙니다. 지속적인 투자가 요청됩니다.

마산에 있는 모고등학교에서 무려 27명이나 서울대학교에 진학시켰다고 들었습니다. 꼭 서울대학교에 많이 갔다고 해서 드리는 말씀이 아닙니다. 그렇지만 그 이유는 간단합니다. 이사장실에는 선풍기 돌리고 아이들이 공부하는 기숙사에는 에어컨 틀어주는 정신이 있으니까 그런 학교가 되는 것입니다.

한국의 부모들은 밥만 먹고 삽니다. 돈은 누가 다 먹습니까? 아이들이 다 먹습니다. 그러니까 나라가 되는 겁니다. 그런데 교회는 누가 돈을 다 먹습니까? 어른들이 다 먹습니다. 아이들은 밥만 먹습니다. 그러니까 교회가 안 되는 것입니다. 이것을 바꿔야 합니다.

어른들은 천막 치고 예배 드려도 상관없습니다. 그러나 아이들로 내려갈수록 예배실이 좋아야 합니다. 유치부 영유아부로 내려갈수록 예배실이 좋아야 합니다. "하나님 앞에 신령과 진정으로 예배드려야 한다. 하나님께 좋은 것을 드려야 한다"라고 가르쳐놓고 유치부실에는 찌그러진 캐비닛 갖다놓고, 지저분하게 상자 잔뜩 쌓아놓고 창고처럼 만들어놓으면 교육이 되지 않습니다. 강대상 하나도 좋은 것, 깨끗한 것, 깨지지 않은 것, 의자 하나도 반듯한 것, 물건 하나도 온전한 것, 하나님 앞에 쓰는 것은 그래야 한다는 시청각 교육이 병행되어야 합니다.

그렇기 때문에 사실은 본당보다 교육관에 더 많이 투자해야 합니다. 그런데 그렇게 하는 교회가 얼마나 됩니까? 많습니까. 적습니까? 교회 돈은 누가 다 먹습니까? 어른들이 다 먹습니다. 애들은 밥만 먹습니다. 그런데 어떻게 향후 5년 후가 더 좋은 교회가 되기 바라십니까?

8. 누구를 위한 예배당인가?

100년 전만 해도 유럽 교회는 엄청난 힘을 갖고 있었습니다. 미래를 생각하지 않는 교회지도자들은 헌금이 쏟아져 들어올 때 경쟁하듯이 성을 방불케 하는 수도원과 예배당을 지었습니다. 그러면서 사람들을 키우지 못했습니다. 지금의 유럽교회가 그 결과입니다.

현용수 교수는 역사 속에서 뭔가 배우고자 한다면 한 시대 문명의 상승기를 연구하는 것보다는 문명의 쇠퇴기를 연구하는 것이 유리하다고 했습니다. 그러므로 유럽 교회의 부흥기에서 배우기보다 쇠퇴기에서 더 많은 교훈을 찾아야 합니다.

한국교회가 부흥되고 있을 때 교회지도자들은 내일을 생각했어야 하는데 수천, 수만 명이 모이는 예배당을 열심히 건축했습니다. 대형 건축물, 예배당이 잘못되었다는 것은 아닙니다. 그러나 누구를 위한 예배당을 건축하는지 염두에 두어야 했습니다. 사람들을 키우는 일에 소홀하면서 건물을 짓는 일에만 열심이고 정작 예배당을 지어놓았을 때 성도가 절반도 채워지지 못한다면, 다음 세대는 건물을 유지하는 데 엄청난 재정적 부담을 떠안아야 하고, 교회는 본래의 사명을 감당하지 못한 채 애물단지가 된 거대한 예배당만 남게 됩니다. 이 점을 염두에 두어야 했습니다.

로마의 콜로세움은 당시 100만 인구 가운데 5만 명을 수용할 수 있는 큰 경기장이었습니다. 누가 그 아이디어를 냈을까요? 인구 수에 비해 그것이 필요한 건축이며 적절한 투자였을까요? 모든 사람에게 고루 혜택이 돌아가는 생산적 투자였을까요? 로마제국은 다음 세대를 바라보지 못했던 지도자들의 소아적인 영웅심, 그로 말미암은 부적절한 투자 때문에 무너지고 말았습니다.

"건물 앞에 서서 건물을 바라볼 때는 그 크기를 보기 전에 그곳이 무엇을 위한 건물인가, 누구를 위한 건물인가를 먼저 물어야 한다." 미래를 걱정하는 누군가가 100만 인구에 5만 명을 수용할 수 있었던 거대 건축물을 바라보며 의미심장하게 던진 물음입니다.

한국교회지도자들 역시 거대한 예배당을 바라보며 이런 질문을 던져야 합니다. 지도자들의 개인적 영성이나 교회를 부흥시키는 지도력도 중요하지만 다음 세대를 향하여 투자의 대상을 바르게 선택하는 미래의 눈은 더 중요합니다. 지도자의 진정한 영향력은 개인적 영성에 있는 것이 아니라 투자의 대상을 바르게 선택하는 혜안(慧眼)에 있습니다.

우리나라 지도자들은 이제 투자의 1순위를 제대로 선택해야 합니다. 예배당을 짓는 데 급급할 것이 아니라 예배당에서 예배드릴 다음 세대를 교육시키는 일에 더 많이 투자해야 합니다. 기도원을 짓는 데 많은 헌금을 쏟아 부을 것이 아니라 기도원에서 기도할 사람을 양성하는 일에 더 많이 투자해야 합니다. 기도할 사람이 아니라 기도할 장소를 짓는 데 급급해한다면 그건 근시안적인 지도자일 뿐입니다.

예배당은 아름다워야 합니다. 그러나 예배당보다는 교회가 더 아름다워야 합니다. 교회는 사람입니다. 구원받은 하나님의 백성입니다. 이들이 예배당보다 더 아름다워지려면 교회의 미래가 아름다워야 합니다. 교회의 미래는 자라나는 다음 세대 신자입니다. 그들이 미래의 교회가 되도록, 아이들이 예배당을 떠나 세상으로 떠나가지 않도록 교회는 적절한 시기에 그들을 위한 투자를 감행해야 합니다. 예배당 건물보다 미래가 더 아름다운 교회가 다음 세기를 책임질 진정한 하나님의 교회이기 때문입니다.

오늘날 교회를 떠나는 아이들의 자리를 대신할 자들은 그 어디에도 없습니다. 아이들은 흐르는 강물과 같아서 한번 흘러가면 다시는 그곳으로 돌아오지 않습니다. 제때 교육을 받지 못하면 그 아이들은 교육의 때를 놓쳐버리고 말 것입니다. 교육의 때를 놓치지 말아야 합니다. 어린 시절 교육의 효과가 가장 왕성할 때 교회는 그들을 위한 투자를 과감히 실행에 옮겨야 합니다.

교회건축은 교회의 제일가는 사명이 아닙니다. 예배당을 짓기 전에 반드시 알아야 할 것이 있는데, 예배당 건축이 교회의 최우선이 아니라는 사실입니다. 예배당 건축은 중요한 일이지만 그것은 언제나 어느 때나 교회의 제일가는 사명은 아닙니다. 교회의 제일가는 사명은 교육입니다.

교육학자 제임스 스마트(James D. Smart) 박사는 명저 〈교회의 교육적 사명〉에서 "교회는 선교를 하여야 하는 것처럼 교육에도 주력해야만 한다. 그렇지 않으면 교회가 교회일 수가 없다"라는 말로 기독교교육의 중요성을 일깨워줍니다. 그는 복음이 순수하게 전해지지 않는 교회나 성례가 올바르게 집행되지 않고 있는 교회가 결함을 지닌 불완전한 교회일 수밖에 없는 것처럼 교육적 기능이 제대로 작동하지 않는 교회 역시 결함을 지닌 교회일 수밖에 없다고 단언합니다.

스마트 박사의 단언이 아니더라도 교회는 예배, 선교, 구제의 사명이 있는 것처럼 교육적 사명도 있습니다. 교육적 사명은 교회의 여러 부서 중 교육부서에만 주어진 것이 아닙니다. 모든 신자에게 예배, 선교, 구제의 사명이 있는 것처럼 교육에 대한 책임 역시 교회 전체에 지워진 짐입니다.

오늘날 한국교회, 특히 교회주일학교의 교육 현장은 그렇지 못합니다. 기독교교육은 담당 부서의 관계자들에게나 해당되는 일이라고 여깁니다. 대부분의 신자를 비롯해 담임목사조차도 예배와 선교, 구제가 교회 사명의 전부라고 생각합니다. 그러다 보니 교육은 교회주일학교의 교사들에게만 맡긴 채 자신들과 별로 관계 없는 일처럼 등한시합니다.

앞서 지적했던 것처럼 기독교교육은 교회의 본질에 속하는 일이며, 교육에 대한 책임은 신자 전부가 져야 합니다. 따라서 교육의 기능을 소홀히 하는 교회는 교회로서의 본질에 반드시 갖추어져 있어야 할 어느 한 가지 요소를 잃어버린 교회가 될 수밖에 없습니다.

담임목사를 중심으로 온 교회가 교육의 책임을 함께 나누어져야 합니다. 교육 현장에서 직접 학생들을 가르치고 지도하는 교육지도자나 교사만 아니라 교인 전체가 이 사명을 올바르게 인식하여 동참하고 협력하는 가운데 보다 나은 하나님의 교회를 만들어가고 신실한 그리스도인으로서의 삶을 살아가도록 키워내야 합니다.

교육하고 구제하고 선교하고 그 다음이 건축입니다. 건축한다고 교육비를 줄이지는 말아야 합니다. 교육비를 동결하지 말아야 합니다. 선교하는 것을 미룰 수 없습니다. 구제하는 것도 늦출 수 없습니다. 그런데 많은 교회들이 예배당만 지으면 교육비를 잘라먹고 선교비를 동결하고 구제 안 하고 예배당만 짓곤 합니다. 그러나 그것은 옳지 않은 일입니다.

예배당 건물만 남기고 가는 앞선 세대가 될 수는 없지 않습니까! 기성세대로서 다음 세대에 부채만 잔뜩 넘겨주고 갈 수는 없지 않습니까! 우리가 앞선 세대에게 고마워하듯 다음 세대에게 우리도 고마움을 받는 세대가 되어야 하지 않을까요? 그러려면 제대로 투자해야 합니다. 오늘 교회의 헌금이 몰리는 곳을 보면 그 교회의 내일을 예측할 수 있습니다.

9. 담임목사와 당회가 교육에 헌신해야 한다.

교회는 담임목사의 관심사에 따라서 움직입니다. 특히 한국교회의 목회는 담임목회자의 목회철학에 달려 있다고 해도 과언이 아닙니다. 목회자가 관심을 가져주느냐 그렇지 않느냐에 따라 엄청난 결과의 차이가 있는 것입니다. 하나님께서 위임해 주신 목사가 어떤 곳에 관심이 있는가에 따라서 교인들이 움직입니다. 새들백교회 릭 워렌 목사는 교회를 움직이는 추진력, 즉 "목회 철학의 필요성"을 다음과 같이 말했습니다. "모든 교회는 무엇인가에 의해 움직인다. 교회에서 일어나는 모든 일에는 인도하는 힘과 조절하는 과정과 이끌어가는 확신이 작용한다. 어쩌면 이것들은 이야기

되지 않고 많은 사람에게 알려지지 않는 것들인지도 모른다. 이것들이 공식적으로 분명히 존재하며 교회 생활의 모든 면에 영향을 끼친다. 당신의 교회를 움직이는 추진력은 무엇인가?"

릭 워렌 목사는 교회를 '전통에 따라 움직이는 교회', '인물에 따라 움직이는 교회', '재정에 의해 움직이는 교회', '프로그램에 의해 움직이는 교회', '구도자에 의해 움직이는 교회'가 있다고 밝혔습니다. 그는 '목적에 의해 움직이는 교회'가 보다 성경적인 교회라고 말했습니다.

담임목사는 성경적인 목회 철학을 가지고 사역을 해야 합니다. 한국교회가 살아남으려면, 특히 교회교육의 활성화로 미래시대가 살아남으려면 교육에 대한 기존의 포맷을 새롭게 해야 합니다. 1차적인 포맷은 상층부에서부터 시작해야 합니다. 교회교육도 제대로 되려면 상층부에서부터 판을 새롭게 짜야합니다. 교회의 상층부는 당연히 담임목사이고 당회입니다. 담임목사와 당회는 한 교회를 이끌어가는 엔진 역할을 합니다. 교사들이 담임목사에게 교회주일학교의 관심을 토로하는 것은 분명 이 문제 때문입니다. 담임목사의 주일학교 관심의 정도에 따라 주일학교의 활성화가 좌우된다 해도 과언이 아닙니다. 담임목사와 당회가 교육에 대한 새로운 마인드로 무장하지 않으면 아무리 교육의 중요성을 외쳐도 소용없는 일입니다.

왜 그렇습니까? 한국교회는 대부분 담임목사 중심의 성장을 해왔습니다. 물론 평신도 중심 사역으로 성장하는 교회도 있지만 그 배후에는 담임목사의 강한 리더십이 절대적입니다. 이 사실은 '담임목사가 어디를 보고 있느냐?'에 따라 교회의 투자 판도가 달라짐을 의미합니다.

교회교육 시스템이 좋고 투자를 많이 해도 담임목사의 관심밖에 있다면 큰 기대를 하지 않는 것이 좋습니다. 교회의 미래는 내일의 주역인 어린이와 청소년 신자들을 양육하는 데 있습니다. 누가 교육에 헌신해야 합니까? 이제는 담임목사가 교육에 헌신할 때입니다.

"요즘 교사들은 열심이 없다" "헌신하지 않는다"는 꾸중을 들으면 교사들은 기가 죽습니다. 하지만 결코 옳은 지적만은 아닙니다. 한국교회에는 아직도 교사만큼 헌신하는 사람이나 부서가 많지 않습니다. 교사의 헌신이 부족한 것이 아니라 담임목사의 교육에 대한 관심 부족, 당회의 전폭적인 협조와 재정적 투자가 없어 교사들이 지쳐 가고 있을 뿐입니다. 지금 교회교육 현장에서 형식만으로 연명하는 교회주일학교가 많습니다. 담임목사는 교육 현장을 돌아보아야 합니다.

교회주일학교 교장은 담임목사가 맡습니다. 담임목사는 장년부서뿐 아니라 전 교회의 담임목사입니다. 전 교회라면 어린이 신자도 포함됩니다. 담임목사는 어린이 신자의 담임이기도 합니다. 그만큼 담임목사는 교육부서에 대해 큰 관심과 따뜻한 배려와 교회헌금의 사용 1순위라는 분명한 신념을 갖고 있음을 교사들에게 전 교인에게 보여주어야 합니다. 그런데 한국교회의 담임목사는 당회장 역할은 잘하고 장년 성도의 담임목사로서는 손색이 없지만 교회주일학교의 교장으로서는 그 성적표가 좋지 않습니다. 대형 교회일수록 교장 성적표는 더 나쁩니다. 교장으로서의 담임목사는 단지 교육부서 담당 교역자들에 대한 지시자요 감독관일 뿐입니다. 학생이 많이 나오는지 확인하고 질책만 하는 허울 좋은 교장에 머물러 있습니다.

다음 항목을 체크해 봅니다.

• 교회주일학교의 교장으로, 어린이신자들의 담임으로 어린이 예배에 참석한 적이 있습니까?
• 일 년에 몇 번 교육 부서에서 축도를 하고 있습니까?
• 아이들의 담임으로 학생부 교사나 임원들의 이야기를 듣는 자리를 마련해 본 일이 있습니까?
• 교회주일학교 교장으로서 교사대학에서 강의한 적이 있습니까?
• 담임목사로서 교사들의 이름을 알고 개인적인 사정을 알고 있습니까?

물론 모든 교회에 동일한 잣대를 들이댈 수 없다는 건 알고 있습니다. 모든 교인은 담임이 맡아서 가르쳐야 할 하나님의 백성들이요 '학생'입니다. 어린이 신자와 청소년 성도는 다음 세대 교회의 주인공입니다. 현재 담임목사의 목회에, 그의 목회 성장에 직접적인 협조자가 되지 못한다고 해서 그들에 대한 담임목사의 역할을 소홀히 하는 일은 없어야 합니다. 그들은 미래의 목회에 결정적 파트너입니다. 교회주일학교를 바라보는 담임목사의 올바른 인식, 이것이 바로 교회주일학교의 앞날을 결정합니다.

이제는 담임목사의 역할을 새롭게 포맷해야 합니다. 교육에 대한 헌신은 교사들 이전에 교장인 담임목사가 해야 합니다. 교사들은 지쳐 있습니다. 부흥되지 않는 교회주일학교, 변화되지 않는 학생들 때문에 힘겨워하고 있습니다. 전 교회가 그들을 감싸고 위로해주지 않으면, 특히 투자 1순위로 담임목사의 과감한 지원과 애정 어린 격려가 없다면 교사진에서 빠져나가는 교사들을 막을 수가 없습니다. 교회는 어린이 신자가 없는 것이 문제가 아니라 교사 지원자가 없는 것을 더 염려해야 합니다.

교회교육이 살아나려면 방법이 없습니다. 훌륭한 기자재도 좋고 유능한 교역자도 있어야 하겠지만 그런 처방은 일시적입니다. 담임목사가 교회주일학교의 교장으로서 헌신할 자세가 되어 있어야 합니다. 어린이 신자, 청소년 신자의 담임목사로서 헌신하는 모습이 교사들의 눈에 비춰져야 합니다.

당회장만 아니라 당회원도 헌신해야 합니다.

교회에서 교육적 사명을 잘 감당 하려면 어디가 먼저 변화되어야 할까요? 바로 당회입니다. 한국교회는 교단명과 상관없이 거의 다 장로가 운영하는 당회가 주도권을 잡고 있습니다. 일을 하려면 전략도 있어야 하고 지혜도 있어야 합니다. 당회의 장로는 교육에 관심이 있는 사람, 교육에 철학이 있는 사람이어야 합니다. 장로를 선출할 때 우스갯소리하며 허허 웃는다고 찍어주면 큰일 납니다. 아무나 선출하면 안 됩니다. 교회에 열심히 봉사하는 사람도 찍어줘야 하지만 먼저 이렇게 물어보고 찍어줘야 합니다. "장로님 되시면 우리 교육부 예산 잘 주실 겁니까?" 그것을 물어보고 찍어줘야 합니다. 그런데 사실 물어볼 필요도 없습니다. 가만 보면 저 사람이 교육부에 관심이 있는지, 아이들에게 투자할 사람인지 아닌지 눈에 보입니다. 그런 것을 보고 찍어야지 아무나 찍어주면 안 됩니다.

앞으로 우리교회가 주일학교를 사랑하고, 아이들을 사랑하고 교육하는 교회가 되어야겠다고 생각한다면 걱정만 하지 말고 기도하십시오. 기도만 하지 말고 장로 투표할 때 기도하면서 열심히 운동하십시오. 교육부에 잘해주면 찍어드리겠다고 하십시오. 그러다가 그것도 잘 안 되면 직접 당회로 진출하십시오. 장로가 되기를 사모하십시오. 그것이 제일 좋은 수입니다. 농담으로 드리는 말씀이 아닙니다. 교회주일학교를 살리려면 맥 놓고 앉아 있지 말고 교회 중심부로 들어가십시오. 그것이 자기 욕심 때문입니까? 야망 때문입니까? 아닙니다. 그래야 교회가 살고 그래야 우리 아이들이 살기 때문입니다.

장기간 지속되는 전쟁의 승패를 좌우하는 요인 가운데 하나가 '보급'(Sup)입니다. 다음 세대 사역의 부흥을 위해서 물질적인 투자가 뒤따라야 합니다. "다음 세대를 살리자"라는 구호만 외칠 것이 아니라 지금이 교회가 투자할 수 있는 마지막 골든타임이라는 생각으로 새 시대의 교육 변화를 준비해야 합니다. 당장 헌금하지 못하는 아이들, 청소년들이지만 조금 지나면 그들이 교회의 재정을 책임지고 나갈 주역들이 될 것입니다. 그러므로 교회는 조금 먼 미래를 내다보고, 다음 세대 사역을 위해서 전폭적인 지원을 아끼지 않아야 합니다.

특히 재정에 대한 당회의 결정권이 교육을 우선순위에 두고 집행되어야 합니다. 성가대, 전도부, 봉사부 등의 재정은 우선적으로 지출되면서 교육부의 재정은 실컷 잔소리를 늘어놓고 난 다음 결재되는 이런 풍토는 교육이라는 나무를 튼튼하게 자랄 수 없게 하고 교회의 앞날을 어둡게 만듭니다. 재정위원장은 재정결정권이 주어졌을 때 남용하지 말고 교육에 과감히 투자해야 합니다. 교육비를 1순위로 지출해야 합니다. 그래야 교회의 미래가 살아나고, 다음 세대가 부흥의 시대를 맞이할 수 있습니다.

10. 교회교육 시스템을 바꾸라

교회의 모든 체제와 운영은 성경에 근거를 둡니다. 물론 성경에 모든 것이 명시되어 있는 것은 아니지만 이런 경우에는 교파마다 성경을 기준으로 하여 그 운영을 하고 있습니다.

성경에 명문화되어 있는 것은 어느 교파나 비슷하지만 그렇지 않은 경우는 각 교파의 신앙 성격에 따라 많은 차이가 있습니다. 신앙에 근본이 되는 중요한 교리는 말할 것도 없고 행정상 차이도 많은 것입니다. 즉 교파마다 교회 체제와 교회 운영이 많이 다릅니다.

그러나 1780년 영국의 레이크스(R. Raikes)가 처음 교회주일학교를 시작한 이래 전 세계에 퍼져 있는 주일학교 운동은 대개가 비슷한 체제와 운영법으로 되어 있습니다. 다만 교훈의 내용만은 각 교파의 교리 따라 다른 점이 있습니다.

장년반 교회 체제는 교파마다 아주 다른데 어째서 교회주일학교 제도는 거의 비슷합니까? 이것은 어른들이 중심 되는 장년반은 교파마다 나름대로의 성경 해석에 따라서 체제와 운영도 달리하지만, 어린 아이들이야 어떻게 성경 말씀의 미묘한 부분까지 가르치겠습니까! 그래서 교회주일학교는 교파에 상관없이, 성경적 체제와 운영보다는 아동심리학적, 아동교육학적 체제와 운영을 갖게 되는 것입니다.

지금까지의 주일학교 운영은 대부분 아동 심리학에 깊은 영향을 받아온 것이 현실이었습니다. 따라서 모든 교회주일학교 운영의 기본 시각이 이렇게 되다보니 아동교육학 혹은 아동심리학에서 요구하는 방법들이 그대로 교회주일학교에서 사용되어졌고 아동심리학이 새로운 것을 개발할 때마다 교회는 앞을 다투어 이를 도입하였습니다. 그러나 이러한 세상 방법들은 해 아래 새것이 없는 땅의 것들입니다. 아이들에게도 잠시 재미를 줄지는 모르지만 결국 얼마가지 아니하여 또 무감각해지고 무료해지므로, 교회주일학교에서는 끊임없이 새로운 아이디어, 새로운 오락을 찾아 많은 시간과 정성들을 쏟고 있는 현실입니다.

성경적으로 유익하면 교회의 제도는 언제나 바꿀 수 있습니다. 그리고 어떤 제도가 성경적이라고 판단되기만 하면, 언제든지 바꿀 수 있도록 개방되어 있습니다. "지금까지는 그렇게 하지 않았는데 ..." 단순히 전통과 다르다고 무조건 배척할 것이 아닙니다. 하나님은 교회를 길러 가되 기계처럼 완성품을 만드는 것이 아니라 유기적인 관계로서 여러 과정을 통하여 기르고 고쳐 가십니다.

초대교회를 외형적으로 무조건 모방하는 것은 불가능한 일입니다. 초대교회식으로 교회주일학교를 운영하는 데에 한 가지 참고할 것은 원칙은 어느 교회에나 동일하겠으나 동시에 각 교회마다 하나님이 주신 특별한 환경이 있으니 그에 맞추어 성경적 교회주일학교 운영법의 중심과 방향을 정하는 것이 중요하다는 점입니다. 어느 교회나 일률적인 제도의 형태를 권하는 것이 아닙니다.

대부분의 일반 교회주일학교에서는 남녀별, 학년별로 반을 편성하고 거기에 따라 교사를 임명합니다. 자기가 직접 전도하고 심방하지 않아도 상관이 없습니다. 제 시간에 출석하는 학생들을 가르치기만 하면 되기 때문입니다. 전도를 해도 자기가 맡은 학년, 혹은 남·여 학생이 아니면 자기 반이 안 됩니다. 그렇다고 자기가 맡은 학년 또는 남·여학생만을 골라서 전도하는 것도 어렵습니다.

무학년 주일학교에서는 전도한 교사가 유치반에서 초등학교 6학년까지 다 자기반으로 등록시켜 같이 가르칩니다. 이러한 학년별 반편성을 없애면 나이에 상관없이, 학생을 전도하고 가르칠 수 있는 사람이라면 다 교사를 할 수 있습니다. 이 방법을 사용한다면 최소한 2. 3배는 부흥됩니다. 50%이상은 예외 없이 부흥이 됩니다.

학년 · 연령 기준 편성의 불합리

① 세상공부는 나이와 지능수준에 따라서 다릅니다. 세상 공부

는 배우는 단계와 순서가 있고 수준의 차이가 있기 때문에 기초 없이 상급학년의 공부를 배울 수는 없습니다. 따라서 학년별로 지능 발달을 맞추어 교과서를 가르칩니다.

② 성경은 성령만이 가르칠 수 있습니다. 성경은, 믿는 자 안에 있는 성령이 깨닫게 하는 것이지 인간의 학문처럼 배울 수 있는 것이 아닙니다. 성경 말씀에 듣기는 들어도 깨닫지 못할 것이요 보기는 보아도 알지 못함이 있으리라 했고, 또 이 세상이 자기 지혜로 하나님을 알지 못한다고 했습니다. 그래서 신앙의 세계, 하나님에 대한 지식은 오직 하나님의 능력으로만 알 수 있는 것이니, 이것이 믿음의 세계라고 고린도전서 2:1에 기록되어 있습니다. 세상 때가 덜 묻은 어린 학생들이 세상 때가 많이 묻은 어른들보다 더 잘 깨닫고, 반면 하나님을 부인하는 세상지식을 많이 배운 사람들은 하나님 말씀을 깨닫는 데 더 많은 어려움이 있다는 사실을 가르쳐 보면 알게 될 것입니다. 성령은 인간의 지능에 제재를 받지 않으시니 염려하지 않아도 되는 것입니다.

③ 장년반의 구성은 수준차이가 더 많습니다. 장년반은 한글도 못 읽는 분과 우리나라 최고의 석학이 한 자리에 앉아 설교를 듣습니다. 장년반의 수준차이와 주일학생끼리의 수준차이, 어느 쪽이 더 심한 차이가 있을까요? 물론 장년반 끼리의 차이가 훨씬 심합니다. 학년별, 연령별 구분을 부정하는 것이 아닙니다. 이왕이면 비슷한 수준의 학생들을 같이 모아 가르치는 것도 좋을 것입니다. 그러나 앞에서 말한 것처럼 구분을 안 해도 상관은 없습니다. 문제는 성령이 감동을 시키셔야 깨달을 수 있기 때문입니다. 그러

나 학년 연령별 구분을 하게 되면 교사들의 전도의 길을 막아버리니 이것이 더 큰 문제인 것입니다.

전도하는 교사중심의 반편성

① 자기가 전도한 학생은 하나님이 주신 신앙의 자식입니다. 학년별, 연령별 관계 때문에 모처럼 전도를 했으나 내가 담임한 반이 아니라 다른 반에 보냈다고 해봅시다. 물론 한 몸 된 한 교회이니 상관없다고 생각할 수도 있습니다. 그러나 그가 만일 학원의 수강생이요 자기가 원장이라면 타 학원으로 보내겠습니까? 한 학생을 전도한 가치를 대수롭지 않게 여김으로 타 반에 보내도 아무렇지도 않은 것입니까? 아버지께서 보내지 않으면 교회에 나올 자 없습니다(요 6:65). 나에게 붙여준 아이는 내 신앙의 자녀입니다. 혈육의 자녀보다 더 귀한 신앙의 자식입니다. 하나님이 나에게 그의 평생 신앙을 책임 지워 맡긴 내 양입니다. 그런데 어찌 내 자식을 남에게 맡기겠습니까! 학생은 내가 주님과 하나 되어 낳은 내 아들입니다. 바울이 디모데에게 말하기를 "참 아들 디모데"라고 했습니다.

② 아무래도 전도한 사람만큼 관심이 있을 수 없습니다. "네 보물 있는 그곳에는 네 마음도 있느니라"(마 6:21). 보물 같은 내 시간, 정성, 노력을 들여 전도한 그 사람에게 내 마음이 갈 수밖에 없습니다. 아직 온전한 신앙 수준에 도달하지 못한 우리는 보물 같은 내 모든 것을 들여 전도한 사람에게 쏟아지는 마음과 다른 사람에 의해 전도된 사람에게 쏟아지는 마음과는 분명히 다릅니다. 예를

들어 내가 낳은 자식과 남이 낳은 자식과는 그 느낌이 다른 것입니다. 교사들이 직접 전도해서 학생을 길러야 하는 것을 교회주일학교 운영 방침으로 두는 것은 바로 이러한 성경적 가르침에 근거를 둔 것입니다. 직접 전도해서 자기 반을 키워 보는 교사와 만들어진 반을 맡아서 키워 보는 교사는 학생에 대한 애착, 노력, 관심, 기도 충성에서 완전히 다르기 때문에 무학년 교회주일학교는 주일학교 체제의 가장 핵심적인 점을 여기에 두고 있습니다.

③ 학년·연령 위주의 반편성은 비능률적입니다. 자기가 전도한 학생은 자기가 맡아서 챙기고 길러야 자라는 법인데, 자기 학년이 아니면 마지못해 맡아야 하고 자기가 전도한 학생이 아니지만 자기 담당 학년이므로 맡는 것이 원인입니다. 자기가 전도하여 키워 보는 재미를 아는 교사는 저절로 전도할 힘이 납니다. 꿀벌이 꿀을 모으지 않는 때는 몇 달을 삽니다. 그러나 꿀이 나는 철이 되면 꿀맛에 끌려 자기의 수명이 단축되는 줄도 모르고 꿀 모으는 일에 열중 합니다. 한창 꿀이 많이 나는 철에는 꿀벌이 1주일 정도 살다가 죽습니다. 학년, 나이별로 반을 편성하는 교회주일학교 제도에서는 이런 즐거움이 없습니다. 게다가 1년이 지나면 다음 학년으로 올려야 하니 학생을 길러 키워가는 이 꿀맛을 알기가 더 힘든 것입니다.

④ 전도. 인도의 효율성에도 많은 차이가 있습니다. 이뿐 아니라 아이를 보내는 일반 불신 가정의 경우 형과 동생을 한 선생님이 맡아 심방을 하면 부모들이 더 안심하고 특히 어린 동생들을 잘 챙겨 올 수 있게 됩니다. 이뿐 아니라 한 집에 학생 하나 전도하면 그

집의 형제, 심지어 그 아이들이 같이 잘 노는 동네 아이들까지 전
도하기가 쉬워집니다. 학생들의 세계인 학교 수업에서는 같은 반
친구들로 묶어져 있지만, 심방이나 전도를 할 때는 같은 학교, 같
은 반으로 연결되는 경우보다 대개는 학년에 상관없이 동네별로,
골목별로 연결이 되고 앞뒷집으로 연결이 되어있습니다(거창중
앙교회, 학교별 반편성). 이러한 방법은 굉장한 효과가 있습니다.

〈도표 3〉 전통교회 학교, 목양교회 학교의 차이점

	주제	전통교회 교회학교	목양교회 학교	문제점	전환해야할 부분	전환 시 결과
1	반	학년제	전체 무학 년제 (통합셀)	의욕이 사라짐	무학년제	사명감 고취
2	공과	교단공과	담임목사님 의 말씀으로 (공과 및 심방)	담임목사의 영성이 전달 되지 않고 공 과준비가 어려움	담임목사의 메세지로	공과준 비가 쉽 고 강단 의 영성 이 흐름
3	임명	매년연초	수시로	연초마다 교 사임명의 어 려움이 반 복됨	수시로	임명의 어려움 이 없음
4	임기	1년	평생교사	언제든지 그 만 둠(연중에 도 그만 둠)	평생교사 체제	평생 사 명 을 가 지고 일 함

5	사명감	부족	목숨건 교사	마지못해서 함	목양의 메시지 선포	자발적이고 솔선 수범적
6	기도훈련	부족	새벽 및 겟세마네를 통한 1일1시간 이상	기도 부족으로 교사의 영성이 부족함	겟세마네 기도회 실시	기도의 영성이 회복
7	아동기도훈련	거의 없다	겟세마네 기도 및 목양 중보기도 팀 운영	어려서부터 기도 훈련이 충실함	중보기도팀 운영	기도 제자 훈련이 됨
8	전도	거의 없다	1주일 1시간 이상 전도(양육 시 관계 전도)	교회 내 전도가 메말라짐	지속적인 전도로	폭발적 부흥이 일어 남
9	양육	공과가 전부	주중1:1로 확실한 제자 훈련 -제자삼는 교사	양육이 이루어지지 않고 영적인 성장도 기대할 수 없음	새로운 생활로 양육	확실한 양육으로 확실한 제자가 됨
10	심방	거의 없다	주중 제적 전부 심방 -지난주 말씀으로	심방이 거의 없음으로 개인의 삶도 파악되지 않음	지난주 말씀으로 양육	양적 부흥, 목양의 영성이 임함

11. 전 교인 교사화

교회주일학교 교육을 몇몇 교사와 부서에 떠넘기고 그들만의 문제로 여겨선 안 됩니다. 모두 교육에 관심을 갖고 교육에 참여해야 합니다. 이제는 응원자의 입장이 아니라 선수의 입장이 되고 코치의 입장이 되어 함께 동역하자는 것입니다.

거창중앙교회는 주일학교를 운영하려면 가르치는 주교사만 필요한 게 아니라는 목회 철학을 가지고 있습니다. 담당교사를 돕는 보조 교사, 자동차로 아이들을 수송하는 차량 교사, 각종 필요한 재원을 마련해 주는 재정 교사, 음식을 만들어 주는 간식 교사, 기도로 후원하는 기도 교사, 청소 담당 교사, 물 당번 교사, 길에서 교통 정리 교사 등, 다양한 재능들이 동원되어야 합니다.

유초등부를 졸업하고 중고등부에 올라간 선배들 중에서 자원하는 학생들을 보조교사로 임명하고, 현장에서 봉사하기 어려운 연로하신 어른들에게는 기도 교사를 맡깁니다. 요리 잘하고 남 대접하기 좋아하는 성도들은 간식 교사, 시간을 내어 자기 차를 운행할 수 있는 성도들은 차량 교사 하는 식으로 역할이 나뉩니다. 이름 붙이기에 따라서 교사들의 종류는 얼마든지 더 늘어날 수 있습니다.

이병열 목사는 "누구든지 교사가 되고, 아이들이라면 누구든지 전도해 제자로 삼을 수 있다. 창세 전에 하나님의 택하심을 받은 자는 누구든지, 하나님으로부터 거창중앙교회에 나오도록 부름을 받은 자는 누구든지, 어린생명에 대한 불타는 가슴만 가지고 있다면 누구든지 교사가 된다. 이상 필요한 게 없이 충분하다는 뜻으로 '여축이 없다'라는 말을 우리끼리 종종 사용하는데, 정말로 거창중앙교회에서는 교사가 되는 조건에는 여축이 없다."라고 말합니다.

교사가 되기 위한 조건은 심각하게 제한하지 않지만, 교사라는 이름을 짊어지는 데 꼭 필요한 마음가짐 한 가지를 교우들에게 당부하는 게 있습니다. 아이의 일생을 책임진다는 자세로 섬기라는 것입니다. "어린 아이하나를 영접하는 것이 곧 나를 영접함이니"(마 18:5)라고 하신 주님의 마음을 가슴에 담고 한번 교사가 되었으면 평생 교사가 되라는 것입니다. 단순히 지식이나 성적을 책임지는 교사가 아니라 영혼을 책임지는 교사이기에 더욱 그리해야 합니다. 그 영혼이 천국에 이르기까지 무한책임을 져야 하는 것이 교사된 이들의 사명입니다. 아이들의 삶으로 들어가고, 영혼으로 들어가고 할 수 있으면 무의식의 세계까지라도 찾아 들어가서 바른길로 인도해야 합니다.

* 어린이 신자 이름 익히기

교회 중직자들은 어린이 신자와 청소년 성도들에게 관심을 가져야 합니다. 먼저 중직자들이 일 년씩 부서를 번갈아 가면서 학생들의 얼굴과 이름을 익히는 일을 해야 합니다. 요즘 장로님을 비롯한 중직자들이 교인들의 이름조차 알지 못하는 일이 벌어지고 있습니다. 대형 교회가 아니라 중소형 교회에서도 이런 일이 있다고 합니다.

이제는 중직자들이 분발해야 합니다. 어린이 신자들을 만날 때마다 이름을 불러주고, 이름을 몰라도 아는 척이라도 하면서 기회 있을 때마다 붙잡고 기도해주어야 합니다. 그러면 어린이 신자들도 신이 납니다. 인사성이 없다고 탓하기 전에 먼저 어린이 신자들을 맞으며 이름을 불러준다면 어느 어린이가 이름을 불러주며 귀여워하는 어른들에게 인사하지 않겠습니까.

교회 밖에서 만나는 어른들, 이를테면 학교에서 만나는 사람들과 주변의 어른들은 모두 필요에 의해 만납니다. 순수하게 자신을 사랑해주고 알아주고 안아주는 사람이 그리울 수밖에 없습니다. 더군다나 자신을 위해 기도해주는 어른이 있다는 것은 아직 어려서 고마움을 모르고 쑥스럽고 귀찮아 할 수도 있지만 마음속에는 교회가 다른 곳과는 뭔가 다르다는 거룩한 영성을 마음에 간직하게 됩니다. 이 얼마나 좋은 일입니까!

* 전도하기

지금 교회주일학교 현장을 봅니다. 교사들이 어린이들을 전도하기 위해 애쓰고 있습니다. 학교 정문에서 전도지를 나눠주고 교회로 초청하기도 합니다. 그러나 베드로가 밤새도록 그물을 던졌지만 한 마리도 잡지 못한 허탈감에 빠졌듯 교사들 역시 지쳐 있습니다. 아무리 애를 쓰고 이런저런 방법을 동원해도 쉽지가 않습니다.

이제는 지친 교사들을 위해 전교인이 나설 차례입니다. 교사는 하지 못해도 교회주일학교 아이들을 위한 전도는 해줄 수 있습니다. 생소한 아이들을 전도할 수는 없지만 조카, 손자 같은 아파트에 사는 아이들, 동창의 자녀, 헬스장에서 만난 사람의 자녀 등을 전도해줄 수는 있습니다.

어른들은 힘들어도 아이들은 관계 전도에서 수월합니다. 교사들이 직접 전도할 때 어른 전도보다 힘든 것이 아이들 전도이지만 어른들이 주변의 관계를 이용해 전도하면 그래도 낫습니다.

이런 전도는 숫자적인 부흥도 되지만 교사들을 신나게 만들어 줍니다. 교회가 자신이 하는 일의 중요성을 알아준다는 것, 자신이 결코 무관심의 영역에 있지 않다는 사실은 교사들에게 응원가입니다. 군인은 사기를 먹고 삽니다. 교사들도 사기로 일을 합니다. 우리는 조금 도와주는 것이지만 교사들에게는 위로의 박수가 되고 큰 도움이 됩니다.

* 대부, 대모 되기

대부는 대리 아버지이고 대모는 대리 어머니입니다. 교회 역시 하나의 가족공동체입니다. 가족이라면 아빠와 엄마가 있어야 합니다. 우리 교회에는 비신자 가정에서 혼자 나오는 아이들이 있습니다. 그들을 교회의 고아로 만들어서는 안 됩니다. 그들에게 누군가는 대부가 되고 대모가 되어야 합니다.

부모가 교회에 나온다고 해도 거듭나지 못한 부모, 거듭나지 못한 가정이 많습니다. 이런 가정의 아이들 역시 영적으로는 교회의 고아입니다. 이런 어린이 신자들에게 누군가는 대부나 대모가 되어주어야 합니다. 일 년마다 한 아이를 선정해 관심을 갖고 힘든 일이 있으면 도와주고 생일도 챙겨주는 것입니다. 이처럼 아름다운 교회의 혈연관계, 영적 혈연관계를 만들어냈으면 좋겠습니다. 로마가톨릭의 제도라고 경시하지 말고 우리 것으로 만들어 시행하면 좋겠습니다.

* 교사되기

교회주일학교를 돕는 가정 효과적인 방법은 자신이 교사가 되는 것입니다. 특히 자녀가 속한 부서의 교사로 활약하면 좋습니다. 자녀가 청소년이라면 청소년부서에서, 유소년이라면 유소년부서에서 교사로 동역하는 것이 좋습니다. 엄마나 아빠가 교사인 경우 주변 친구들의 자녀들을 불러 모을 수 있습니다. 친구 자녀들과 함께 묶어 교사로 섬기는 것도 좋습니다.

* 교육 후원자

교육부서들을 위한 후원 활동을 활성화해야 합니다. 재정적 후원, 중보기도 후원, 선물 후원, 교사 간식 후원, 아이들 간식 후원, 달란트 잔치 후원, 놀토에 재능 나누기 후원, 1박2일 선교지를 탐방할 때 경비 후원 등, 여러 모양으로 후원할 수 있는 조직을 그물처럼 촘촘하게 만들어 시행할 수 있습니다.

참고문헌
• 강정훈, 교사 다시 뛰자, 두란노, 2019.
• 김도일 외 3인, 교회학교가 살아야 교회의 내일이 있다, 동연, 2022.
• 김동호, 교사 바이블, 규장, 2012.
• 김일국, 다음 세대를 구하는 7가지 법칙, CLC, 2020.
• 김종준, 나는 유년 주일학교에 생명을 걸었다, 규장, 2000.
• 김청봉, 성장하는 교회학교는 무엇이 다른가, 드림북, 2016.

- 김희자, 교사론, 대한예수교장로회 총회, 2014.
- 문화랑, 미래 교회교육 지도 그리기, 생명의말씀사, 2021.
- 박양규, 리셋 주일학교, 샘솟는 기쁨, 2022.
- 박연훈, 교회학교 뉴 패러다임, 물맷돌, 2020.
- 설동주, 네 자녀 네가 가르쳐라, 쉐마학당 연구원, 2013.
- 이숙경 외 3인, 뉴노멀 교회교육 리포트, 한국 NCD 미디어, 2022.
- 이승연, 코로나 시대 기독교교육으로 묻고 답하다, 한사람, 2021.
- 이정현, 교사 베이직, 생명의말씀사, 2022.
- 이정현, 주일학교 체인지, 생명의말씀사, 2022.
- 이현철 외 5인, 위드 코로나 시대 다음세대 신앙리포트 2, SFC, 2023.
- 이현철, 조철현, 박신웅, 교회학교 교사의 전문성과 리더십, 고신 대학교 출판부, 2016.

PART 2.
목양교사의 효과적인 반목회

PART 2.

목양교사의 효과적인 반목회

오늘날 교회교육이 대단히 위축되어 있다는 것은 주지의 사실입니다. 이러한 교회교육의 위축 현상을 바라보면서 많은 의식 있는 교회 지도자들이 우려하고 있으며 많은 사람들이 그것을 극복하기 위해 노력하고 있지만, 그렇다고 해서 딱히 돌파구도 보이지 않는 것이 현실입니다. 이러한 어려움 속에서 그 나름대로의 대안을 찾고자 하는 것이 '반목회'입니다. 그렇지만 반목회가 단순히 위기를 극복하기 위한 하나의 돌파구인 것만은 아닙니다. 오히려 그것은 가장 성경적이면서도 어떠한 위기 상황 속에서도 좀처럼 흔들리지 않을 수 있는 교회교육의 참 모습이라 할 수 있습니다.

주일학교의 핵심은 한마디로 반목회입니다. 한 반의 모습은 한 주일학교의 모습이요 주일학교의 모습은 곧 그 교회의 모습인 것입니다. 그렇기에 교회주일학교의 핵심이 되는 반의 부흥이야말로 주일학교의 부흥의 초석이요, 교회 부흥의 초석이라 할 수 있습니다. 이렇듯 교회의 부흥을 이야기할 때 주일학교를 빼놓고 이야기할 수는 없습니다.

반은 주일학교의 가장 기본적인 단위입니다. 반은 하나의 작은 교회로서 예배, 교육과 친교, 그리고 선교와 봉사가 일어나는 현장이며 공동체입니다. 이러한 반을 효율적으로 운영하는 것이 반목회입니다. 그러므로 반목회에 대해 살펴봄으로써, 우리는 교회교육의 온전한 자리를 찾을 수 있을 것이며 교사로서의 내가 반을 어떻게 운영해야 할 것인지에 대해서 분명하게 알 수 있을 것입니다.

1. 반목회 정의

반목회란 반을 맡은 교사가 그 반의 목회자가 되어 목자가 양을 먹이듯이 학생들을 양육하며, 그들을 예수 그리스도를 닮은 신앙 인격자로 성숙시켜 가는 것을 말합니다. 또한 학생 개개인에 대해 목회자적 관심을 가질 뿐만 아니라 '반'이라고 하는 소그룹을 생명력 넘치는 공동체로 만들어가는 것을 말합니다. 그것은 지금까지 단순히 반을 맡아 관리하며 성경공부나(?) 인도하는 정도였던 교사의 모습과는 근본적으로 다릅니다. 그것은 요한복음 10장에 언급된 선한 목자 되신 예수 그리스도의 모습을 닮아 가는 것이며, 양을 위해서는 목숨까지 버릴 수 있는 참 목자로서의 교사상을 회복하는 것입니다. 그리고 그러한 교사가 자신에게 주어진 사명을 최선을 다해 감당할 수 있도록 이론적으로, 실제적으로 뒷받침해주는 것입니다.

그렇지만, 반목회의 개념에서 가장 주의해야 할 것은 교역자의 책임을 교사에게 전가시키거나 교사가 교역자의 고유한 역할을 침해하고자 하는 것입니다. 이것은 반목회를 왜곡하는 일입니다. 교사가 맡은 영역과 교역자가 맡은 영역에는 엄연한 차이가 있습니다. 이것을 인식하고 교역자와 교사가 적절하게 역할을 분담하여 담당해야 합니다. 이것이 가능해질 때, 반목회는 더욱 효과적으로 이루어질 수 있을 것입니다.

2. 반목회의 중요성

크리스티안 슈바르츠가 쓴 "자연적 교회성장"이라는 책에 보면 '최소치 전략'이라는 말이 나옵니다. 최소치 전략이라고 하는 것은 가장 취약한 질적 특성이 교회 성장의 장애요인인 반면에 교회 성장을 결정짓는 요인이 된다는 것입니다. 한 교회가 자원과 노력을 우선적으로 이 장애요인에 집중시킨다면 그것만으로도 그 교회는 더 성장할 수 있다는 것입니다. 오늘날 한국 교회 주일학교는 교회에서 가장 취약한 곳이라고 할 수 있습니다. 교회가 균형 있게 성장하지 못하는 요인 중에 하나가 교육이 빈약하기 때문입니다. 사실 교회주일학교의 문제는 주일 학교의 문제로만 끝나는 것이 아닙니다.

주일학교 교육의 문제에 대해 많은 교회들이 대수롭지 않은 것으로 간주하고 지나갈 때가 너무 많습니다. 교회의 모든 기관은 유기체적 관계에 있습니다. 교회 안의 한 기관이 건강하지 못하면 교회 전체의 건강에 이상이 생기게 됩니다. 결국 주일 학교 한 반의 문제는 주일학교 그 반만의 문제도 아니요, 주일학교의 문제도 아닙니다. 그것은 바로 교회 전체의 문제라는 인식이 필요합니다. 반은 주일학교에서 교육이 이루어지는 가장 기본 단위입니다. 교육의 주체인 교사의 측면에서 보면, 교사와 학생들이 만나며 신앙지도가 이루어지며, 교회 교육의 목표와 계획들이 실제로 적용되는 단위가 됩니다. 교육의 대상인 학생들의 측면에서 보면 반은 학습이 이루어지는 현장이며, 그 학습과정을 통해 신앙인격이 형성되는 곳이며, 교사의 영향을 받는 곳으로 신앙공동체로서의 가장 작은 단위입니다.

교회의 교육이 지식의 전달이 아니라 하나님의 말씀을 통해 하나님을 알아가고 그로 말미암아 구원에 이르는 지혜를 얻게 되고 온전한 그리스도인으로 성장하는 데 그 목적이 있듯이 반 교육의 목적도 그러합니다. 반목회의 목적은 학생들이 반목회를 통하여 하나님을 알아가고, 성경교육을 통해 그들의 삶과 인격이 변화되고, 예수 그리스도를 닮아가는 데 있습니다. 뿐만 아니라 세상 속에서 빛과 소금으로 살아가게 하는 것입니다. 이것은 교사의 신앙인격과 지도로 이루어지는 것입니다. 결국 반목회를 통해 한 영혼의 인생이 결정되고 주일학교의 질이 결정되며 교회의 부흥이 결정되는 것입니다.

3. 반목회의 목표

(1) 그리스도를 닮음

교사의 목표는 반 학생들이 그리스도를 닮아가는 것입니다. 바울 사도는 고린도 성도들에게 "내가 그리스도를 본받는 자 된 것 같이 너희는 나를 본받는 자 되라"(고전 11:1)고 하였습니다. 이는 그리스도를 닮는 것이 그리스도인의 삶의 목표임을 말하는 것입니다. 교사가 그리스도를 닮아가는 것이 매우 중요한 것처럼 반 학생들이 그리스도를 닮은 사람들이 되는 것은 매우 중요합니다. 이것이 교사의 반목회 목표가 되어야 합니다.

　이러한 목표를 이루기 위해서는 먼저 반 학생들이 그리스도를 닮아 가는데 방해가 되는 요소들은 제거해야 합니다. 그 방해요소로는 첫째, 교사가 교재내용의 전달에만 매달리는 일입니다. 공과 내용에 초점을 두게 되면 반 학생들의 영적인 성장보다 지식전달에만 집중하게 되기 때문입니다. 둘째, 교사중심으로 교수하는 일입니다. 교사가 자신이 해야 할 일에 주의를 집중하는 것은 당연합니다. 그러나 교사는 자기중심적인 생각을 넘어서서 반 학생 중심적인 생각을 해야 합니다. 공부를 진행할 때 반 학생들은 무엇을 생각해야 하는지, 그들은 어느 구절에 대한 설명을 원하는지, 어떤 질문을 해야 그들의 이해 여부를 알 수 있는지, 어떤 숙제를 줘야 그들이 성경원리를 삶에 적용할 수 있는지를 생각해야 합니다. 셋째, 개인 의견 중심의 교수를 하는 일입니다. 교사중심에서 학습자인 반 학생 중심으로 옮겨가기 위해서는 질문을 하고, 성경을 찾기 위해서는 소그룹으로 모여야 하고, 간증과 개인경험을 유도함으로써 반 학생들의 참여를 부추겨야 합니다. 그러나 이 때 생각해야 할 것은 질문에 대한 답이 성경적이어야 하고, 소그룹 학습이 성경적 관점이라야 하고, 개인경험도 말씀에 비추어보아야 합니다. 그렇지 않으면 성경공부가 개인의견을 말하는 시간이 될 수가 있기 때문입니다. 자칫하면 하나님의 말씀보다 그룹의 의견이 반 학생들에게 영향을 더 많이 끼치게 됩니다. 성경본문의 의미에만 지나치게 집중하거나 아니면 교사의 개인 의견에 지나치게 집중해도 반 학생들의 영적 성장을 방해할 수 있습니다. 그리고 학습자인 학생들의 생각에만 집중해도 영적 성장을 방해할 수 있습니다.

그러면 어떻게 해야 반 학생들이 예수 그리스도 안에서 성장할 수 있을까요? 반 학생들이 그리스도를 닮아가게 하려면 무엇을 해야 할까요? 그리스도를 닮아가도록 하기 위해서는 교육활동이 인지적 요소, 정의적 요소, 의지적 요소를 고르게 포함해야 합니다.

첫째, 인지적 요소는 삶의 이성적인 면을 나타냅니다. 디모데후서 2:15에서 바울은 "네가 진리의 말씀을 옳게 분변하여"라고 하였습니다. 말씀을 분변하는 것은 인지적인 요소입니다. 반 학생들이 주안에서 성숙하기 위해서는 지식을 가져야 합니다. 그들은 성경의 의미를 알아야하고, 그 말씀을 삶에 적용할 줄 알아야 합니다. 하나님의 말씀의 의미를 알고 삶에 적용할 때 비로소 반 학생들은 그리스도 안에서 자랄 수가 있습니다(엡 4:15).

둘째, 정의적 요소는 삶의 정서적, 감정적 측면을 나타냅니다. 인지적 요소가 이성에 비유된다면 정의적 요소는 가치개념 곧 마음에 비유될 수 있습니다. 실제로 성경에서의 마음은 지,정,의 세 요소 모두를 지칭하기도 하고 정의적인 요소만을 지칭하기도 합니다(잠 15:13). 그러므로 반 학생들이 주안에서 성숙하게 하려면 그들로 하여금 성경 진리를 자신의 것으로 만들 수 있도록 도와주어야 합니다. 그렇지 않으면 그리스도안에서 자랄 수가 없습니다.

셋째, 의지적 요소는 삶의 행동이나 행위의 면을 나타냅니다. 우리는 머리로 안다고 해서 아는 그대로 행하는 것은 아닙니다. 사람은 행함을 통하여 자신이 어떤 사람인지를 드러냅니다. 예수님께서는 "거짓 선지자들을 삼가라 양의 옷을 입고 너희에게 나아오나 속에는 노략질하는 이리라, 그의 열매로 그들을 알지니 가시나무에서 포도를 또는 엉겅퀴에서 무화과를 따겠느냐, 이와 같이 좋은 나무마다 아름다운 열매를 맺고 못된 나무가 나쁜 열매를 맺나니"(마 7:15~17)라고 하셨고 또한 "나무도 좋고 실과도 좋다 하든지 나무도 좋지 않고 실과도 좋지 않다 하든지 하라 그 실과로 나무를 아느니라"(마 12:33)라고 하셨습니다.

예수님은 행함을 강조하시기를 "그러므로 누구든지 나의 이 말을 듣고 행하는 자는 그 집을 반석 위에 지은 지혜로운 사람 같으리니, 비가내리고 창수가 나고 바람이 불어 그 집에 부딪히되 무너지지 아니하나니 이는 주초를 반석 위에 놓은 연고요, 나의 이 말을 듣고 행치 아니하는 자는 그 집을 모래 위에 지은 어리석은 사람 같으리니, 비가 내리고 창수가 나고 바람이 불어 그 집에 부딪히매 무너져 그 무너짐이 심하니라"(마 7:24~27)고 하셨습니다. 그러므로 교회주일학교 교사는 반 학생들을 온전케 하며 봉사의 일을 하게하며 그리스도의 몸을 세우게(엡 4:12) 함으로써 올바르게 생각하고, 헌신하고 섬기며 살게 해야 합니다.

(2) 예수의 제자를 삼는 데 있습니다.

"예수님께서는 나를 따라 오너라 내가 너희로 사람을 낚는 어부가 되게 하리라"(마 4:19)라고 하셨습니다. 이는 예수님의 명령이 예수님의 제자인 주일 학교 교사들에게 주신 사명이기도 합니다. 이러한 교사의 사명은 이천 년 전이나 지금이나 같습니다. 예수님 말씀이 변치 않는 것처럼 교사의 사명도 변치 않습니다. 이러한 교사의 사명은 곧 교사의 목표이기도 합니다.

예수님의 지상 최대 명령은 "너희는 가서 모든 족속으로 제자를 삼아 아버지와 아들과 성령의 이름으로 세례를 주고 내가 너희에게 분부한 모든 것을 가르쳐 지키게 하라"(마28:18~20)입니다. 여기의 주된 명령은 "제자를 삼으라"는 것입니다. 이 말씀은 반 학생들을 그리스도의 제자로 삼으라는 명령이요 사명입니다. 제자를 삼기 위해서는 세 가지의 구체적인 사역이 있는데 그것은 '가서' '세례를 주고' '가르쳐 지키게 하라'입니다. 이 세 가지 사역 중에서 마지막 세 번째인 가르쳐 지키게 하라는 교사가 실천해야 할 사역입니다.

예수님의 생애를 보면 3년 동안 12명의 제자를 집중적으로 훈련하는 일에 당신의 모든 생애를 바치셨습니다. 예수님이 더 많은 무리들을 모아놓고 가르칠 수 있었지만 12명을 특별히 택하셔서 훈련을 하신 것을 보면 제자훈련이 얼마나 중요한가를 알 수 있습니다.

사도 바울도 제자 삼는 일의 중요성을 강조했습니다. "내 아들아 그러므로 네가 그리스도 예수 안에 있는 은혜 속에서 강하고 또 네가 많은 증인 앞에서 내게 들은 바를 충성된 사람들에게 부탁하라. 저희가 또 다른 사람들을 가르칠 수 있으리라"(딤후 2:1~2). 바울은 디모데를 향해 언제나 아들이라고 부르고 있습니다. 디모데는 바울에게 복음을 듣고 배웠습니다. 그와 함께 동역하면서 그의 신앙의 인격과 삶을 배웠습니다. 그는 훌륭한 목회자가 되었고, 그는 또 다른 사람들에게 그것을 전수해주었습니다. 한 사람의 제자가 또 다른 제자를 낳게 되는 것입니다. 이러한 제자 삼는 사역이 하나님 나라를 확장해나갈 뿐만 아니라 교회를 건강하게 만드는 요인이 되는 것입니다.

바울 사도는 에베소서 4:12에서 '성도를 온전케 하며'라고 한 말은 성도들을 진리로 그리고 말씀으로 무장시키며 준비시키라는 뜻입니다. 이와 같은 단어를 마태가 사용하였는데 그 예는 마태복음 4:21의 '깁다'라는 단어입니다. 그리고 바울이 갈라디아 성도들에게 보내는 서신(갈 6:1)에서 말한 '바로잡다'라는 말도 같은 단어입니다. 이러한 구절들에서 볼 때 교사의 긴급하고 중요한 사역은 학생들을 예수님의 제자로 삼는 일인데 이는 성도를 온전케 하는 일 곧 부족한 것을 채워주는 일이며, 삐뚤어진 것을 바로잡아주는 일입니다.

반목회는 어린이들을 하나님의 말씀으로 제자 삼는 훈련소입니다. 단순히 맡겨진 아이들을 돌보고 성경을 가르치는 그 이상입니다. 그들의 인격과 삶이 예수님을 닮게 하고 그들의 삶이 온전히 헌신된 제자로 키우는 곳이 바로 반목회 현장입니다. 그러기 위해서는 교사의 본이 있어야 하며 말씀을 가지고 함께 고민하고 씨름하는 삶의 현장이 있어야 합니다. 주일 단 한 시간 만나서 말씀을 가르친다고 아이들이 제자로 태어나는 것이 아닙니다. 여기에는 많은 인내와 눈물과 땀이 필요합니다. 훌륭한 제자는 태어나는 것이 아니라 교사의 땀과 눈물과 인내로 만들어지는 것입니다. 땀은 노력을 의미하는 것이고, 눈물은 그 영혼을 사랑하고 품에 안고 기도하는 목자의 마음을 의미하는 것이고, 인내는 기다려주는 것을 의미합니다. 제자는 하루아침에 만들어지지 않기 때문입니다.

(3) 성숙한 그리스도인이 되게 하는데 있습니다.

교회주일학교 교사들이 성취하려는 목표는 학생들의 성장입니다. 교사의 최종목표는 "다 하나님의 아들을 믿는 것과 아는 일에 하나가 되어 온전한 사람을 이루어 그리스도의 장성한 분량이 충만한 데까지 이르게"(엡 4:13) 하는 것입니다. 여기서 온전한 사람이라는 것은 '완전' 보다는 '성숙'을 의미합니다. 이렇게 되면 주일학교 교사들은 반 학생들로 하여금 "온전케 하며 봉사의 일을 하게하며 그리스도의 몸을 세우는"(엡 4:12) 일을 하는 그리스도인이 되게 할 수 있습니다.

교사는 왜 반 학생들이 성경을 알고, 온전한 사람이 되고, 그리스도의 장성한 분량에 이르도록 해야 합니까? 바울 사도는 그 이유를 "이제부터 어린아이가 되지 아니하여 사람의 궤술과 간사한 유혹에 빠져 모든 교훈의 풍조에 밀려 요동치 않게 하려 함이라 오직 사랑 안에서 참된 것을 하여 범사에 그에게까지 자랄지라 그는 머리니 곧 그리스도라"(엡 4:14~15)라고 말합니다. 바울의 이 말씀이 교사들에게 주는 교훈은 첫째, 주일학교 교사들은 반 학생들을 예수 그리스도를 믿는 신앙으로 지도하여 하나님의 나라와 사회 그리고 교회를 위하여 필요한 그리스도인이 되도록 교육해야 합니다. 주일학교는 믿지 않고, 가난하고 문제가 많은 아이들에게 지식과 신앙을 가르치기 위하여 시작하였다가 후에는 새로운 신자나 그리스도인 가정에서 태어난 자녀들에게 성경을 체계적으로 가르치는 사역을 하게 되었습니다. 그러므로 교사의 사역은 성경을 가르침을 통하여 세상이 필요로 하는 그리스도인을 육성하는 일이 되어야 합니다. 둘째, 반 학생들에게 예수 그리스도에 대한 신앙과 지식을 풍성하게 하여 기쁨으로 자발적으로 그리고 적극적으로 예수 그리스도를 개인의 구주로 삼고 평생토록 그리스도인으로 살아가도록 지도하고 인도해야 합니다. 셋째, 반 학생들이 누가복음 2:52절에서 말하는 예수님처럼 그 지혜와 그 키가 자라가며 하나님과 사람에게 더 사랑스러워 가는 삶을 살도록 자라게 해야 합니다. 이러한 목표를 생활 가운데서 성취하기 위해서는 교사들은 "네 마음을 다하고 목숨을 다하고 힘을 다하며 뜻을 다하여 주 너의 하나님을 사랑하고 네 이웃을 네 몸과 같이 사랑하라"(눅 10:27)라고 하신 예수님의 교훈을 실천에 옮기도록 해야 합니다. 곧 반 학생들로 하여금 예수님의 생활을 닮아 살아가도록 지도해야 합니다. 넷째, 반 학생들을 그리스도인의 신앙과 정신으로 가르치고 훈련하여 그리스도의 교회와 그리스도인이 속한 세상적인 사회에 필요한 일원이 되도록 가르쳐야 합니다.

오늘날 교회 안에 영적 미숙아가 얼마나 많습니까? 이들은 교회는 오래 다녔지만 성장하지 못해 영적 미숙아로 남아 교회에 많은 문제를 일으키는 장본인들이 되고 있습니다. 우리가 성숙해야 할 이유는 바로 어린아이가 되지 않기 위해서입니다. 어린아이는 바로 영적 미숙아를 의미합니다. 영적 미숙아의 특징은 요동하는 것입니다. 조타장치가 없는 배처럼 바람 부는 대로 이리저리 흔들리는 것을 의미합니다. 따라서 영적 미숙아는 조그만 어려움이나 거짓 교리에 대해 쉽게 넘어갑니다. 그러나 성숙한 자는 진리를 분별하는 능력을 가지며 어떤 거짓된 풍조에도 흔들리지 않습니다. 우리는 학생들이 영적 미숙아에서 장성한 자로 자랄 수 있도록 하나님의 말씀을 바로 가르쳐야 합니다.

주일학교 교사가 목표로 하는 신앙의 성숙이란 성경지식 교리를 효과적으로 실천하는 것을 포함합니다. 성경을 가르치는 것을 통하여 교리를 알게 하고 이러한 교리를 삶에 접목하여 믿음을 성숙하게 함으로써 그리스도인의 삶을 살게 해야 합니다. 개신교의 핵심 교리의 하나는 모든 신자가 제사장 직분을 실천하는 것입니다. 이러한 개신교의 교리가 반목화를 통해서도 여러 방편으로 실천될 수 있습니다. 평신도들이 교사로 자원하여 섬길 뿐 아니라 반 학생들로 하여금 하나님의 사역에 참여하게 하는 것이 그것입니다. 예수님께서 제자들에게 말씀하시기를 "추수할 것은 많되 일군은 적으니"(마 9:37)라고 하셨는데 이는 많은 사람들이 말씀을 가르치고 전도하는 일에 참여하게 하는 것이 우리가 고백하는 교리의 실천입니다.

(4) 하나님의 사람으로 온전케 하는 데 있습니다.

"모든 성경은 하나님의 감동으로 된 것으로 교훈과 책망과 바르게 함과 의로 교육하기에 유익하니 이는 하나님의 사람으로 온전케 하며 모든 선한 일을 행하기에 온전케 하려 함이니라"(딤후 3:16~17). 바울이 아들처럼 여기던 디모데를 격려하고 가르침을 준 내용입니다. 바울은 그 어떤 것보다 하나님의 말씀이 중요하다며 그것을 가르치라고 말하고 있습니다. 우리의 반 학생들에게 필요한 여러 가지 가르침이 있지만 그 중에 가장 우선이 되고 필요한 가르침은 하나님의 말씀, 즉 성경이어야 합니다. 반 학생들을 온전히 세우는 데 가장 우선적으로 필요한 것은 성경 교육입니다. 반 학생들을 성경으로 티칭해야 하는 가장 중요한 이유는 성경교육이 가지는 놀라운 힘 때문입니다. 그 놀라운 힘은 하나님의 사람으로 온전케 하는 능력입니다. 교사의 티칭 목적은 하나님의 사람으로 온전하게 하기 위함입니다. 성경말씀을 가르치는 목표는 하나님의 사람으로 온전케 하며 모든 선한 일을 행하기에 온전케 하기 위함에 있습니다.

여기에 온전케 된다는 것은 두 가지를 의미합니다. 하나는 교사가 하나님의 말씀을 연구하고 묵상하는 가운데 말씀을 통해서 그 사역에 완전히 적합한 일꾼으로 변화된다는 것입니다. 뿐만 아니라 말씀을 배우는 어린이들이 성경으로 교육을 받아서 모든 선한 일(딤전 5:10, 딤후 2:21, 딛 3:1)을 행하기에 충분히 준비된 사람으로 변화됨을 시사합니다. 이러한 의미에서 반목회는 반 학생들을 하나님의 사람으로 온전케 하는데 있습니다.

C. 화이트(Dean Goodrich C. white)는 주일학교 교육의 목표를 세 가지로 말하고 있는데, 첫째, 학생에게 하나님의 뜻을 알게 하는 것, 둘째, 학생들이 예수 그리스도를 개인의 구주로 영접하도록 이끄는 것, 셋째, 그리스도인의 특성, 즉 예배와 거듭난 생활, 효율적인 봉사로 드러나는 기독교적인 특성을 발전시키는 것입니다.

그러므로 반목회의 목표는 하나님을 만나 예수 그리스도를 개인의 구주로 영접토록 인도하며, 주님 오시는 날까지 그리스도인다운 삶을 살도록 하며, 더 나아가 예수 그리스도의 증인이 되도록 하는 것입니다.

(5) 양적 부흥입니다.

부흥은 두 가지의 뜻을 가지고 있는데 그 중의 하나는 영적 혹은 질적 부흥입니다. 이는 위의 "신앙의 성숙"에서 말한 내용입니다. 다른 하나는 여기서 말하고자 하는 양적 부흥입니다. 교역자뿐 아니라 반을 담임하는 주일학교 교사도 양적 부흥에 대한 부담과 함께 열망을 가지고 있습니다. 주의 일을 부담을 가지고 하는 것은 바람직한 일은 아니지만 이러한 부담이나 염려는 도리어 하나님 보시기에 아름다운 것입니다. 바울사도는 "하나님의 뜻대로 하는 근심은 후회할 것이 없는 구원에 이르게 하는 회개를 이루는 것이요 세상 근심은 사망을 이루는 것이니라"(고후 7:10)라고 하였습니다. 주의 일로 인한 교사들이 하는 근심은 하나님을 기쁘시게 합니다. 이러한 양적 부흥을 위하여 주일학교 교사가 할 수 있는 일들이 있습니다.

첫째, 말씀을 잘 준비하여 가르치는 일입니다. 말씀을 잘 준비하여 가르치면 반 학생들이 영적인 만족함을 얻어 결석이 줄어들고 기쁨으로 교회에 나오게 되는데 이렇게 결석생의 수를 줄이는 것도 부흥의 한 방법입니다.

둘째, 반 학생들을 위하여 날마다 기도의 제단을 쌓는 일입니다. 기도는 거리가 멀어도 상관이 없습니다. 요즘은 미국에 전화를 해도 옆집에 전화하는 것처럼 빠르게 접속되고 소리도 아주 맑습니다. 그러나 기도는 전화보다 더 빠르게 하나님과 접속되고 더 분명하게 전달됩니다. 요즘은 통신시설이 크게 발달했다고는 할지라도 통화음이 날 때는 상대방과 대화할 수가 없습니다. 기다려야 합니다. 그러나 지금 이 순간에도 아무리 많은 사람이 기도로 하나님과 통화하고 있다고 해도 나도 기도하기만 하면 아무 때든지 어디서든지 하나님과 통화할 수 있습니다. 기도로 한 주간을 준비했을 때는 바쁘게 한 주간을 지난 다음에 주일에 반 학생들을 만났을 때와는 달리 영적으로 인간적으로 더욱 반갑고 깊은 유대감을 느낄 수 있습니다. 반 학생들이 주일학교를 사모하는 마음이 생기게 하는 것이 교사들의 기도입니다.

셋째, 반 학생들을 주간에도 자주 전화심방을 하는 일입니다. 전화를 통하여 그들의 안부를 묻고 생활을 묻고 지도하고 주일에 반갑게 만날 것을 약속하면 다른 일로 주일학교를 빠지는 일이 줄어들 것입니다. 지금은 다수의 반 학생들이 인터넷을 사용하므로 교사는 이메일(e-mail), 메신저(messenger) 등을 통해서도 만나거나 소식을 나눌 수 있습니다.

넷째, 반 학생 각 사람에 대한 관심의 표시를 통하여 학급의 분위기를 부드럽게 하는 일입니다. 주일학교 공과공부시간에 반갑게 반 학생들을 맞이하며 칭찬하는 말을 하며, 서로를 돌아보게 하여 전체 반 학생들이 서로 잘 융화하도록 합니다. 이를 위하여 교사와 전체 반 학생들이 서로에게 친구가 되며 교사는 반 학생들을 사랑하고 반 학생들은 교사와 친구들을 존중하는 분위기를 만듭니다.

4. 반목회 요소

(1) 반목회의 요소 1. 교사.

십인십색(十人十色)인 학생들에게 학습 내용을 효과적으로 전달하고, 학습자(learner)가 갖춰야 할 자세와 태도, 의지와 목표를 가르쳐 주며 배움을 촉진하는 것은 교재와 시설이 감당할 수 없는 일입니다. 이는 오직 각 사람의 사정과 상황을 헤아리고 공감할 수 있는 인격적 존재, 즉 교사만이 감당할 수 있는 일입니다. 아무리 많은 돈을 쏟아 부어 만든 교재와 시설이라고 해도 제대로 된 교사 한 명에 견줄 수 없는 것은 그 때문입니다.

결국 교육 환경이란 교사가 교재와 시설을 활용하여 학생을 가르치는 모든 곳입니다. 교재와 시설은 도구에 불과합니다. 관건은 교사가 이 도구들을 얼마나 효과적으로 활용하고 가르쳐서 학생으로 하여금 교육의 열매를 맺게 하느냐입니다. 이를 잘 감당하는 교사가 있는 곳이 좋은 교육 환경이며, 훌륭한 교육이 이뤄지는 학교입니다.

이 같은 교사의 중요성은 성경에 기록된 예수님의 사역에서도 찾아볼 수 있습니다. 마가는 안식일에 회당에서 모세의 율법을 가르치신 예수님의 모습을 다음과 같이 기록했습니다. "그들이 가버나움에 들어가니라 예수께서 곧 안식일에 회당에 들어가 가르치시매 뭇사람이 그의 교훈에 놀라니 이는 그가 가르치시는 것이 권위 있는 자와 같고 서기관들과 같지 아니함일러라"(막 1:21~22).

이 장면에서 마가는 예수님이 가르치신 내용 대신 그 가르침을 들은 학생들(유대인들의 반응)에 초점을 맞춥니다. 학생들은 선생님의 가르침에 '압도당했다' 한글 성경에서 '놀라다'로 번역된 헬라어의 원형 '에크플렛소'가 바로 그런 뜻입니다. "흠, 이 선생님 실력 있는데?" 정도가 아니라 "와! 어떻게 이럴 수가?"라고 반응하며 입이 쩍 벌어진 것입니다. 마가는 이것이 가르친 장소나 내용, 교재 때문이 아니라 가르친 사람 때문이라고 설명합니다. 그 누구도 필적할 수 없는 권위로 가르침을 베푼 '교사' 예수님 때문에 말입니다.

잘 가르치려면, 시설도 중요하고 교재도 중요합니다. 하지만 이런 것을 갖추고 있어도 제대로 가르칠 수 있는 사람이 없다면, 모

든 것이 무용지물일 뿐입니다. 그 무엇보다 가장 중요한 교육 환경
은 바로 가르치는 자, 즉 교사입니다.

1) 교사가 갖추어야 할 자질

① 중생을 체험한 사람이어야 합니다.

교사가 갖추어야 할 첫 번째 자질은 거듭남, 즉 중생입니다. 〈성
령과 교육〉의 저자 로이 주크(Roy B. Zuck) 박사는 기독교교육에
서 성령의 가르침과 역사 없이는 교육이 일어날 수 없다는 점을 강
조합니다. 그는 기독교교육을 활력 있게 하는 원동력은 성경, 교사
의 자질, 성령의 교육 사역이라고 말합니다. 이것이 빠지면 종교로
서의 기독교교육일 뿐이라는 것입니다.

이는 그리스도인 교사는 영적인 새생명을 가진 사람이어야 함을
의미합니다. 중생을 체험한 그리스도인 교사는 단순히 성경지식
만을 전수하는 사람이 아닙니다. 성경지식을 가르치는 것과 더불
어 믿음의 확신을 심어주며, 성경적 가치관을 심어줌으로 삶의 변
화를 일으키고, 성경적이며 신앙적인 삶을 보여주는 사람입니다.
중생이란 무엇이며 왜 중생한 사람이어야 합니까? 중생이란 물과
성령으로 나는 것으로써(요 3:5) 하나님의 나라에 들어가기 위한
조건인 동시에 영생의 조건입니다. 중생은 넓은 의미로는 하나님
의 부르심과 회심까지도 포함하지만 좁은 의미로는 사람에게 새
로운 생명을 심어주시고 영혼을 거룩하게 하시는 하나님의 역사
를 말합니다. 이는 새로운 생명이란 말과 같습니다. 이러한 중생

은 하나님께서 주시는 것으로서 삶에 변화를 가져옴으로 전인(全人)에 영향을 끼칩니다(고전 2:14, 고후 4:6, 빌 2:13, 벧전 1:8).

중생을 체험하지 못한 교사가 하나님의 말씀인 성경을 가르치는 것은 학교 교사가 학생들에게 국어나 수학을 가르치는 것과 같습니다. 단순한 지식 전달에 불과한 것입니다. 세상의 학문은 인간의 이성과 노력으로 얼마든지 배울 수 있고 가르칠 수 있습니다. 그러나 하나님의 말씀인 성경은 인간의 이성으로 깨달을 수 있는 것이 아닙니다. 사도 바울은 "육에 속한 사람은 하나님의 성령의 일을 받지 아니하나니 저희에게는 미련하게 보임이요 또 깨닫지도 못하나니 이런 일은 영적으로라야 분변함이니라"(고전 2:14)라고 했습니다. 즉, 성령의 역사가 없이는 깨달을 수 없는 것입니다. 성령은 중생한 사람 속에만 거하십니다. 때문에 중생하지 아니하면 하나님을 알 수도 없고 하나님의 말씀도 깨달을 수 없는 것입니다.

아무리 뛰어난 가르침의 능력이 있는 사람이라 할지라도 교사는 예수그리스도를 구주로 영접하고 그의 말씀대로 사는 사람이어야 합니다. 구원의 확신에 찬 교사는 말하지 않아도 그의 삶으로 예수그리스도를 나타내기 때문입니다. 예수그리스도를 제대로 만난 사람만이 다음세대를 온전하게 세울 수 있습니다.

자기 자신도 하나님의 사랑을 경험하지 않은 사람이 어떻게 다른 사람에게 하나님의 사랑을 말할 수 있습니까? 자신도 사랑하지 않는 하나님을 사랑하라고 가르칠 수는 없습니다. 교사는 구원의 확신이 있고, 하나님의 사랑을 경험한 사람이어야 합니다.

교회주일학교 교사가 효과적으로 가르치기 위해서는 자신이 먼저 하나님을 확신하고 믿어야 합니다. 이러한 확신은 영적 체험에서 나옵니다. 영적인 일을 하는 사람은 영적인 것을 먼저 이해하고 체험해야 합니다.

예수님은 유대인 지도자들을 향해 '소경이 소경을 인도하는 자'라고 하셨습니다. 자기들도 깨닫지 못하면서 백성들을 인도하니 소경이 소경을 인도하는 꼴이 되고 만 것입니다. 교사가 거듭나지 못하면 소경이 소경을 인도하는 꼴이 됩니다. 교사는 "나는 중생한 경험이 있는가? 예수 그리스도를 내 마음에 주인으로 모셨는가? 지금 죽어도 천국에 갈 자신이 있는가?"라는 질문에 분명하고도 확신 있게 말할 수 있어야 합니다.

② 확실한 소명이 있는 사람이어야 합니다.

소명을 일반적으로 영어로는 Vocation, 라틴어로는 Vocatio라고 합니다. 이것의 의미는 사람을 '법정에 출두하도록 부른다'라는 것입니다. 또 황제가 신하를 부른다는 '황제호출'의 의미도 있습니다.

구약성경에 보면 소명을 '콰라'라는 히브리어 동사를 사용하고 있는데 이것은 '부른다' '불러내다' '청하다' '소환하다' '이름 짓다' 등의 의미가 있습니다. 이사야서에 언급된 소명(사 1:6)의 의미는 하나님이 이스라엘 백성과 인격적인 관계를 맺고 그 민족을 '그의 아들'이라고 이름을 지어서 이스라엘을 하나님의 것이라고 주장 하는 것으로 알려져 왔습니다.

이러한 소명은 황제가 신하를 부른다는 의미보다 차원이 월등

하게 참 임금이신 '하나님의 부르심'이기 때문에 그 부름은 '거룩한 부름'입니다. 고린도전서 7장 20절에 "각 사람이 부르심을 받은 그 부르심대로 지내라"라고 기록되어 있는데 이 지상에서의 소명은 하나님이 그의 은혜와 구원을 통하여 그의 백성이 되게 한 자들을 불러 역사에서 그의 목적을 실현하는 하나의 도구가 되게 하기 위해서입니다.

부름 받은 것을 소명이라고 하는 것은 어떤 직무만이 아니라 그 행위까지를 포함하는 것입니다. 자기의 직무를 돌보는 것은 하나님이 인간의 일을 돌보는 일에 함께 참여하는 것입니다. 교사의 소명이란 그 자리에서 맡겨진 직무 즉 가르치는 일을 하는 것입니다. 이것을 통해 이 땅 위에서 하나님의 나라를 확장하는 사업의 일꾼으로 쓰임 받는 것입니다.

교회에 직분이 있는 것은 예수님께서 자기의 교회를 다스리기 위해 세우신 실리적인 원칙입니다. 사람들이 스스로 직분자가 된 것이 아닙니다. 교사직도 마찬가지입니다. 교사로의 부르심은 우리가 침범할 수 없는 그 자신만의 섭리이기 때문에 이것을 대적하고 멸시하는 사람은 그리스도께서 이 사역의 창설자가 되심을 대적 하는 자요, 그리스도의 명예를 훼손하는 자입니다. 그리스도께서 직접 교사를 세우셨습니다.

바울은 성경 여러 곳에서 교사는 하나님이 세우신 직분이라고 분명히 말하고 있습니다. "하나님이 교회 중에 몇을 세우셨으니 첫째는 사도요 둘째는 선지자요 셋째는 교사요 그 다음은 능력이요"(고전 12:28). "내가 이 복음을 위하여 반포자와 사도와 교사로 세우심을 입었노라"(딤후 1:11). "우리 각 사람에게 그리스도의 선물의 분량대로 은혜를 주셨나니 그러므로 이르기를 그가 위로 올라가실 때에 사로잡힌 자를 사로잡고 사람들에게 선물을 주셨다 하였도다. 올라가셨다 하였은즉 땅 아랫 곳으로 내리셨던 것이 아니면 무엇이냐. 내리셨던 그가 곧 모든 하늘 위에 오르신 자니 이는 만물을 충만케 하려 하심이니라 그가 혹은 사도로, 혹은 선지자로, 혹은 복음 전하는 자로, 혹은 목사와 교사로 주셨으니 이는 성도를 온전케 하며 봉사의 일을 하게 하며 그리스도의 몸을 세우려 하심이라"(엡 4:7~12). "각 사람에게 성령의 나타남을 주심은 유익하게 하려 하심이라"(고전 12:7). 위의 성경구절에서 사도 바울은 소명의 근거와 소명을 주신 목적을 분명하게 설명하고 있습니다.

교회에서의 교육은 교회 전체가 책임지고 해야 할 일이지만 주일학교에서 하나님의 말씀을 실제로 가르치는 일은 아무에게나 맡겨진 일이 아닙니다. 그 일은 하나님으로부터 소명 받은 자에게 맡겨진 중요하고 귀한 일입니다. 그 일이 많은 사람들 중에서 선별된 자에게 하나님으로부터 주어졌다면 기쁘고 영광스러운 일입니다. 이것은 하나님의 선물입니다. 자기에게 맡겨진 의무를 행사하는 것은 그리스도의 의무를 행사하는 것과 마찬가지이므로 교사의 가르치는 일은 바로 하나님과 함께 하나님의 사역을 하는 것입니다. 이렇게 볼 때 교사는 하나님의 동역자임이 분명합니다.

교사는 기독교의 신앙전달이 인간이 아니라 하나님의 역사와 활동을 통해서 가능하다는 사실을 깊이 인식해야 합니다. 다시 말해 소명 받은 교사는 스스로 위대한 교사가 되려는 것이 아니라 자기 스스로 얼마나 하나님의 부르심에 솔직하게 응답하여 자기의 삶 전체를 그에게 맡느냐가 더 중요함을 인식해야 할 것입니다.

교사의 소명은 하나님으로부터 받은 것이므로 교사는 하나님의 명령에 따라 하나님의 뜻을 수행해야 합니다. 하나님의 뜻은 하나님이 보내신 "아들을 보고 믿는 자마다 영생을 얻는"(요 6:40) 것이며 이것은 하나님과의 관계를 회복하는 것입니다. 교사의 임무는 하나님의 말씀을 사람들에게 전하고 지키게 하는 것입니다. 이것은 말씀 교육을 통해서 그리스도인들의 신앙이 흔들리지 않고 착실하고 건강하게 성장해서 온전한 데까지 이르게 하는 일입니다.

소명으로 일하는 주일학교 교사는 몇 가지 특징을 가지고 있습니다.

첫째, 주어진 가르침의 사역을 최우선합니다. 교사가 이렇게 가르침에 대한 헌신이 없이는 주일학교 교사로서의 책임을 제대로 감당할 수 없습니다.

둘째, 감동이 있습니다. 소명감 있는 주일학교 교사는 반 학생들을 감동시킵니다. 소명감이 없는 교사는 자신도 감동되지 않을 뿐 아니라 반 학생들도 감동시킬 수 없습니다. 감동과 열정이 없는 교사는 좋은 결과를 얻을 수 없습니다. 말씀을 가르치면 그 말씀이 감동이 되고, 찬양을 하면 곡조와 가사가 감동이 되고, 기도하면 그 간구가 감동이 되는 교사라야 영향력을 끼칠 수 있는 교사입니다.

셋째, 성경지식과 영적 경험이 있습니다. 영적 경험은 최고의 교사가 되게 하고, 가르침을 풍성하게 하고, 생동감 있게 만듭니다.

소명이 있는 교사는 가르치는 내용을 잘 파악하고 그 내용의 준비를 통하여 영적 경험을 체험하게 됩니다.

넷째, 반 학생들의 장래의 가능성에 대한 탐구심을 가지고 있습니다. 탐구심은 최고의 학습요인 일 뿐 아니라 가르침에도 중요한 요인이 됩니다. 교사는 반 학생들로 하여금 하나님께서 그들에게 주신 보배를 찾아내도록 도와주는 특권과 의무를 가지고 있습니다. 그러므로 교사는 하나님께서 자신이 가르치는 학습자들에게 주신 은사가 무엇이며, 주신 능력이 무엇인지를 찾아내려고 하는 영적 탐구심이 필요합니다.

③ 성경에 능통한 사람이어야 합니다.

교회주일학교 교사는 세상의 학문이나 지식을 가르치는 자가 아닙니다. 하나님의 말씀인 성경을 가르치는 자입니다. 즉, 성경이 주일학교의 교과서라는 이야기입니다. 교사는 교수 내용인 성경지식으로 무장해야 합니다. 성경지식은 주일학교 교사들에게는 기본이 되는 자질입니다. 교사가 교과서를 모른다면 올바른 교육이 이루어질 수 없습니다.

학교교육에서도 학과목 교사는 해당 학과목 교재의 내용을 잘 이해해야 합니다. 이러한 학과목의 내용에 대한 지식이 갖추어진 후에 그가 아이들을 사랑하는 사람이냐, 교육자적인 성품을 가진 사람이냐, 사람됨이 어떠한지를 살펴봐야 합니다. 이는 교사에게 무엇보다 전제가 되는 자질은 가르치는 내용에 대한 지식의 소유임을 의미합니다.

성경을 안다는 말에는 두 가지 의미가 포함되어 있습니다. 하나는 성경에 관한 지식(knowledge about the Bible) 곧 명제적 지식입니다. 곧 성경 내용에 대한 광범위하고도 구체적인 지식의 소유를 말합니다. 교사가 가져야 할 성경에 관한 지식에는 본질적인 지식과 사실적인 지식이 있습니다. 성경에 대한 본질적 지식의 예로는 첫째, 성경과 계시의 관계, 둘째, 성경의 무오설과 그 증명, 셋째, 성경의 영감설, 넷째, 성경의 완전성, 다섯째, 성경의 권위 등입니다.

교회주일학교 교사가 알아야 할 사실적 지식으로는 예수님의 제자는 열두 명 임을 아는 것, 사복음서는 마태, 마가, 누가, 요한복음서라는 것을 아는 것, 구약은 39권이고 신약은 27권이고 전체는 66권임을 아는 것, 모세오경이란 창세기, 출애굽기, 레위기, 민수기, 신명기임을 아는 것 등입니다.

성경을 안다고 할 때, 또 다른 하나의 의미는 성경 내용이 진리이며 옳은 것임을 알고, 그것을 확신하며, 체험하고, 또 그 아는 것이 옳은 것을 증명하는 실천적 지식(knowledge of the Bible)을 소유하고 있음을 말합니다.

에스라의 위대함이 어디에 있습니까? 그는 어느 누구보다 훌륭한 성경교사였습니다. 그는 하나님의 말씀에 익숙한 사람이었습니다. 즉 그는 하나님의 말씀에 능통한 사람이었다는 것입니다. 교사는 하나님의 말씀에 능통한 자가 되어야 합니다. 에스라는 하나님의 말씀을 대하는 교사의 자세를 세 가지로 교훈하고 있습니다(스 7:10).

첫째, 하나님의 말씀을 연구했습니다. '연구하다'는 것은 어떤 사물에 대한 완전한 지식을 얻기 위해서 온갖 노력을 기울이는 행동을 가리킵니다(벧전 1:10,11). 교사는 말씀을 연구하는 자세를 가져야 합니다. 성경을 연구한다는 것은 성경을 읽는 것보다 더 깊은 주의를 기울여야 합니다. 교사는 성경을 연구하는 자가 되어야 합니다. 둘째, 말씀대로 살았습니다. 에스라는 말씀을 연구했을 뿐만 아니라 그 말씀을 준행했습니다. 즉, 말씀을 가지고 삶의 현장에서 살았다는 이야기입니다. 성경을 아무리 연구해도 그 말씀대로 살지 않으면 아무런 소용이 없습니다. 교사는 삶의 현장에서 말씀을 가지고 고민하는 흔적이 있어야 합니다. 기독교 교육은 가르치는 교육이 아니라 보여주는 교육이라고 했습니다. 진정으로 주님을 사랑하는 교사라면 주의 말씀을 지키게 됩니다(요 14:21). 셋째, 말씀을 가르쳤습니다. 학사 에스라는 말씀을 연구하고 연구한 그 말씀대로 살았습니다. 살았을 뿐만 아니라 그 말씀을 백성들에게 가르치기로 결심을 한 것입니다. 이스라엘 민족이 하나님의 징계를 받아 유리하는 자가 된 것은 하나님의 말씀대로 살지 않았기 때문이라는 사실을 깨닫게 되었고, 이 민족이 살 길은 하나님 말씀밖에 없다는 것을 깨닫게 된 것입니다. 그래서 그는 그 말씀을 가르치기로 결심을 하고 본토로 돌아오게 되었던 것입니다. 교사는 왜 말씀을 가르쳐야 하는지 분명한 이유가 있어야 하고 말씀을 가르치겠다는 확고한 의지와 결단이 있어야 합니다. 교회주일학교 교사가 가르쳐야 할 것은 하나님의 말씀입니다.

④ 사랑이 있는 사람이어야 합니다.

예수님이 사람들을 가르치신 것은 그들에 대한 사랑 때문이었습니다. 사람들이 목자 없는 양처럼 유리하는 것을 보고 민망히 여기셨으며(마 9:35~36), 예수님이 어디로 가든지 멀다 않고 따라 오는 자들을 모른다 하지 않고 피곤해도 가르치신 것은 바로 사랑 때문이었습니다. 예수님은 자신을 부인했던 제자들을 다시 찾아 오셔서 다시금 부르심에 응답할 수 있도록 용기를 주셨습니다(요 21장). 또한 예수님은 하나님임에도 불구하고 사람들로부터 섬김을 받으려 하지 않으시고 오히려 그들을 섬기셨습니다. 이 섬김도 예수님의 사랑에서 비롯되었습니다.

무릇 교사들은 이런 예수님의 마음을 품어야 합니다(빌 2:5). 교사의 제일 조건은 사랑입니다. 위로는 주님을 사랑하며 아래로는 내게 맡겨주신 양들을 사랑하는 것입니다. 부활하신 주님이 베드로에게 나타나셔서 물은 첫 번째 질문이 "너는 왜 나를 배반했느냐?"가 아니었습니다. "지금도 나를 사랑하고 있느냐?"였습니다. 주님이 물으신 것은 사랑이었습니다. 주님은 사랑하는 자에게 사명을 주십니다. 당신의 양떼를 맡기십니다.

교사가 사랑 없이 가르칠 때 학생들은 예민하게 이것을 알고 실족합니다. 형식적으로 공과를 가르치고 정해진 시간을 어떻게든 메우는 식의 가르침으로는 학생들에게 감동을 줄 수 없습니다. 이것은 사랑이 없기 때문입니다.

예수님은 선한 목자로 이 땅에 오셨습니다. 선한 목자는 양을 위하여 목숨을 버린다고 하셨고 실제로 예수님은 양을 위하여 당신의 목숨을 버리셨습니다(요 10:11). 하나밖에 없는 목숨을 버릴 수 있었던 그 힘은 사랑에서 비롯된 것입니다. 사랑할 때 희생할 수 있는 것입니다. 교사들은 학생들을 사랑해야 합니다. 그 영혼을 위하여 기도의 무릎을 꿇어야 하며 없는 시간을 쪼개어 말씀을 연구하고 그들과 함께 하는 삶을 살아야 합니다.

사랑은 말과 혀로 표현되는 것이 아니라 행함과 진실로 표현됩니다(요일 3:18). 사랑은 무엇인가를 갈급해 하는 표정을 읽을 줄 아는 예민함, 바쁜 가운데서도 그들과 함께 하는 시간을 내는 것, 그들의 모든 것을 알고자 하는 열심과 진지함, 그들의 독특함과 문화를 알고 이해하며 인정할 줄 아는 감각, 하나님의 창조 시 의도하신 모습을 회복하고자 하는 안타까움, 그들을 더 잘 가르치기 위한 배움의 열정, 그들의 연약함을 놓고 기도하는 모습에서 나타납니다. 또한 외모로 사람을 취하지 않으려는 자신과의 싸움에서도 사랑은 나타납니다. 야고보는 배경에 따라 사람들을 차별하는 교회를 책망하였습니다. 교사는 학생들의 조건이 그들을 대하는 기준이 되지 않도록 해야 합니다.

교사의 사랑은 수업시간에만 유효해서는 안 됩니다. 사랑은 대상의 모든 시간에 관심을 갖는 것입니다. 교사는 교회 밖에서 학생들이 어떻게 지내고 있는지 알고 있어야 하며 독서실, 놀이터, 학교 등에서 직접 접촉하든지 혹은 SNS나 컴퓨터를 이용한 통신 접촉을 하든지 그들의 삶과 관련이 있어야 합니다. 이런 것을 어쩔 수 없이 혹은 의무적으로 하면 고역입니다. 기쁜 마음으로 학생들을 하나님의 형상으로 지음 받은 존재로 귀히 여기고 그들의 독특성을 인정해야 합니다.

⑤ 비전(vision)의 사람입니다.

교사는 학생을 향한 비전을 소유한 사람이어야 합니다. 부활하신 예수님은 제자들에게 온 세상을 향한 비전을 제시합니다. "그러므로 너희는 가서 모든 족속으로 제자를 삼으라"(마28:19). 승천하시기 직전에 예수님은 그의 제자들에게 말씀합니다. "오직 성령이 너희에게 임하시면 너희가 권능을 받고 예루살렘과 온 유대와 땅끝까지 이르러 내 증인이 되리라"(행1:8).

교회주일학교 교사는 예수님과 같이 하나님의 나라의 확장과 세계의 복음화에 대한 비전을 소유해야 합니다. 학생들을 향한 비전을 품게 되면 하나님이 자신을 교사로 부르셨음을 확신할 수 있게됩니다. 교사가 비전이 없으면 하나님이 자신을 교사로 부르셨다는 확신을 갖기 어렵게 됩니다. 비전을 잃어버리게 되면, 조그만 어려움이 부닥쳐도 낙심하게 됩니다. 코흘리개 아이들이나 천방지축의 학생들을 가르치고 지도할 때, 하나님이 주신 꿈이 희미해지면 교사로서의 책임을 소홀히 하게 됩니다. 그러나 하나님이 주신 비전을 품은 자는 어떤 어려움 속에서도 소망을 가지게 됩니다. 또 현실에 대해서 불평하지 않고, 도리어 주어진 형편에서 최선을 다하며 하나님의 때를 기다립니다. 그리하여 하나님의 영광(기적적인 사건을 통해서)을 보게 됩니다.

교회개혁자 마틴 루터(Martin Luther)가 어린 학생으로서 아이제나흐(Eisneach)에서 중학교 과정을 다닐 때에 교사 중의 트레

보니우스(Trebonius)는 교실에 들어올 때마다 어린 학생들에게 머리를 정중히 숙이며 인사를 하곤 했다고 합니다. 어느 날 학생들이 그 이유를 그에게 물었을 때에 그 나이가 지긋한 백발의 교사는 이렇게 말했습니다. "여러분 중에서 장차 이 나라를 이끌고 갈 지도자들이 나올 것이기 때문입니다." 어른들의 눈으로 볼 때에 학생들이 별로 대수롭지 않게 보일 수도 있을 것입니다. 그러나 그들에게는 하나님께서 허락하신 큰 잠재력과 가능성이 있습니다. 따라서 교사들은 그들에게 허락하신 하나님의 놀라운 계획을 생각하며 비전을 가져야합니다.

교사는 어떻게 비전을 가질 수 있고, 어떻게 학생들에게 그 비전을 심을 수가 있습니까? 사무엘상 3장 1절을 보면 "아이 사무엘이 엘리 앞에서 여호와를 섬길 때에는 여호와의 말씀이 희귀하여 이상이 흔히 보이지 않았더라"라고 했습니다. 하나님의 말씀을 가까이 하지 않으면 이 세상의 가치관과 처세술을 따라 살아가게 됩니다. 그러나 하나님의 말씀을 읽고 상고하고 묵상할 때에 비전을 얻을 수가 있습니다.

⑥ 학습자에 대한 이해가 요구됩니다.

교사는 인간을 대상으로 가르치는 자입니다. 따라서 교사는 자신이 가르치고 있는 학생의 성장법칙에 관해 이해하고 있어야 합니다. 그래야 학생 수준에 맞추어 가르칠 수 있는 것입니다. "마땅히 행할 길을 가르치라 그리하면 늙어도 그것을 떠나지 아니하리라"(잠 22:6)에서 '행할 길은 학습자에 맞게, 즉 학습자의 눈높이에서 가르치라는 의미입니다. 왜 하나님은 사람을 태어날 때부터 성인으로 만들지 않고 유아로 태어나서 각 발달단계를 거쳐야만 성인이 되도록 하셨을까요? 교사는 그 이유를 묵상해야 할 것입니다. 사람에게는 영적, 도덕적, 정서적, 인지적, 신체적 발달 단계가 있는데 각 단계는 나름의 특징과 과업이 있습니다. 그런데 이것들이 충족되어야만 다음 단계로 넘어가서 온전한 발달이 이루어지게 됩니다. 아무리 좋은 고기라도 젖먹이에게는 소용이 없는 것처럼 학습자의 능력, 필요, 태도 동기 등을 전혀 모르는 상태에서 교사가 좋은 내용이라는 이유로 일방적으로 주입하면 그 가르침은 학습자에게 전달이 안 되고 땅에 떨어지고 맙니다. 말씀(text)은 해석되어야 하고 해석이 올바로 적용되려면 삶(context)이 고려되어야 합니다. 즉 교사는 학습자를 올바로 알아야 성경적인 적용을 할 수 있습니다.

학습자를 안다는 것은 단순히 그들의 이름을 아는 것만이 아닙니다. 마치 예수님께서 우리 각(各) 사람의 이름을 아시듯이, 우리도 학습자의 이름을 알아야 합니다(요 10:3). 교사가 학생의 이름을 부르게 되면 교육 효과도 더 좋아집니다. 현대 사회는 대중과 무리와 군중의 사회입니다. 특히 번호의 시대입니다. 우리가 물건을 살 때 거기에 기록된 바코드가 현대의 특성을 보여주는 것입니다. 비록 학교에서는 출석번호가 학생의 이름을 대신하더라도 교회에서는 반 학생들의 이름을 불러야 합니다. 이름을 부른다는 것은 그 사람을 안다는 것을 의미합니다. 이는 그들의 영적, 지적, 정서적, 신체적인 상황을 아는 것입니다. 학습자를 알 때 그들에 맞는 교육과정을 만들 수 있습니다.

⑦ 성장하는 사람이어야 합니다.

교사는 가르치는 자이기 전에 배우는 자입니다. 교사는 끊임없이 성장하고 발전해야 합니다. 교사의 법칙에 대하여 기술하면 다음과 같습니다. "오늘 성장하기를 멈춘다면, 내일 가르치기를 중단하게 될 것이다". 이러한 법칙에는 교사로서의 나는 먼저 배우는 자, 즉 학생들 중의 한 사람이라는 철학이 내포되어 있습니다. 우리는 성장하고 변화하는 일을 계속해야만 합니다. 이와 관련하여 베드로는 그의 둘째 서신 마지막 절에서 우리에게 다음과 같이 말합니다. "오직 우리 주 곧 구주 예수 그리스도의 은혜와 저를 아는 지식에서 자라 가라"(벧후 3:18).

연구를 꾸준히 하시는 교수님에게 "교수님은 왜 그렇게 공부를 열심히 하십니까?"라고 물었을 때 그는 다음과 같은 격언을 인용해서 답변해 주셨습니다. "나는 학생들에게 괴어 있는 연못물보다는 차라리 흐르는 시냇물을 마시게 하겠네". 우리가 좀 더 효과적인 가르침, 즉 삶을 변화시키는 교사가 되기 원한다면, 먼저 교사인 당신 스스로가 당신 자신을 가르치고 그 다음에 다른 사람을 가르쳐야 할 것입니다.

성경도 예수님의 성장과정을 설명하고 있습니다. "예수는 그 지혜와 그 키가 자라가며 하나님과 사람에게 더 사랑스러워 가시더라"(눅 2:5). 여기서는 성장을 네 가지 면에서 설명하고 있습니다. 첫째로, 그분은 '지혜에 있어' 자라갔습니다. 이것은 지적인 성장입니다. 둘째로, 그분은 '신장에 있어' 자라갔습니다. 이것은 육체의 성장입니다. 셋째로, 그분은 '하나님에 대한 사랑에 있어' 자라 갔습니다. 이것은 영적인 성장입니다. 그리고 넷째로, 그분은 '사람들에 대한 사랑에 있어' 자라갔습니다. 이것은 사회적이며 정서적인 성장입니다.

우리가 여기서 눈여겨보아야 할 것은 예수님의 영적인 성장을 말하고 있는 것입니다. 예수님은 하나님의 아들이셨지만 하나님과의 관계를 소홀히 하지 않고 영적인 성장을 위해 노력하셨다는 것입니다. 예수님이 그러하셨다면 우리가 성장해야 할 것은 너무나 당연한 것입니다.

사도 바울도 성장의 필요성에 대해서 여러 곳에서 강조하는 것을 볼 수 있습니다. 어린아이가 되지 않기 위해서 성장을 해야 하는데 어린아이는 유혹에 쉽게 넘어 가고 흔들리게 된다는 것입니다(엡 4:15~16). 또 말하기를 지혜에는 아이가 되지 말고 장성한 자가 되라고 권면을 하고 있습니다(고전 14:20). 뿐만 아니라 그는 실질적으로 그의 성숙한 삶은 많은 사람들에게 본보기가 되기도 했습니다. 이러한 내용은 사도 바울이 데살로니가교회에 보낸 첫 번째 편지에 잘 나타나 있습니다. "이는 우리 복음이 말로만 너희에게 이른 것이 아니라 오직 능력과 성령과 큰 확신으로 된 것이니 우리가 너희 가운데서 너희를 위하여 어떠한 사람이 된 것은 너희 아는 바와 같으니라"(살전 1:5).

바울의 성숙한 기독교적 삶은 데살로니가에 있는 젊은 신자들이 본받을 수 있는 좋은 모범이 되었습니다. 마찬가지로 교회주일학교 교사는 그가 가르치는 학생들을 위해서 그들에게 모범이 되어야 합니다. 교사가 배우기를 멈춘다면 가르치는 일도 그만두어야 합니다. 교사는 끊임없이 자기 성장과 발전을 가져올 수 있도록 노력해야 합니다.

성장을 위하여 성경말씀을 연구하는 시간을 가져야 합니다. 시간을 정해놓고 개인 성경공부를 해나가며 말씀의 깊이를 더해가야 합니다. 독서도 성장을 위해 빼놓을 수 없는 중요한 방법입니다. 교사로서 기본적으로 알고 있어야 할 내용들 즉, 기독교 교육의 원리라든지, 학생이해, 교수법, 반목회 등에 관한 책들을 읽어야 합니다.

⑧ 지성적인 사람이어야 합니다.

바울은 디모데에게 "네가 진리의 말씀을 옳게 분변하며 부끄러울 것이 없는 일군으로 인정된 자로 자신을 하나님 앞에 드리기를 힘쓰라"(딤후 2:15)라고 권면합니다. 이 성경구절에서 '하나님의 말씀을 옳게 분변하며'는 교사에게 필요한 지식을 말합니다.

여기에서 '옳게 분변 한다'는 '똑바로 자르다. 바르게 신중하게 다룬다'라는 의미입니다. 마치 능숙한 농부가 논두렁을 갈거나 밭고랑을 갈면 삐뚤빼뚤하지 않고 똑바르듯이, 도시에서 차선을 긋는 작업을 하는 능숙한 인부들이 차선을 반듯하게 긋듯이 '옳게 분변 한다'는 말에는 '똑바르게 자르다'라는 의미가 포함됩니다. 또한 칼날이 예리한 진검을 다루는 사람들은 칼을 대할 때 매우 신중하게 다룹니다. 조금 소홀히 하게 되면 자신이나 다른 사람의 신체에 해를 입힐 수 있기 때문입니다. 성경을 옳게 분변 한다는 것은 성경을 가르치는 주일학교 교사에게도 이러한 신중함이 필요함을 의미합니다.

그러면 어떻게 하는 것이 바르게 다루고 신중하게 다루는 것입니까? 먼저 소극적인 면에서 생각해 본다면 허튼 말을 하지 않는 것을 말합니다. 대화 가운데 허튼 말을 많이 하는 사람은 좋은 교사가 될 수 없습니다. 이러한 말은 사람을 가볍게 만들 뿐 아니라 듣는 사람들의 믿음을 흔들어 놓습니다. 교사는 의사 못지않게 큰 영향을 미치는 사람입니다. 지식이 많고, 지위가 높고, 명예가 있고, 물질이 많아서 평소에 자신감이 넘치는 사람이라 할지라도 '의사로부터 암입니다'라는 한마디를 듣는 순간부터 그 환자는 죽어간다고 합니다. 반대로 암에 걸린 줄 알고 거의 죽어가던 사람이 의사가 '오진입니다. 암이 아닙니다'라는 한마디를 듣는 순간 생기가 나고 힘이 납니다. 의사의 말은 환자의 육신을 살리기도 하고 죽이기도 하지만 교회주일학교 교사의 말은 반 학생의 영혼을 살리기도 하고 죽이기도 합니다. 그러므로 교회주일학교 교사는 말을 바르게 신중하게 해야 합니다. 만일 그렇지 못하면 "이는 유익이 하나도 없고 도리어 듣는 자들을 망하게"(14절 하) 만들게 됩니다.

교사는 환경에 따라, 듣는 사람의 필요에 따라 적합하게 가르쳐야 합니다. 이를 위해서는 성경을 많이 읽고, 듣고, 묵상해야 합니다. 계속하여 성경을 읽게 되면 성경에 대한 눈이 열리고 귀가 열리고 마음이 열리게 됩니다. 그러면 자연히 성경을 옳게 분변하는 교사가 되는 것입니다. 이러한 확실한 기초 위에 성경에 대한 지식과 학습자에 대한 지식을 쌓아가야 합니다.

⑨ 영적인 사람이어야 합니다.

인간의 모든 삶의 영역에서 주권자는 하나님입니다. 역사의 주인공이 하나님이실 뿐 아니라 주일학교에서의 가르침의 주권자도 하나님입니다. 교사는 주권자 곧 주연배우가 아니라 조연배우에 불과한 것입니다. 인간의 지혜보다 하나님을 의지하는 영성이 교사에게 필요합니다. 바울은 "하나님의 미련한 것이 사람보다 지혜 있고 하나님의 약한 것이 사람보다 강하니라"라고 하였습니다 (고전 1:25). 하나님을 의지하는 영성이 사람의 지혜보다 나음을 말합니다.

영적인 삶이란 믿음의 삶입니다. 교회주일학교 교사는 "이제는 내가 산 것이 아니요 오직 내 안에 그리스도께서 사신 것이라 이제 내가 육체 가운데 사는 것은 나를 사랑하사 나를 위하여 자기 몸을 버리신 하나님의 아들을 믿는 믿음 안에서 사는 것이라"라고 고백하는 바울 사도와 같이 그리스도에 대한 믿음 안에서의 삶 곧 영적인 삶을 살아야 합니다(갈 2:20).

교회주일학교 교사가 영적인 자질을 갖는다는 것은 그리스도의 생각과 성품을 갖는다는 말입니다. 그리스도의 생각을 갖기 위해서는 하나님의 말씀을 읽고, 암송하고, 묵상하는 교사가 되어야 합니다. 그 이유는 "하나님의 말씀은 살았고 운동력이 있어 좌우에 날선 어떤 검보다도 예리하여 혼과 영과 및 관절과 골수를 찔러 쪼개기까지 하며 또 마음의 생각과 뜻을 감찰"하기 때문입니다

(히 4:12). 하나님과 관계의 긴밀함과 소홀함은 곧 주일학교 교사의 영성에 영향을 미칩니다.

교사는 어떻게 하여야 영적인 자질을 갖출 수 있습니까? "네가 진리의 말씀을 옳게 분변하며 부끄러울 것이 없는 일군으로 인정된 자로 자신을 하나님 앞에 드리기를 힘쓰라"(딤후 2:15)는 구절에서 '부끄러울 것이 없는 일군으로 인정된 자'는 영적인 자질을 말합니다. 곧 교사는 인정을 받아야 합니다. 일반학교 교사는 국가로부터 인정을 받아 교사 자격증을 받고 학교로부터 인정을 받아 교단에서 가르칩니다. 그러면 주일학교 교사는 누구로부터 인정을 받아야 합니까?

교회주일학교 교사는 담임목회자의 인정이나 자신이 가르치는 반 학생들의 인정을 받기 이전에 하나님의 인정을 받아야 합니다. 하나님의 인정을 받기 위해서는 '부끄러울 것이 없어야' 합니다. 하나님께서는 사람의 생각, 말, 행동을 보시므로 바울 사도는 복음을 전하다가 사람들로부터 많은 고난을 받았으나 복음과 주님을 부끄러워하지 않았습니다.

바울은 고난 가운데서도 자신이 그리스도의 사도요, 종이요, 복음 전하는 자임을 부끄러워하지 않았습니다. 어떻게 하면 그러한 교사가 될 수 있을까요? 바울은 빌립보 성도들에게 "나의 간절한 기대와 소망을 따라 아무 일에든지 부끄럽지 아니하고 오직 전과 같이 이제도 온전히 담대하여 살든지 죽든지 내 몸에서 그리스도가 존귀히 되게 하려 하기를 원하는 마음을 가지라"고 권합니다(빌 1:20). 좀 더 구체적으로 말하자면 주일학교 교사로서 담대함을 가지고 있어야 합니다. 그러므로 자신이 주일학교 교사임을 부끄러워하거나 교사의 직분을 하찮은 것으로 여겨서는 안 됩니다. 그리고 바울과 같은 담대함을 가지기 위해서는 복음에 대한 확신을 가지고 복음을 바로 알아야 합니다.

영적인 자질을 가진 사람은 실천할 뿐 아니라 반 학생들도 말씀대로 실천할 수 있도록 동기를 유발합니다. 바울은 이러한 자질을 데살로니가 성도들에게서 보았습니다. 그는 데살로니가 성도들에게 편지를 쓰면서 "너희가 모든 믿는 자의 본이 되었다"라고 말합니다(살전 1:7). 교사는 모방성이 강한 어린이들 앞에, 감수성이 강한 십대 청소년들 앞에 노출되어 있는 공인입니다. 이러한 교사는 무대 뒤로 숨을 수가 없습니다. 주님께서 제자들에게 "너희는 세상의 빛이라 산 위에 있는 동네가 숨기우지 못할 것이요 사람이 등불을 켜서 말 아래 두지 아니하고 등경 위에 두나니 이러므로 집안 모든 사람에게 비취느니라 이같이 너희 빛을 사람 앞에 비취게 하여 저희로 너희 착한 행실을 보고 하늘에 계신 너희 아버지께 영광을 돌리게 하라"라고 했습니다(마 5:14~16).

〈도표 4〉 교사의 자질들

영적 요소	지적 요소	인격적 요소	신체적 요소
거듭난 자	가르치는 즐거움	모범을 보여줌	건강
확실한 소명 있는 자	전문적 지식	학생을 사랑함/ 사랑이 있는 사람	단정한 용모/ 목소리

은사가 있는 자	인간 발달을 이해	개방된 마음	
기도 하는 자		영향력 있는 사람	
성경에 능통한 사람	전문적 지식	학생을 사랑함/ 사랑이 있는 사람	단정한 용모/ 목소리
올바른 영성 가진 사람(성령/ 말씀/기도)			
성장하는 사람			

2) 교사의 역할

미국 시애틀에서 세계적인 지도자 네 명이 배출되었습니다. 라이크우드 라는 기독교학교에서 한 선생님이 네 명의 아이들에게 하나님의 말씀을 잘 가르쳤습니다. 불과 4명의 아이들을 가르쳤는데 그들 모두가 세계적인 지도자가 되어 현재 큰일을 하고 있습니다. 선생님은 네 아이에게 예수를 잘 믿는 법을 가르쳤습니다. 네 명은 모두 대학공부를 못했습니다. 그러나 선생님은 네 명에게 세상 지식보다 하나님의 위대하심과 하나님을 섬기는 법, 예배의 중요성을 가르쳤습니다. 선생님은 학생들에게 하나님을 경외하는 것이 가장 위대한 일이라고 가르쳤고 이들은 오늘날 세계에 가장 큰 영향력을 끼치는 최고의 인물이 되었습니다.

그 중의 한 사람이 바로 빌 게이츠입니다. 그는 하버드에 들어갔지만 중퇴를 하여 컴퓨터 프로그래머가 되었습니다. 빌게이츠의 영향력과 재산은 말하지 않아도 다 알 것입니다. 두 번째 인물은 보잉입니다. 보잉은 보잉 비행기를 만들었습니다. 전에는 비행기의 엔진이 모두 뒤에 달려 있었으나 보잉은 날개에다 엔진을 달았습니다. 현재 전 세계의 모든 비행기는 거의 다 보잉 747기 날개에 엔진이 달린 비행기입니다. 참으로 하나님이 주신 지혜가 아니면 상상할 수 없는 발명입니다. 지금 비행기의 여객기는 보잉이 전 세계를 지배하고 있습니다. 현재 시애틀에 가면 보잉사가 있고 한 건물에 수만 명이 근무하고 있습니다. 세 번째 인물은 맥 콜드라는 사람입니다. 그는 휴대폰 전화기를 발명한 사람입니다. 지금 세계 모두가 사용하는 휴대폰은 맥 콜드가 발명한 것입니다. 또 한 사람은 코스트라는 회사를 설립한 사람입니다. 보잉과 합작회사로 세계적인 기업이 되었습니다. 한 사람의 교사가 전 세계를 지배하는 위대한 인물들을 만들었습니다.

교사들은 어떤 역할을 해야 합니까? 교사는 가르치는 가운데 학생과의 관계 속에서 여러 가지 역할을 수행하고 있습니다. 교사가 감당하고 있는 역할을 구체적으로 살펴보면 다음과 같습니다.

① 교사는 리더 양(Leader sheep)입니다.

우선 교사는 하나님과 학생을 이어주는 교량역할을 합니다. 염소와는 다르게 양들은 지독한 길치에다 지독한 근시여서 스스로 길을 찾지도 먹이를 잘 보지도 못합니다. 때문에 반드시 목자가 양들보다 앞서 방향을 잡고 나아갑니다. 그러면 그 뒤를 양들이 따릅니다. 양들과 목자 사이에는 리더 양이라고 불리는 노련한 양이 있습니다. 그 양들은 목자의 생각을 잘 파악하고 목자가 인도하는 방향을 따라가는 길잡이 역할을 합니다. 리더 양들이 목자를 따라 길을 가면 그 뒤를 양들이 따라가며 눈에 띄는 풀들을 뜯습니다. 앞에 가는 녀석들이 눈에 보이는 대로 풀들을 다 먹어치우기 때문에 뒤따르는 녀석들은 하는 수 없이 풀뿌리까지 뽑아 먹게 됩니다.

교회주일학교 교사로서 나는 리더 양입니다. 내 앞에는 목자장이신 예수님이 가십니다. 그리고 내 뒤에는 영적 근시안 때문에 그 목자장을 잘 보지 못하는 그분의 양 떼가 따라오고 있습니다. 나는 둘 사이에 서 있습니다. 나는 따르는 자이며, 동시에 이끄는 자입니다.

교회주일학교 교사들이 리더 양으로서 늘 묵상해야 할 매뉴얼이 있습니다. 요한복음 10장 1~16절이 바로 그 리더 양 매뉴얼입니다. "내가 진실로 진실로 너희에게 이르노니 문을 통하여 양의 우리에 들어가지 아니하고 다른 데로 넘어가는 자는 절도며 강도요 문으로 들어가는 이는 양의 목자라 문지기는 그를 위하여 문을 열고 양은 그의 음성을 듣나니 그가 자기 양의 이름을 각각 불러 인도하여 내느니라 자기 양을 다 내놓은 후에 앞서 가면 양들이 그의 음성을 아는 고로 따라오되 타인의 음성은 알지 못하는 고로 타인을 따르지 아니하고 도리어 도망하느니라 예수께서 이 비유로 그들에게 말씀하셨으나 그들은 그가 하신 말씀이 무엇인지 알지 못하니라 그러므로 예수께서 다시 이르시되 내가 진실로 진실로 너희에게 말하노니 나는 양의 문이라 나보다 먼저 온 자는 다 절도요 강도니 양들이 듣지 아니하였느니라 내가 문이니 누구든지 나로 말미암아 들어가면 구원을 받고 또는 들어가며 나오며 꼴을 얻으리라 도둑이 오는 것은 도둑질하고 죽이고 멸망시키려는 것뿐이요 내가 온 것은 양으로 생명을 얻게 하고 더 풍성히 얻게 하려는 것이라 나는 선한 목자라 선한 목자는 양들을 위하여 목숨을 버리거니와 삯꾼은 목자가 아니요 양도 제 양이 아니라 이리가 오는 것을 보면 양을 버리고 달아나나니 이리가 양을 물어 가고 또 헤치느니라 달아나는 것은 그가 삯꾼인 까닭에 양을 돌보지 아니함이나 나는 선한 목자라 나는 내 양을 알고 양도 나를 아는 것이 아버지께서 나를 아시고 내가 아버지를 아는 것 같으니 나는 양을 위하여 목숨을 버리노라 또 이 우리에 들지 아니한 다른 양들이 내게 있어 내가 인도하여야 할 터이니 그들도 내 음성을 듣고 한 무리가 되어 한 목자에게 있으리라"

교회주일학교 교사는 리더 양으로서 나를 따르는 양들을 어떻게 인도하는가를 보여주는 사역적인 눈이 필요합니다. 내가 선한 목자에게 받은 대로 어떻게 내 양떼들에게 해야 할지를 정리해보면 다음과 같습니다.

첫째, 리더 양으로서 나는 양들의 이름을 알아야 합니다. 우선 그들의 이름을 외워야 합니다. 이름을 외우는 가장 좋은 방법은 그 이름을 부르며 기도해주는 것입니다. 언제 어느 상황이든 그들의 이름을 불러주어 그들의 가치를 인정하고 존중하는 마음을 보여주어야 합니다. 그들에 대한 개인적이고 인격적인 지식을 열심히 구해야 합니다. 언제라도 대중이 아닌 개인으로 그들을 대해 주어야 합니다.

둘째, 리더 양으로서 나는 양들 앞에 서서 가야 합니다. 믿음은 가르쳐지는(taught) 것이 아니라 잡혀지는(caught) 것임을 잊지 말아야 합니다. 하나님은 나를 믿음과 삶의 모델로 그들 앞에 세우셨음을 기억해야 합니다. 가르칠 진리에 내 자신이 먼저 순종해야 하고, 나를 통과한 진리를 간증해주어야 합니다. 나의 삶에 역사하시는 은혜를 나누어 주어야 합니다. 학생들 앞에서 위선을 버리고, 나의 연약함과 불완전함을 가리지 않고 인정하는 것도 양들 앞에 서서 가는 일입니다.

셋째, 리더 양으로서 나는 양들을 보호해야 합니다. 양 떼들은 숱한 유혹과 시험을 받습니다. 그들을 무리로부터 떼어놓으려는 어떠한 공격으로부터도 지켜주어야 합니다. 그들을 주님과의 관계에서 찢어내려는 어떠한 유혹으로부터도 지켜야 합니다. 그들을 혼미하게 하는 세속적 가치관으로부터도 지켜야 합니다. 내부적인 갈등과 충돌로부터 그들을 후리는 이단이나 이단적 가르침으로부터도 지켜야 합니다. 믿음의 성장을 저해하는 어떤 습관이나 태도로부터도 보호해주어야 합니다.

넷째, 리더 양으로서 나는 양들을 먹여야 합니다. 그들을 잘 먹이기 위해서는 자신의 영적 성장을 위해 끊임없이 투자해야 합니다. 개인 경건 시간 등 개인적인 성경 연구를 생활화하는 것이 중요합니다. 내가 먼저 성경을 사랑함으로써 그들도 성경을 사랑하게 만들어야 합니다. 내 안에서 소화된 진리를 가르칠 수 있도록 미리 준비하는 일에 정성을 다해야 합니다. 진리를 학생들의 삶의 필요와 통합하여 가르쳐야 합니다. 거듭나지 않은 학생들이 복음에 반응할 수 있도록 영적 조산의 준비를 하고, 그들의 영적인 입질에 깨어 있어야 합니다.

다섯째, 리더 양으로서 나는 양들을 위해 기꺼이 손해를 보아야 합니다. 내 편의를 내려놓고 그들의 영적 복지를 챙겨주어야 합니다. 그들에게 마음을 다해 사랑을 주어야 합니다. 나의 시간으로 사랑을 주어야 합니다. 물질로 사랑을 나누어야 합니다. 에너지로 사랑을 주어야 합니다. 그들을 인도할 때 따라오는 번거로움과 부담과 희생을 기꺼이 감수해야 합니다.

여섯째, 리더 양으로서 나는 양들을 사랑해야 합니다. 그들을 내 마음에 넣는 것이 그들을 사랑하는 첫 과정입니다. 매일 그들을 위해 기도하면 그렇게 됩니다. 엄마가 아기를 살피듯 세심한 눈으로 그들의 삶을 살펴야 합니다. 때때로 찾아오는 그들의 아픔과 고통에 참여함으로써 그들에 대한 사랑을 보여주어야 합니다. 전화나 편지, 직접 방문하는 것 등 그들의 형편에 따라 적절하고 지혜로운 돌봄을 제공해야 합니다. 이렇게 친밀한 사귐을 통해 평생의 멘토로 동행하는 즐거움을 누려야 합니다.

일곱째, 리더 양으로서 나는 양들을 알아야 합니다. 그들의 이름을 알아야 합니다. 그들의 필요를 알아야 합니다. 그들의 마음과 아픔을 알아야 합니다. 그들의 형편 그리고 꿈과 소원을 알아야 합니다.

여덟째, 리더 양으로서 나는 잃은 양을 찾아야 합니다. 단 한 영혼이라도 등한히 여기지 않아야 합니다. 나와 코드가 맞지 않는 이들도 끌어안고 가야 리더 양입니다. 나의 리더십을 거부하는 이들을 마음에서 포기하지 말아야 합니다. 마음과 몸으로 뒤쳐지는 학생들을 챙기고, 실족한 사람, 주저앉은 사람을 찾아 데려와야 합니다. 미래의 신자를 위해 복음의 농사짓는 일을 끝없이 감당해야 합니다.

② 교사는 의사 소통자입니다.

교사는 서로 의사소통 할 수 없는 사람들까지 의사소통 할 수 있도록 돕는 자입니다. 학생들을 주의 깊게 관찰하면서 양편의 언어와 입장, 배경을 정확히 파악하여 오해가 없도록 막힌 담을 뚫어줍니다. 교사 자신도 학생들에게 의사소통이 되어야 합니다. 교사는 언어와 비언어의 양면에서 쌍방통행을 시도합니다. 교사의 권위주의적인 태도, 일방적인 강요는 의사소통에 큰 걸림돌이 되므로 피해야 합니다. 특히 나쁜 말은 학생을 죄로 이끌고(잠 10:19), 노를 격동시키며(잠 15:1), 영혼을 짓누르며(잠 15:4), 멸망을 가져오므로(잠 13:3) 절대 삼가야 합니다. 가르칠 주제에 대해서 하나님은 어떻게 말하기를 원하시는지. 이 상황에서 어떻게 하기를 원하시는지 자신에게 질문해야 합니다.

송신자인 교사는 수신자인 학생에게 보낼 메시지를 준비합니다. 교사는 메시지를 보낼 가장 적절한 방법을 선택하는데 이 때 모든 가능성을 널리 고려합니다. 학생은 그 메시지를 수신합니다. 학습자는 교사나 다른 학생에게 돌릴 반응 메시지를 보내도록 자극 받습니다. 이제 송신자가 된 학생은 송신의 방법을 선정합니다. 교사가 수신자가 되어 학생의 반응 메시지를 받아 새롭고 개선된 메시지를 준비하여, 재 송신합니다.

이때 교사는 송신자로서 가르칠 내용에 대해 전문가여야 합니다. 다시 말해 성경에 대해 학생들의 필요, 기독교 신앙의 성경적 관점, 주제의 개념들에 대해 이해하고 있어야 합니다. 교사는 성경전문가는 아니나 전문적 도움과 지도를 해줄 수 있습니다. 반면에 수신자로서 교사는 배우는 자, 초심자여야 합니다. 교사라고 해서 모든 답을 알고 있는 것은 아닙니다. 그는 학생과 함께 하는 학습자입니다.

늘 열려있는 태도로 학생에 대해, 교수-학습 방법에 대해 가르치고 있는 성경적, 신학적 개념에 대해 배워야 합니다. 교사는 항상 가르치기만 하는 것이 아니라 언제나 귀 기울이는 시간을 가져야 합니다. 그러면 학생과 원활한 의사소통이 이루어질 것입니다.

③ 교사는 돌봄이(Caregiver)입니다.

모델 교사로서 예수님의 역할은 우리를 돌보시는 것이었습니다. 예수님은 한 번도 신명기 강해나 선지서 특강을 하신 적이 없습니다. 그분의 관심사는 정보나 지식이 아닌 사람이기 때문입니다. 교회주일학교 교사의 역할 또한 가르침보다는 돌보는 역할이 맞습니다.

예수님이 이 땅에 오시기 전 이미 학교 제도는 완전한 뿌리를 내린 교육 기관으로 자리를 잡고 있었습니다. 그런데도 예수님이 그 탁월한 시스템을 왕국의 일꾼을 세우는 티칭에 도입하지 않으신 이유가 무엇일까요? 관심과 목적이 다르기 때문입니다. 학교의 관심은 사람에게 지식을 심어주는 것입니다. 예수님의 관심은 참된 진리로 사람을 세우는 것입니다. 얼핏 보기에 별 차이가 없어 보입니다. 그러나 이것은 아주 다른 개념입니다. 목적과 방편이 정반대 방향으로 배열되어 있기 때문입니다. 지식으로 사람을 가르치는 것과 사람에게 지식을 가르치는 것은 아주 다릅니다. 목적과 방편이 바뀔 때 교육은 매우 다른 양상으로 전개됩니다. 예수님의 티칭의 초점은 항상 지식이 아닌 사람에게 맞추어져 있었습니다. 그분은 제도가 아닌 관계에 기초해 사람을 가르치셨습니다. 정보획득이 아닌 경험으로 배움의 통로를 삼으셨습니다. 사람은 지식이 아닌 사람에 의해 변화된다는 것을 보여주셨습니다.

왜 하늘의 교사께서는 지식이 아닌 사람에 초점을 맞춘 티칭을 하셨을까요? 그것은 자신이 만드신 인간의 기본 구조와 필요를 아시기 때문입니다. 인간의 마음은 지성과 감성과 의지로 구성됩니다. 그리스도라는 말은 기름 부음 받은 사람이라는 뜻입니다. 구약에서 기름부음을 받은 사람은 왕과 선지자와 제사장뿐입니다. 예수님은 그리스도이십니다. 인간의 지성적 필요를 채우기 위해 그분은 전지하신 선지자이셔야 했고, 인간의 감성적 필요를 채우기 위해 사랑과 긍휼의 제사장이셔야 했으며, 인간의 의지를 통치하시기 위해 그분은 왕이셔야 했습니다. 교사로서 예수님은 때로는 선지자로, 때로는 제사장으로, 때로는 왕으로 그 백성들을 인도하셨습니다. 이러한 그리스도의 세 직분이 우리를 통해서 나타나는 것이 교회주일학교 교사의 기능입니다.

우리 안에 계신 하늘의 교사가 우리를 통해 그분의 직임을 시행하시도록 우리 자신을 드려야 합니다. 그러면 실제 사역의 현장에서 이 원리를 어떻게 적용해야 할까요? 다섯 개의 비유로 정리해 보겠습니다.

첫째, 교회주일학교 교사는 마치 엄마와 같습니다. 이것은 엄마가 아기를 돌보듯 학생들을 보살피는(Cares) 교사의 기능입니다. 이것은 우리 안에 계신 그리스도의 제사장적 기능을 수행하는 것입니다. 참된 교사는 어머니의 사랑이 있는 자입니다. 바울은 교회주일학교 교사의 좋은 본보기입니다. 그는 선생으로서 자신의 학생들 앞에 서지 않았습니다. 그는 어린아이를 돌보는 엄마로서 그들을 안았습니다. "우리는 그리스도의 사도로서 마땅히 권위를 주장할 수 있으나 도리어 너희 가운데서 유순한 자가 되어 유모가 자기 자녀를 기름과 같이 하였으니"(살전 2:7). 우리 성경에는 유모라는 단어로 번역되었지만 헬라어 문맥에서 이 유모 '트로포스'(trophos)는 자식을 양육하는 '어머니'로 번역하는 것이 맥락상 더 적합할 수도 있습니다. 자식을 기르는 어머니는 그의 사랑하는 자녀들에게 권위를 주장하거나 위엄을 뽐내는 일이 절대 없습니다.

자식을 향한 어머니는 자녀들을 위해 어떠한 고통이나 문제도 신경 쓰지 않고, 자기의 생명까지도 자녀들을 위해 내어 줍니다. 우리도 하나님 앞에서 어머니 같은 교사가 되어야 하는 것입니다. 우리가 아이들에게 진정 어머니가 될 때 아이들은 변화하는 것입니다. 우리가 아이들에게 진정 어머니의 마음을 품을 때 역사가 일어나는 것입니다. 우리는 이 경험을 해야 합니다. 어머니가 자기의 사랑스러운 자녀를 기름과 같이 우리도 그와 같이 우리의 아이들과 사역 현장에 나아가야 하는 것입니다. 엄마의 기능을 잘 수행하려면 장비가 필요합니다. 사람을 있는 그대로 받아주는 가슴, 단점보다는 장점과 가치를 인식하는 눈 꼭 끌어안아줄 수 있는 팔, 진지한 격려와 칭찬으로 넘치는 입.

둘째, 교회주일학교 교사는 마치 농부와 같습니다. 이것은 농부가 식물을 자라게 하듯 영적 성장을 촉진하는(Activates) 교사의 기능입니다. 이것은 우리 안에 계신 그리스도의 선지자적 기능을 수행하는 것입니다. 농부의 기능을 잘 수행하기 위해서도 장비가 필요합니다. 성경 지식과 성경적 사고로 잘 정돈된 머리, 영혼의 상태를 인식할 수 있는 눈, 영혼을 사랑하는 열정으로 뜨거운 가슴, 분명하면서도 설득력 있게 말씀을 전하는 입, 바울은 이렇게 말합니다. "그런즉 아볼로는 무엇이며 바울은 무엇이냐 그들은 주께서 각각 주신 대로 너희로 하여금 믿게 한 사역자들이니라 나는 심었고 아볼로는 물을 주었으되 오직 하나님께서 자라나게 하셨나니 그런즉 심는 이나 물 주는 이는 아무 것도 아니로되 오직 자라게 하시는 이는 하나님뿐이니라"(고전 3:5~7).

셋째, 교회주일학교 교사는 마치 친구와 같습니다. 이것은 친구가 친구를 붙잡아주듯 관계를 통해 사람을 키우는(Relates) 교사의 기능입니다. 이것은 우리 안에 계신 그리스도의 제사장적 기능을 수행하는 것입니다. 많은 교사들이 이렇게 묻습니다. "어떻게 하면 아이들과 잘 통할 수 있나요?" "아이들이 내 말을 듣지 않는데 어떻게 해야 해요?". 그럴 때마다 "아이들과 함께 친구가 되세요" "그냥 아이들과 함께 놀아 주세요". 아이들과 함께 놀고 친구가 되는 것, 당연히 아이들의 눈높이로 내려가 아이들과 같은 언어로 생각으로 만나는 것을 말합니다. 아이들과 대화가 되지 않는 것은 아이들이 문제가 있어서가 아닙니다. 우리가 너무 많이 아이들과 멀어졌기 때문입니다.

하나님이 인간이 되신 것, 그것을 성육신(Incarnation)사건이라고 말하며, 그 분이 예수 그리스도이십니다. 천지를 지은 창조주이신 예수님도 우리를 친구로 상대해주십니다. 바리새인들과 서기관들의 끝없는 비난과 질책 속에서도 자신을 세리와 죄인의 친구라 칭하셨습니다. "사람이 친구를 위하여 자기 목숨을 버리면 이보다 더 큰 사랑이 없나니 너희는 내가 명하는 대로 행하면 곧 나의 친구라 이제부터는 너희를 종이라 하지 아니하리니 종은 주인이 하는 것을 알지 못함이라 너희를 친구라 하였노니 내가 내 아버지께 들은 것을 다 너희에게 알게 하였음이라"(요 15:13~15).

"나는 너희를 친구라 불렀다!" 주님이 하신 말씀입니다. 우리를 친구로 여기고 계십니다. 주님이 이처럼 우리를 친구로 여기고 계셨기 때문에 친구를 위하여 사람들의 눈치를 보지 않았습니다. 주님은 스스로 죄인, 세리들의 친구라고 불리우는 것을 두려워하지 않았습니다. 하나님과 동일하신 분이신 예수 그리스도가 우리를 친구로 여기시는데 우리도 역시 아이들을 친구처럼 대하지 못할 이유는 없지 않습니까? 심지어 하나님조차도 아브라함에게 '친구'라는 표현을 하신 것을 기억하지 못합니까? 주님이 우리에게 "어이 친구!"라고 부르신다는 것을 생각하고 아이들을 친구처럼 바라보면 어떨까요? 같이 놀아주고 이해해주고 밤새도록 얘기해도 지루하지 않은 친구처럼 옆에 있어주면 어떨까요? 친구의 기능을 잘 수행하기 위해서도 장비가 필요합니다. 기대어 울게 해줄 어깨, 필요할 때 옆에 앉아줄 엉덩이, 잘 들어줄 귀.

넷째, 교회주일학교 교사는 마치 코치와 같습니다. 이것은 코치가 선수를 무장시키듯 학생들을 하나님의 백성으로 무장시키는(Equips) 교사의 기능입니다. 이것은 우리 안에 계신 그리스도의 선지자적 기능을 수행하는 것입니다. 선수는 어떤 코치를 만나느냐에 따라 그 진로가 달라집니다. 박지성 뒤에 히딩크, 여호수아에게는 모세, 디모데에게 바울, 그리고 엘리사에게는 엘리야라는 코치가 있었습니다. 코치의 기능을 잘 수행하기 위해서도 장비들이 필요합니다. 그 속에 잠재된 가능성을 보는 눈, 본을 찍는 발, 사랑으로 바른 말을 해줄 수 있는 용기 있는 입.

다섯째, 교회주일학교 교사는 마치 아버지와 같습니다. 이것은 아버지가 자녀를 훈계하고 이끌어주듯, 학생들을 감독하고 이끄는(Supervises) 교사의 기능입니다. 이것은 우리 안에 계신 그리스도의 왕적 기능을 수행하는 것입니다. "너희도 아는 바와 같이 우리가 너희 각 사람에게 아비가 너희 각 자녀에게 하듯 권면하고 위로하고, 경계하노니 이는 너희를 부르사 자기 나라와 영광에 이르게 하시는 하나님께 합당히 행하게 하려 함이니라"(살전 2:11~12). 참된 교사는 아버지의 엄함이 있는 자입니다. 참된 교사는 '트로포스'(Trophos) 어머니가 되어야 하지만 동시에 아버지도 되어야 합니다. 아버지가 자녀에게 하듯이 권면하고, 위로하고 때로는 엄히 경계해야 할 것입니다. 아이들에게 엄한 아버지가 된다는 것, 그것은 이 시대가 요구하는 이미지와는 다릅니다. 하지만 아버지는 엄함도 가지고 있어야 하며, 그 엄함 속에서 진정한 사랑과 자상함이 묻어납니다. 우리의 아이들에게 필요한 것은 바른 길로 권면하고 훈계하는 아버지와 같은 교회주일학교 교사입니다. 진정 아이들을 사랑하기에 그들에게 옳은 것을 이야기할 수 있는 아버지와 같은 주일학교 교사가 되어야 합니다. 아버지처럼 사랑하는 자녀들의 삶을 위해 위로하고 그들을 품어야 합니다. 때로는 아이들이 바른 신앙의 길을 걷지 못할 때 쓴 소리를 해 주어야 합니다. 아이들이 무엇을 잘못하고 있는지 분명히 경계해야 하는 것입니다. 아버지의 기능을 잘 수행하기 위해서도 장비가 필요합니다. 일이나 문제의 큰 그림과 핵심을 보는 눈, 상황에 따라 흔들리지 않는 다리, 필요한 실제적 도움을 제공하는 은밀한 말 잘못한 학생을 푸근하게 안아줄 용서의 가슴.

이 다섯 기능을 기억해야 합니다. 엄마처럼 보살피고, 농부처럼 영적 성장을 촉진하며, 친구처럼 관계를 맺고, 코치처럼 무장시키며, 아버지처럼 감독하고 이끄는 일이 교회주일학교 교사의 역할입니다. 영어 단어로 다섯 가지 각 기능의 첫 글자를 따면 CARES가 됩니다. 교회주일학교 교사는 지식을 가르치는(Teaches)사람이 아니라 사랑으로 돌보는(Cares) 사람이란 뜻입니다.

④ 교사는 동기 부여자입니다.
교사는 양육자로서 뿐만 아니라 동기부여자의 역할을 하는데

전자가 심어주는 것이라면 후자는 끌어내는 것이라고 할 수 있습니다. 존 어데어(John Achair)는 "성공하는 리더는 혼자 뛰지 않는다"에서 동기부여의 중요성을 강조하고 있습니다. 동기부여에서 가장 중요한 것은 교사 자신이 먼저 동기부여를 받는 것입니다. 아랍 격언에 "나에게 불을 붙여주면 당신에게 빛을 드리리다"라는 말이 있습니다. 교사 자신이 먼저 불을 붙여주지도 않으면서 학생들에게 빛을 발하기를 기대해서는 안 됩니다. 이는 교사 자신부터 동기부여 되지 않으면 어떤 사람도 동기를 부여시킬 수가 없다는 것입니다.

예를 들어 교사인 당신이 예수 그리스도의 삶을 본 받아야겠다는 동기부여가 되지 않았다면 학생들에게 예수 그리스도의 삶을 본받으로고 말 할 수 없다는 것입니다. 학생들은 당신의 말에 귀를 기울이지 않을 것이기 때문입니다. "나쁜 병사는 없다. 다만 나쁜 장교가 있을 뿐이다"라는 말이 있습니다. 그러나 이 말을 엄밀히 따지면 사실이 아닙니다. 나쁜 병사(학생)도 있습니다. 하지만 그것은 100명 가운데 5명꼴입니다. 나머지 95퍼센트는 교사 하기 나름입니다. 그들이 당신의 가르침에 완전히 몰두하지 않는다면 그것은 교사인 당신의 책임입니다. 당신이 동기부여 되지 않았거나 동기부여 되었다 할지라도 당신의 열의와 전심전력하는 자세를 보여주지 않았기 때문일 것입니다.

예수님은 동기부여자로서 "너희가 무엇을 하기를 원하느냐?" 차원에서 시작하여 동기를 부여한 후 제자들에게 꼭 필요한 것을 지적하셨습니다. 마찬가지로 교회주일학교 교사들은 학생들 자신을 돌아보게 함으로써 동기를 부여할 수 있습니다. 돌봄을 받은 학생들은 이제 교회와 이웃과 하나님을 섬길 수 있는 자로 세워져야 합니다. 가르침이 교회 안에서 끝나는 것이 아니라 자신의 일상생활에서 하나님의 현존을 인식하며 행동할 수 있도록 동기부여를 해야 합니다. 우리가 살고 있는 세상은 전투장입니다. 그리스도인은 세상에 속하지 않았지만 어디를 가든지, 무엇을 하든지 세상 속에 있습니다(not of the world, but in the world). 따라서 깨어 기도하며 하나님의 말씀의 검으로 세상에 오염되는 것이나 세상의 우상으로부터 자기 자신을 지켜야 합니다. 그리고 모든 사상을 그리스도께 사로잡아 와야 합니다.

이를 위해 교사는 성경의 이야기들이 자신의 이야기로 들을 수 있도록 그래서 믿음의 조상들처럼 하나님 앞에서 날마다 신앙으로 결단하며 나아갈 수 있도록 학생들에게 말씀을 적용해 주어야 합니다. 하나님의 역사를 깨닫도록 도와주어서 하나님의 부르심에 응답하여 그의 뜻과 역사의 도구가 되도록 해야 합니다. 가르침을 통해 학생들이 일상적인 사건 속에서 하나님의 역사하심을 보도록 도와주며 그 사건 속에서 하나님의 음성을 듣도록 해야 합니다. 이를 위해 하나님의 시각으로 오늘을 볼 수 있는 안목을 키워주며 이를 위해 기도하는 것이 중요합니다. 이것은 학생과 하나님을 만나게 하는 신비입니다. 학생들이 자기중심에서 교회를 향해, 이웃을 향해 마음이 열리고 하나님의 대리자로서 삶을 사는 것을 믿음으로 바라보는 것은 얼마나 감격스러운 일입니까!

⑤ 교사는 영원한 학생입니다.

교회주일학교 교사는 성경 연구에서 학생들을 위한 본보기를 세워야 합니다. 만일 교사가 학생들에게 성령의 열매가 나타나기를 기대한다면(갈 5:22~23) 그리고 의의 열매가 가득하기를 원한다면(빌 1:11), 교사들 역시 똑같이 행해야 합니다. 또한 학생들을 영적으로 양육하고 지도하고 깨끗케 하여 성숙해 지도록 성경으로 이끌기를 원한다면, 교사들이 먼저 말씀 안에 거해야 합니다.

이 말은 교사가 먼저 학생이어야 한다는 사실을 강조하는 것입니다. 효과적인 가르침은 일관성 있는 배움을 필요로 합니다. 교사가 연구하기를 멈추면, 가르침의 효과는 떨어집니다. 계속해서 성경을 읽고 연구하고 생각하고 상호작용하며 자세히 조사하고 질문할 때, 그는 자신이 맡은 과목에서 언제나 신선하며 최신의 지식을 갖게 됩니다. 교사가 자신의 정신력을 함양하고 지적 세계를 넓히며 지식을 심화할 때, 교사는 학생들이 같은 일을 해내는 것을 더 잘 도와줄 수 있습니다.

물 없는 나무는 죽음에 이르고, 운동 없는 근육은 쇠약해집니다. 음식물을 섭취하지 않는 사람은 굶어죽습니다. 마찬가지로 배우기를 그치는 교사는 교사로서 실패할 수밖에 없습니다. 이것은 언제나 진리이지만, 특히 성경과 관련된 과목의 가르침에 있어서는 더욱 그렇습니다. 교회주일학교 교사는 끊임없이 성경의 샘물을 마셔야 합니다. 또한 하나님의 말씀이란 양식을 영원히 먹어야 합니다. 영적인 양식 없이 다른 사람들을 양육할 힘을 얻을 수는 없습니다.

교사는 가르치는 자이기 전에 배우는 사람입니다. 배움을 통한 성장이 없다면 우리는 학생들의 성장을 도와줄 수 없습니다. 학생들은 교사가 성장하는 것만큼 자라게 되어 있습니다. 우리의 교육 목표는 교사 수준 정도의 학생들로 키우는 데 있지 않습니다. 우리의 목표는 예수 그리스도입니다. 그 분의 장성한 분량에 이르기까지 성장해야 합니다.

우리가 하나님의 율례를 구하고 따르지 않는다면, 다른 사람들이 그렇게 하도록 인도하는 것이 어렵다는 것을 깨닫게 될 것입니다. 우리 삶이 말씀 중심이 아니라면, 다른 이들을 하나님의 교훈과 조화를 이루도록 하는데 어려움을 가질 것입니다. 영적인 재산 없이 다른 사람들을 부요케 할 수 있는 것은 아무것도 없습니다. 다른 사람의 지적 그리고 영적인 목마름을 풀어 주기 위해 우리는 스스로 하나님의 진리의 근원되는 샘에서 마셔야 합니다. 그러기 위해서 교사는 배우는 학생의 자세를 가지고 사역에 임해야 합니다.

⑥ 교사는 평가자입니다.

교사가 하는 역할 중에 평가자로서의 역할을 빼놓을 수 없습니다. 우리나라 교회의 취약점 중 하나가 어떤 프로그램을 행한 후 그것에 대한 평가가 거의 전무하다는 것입니다. 평가가 없기 때문에 피드백 (feedback)이 없고 그래서 이후의 프로그램들이 이전과 중복되거나 혹은 반복되어 진보가 없습니다. 교육에 있어서 평가는 중요합니다. 평가를 잘할 때 진보가 있고 성숙이 있습니다.

예수님도 제자들에게 사람들이 자기를 어떻게 생각하는지 물어본 후 "너희는 나를 누구라 하느냐?" 물으셨습니다(마 16:15). 제자들의 영적인 위치를 알고 싶으신 것입니다. 베드로가 "주는 그리스도시요 살아 계신 하나님의 아들이시니이다"라고 대답을 하자 예수님은 그 대답에 대해 칭찬을 통한 강화의 평가를 하셨습니다(16절). 그리고 바로 뒤이어 자신이 십자가를 져야 할 것을 말했습니다. 그때 베드로가 "주여 그리 마옵소서" 라고 저지하는 발언을 하자 "사단아 내 뒤로 물러가라" 하며 그 대답에 대해 부정적인 평가를 하셨습니다. 그리고 수정을 하셨습니다(22~23절).

교사들도 학생들의 평가자가 되어야 합니다. 성경은 교육적인 교정, 징계를 금하지 않고 있습니다. 학생들이 그리스도의 장성한 분량에 이르도록 잘한 것과 잘못을 평가하고 그에 대한 긍정적, 부정적 피드백이 있어야 합니다. 피드백을 통하여 학생들은 성숙합니다.

평가 시 유의해야 할 사항은 시기에 적절하고 장소에 적합해야 한다는 것입니다. 잘못했을 때 바로 평가를 해야지 시간이 지난 후 학생이 다 잊어버리고 있는데 들추어내서 이야기하면 효과도 없을 뿐더러 서로의 관계도 깨집니다. 또한 학생의 외모, 지능, 특별한 재능, 배경, 재력 등으로 평가해서는 안 됩니다. 이것은 세상의 평가입니다. 주님의 도우심을 입어 겉이 아닌 중심을 보아야 합니다. 또한 학생들도 자신이나 타인을 그렇게 평가할 수 있도록 도와야 합니다. 평가는 매우 조심스럽고 어려우며 까다로운 작업입니다. 그러나 멈추거나 게을리 해서는 안 되는 것입니다. 학생들은 천하보다 귀한 존재들이기 때문입니다.

(2) 반목회 요소 2. 학생

"모르겠어요."

주일학교 예배를 마친 후, 몇몇 어린이에게 "오늘 성경공부시간에 무엇을 배웠니?"하고 물었더니 참으로 안타깝게도 대부분의 어린이들이 "모르겠다"고 대답했습니다.

이러한 문제는 교회주일학교 교육이 교사 중심의 교육이기 때문에 발생하는 것입니다. 교육의 주체는 바로 학생입니다. 교사가 없는 교육은 이루어질 수 있지만, 학생이 없는 교육은 이루어질 수 없습니다. 일반적으로 의사들의 철칙은 "진단 없이는 처방할 수 없다"는 것입니다. 이것이 교육에 있어서도 매우 중요한 의미를 부여합니다. 그러므로 올바른 교육은 학생 중심의 교육이 되어야하고, 그들을 이해하는 데서부터 출발해야 합니다.

1) 어린이 발달 이해

① 유년부 어린이(7~9세, 초등학교 1~3학년)

"앞니 빠진 덜렁쇠 / 우물가에 가지 마라 / 붕어 새끼 놀릴라!

어려서 이가 빠졌을 때 동네 아이들과 어른들이 놀려 주며 부른 노래입니다. 유년부 어린이들은 학년 초에 앞니가 하나씩 둘씩 빠져 있는 경우가 많아서 균형이 맞지 않고, 어딘가 좀 우스워 보이며, 보기만 해도 개구장이처럼 보이지만 그들은 배우고 성장하고 흥미를 느끼고 행복해 하는 아이들입니다. 그저 마냥 즐거운 아이들이 유년부 어린이들인 것입니다. 유년부 교사는 이 천진난만한 어린이들을 위해 일하며, 어린이들과 함께 배우며, 어린이들 속에서 교육하는 즐거움을 가질 수 있습니다.

㉠ 신체적인 면

유년부 어린이들에게 나타나는 신체적 특성은 너나없이 까불고 재잘거리고 달리고 뛰고, 끊임없이 움직입니다. 그들은 한창 자라나는 중에 있기 때문에 매우 활동적입니다. 10~15분정도 관심과 흥미를 집중할 수 있지만 그들의 본성은 그 이상동안 그들을 가만히 있지 못하게 만들곤 합니다. 생각하는 것보다는 자신이 직접 해보고자 하는 욕구 때문에 활동하기를 원하나 쉽게 피곤해 하고, 그럼에도 불구하고 쉬려고 하지 않는 막무가내 형입니다. 이런 유년부 어린이들이 성인과 마찬가지로 오랫동안 계속 조용히 앉아 있는 것은 도리어 이상한 현상입니다.

그러므로 교회주일학교 예배와 학습 계획 및 활동은 이러한 특성을 고려하여 작성되어야 합니다. 학습 과정과 시간 배정에 있어서 계속적인 지루한 방법보다는 서너 부분으로 나누어 관심을 새롭게 가짐으로 긴장을 풀어주고, 다양한 활동 등을 제공하여 줌으로써 짧은 시간이나마 쉴 수 있도록 배려해야 합니다.

㉡ 사회– 정서적인 면

"공책 준비해 온 어린이?" "나요!" "출석부 가져 올 어린이?" "내가 할게요." "나요", "내가 할게요" 하는 말은 특히 유년부에 올라온 어린이들의 공통적인 현상입니다. 그들은 개인으로서 자기 자신과 다른 사람의 관계를 발견하기 시작합니다. 정서적으로 아주 쉽게 자극을 받으며 곧바로 반응합니다. 다른 사람들의 반응을 알기 원하는 시기이므로 때때로 안겨 보기도 하고 치근거려 보기도 하고, 공격적인 행동을 취해 보기도 합니다. 이 모든 행동들은 남과 친해지기 위해 취하는 서투른 시도일 경우가 대부분입니다. 그들은 읽고 쓰기를 배웁니다. 유치부 때 보다도 주의력을 기울이는 시간이 길어지고 추리력에도 눈을 뜨기 시작하여 이치를 따지려고 하며, 그토록 좋아하던 동화보다 정말 있었던 사실들을 좋아하며, 모든 일에 호기심과 상상력이 풍부하고 기억력이 좋습니다. 다른 사람과 놀고 싶어 하고 이야기하고 싶어 하고 친구를 사귀고 싶어 하고, 어른이 되고 싶어지며, 비경쟁적인 활동 즉 장난감 놀이, 인형 놀이, 소꿉 장난, 의사와 간호원 놀이 등을 좋아합니다. 권위를 존중하므로 학생 시절 중에서 교사의 말에 제일 잘 순종하는 때입니다. 그러므로 교사는 권위적 존재가 아니라 인도자가 되어야 합니다.

유년부 어린이들은 특히 학교생활을 막 시작하게 되므로 교사들은 어린이들에게 다른 사람과의 관계에서 어떻게 행동해야 하는가에 대한 많은 지도가 필요하며 참여의 기회를 많이 마련해 주며, 다른 아이들과의 관계를 맺을 수 있는 기회를 제공해 주어야 합니다. 예컨대, 반 전체가 참여할 수 있는 연극이나 게임 등이 좋을 것입니다. 무엇보다도 어린이 스스로 자기 문제를 해결해 나가도록 가르침과 칭찬과 용기를 아끼지 말아야 합니다. 이때는 아무리 칭찬해주어도 손해가 없는 시기입니다.

교사는 불평하는 어린이들로 하여금 야단을 쳐서 제지 시키는 것 보다는 스스로 문제를 해결할 수 있는 여러 방법을 제시해주고 스스로 찾을 수 있도록 도와주어야 합니다. 어느 특정한 어린이가 분쟁의 대상이 될 때 "그렇게 하지 마" "안 돼"라는 말보다는 그 아이에게 더 좋게 행동할 수 있는 방법을 가르쳐주어서 그렇게 했을 때 얻어지는 보상을 알 수 있도록 도와주어야 합니다. 그가 다른 어린이에게 악을 행하고, 괴롭힘으로 인해 다른 사람의 관심을 얻으려는 것이 얼마나 어리석은 일이며, 그보다는 선을 행했을 때 다른 아이들이 그를 더욱 더 좋아하게 되고, 그가 더욱 행복하게 된다는 것을 알도록 도와주어야 합니다. 교사는 아무 것도 모르는 어린이들에게 마땅히 알아야 할 것을 알려 주어야 하며(잠 22:6), 그것을 준수하며 자기 스스로 훈련할 수 있도록 도와주어야 합니다.

ⓒ 영적인 면

유년부 어린이들은 교회주일학교를 좋아합니다. 다른 친구들을 만날 수 있고 자기를 기다리시는 선생님을 보고 싶어 하고 성경 이야기를 듣고 싶어 합니다. 주일 예배에 참석하면서 하나님에 대해 점점 빠른 속도로 배우며 알게 됩니다. 하나님께서 만드신 만물과 예수님께서 우리를 사랑하심으로 우리 죄를 위해 십자가에 달려 돌아가신 일을 듣고 배우고 싶어 합니다. 또 기도하고 싶어 하고 기도의 응답을 받기를 원합니다. 하나님의 실체를 조금씩 알게 되고 자기와 관련지을 줄을 알게 됩니다. 그러므로 아직까지 예수님을 모르는 어린이는 그리스도를 자신의 구세주로 영접할 준비를 할 수 있고, 예배의 경험을 통해 예수님의 사랑과 죄의 용서, 기쁨, 평안을 알게 되고, 죽음과 천국에 대한 강한 호기심을 갖게 됩니다.

성경 말씀을 많이 이해하고 깨닫게 됨으로써 선악에 대한 개념도 발달하기 시작합니다. 악한 사람을 싫어하며, 선하고 착한 사람이 되고 싶어 합니다. 무엇보다도 교사에게 있어서 가장 큰 관심사는 어린이들마다 영원한 생명을 얻어 거듭나고 자라서, 결코 죽지 않을 거듭남을 경험할 수 있는 특권이 주어져 있다는 점입니다. 이 특권을 그 무엇에다 비교할 수 있을까요? 내가 가르친 아이를 천국에서 볼 수 있는 기쁨은 생각만 해도 신이 납니다. 그러므로 예수님을 개인의 구주로 영접할 수 있도록 준비시켜 주고, 초청해 주어야 합니다. 교사는 유년부 어린이들의 백지 같은 마음에 예수님을 그려주며 그대로 따라 살 수 있도록 용기를 부어 주어야 합니다.

② 초등부 어린이(10~12세, 초등학교 4~6학년)

"끝내주는 아이들" "어떻게 손 쓸 수 없도록 건강하고 활동적인 아이들"

초등부 아이들은 항상 뛰어 다녀야 직성이 풀리는 원기 왕성한 아이들입니다. 왁자지껄 떠들썩하고 불안정해서 싸움을 좋아하고 안에 가만히 있을 수가 없어서 밖으로 나돌기를 좋아하는 아이들입니다. 얼굴에 무엇이 붙어 있다 해도 상관하지 않고 옷은 아무 곳에나 던져 버리고, 책가방 양말도 이곳저곳에 던져 버리는 아이들이며, 새롭고 도전적인 수많은 상황을 접하면 신이 나고 재미가 있어서 소리를 질러대야만 시원한 건강한 아이들입니다.

㉠ 신체적인 면

초등부 아이들은 신장은 출생 시의 2.8배 정도로 커지고 체중은 약 8배, 머리 둘레는 성인의 95%까지 성장하여 어릴 적 모습은 거의 사라져 버립니다. 특히 초등부 종반부의 여자 어린이들은 급속한 성장을 보여 남자 어린이들보다도 키가 더 큽니다. 신체적으로 힘이 세지고 강하여지고, 도전을 즐기고 흥분과 신체적 활동을 갈망합니다.

초등부 어린이들은 집 안에서나 집 밖에서 또는 교실에서, 모든 삶의 영역에서 행동가이기를 원하며 무엇인가 하기를 원합니다. 결코 지치는 법이 없이 항상 활력이 넘치기 때문에 적당한 식사와 운동, 휴식을 충분히 취해야 합니다. 이들은 선의의 경쟁을 즐기게 되므로 자기의 능력에 도전하고 싶어 합니다. 그러므로 한 번 시작한 것은 자기 스스로 끝내며, 따라서 교사는 학생들이 시작한 일을 무엇이나 성취할 수 있도록 격려해야 하며, 개인적인 우승자나 낙오자로 만들기보다는 그룹 단위에 중점을 두는 것이 좋습니다. 어린이들의 왕성한 활력과 뛰어난 건강을 가치 있도록 변화시켜 주어야 합니다. 초등부 어린이들을 좁은 방 안이나 교회 안에만 쪼그리고 앉아 있게 가두어 두어서는 그들을 만족시킬 수 없을 것입니다.

ⓛ 정서적인 면

초등부 어린이들은 정신적으로도 빠른 성장과 함께 자기의 감정도 자유롭게 나타납니다. 늘 새로운 일에 호기심을 가지고 운동, 모험, 신비, 물건 수집, 역사 이야기, 위인들, 화재, 홍수, 살인, 탐정 등에 관심을 가지고 있습니다. 특히 용감한 사람들이나 위인들을 존경하며 본을 받으려고 하고 그것을 자기의 이상형으로 꿈꾸게 됩니다. 언어 능력의 발달과 수 개념의 발달, 지능 발달에 차이를 가져오며, 다른 아이들과 비교하여 경쟁심을 가지게 됩니다. 이 경쟁심은 어린이들에게 학구열이나 운동, 취미에도 진보를 가져오게 할 수 있는 반면에 열등감과 수치심을 느끼게 합니다. 교사들은 어린이들에게 자신의 가치를 인식시켜 주며, 자기 존재의 중요성과 자신감을 심어주어야 합니다.

초등부 어린이들은 조금이나마 스스로를 자제할 수 있으나 쉽게 흥분하여 잘 싸우고 또 금방 풀어집니다. 특히 웃기기를 좋아하며 크게 소리 내어 웃습니다. 욕구가 충족되지 않으면 신경질적이고, 엉뚱한 행동을 잘 하며, 놀림과 기만, 불공평한 대접, 차별 대우, 억지 강요 등을 당하면 곧 비꼬는 말 놀리기 물건이나 사람에 대한 충동적인 행위를 서슴없이 하여 분노를 표시하기도 합니다.

그들이 성장하여 갈수록 시각적, 청각적 대상과 구체적이고 직접적인 자극에 상상력이 풍부해지며, 어떤 것은 가상적인 공포심으로 변하기도 합니다. 또한 사물과 사건들의 조화와 인과법칙을 조금씩 이해하며 시간과 공간, 위치, 거리에 대해 감각을 지니게 되며, 현실적인 사건들에 큰 관심을 갖습니다. 교사는 이들에게 사실에 대한 지식을 기초로 하여 건전한 판단을 내릴 수 있도록 도와 주어야 하며, 아울러 다른 사람들의 권리와 감정도 존중하도록 가르쳐야 합니다. 동시에 다른 사람들을 대할 때 두려워하는 마음이 누구에게나 있으며 하나님만이 자기에게 필요한 용기를 주실 수 있음을 믿도록 해야 합니다.

ⓒ 사회적인 면

초등부 어린이들은 독립심이 강하여 "엄마의 치마 꼬리에 매달리지 않습니다". 이성을 굉장히 싫어하게 되어 남자 아이들은 남자 아이들끼리, 여자 아이들은 여자 아이들끼리 놉니다. 장난하기를 가장 좋아하며 기억력이 좋아지며 우르르 몰려다니기를 좋아합니다. 저학년 때에 부모와 교사의 관계에 무게를 두었던 데서부터 독립하고 싶어 하며, 자기 또래의 어린이끼리 또래집단을 형성하여 동료의식을 가지고 떼 지어 놀기를 원합니다. '삼총사'를 만들거나 한 패 만들기를 원하며, 자기 패에 아주 충성스럽고 그 일원으로서 권리를 보호할 만반의 태세를 갖습니다. 동시에 그 패에서 떨어져 나갈까봐 두려워합니다. 자기들만의 언어, 암호, 비밀장소 등을 갖기를 원하기도 합니다. 그러나 3주 이상 오래 지속하기가 어렵습니다. 왜냐하면 이들은 그들의 관심이 끊임없이 변하기 때문입니다. 또래 집단에 적응하기 위하여 자기 나름대로 필사의 노력을 아끼지 않으며, 또래 집단은 자신을 비추는 거울의 역할을 하게 됩니다.

우호적이고 사교적이고 참여 의식이 강한 아동이 인기가 있고,

수줍어하고 후퇴적이고 무관심한 어린이는 인기가 적습니다. 인기를 얻기 위해서 노력하나 어울리지 못해서 외톨이가 되고 의기소침한 아이들이 생깁니다. 이 시기에 정상적인 근면성을 발달시키지 못하면 도리어 열등감이 형성됩니다. 책상에 앉아서 숙제를 끝마칠 때까지 집중하여 움직이지 않는 능력을 길러주어야 합니다.

산만한 어린이는 교사 옆에 앉게 해서 조용히 하게하고 좌정시켜 주므로 점차 할 수 있다는 자신감을 가지고 시간을 늘려줄 때 근면성을 발달시킬 수가 있습니다. 극도로 산만한 어린이는 부모에게 도움을 요청하여 교사와 부모가 힘을 합해 합동으로 도와주어야 합니다. 근면성은 어린이에 대한 교사와 부모의 태도 여하에 따라 열등감으로 변할 수도 있습니다. 인내와 격려를 계속 받은 아이는 점차 근면성이 자리 잡아 가게 되지만, 일마다 때마다 간섭과 중단을 받는 아이는 열등감을 가지게 됩니다. 이 시기에 근면성을 발달시키지 못하면 열등감과 아울러 위축된 어린이로 자랄 수가 있으므로 부모나 교사의 인내와 격려가 어느 때보다 절실히 필요합니다.

어린이들은 자신의 능력에 대해 민감하며 친구들과 비교해서 특히 지적 수준의 결과에 따라 자기를 평가하기 쉽습니다. 사회성에 있어서도 어린이들은 교사의 가르침과 교사의 모범적인 삶을 보고 배웁니다. 특히 초등부 어린이들은 자신에게 관심을 가져주며, 활동적이고 유머 감각이 있는 교사를 좋아합니다. 그리고 자신을 조롱하거나 들들 볶는 교사는 좋아하지 않습니다.

초등부 때에 예수님을 영접하는 어린이가 가장 많습니다. 이 시기에 그리스도를 믿지 못하면 곧 닥칠 사춘기 때는 의심과 방황 속을 헤매기 쉽습니다. 그들은 주님을 알고 따를 수 있고, 성경을 읽고 기도하며 찬송하는 것을 잘 할 수 있습니다. 그들은 종교성이 매우 강하여 기독교에 대해서 많은 질문들을 합니다. 죄를 인식할 수 있고, 다른 사람의 죄를 잘 볼 수 있으며, 착한 일을 좋아하고 의리 있게 행하기를 원합니다. 옳고 그름에 대한 판단이 생기기 시작하며, 행동의 동기를 이해할 수 있습니다. 어린이들은 그들의 삶에 있어서 적당한 표준을 두기를 원합니다. 따라서 교사는 어린이들이 삶의 표준과 규범들을 세워 나갈 수 있도록 도와줌으로써 영적인 성장과 발달에 크게 기여할 수 있는 것입니다.

교사는 자기의 실수를 인정해야 하며, 자기의 죄를 고백함으로써 아이들도 자신의 죄를 고백할 용기를 갖도록 해줌으로써 하나님께서 친히 당신의 자녀를 위해 세워 주신 기준에 도달하도록 도와주어야 합니다.

③ 학생부

청소년기를 흔히 폭풍에 비교합니다. 청소년기는 어린이와 어른의 중간에 있으며 초기, 중기, 말기의 세 부분으로 나누어 말할 수 있습니다. 청소년 초기는 마치 폭풍이 올 것이라는 예보와 함께 엄습하는 불안한 징조들, 잠재력이 숨겨진 조용함, 언제 휘몰아칠런지 모르는 초조함과 공포감을 안고 있습니다. 청소년 중기는 폭풍이 휘몰아쳐 저항할 수도 없고, 정신을 차릴 수도 없어서 어쩔 줄 모르다가 지나가 버리는 격동기와 같다고 할 수 있으며, 청소년 말기는 폭풍이 지난 후의 안정과 불안과 그 뒷치닥거리를 위한 정리기와 같다고 볼 수 있습니다. 이 시기에 개인의 차이는 신체적, 지적, 영적으로 조숙함과 늦게 발달하는 청소년 간에 심한 차이가 나타납니다. 남성과 여성 간에도 완전한 성으로써 구별되어 가고, 여성과 남성간의 성장 시기도 차이가 납니다. 그러나 고등학교 2학년 정도가 되면 점차 거의 비슷한 수준에 도달하게 됩니다. 사춘기는 어린이에서 어른이 되어 가는 과정, 의학적으로는 "최초로 생식 능력을 갖게 되는 시기"입니다.

㉠ 청소년 초기 (13~14세, 중 1~2학년)

이 시기 남학생들은 교실 맨 앞줄에 앉은 학생과 맨 뒷줄에 앉은 학생의 차이를 보고 몹시 놀랄 때가 있습니다. 앞줄의 학생은 아직 초등학생의 티를 벗지 못한 어린 아이 같았으나, 뒷줄의 학생은 벌써 중학교 형님 티가 나기 때문입니다. 그런데 여학생들은 남학생들의 차이보다는 적은 차이를 볼 수 있습니다.

ⓐ 신체적인 면

일생에 있어서 신체적인 성장이 가장 빠른 시기로써 1년에 10cm 이상씩 자라며, 몸무게도 5kg 이상이나 늘게 됩니다. 이런 급격한 성장으로 인해서 항상 배가 고프고 먹는 것을 좋아합니다. 뼈와 근육이 빨리 자라기 때문에 균형 있는 음식의 공급과 아울러 근육을 성장시킬 수 있는 수영, 농구, 배구, 탁구, 그리고 재미있는 게임이나 활동 등을 할 수 있는 여건을 마련해 주는 것이 좋습니다.

몸의 외부적인 성장 이외에도 내부적으로 많은 변화가 일어납니다. 심장과 폐의 크기가 늘어나고, 내분비선의 활동이 활발해지며 성 분비선이 발달하기 시작하여 여학생은 월경을 하게 되며 남학생보다는 빨리 성장하여 여성다운 모습으로 변해 갑니다. 그러므로 사춘기 초기의 학생들은 행동이 거칠고, 불안해하며, 얼굴 모습도 둥글다가도 길쭉해졌다가 뾰족해 보이기도 하고, 팔, 다리가 길어 보였다가 짧아 보이기도 하며, 등뼈가 굵어 보였다가 퍼졌다가 하기도 하며, 배가 나왔다가 들어갔다가 하며, 어색하고 조급해 보이고 항상 어떤 자세에도 불안해 보입니다. 우유 한 컵을 따라야 할 때도 반은 흘리고, 더러워도 씻기 싫어하고 극단적인 활동으로 피곤해 하며, 그래서 게으르고 잠자기를 좋아합니다. 학생들은 신체적으로 많은 변화의 과정 속에 있기 때문에 교사는 그들의 필요에 따라 특별한 관심을 갖고 보살펴 주어야 합니다.

ⓑ 정신 – 정서적인 면

초등학교에서 제일 큰 형, 큰 누나의 위치에서 중학생이 된 후 제일 막내 동생의 자리로 갑자기 내려오게 되어 어떻게 행동해야 좋을지 몰라서 상당히 당황합니다. 이들은 급격히 변화하는 모든 환경에 대해 세밀히 관찰하고 대응하기 위해서 고심을 합니다. 지금까지는 부모님과 교사에 대해 존경심을 가지고 순종했으나, 그들의 권위에 대해 질문하기 시작합니다. "왜? 어떻게? 그렇게 말했는가?"하며 자기 스스로 생각할 수 있게 되며, 원리와 원칙에 맞지 않을 때는 반항하게 됩니다. 어떤 때는 어린 아이와 같다가도, 어떤 때는 어른스럽게 행동합니다.

지적으로 새로운 차원에 도달하여 독립심과 책임감이 투철해지고 어린 아이와 같이 취급 당하는 것을 싫어하고 가족으로부터 독립하고자 하는 욕구가 강하고, 미래에 대한 관심이 많아져 상상력이 풍부해집니다. 집단에 소속되기를 바라고 친구들과 어울리기를 갈망하며 자기가 속해있는 단체에 충성스럽습니다. 이성 앞에서는 당황하여 서로 피하려 하고, 이상적인 삶의 방식을 따르려 하고, 영웅을 숭배하며 역사적으로 위대한 인물을 존중하며, 그들 중의 한 사람처럼 되거나 닮아 가려고 합니다.

ⓒ 영적인 면

사춘기 초기 학생은 영적으로도 많은 성장을 합니다. 성경에 대한 많은 질문과 믿음에 대한 실제적인 해답을 원하며, 신앙에 대한 많은 의혹을 갖고 있습니다. 교사는 교회에서 계속 자라온 학생이든지, 처음 온 학생이든지, 주님을 영접했는지 확인해주고, 이성교제에 관한 기독교적 생각을 세워 주어야 합니다. 이 시기에는 개인적인 이성 관계보다는 교회주일학교 내에서의 그룹 미팅, 성가대, 캠프 등을 통해 그룹 관계 훈련이 바람직합니다. 교사는 학생들을 대할 때 중학생으로서 인정해 주며, 아울러 중학생이라는 의식 훈련이 필연적입니다.

© 청소년 중기(15~16세, 중3~고1학년)

와~~ "멋진 남자 친구를 갖고 싶어요". 우~~ "예쁜 여자 친구요". 여름 수련회에서 "지금 여러분이 제일 갖고 싶은 것은 무엇인가요?"라고 물었을 때 학생들의 대답이었습니다. 청소년 중기는 사춘기의 폭발기입니다. 모든 것이 격동적이고 혼란하고, 놀랍고, 정신 차릴 수 없는 시기입니다. 특히 이성을 그리워하게 되며 성적인 갈등을 경험하게 됩니다. 산업혁명 전에는 16~18세에 결혼했기 때문에 성문제가 별로 없었으나, 산업혁명 후 결혼연령이 25~30세로 높아지자 이를 해결하지 못함에 따라 심각한 문제로 나타나고 있습니다.

ⓐ 신체적인 면

남, 여학생의 90% 이상이 생식 능력을 갖게 됨으로써 분출되는 문제들이 폭발합니다. 몸 자체의 호르몬 분비가 왕성해져서 얼굴에는 개기름이 돌고 여드름이 나며, 남학생도 여학생처럼 한 달에 한 번 또는 한 두 번의 몽정을 하게 됨으로써 스스로 자기 몸을 조절할 수 있는 한계를 넘어섭니다. 남, 여학생들 모두가 매력적인 어른의 외모를 갖추게 되며, 기능적으로 생식능력을 갖게 됨으로 이성에 대한 호기심과 성적인 자극에 유혹을 받게 됩니다. 이때에는 특히 외부의 시각적인 자극을 피해주어야 합니다. 만약 외부로부터 심한 자극을 받게 되면 자위행위로 연결되기 쉬워서 학업에 결정적인 타격을 줄 수 있으며 그로 인한 마음의 갈등과 영적 죄책감에 시달려 자기 비하에 빠지게 됩니다.

일반적으로 청소년 중기의 학생들은 자기 몸에 대하여 자신이 있는 학생은 거의 없습니다. 한 예로 학생부에 있는 참 괜찮은 학생에게 "너는 너무 잘 생겼어. 여학생들에게 인기가 있겠구나. 나도 너를 그렇게 생각해"라고 칭찬해 주었더니, 그 학생이 좋아하는 것이 아니라 "선생님도 나를 놀리시는 거예요?" 하고 버럭 화를 내는 것이었습니다. 그러므로 학생들에게는 "건강한 자화상"을 심어 주는 것이 필요합니다. 교사는 영원한 친구이신 예수 그리스도의 모습을 소개해 줌으로 외로움과 소외감을 주님 안에서 해결할 수 있도록 도와주어야 합니다.

청소년 중기 학생의 특성 중의 다른 하나는 낮 꿈(Day Dream)입니다. 낮 꿈이란 현실속의 자기를 차단한 채 필름을 완전히 끊고서 다른 필름을 끼어 넣듯이 다른 세계 속의 자기를 공상화 하는 것입니다. 긍정적인 낮 꿈은 좋은 것입니다. 예를 들어, 학생이 가기를 원하는 대학교에 합격하여 그 학교의 캠퍼스를 거닐고 친구들과 교제하며 즐거워하는 꿈을 가지면 계속 열심히 공부할 수 있습니다. 그러나 부정적인 면에서 낮 꿈이 너무 자주 유발되어 학업 성적이 부진해지고 외부의 자극적 요소로 인하여 바람직하지 못한 것들로 연결되어질 수 있습니다. 현실적인 스트레스가 너무 강할 때, 현실의 단절과 아울러 평상시에 즐겼던 것들과 연결되면 점점 더 심각한 현상이 벌어집니다. 본드 흡입, 약물 중독, 술집, 창녀촌 등 직접적인 대상을 찾아 요구하게 됩니다. 특히 교사와 부모님과 형제자매들의 협력이 필요합니다. 외부의 자극적인 것과 감각적인 것을 즐길 수 있는 요소들 예를 들면 노출이 심한 옷, 육체적으로 범접될 수 있는 사랑의 표현, 난잡한 행동들은 삼가 해 주는 것이 바람직합니다. 그러므로 교사는 학생들이 육체적으로 건강하고 좋은 습관을 갖도록 도와주어야 합니다.

지금 우리나라의 상황은 학생들이 눈만 뜨면 자극과 충동 속에 휩싸이고 가정에서나 길에서나 책방에서나 간판 광고 등 그 어느 곳에서도 차마 바라볼 수 없는 심각한 상태에 놓여있습니다. 범 교회적으로 사회정화 운동 차원에서 광고 정화 운동, T.V 문제, 저질 도서 저자들의 양심선언 촉구, 잡지, 만화 등에 적극적으로 참여할 것을 권고함과 동시에 교사들은 부모들과 여학생들에게 주의를 환기시켜 줌으로써 여학생보다 더 격동적인 남학생들을 도와줄 수 있습니다.

ⓑ 지적인 면

이 때는 성경에 나오는 도마와 같은 시기입니다. "다른 제자들이 그에게 이르되 우리가 주를 보았노라 하니, 도마가 가로되 내가 그 손의 못자국을 보며, 내 손가락을 그 못자국에 넣으며, 내 손을 그 옆구리에 넣어 보지 않고는 믿지 아니하겠노라"라고 말한 도마처럼 사리를 판단하여 실험해 보고 논리에 맞지 않고 이성적으로 해결되지 않으면 믿지를 않습니다. 그래서 이성의 노예가 될 수도 있습니다. 추리력이 생겨 삼단 논법적 사고방식을 가집니다. 그래서 성경 자체에 대한 이성적이고 실험적이며 객관적인 사실은 믿을 수 있으나 성경 안의 기적적인 사건이나 인물에 대하여 불만을 많이 가지며 모든 사람들이 믿기만 하면 되는 데도 그렇게 쉬운 일을 수많은 사람들이 믿지 않는 데 대해서 의아심을 가집니다. 사람은 죽는다/ 그래서 할머님은 돌아가셨다/ 그러므로 나도 죽는다.

교사는 청소년 중기에 있는 학생들의 사고 구조에 맞게 변증학적 관점에서 말씀을 풀어 주고 도전을 줄 수 있습니다. 첫째, 성경책의 객관성은 모든 기록의 진실성에서 찾아볼 수 있습니다. 예를 들면, 우리나라의 왕 중에서 선정을 한 왕들의 기록에는 잘못된 것들을 기록하지 않았으나 성경은 다윗 임금의 간음 사실을 적나라하게 묘사하고 있습니다. 둘째, 성경 이외의 다른 역사와 관련하여 기록된 것을 통하여 역사성을 깨닫게 해 줍니다. 예를 들면, 가이사 아구스도가 내린 호적령(눅 2:1)은 로마 역사에 기록되어 있음을 알 수 있습니다. 셋째, 성경 전수 과정에 있어서 객관적인 신빙성을 가지고 있습니다. 신약은 예수님이 돌아가신 후 약 10년도 못 되어 A.D 40년 경에 마가복음부터 기록되었습니다. 예수님은 사도 요한에게, 사도 요한은 제자에게 직접 전수한 그 사본(A.D 106 사본)이 있고, 많은 사본들이 거의 일치합니다.

사춘기 중기는 특히 정체감과 자존심을 가지게 되며 어떤 일에 좌절할 때마다 정체감의 위기가 닥칩니다. 나는 어디에 적합할까? 나는 한 인간으로서 어떤 가치가 있는가? 나의 인생의 목적은 무엇인가? 나는 무엇을 위하여 죽을 것인가? 등등. 끊임없는 자문 속에서 자기 정리가 안 될 때 혼란에 빠지게 되므로, 자기 정체감이 무엇인지 발견하도록 도와주어야 합니다. 정체감이란 무에서 유를 창조해 내는 것이 아니라 가장 중요한 삶의 모델과 하나가 되는 것이므로 예수 그리스도가 그들에게 얼마만큼 중요한 모델인가?

하는 데서 자기 가치관이 정립됩니다.

학생들 중에는 순탄하게 정체감을 가지는 학생들, 아픔과 고통이 따르지 않는 가시적인 정체감을 가지고 현실이 너무 바쁘기 때문에 연기시키며 가는 학생들 (그들은 대학생이 되든지, 직장인이 되든지, 결혼하든지, 누구나 한 번은 겪어야 합니다) 그리고 너무 심각하게 받아 들여서 자포자기 하거나 자살에까지 이르는 학생들로 나눌 수 있습니다. 모든 학생들은 언젠가는 스스로 해결해야만 합니다. 학생들은 당면한 일들을 비판적으로 관찰하며 위선을 지적할 뿐만 아니라 학생 자신들조차도 위선자임을 알고 괴로워합니다. 그러므로 교사는 학생들에게 삶의 모델을 제시해 주어야합니다. 예를 들면, 슈바이처, 링컨, 유명 가수, 인기 있는 선수 등 그들이 쉽게 접할 수 있는 인물들과 성경의 인물들, 교회내의 인물들, 그리고 예수 그리스도의 삶의 모델을 수시로 제시해줌으로 자기의 삶 속에 동일시하고 싶은 인물의 삶의 모델과 하나가 되어 가도록 격려해 줍니다.

© 사회-정서적인 면

부모로부터 자기 자신을 독립하고 싶어 하며 사랑과 친구(우정)의 문제로 고민하게 됩니다. 자기가 해야 할 일들은 알고 있으나 자기의 삶이 따르지 못함으로써 교사의 확인과 격려받기를 원합니다. 구원의 확신을 재확인해 주고, 끊임없이 보이지 않는 보살핌이 필요합니다.

• 가치관의 독립

부모로부터 가치관의 독립이 필요하며, 자기가 원하는 삶으로 이동하기 시작하는 시기입니다. 그러므로 교회주일학교에서는 일반적인 설교식 대화를 피하고 상호 타협하는 부단한 대화가 필요합니다. 학생들은 교사의 가치관을 일방적으로 주입 시키는 것을 제일 싫어하므로 궁극적으로 서로의 타협점을 찾는 것이 최선의 방법입니다.

• 사랑의 욕구

사춘기 중기 학생은 이성이나 동성의 친구에게 사랑을 받고 싶고, 인정을 받고 싶어 합니다. 우리나라 대부분의 학생들은 사랑의 욕구가 충족되기를 갈망합니다. 가정에서 부모와 가족이 그들을 무조건적으로 인정해주지 않고 사랑해 주지 않을 때 가출하게 되며 자기와 같은 부류에 쉽게 흡수되어 나쁜 길로 빠지기 쉽습니다. 흔히 이 시기에는 부모의 가치관과 자신의 가치관 사이에서 충돌이 생길 때 친구의 가치관을 따르기를 원합니다(왕상 12:6~11). 부모는 자녀의 독립을 도와주어야 하며, 교사는 부모와 학생 사이에서 중재 역할을 해 주는 것이 바람직합니다.

ⓓ 영적인 면

학생들은 이 시기를 맞기 이전부터 어떤 문제가 생겼을 경우 부모와 함께 충분한 대화를 통해 당면 문제를 해결할 수 있게 기회를 마련해 주고 훈련시켜야 합니다. 학생들은 자신의 생활경험 부족으로 하나님과 사람 앞에서 약속한 것이지만 이행하지 못할 때가 많으므로 그들이 약속한 것을 이행할 수 있도록 도와주어야 합니다.

교사는 학생들이 예수 그리스도의 가치관과 부모와 자신 또는 친구들의 가치관이 대립될 때 그리스도의 가치관을 가지고 결정할 수 있도록 연습해야 하고 준비시켜야 합니다. 인간적인 사랑의 갈구에는 한계성이 있음을 인정하게 하고 무조건적으로 사랑해 주시는 하나님의 사랑에 젖을 수 있도록 도와주어야 합니다. 메시지(Message)도 무조건적인 하나님의 사랑을 반복적으로 계속 전하고, 찬송가 선택 시에도 감정적 부분이 친구 되신 예수님의 모습을 볼 수 있는 것으로 택하면 좋습니다.

시험을 당하고 어려움이 있을 때, 모든 사람에게 외면당하고 외롭고 버림당한다 할지라도 주님은 언제 어디서나 늘 함께 하시고 도와주신다는 믿음을 가장 어려운 인생의 과정을 보내고 있는 그들에게 가르쳐야 합니다.

ⓒ 청소년 말기(17~18세, 고2~3학년)

청소년 말기는 사춘기의 정리기입니다. 이때는 자기 육체를 용납하고 효과적으로 사용하며 자신의 가치관과 윤리 체계를 확립하여 그것을 하나의 행동 지침으로 삼습니다. 그리하여 부모와 다른 어른들로부터 독립하며 자기에게 부딪히는 모든 문제들을 불안한 가운데서도 잘 감당해 나가는 성숙한 인간으로서 한 발씩 내딛게 됩니다. 그들의 신앙은 개인적이며, 자기에게 도움이 되는 신앙을 원하게 되고, 믿는 것 뿐만 아니라 행동하는 신앙을 원하며, 신앙에 대한 의심이 늘어납니다. 교사는 그들을 그리스도 안으로 인도해야 합니다. 그리고 주님 안에서 그들의 생애가 하나님을 위한 생활이 될 수 있도록 기도하며 도와 줄 필요가 있습니다.

(3) 반목회 요소 3. 무학년 주일학교

1) 성경적 무학년제

교육학자인 고용수 박사는 학교식의 교육 구조 아래 운영되는 교회주일학교의 문제점을 다음과 같이 요약합니다. 첫째, 훈련받은 전문적인 교육지도자가 없는 학교 운영 체제를 따라가고 있다. 둘째, 복음적인 열정과 영혼에 대한 뜨거운 사랑이 결여된 교사들의 봉사가 문제다. 셋째, 다중매체의 새바람에 끌려가는 신세대에게 상대적으로 매력과 호기심을 자극하지 못하는 기존 프로그램과 교육기재의 한계점이다. 넷째, 교회주일학교와 지원 체제 목회 구조와 가정, 기독교 학교 간 협력관계의 단절 현상 등이 교회주일학교의 감소율에 큰 요인으로 작용한다.

교회는 무조건 무학년제가 성경적입니다. 교회는 학교나 교육기관이 아닙니다. 영적 공동체입니다. 무학년제를 거론할 때 의외로 많은 교사들이 학교시스템과 아동발달심리학자 장 피아제(Jean Piaget, 1896~1980)의 〈아동발달심리〉에 길들여져 무학년제를 격하게 반대하는 경우가 많습니다. 피아제는 20세기의 가장 영향력 있는 발달 심리학자 중의 한사람으로 인정받고 있으며 그가 제안한 인지발달이론은 학습자와 학습을 이해하는데 중요한 역할을 하였습니다. 그러나 교회는 학교가 아닙니다. 이것을 인정해야 합니다. 이 부분에 갈등을 가질 이유가 하나도 없습니다. 우리가 태어날 때 성별과 국가를 선택 할 수 없듯이 기독교가 들어왔을 때 선택하거나 검증할 시간도 없이 주일학교 시스템이 교회에 구축되었습니다. 그 결과 학년제 학교식 운영이 습관화 되었던 것입니다. 그러나 성경은 그렇지 않습니다. 오병이어 사건을 보세요. 예수님은 벳새다 광야에서(눅 9:10~17) 오천 명을 먹이신 이 사건의 말씀 대상은 어른들이었습니다. 그런데 기적의 시작은 그 말씀을 듣고 있던 〈어린이〉에게서 입니다. 이래도 학년제를 고집하겠습니까.

역사 이래 교회는 학교식으로 운영되지 않았습니다. 어른 예배에서 나이별로 착석하지 않았고 구역이나 속회 편성도 지역 중심이었지 학년 즉 나이별 구분을 하지 않았습니다. 거기에서 최고의 교육이 이루어졌고 교제가 형성되고 예배와 봉사가 이루어졌습니다. 이렇게 교회의 구성원은 '그 누구나'이면서 교회주일학교는 학년별로 나누었습니다. 여기서부터 이미 출발이 잘못된 것입니다. 이제 성경적으로 되돌려 놓아야 합니다. 교회는 머리 되시는 그리스도를 중심으로 하여 그 아래 하나로 지금까지 모여들었고 지금 모여들고 있고 장차 모여들게 되는 택함을 받은 모든 사람들로 구성됩니다. 이렇게 편성된 교회는 그리스도의 신부요 몸이며, 만물 안에서 만물을 충만케 하시는 그의 충만입니다. 교회주일학교도 동일합니다.

아이들이 유초등부에서 기도하나 제대로 하지 못하는 이유는 회심을 경험하지 못해서입니다. 거듭남을 모르고 은혜체험을 모른 채 중등부로 올라가면 쉽게 낙오가 됩니다. 그런데 기독교교육으로 인간이 거듭날 수 없습니다. 교육이 사람을 거듭나게 하는데 지식을 제공할 수는 있으나 인간을 중생시키는 주체는 하나님이십니다. 이미 초등학교는 교육환경과 교구재가 첨단을 걷고 있습니다. 그 첨단 교육환경을 교회가 그대로 구축한다손 치더라도 거기서 구원이 일어나지 않습니다. 아무리 교육환경과 교육시간 교육교재가 완비되어 있다 하더라도 교육으로 사람을 거듭나게 하지 못합니다. 교회는 교육 그 상위버전에 있는 모양입니다. 이것이 교회주일학교가 그 열악한 환경과 인력부족, 시간적 부족, 즉 일주일 168시간 중에 단 1시간으로 주일학교를 유지해 온 근원적 이유였다고 부정할 이는 단 한 명도 없을 것입니다. 이제 교회주일학교는 무조건 목양으로 가야 합니다. 그러려면 유년부 초등부 소년부 즉, 학년별로 반편성을 고집할 이유가 없습니다. 어차피 50명 미만의 주일학교는 그렇게 세분화 할 수도 없습니다.

2) 무학년제 강점

교회주일학교 반편성은 그 명칭이 매우 다양합니다. 1반 2반 3반도 좋고, 12제자 이름, 창세기 출애굽기반도 있습니다. 북한선교 목회방향을 둔 교회는 북한 지명을 따라 평양반 신의주반으로 명칭해도 무방합니다. 세계 국가나 도시 이름으로 반 명칭을 주어도 획기적입니다. 이처럼 담임목사가 목회적으로 주일학교를 바라보면 정말 무한한 시야가 열리는 것입니다. 그렇다면 무학년제로 불리워 지는 목회적 반편성의 강점을 살펴 봅니다.

① 무학년제는 성경적이며 후기 이스라엘 교육의 역사가 증명합니다.

구약시대의 교육을 잠시만 살펴보면 회당에서 예배 행위 뿐 아니라 교육행위가 이루어진 것을 알 수 있습니다. 후기의 이스라엘의 교육은 초기에 있었던 가정을 중심으로 한 교육이 사라진 것이 아니라 아버지로부터 쉐마교육과 도덕적 훈계를 받았으며 의식적 문화화 과정을 통하여 민족의 역사와 하나님의 뜻과 거룩함, 그리고 하나님의 자비를 배웠습니다. 또한 바벨론 포로기에 성전에서 드리는 제사는 없었으나 회당을 통하여 어린이의 삶의 주기에 맞는 통과 의례를 행할 수 있었고, 포로에서 귀환한 후 예루살렘의 성전이 재건된 후에는 본래 성전에서 드리는 종교의식이 부활되었습니다.

이 시대에 교육이 중요하게 부각되는 이유가 있는데, 첫째, 나라의 재난은 하나님의 율법을 어긴 벌이라는 신명기적 역사관을 가지고 있었기 때문이며, 둘째, 만일 지금이라도 율법을 준수하면 나라가 회복될 것이라는 희망이 있었고, 셋째, 유대인들에게 하나님이 주신 사명은 다른 열방 사람들에게 하나님이 유일한 참신이심을 알도록 하는 것입니다. 이러한 신념이 그들로 하여금 교육적 열정을 불러 일으켜 교육을 조직화하고 제도화하기에 이릅니다.

② 회당에 온 가족이 모였습니다.

그들의 교육 장소로는 회당이 있었는데, 회당은 바벨론 포로기 동안에 생겨 팔레스틴에 귀환 때 가지고 온 제도입니다. 즉 포로가 된 이후에 이스라엘인들은 성전 대신 회당이라는 새로운 형태를 만들어 냈습니다. 정확히 언제 회당이 시작되었는지는 알 수 없지만 포로로 잡혀온 히브리인들이 서로를 격려하고 위로하기 위하여 모이기 시작한 곳이 회당이라고 합니다. 회당에서는 예배 행위가 아니라 교육 행위에 의하여 진행되었다는 점에서 회당의 출현은 유대역사의 중요한 전환이 되기도 합니다. 교회는 교회의 기능과 본질을 감당하지도 못하면서 교육기관으로 교회주일학교를 방치할 수 없습니다. 교회주일학교는 더 이상 유치원도 놀이방도 또 하나의 초등학교가 더 이상 아닙니다.

해가 바뀌어 학년이 변해도 주일학교 학급은 그대로 유지되기 때문에 교사와 아이들 모두 바뀐 선생님, 바뀐 학생들에게 새로 적응해야 하는 불편을 겪지 않아도 됩니다. 또한 교사는 자신이 전도해서 키운 아이가 참된 예배자가 되고, 보조교사가 되고, 나중에 중고등부에 올라가고 어른으로 자라 직분자가 되는 모습을 오랜 세월 기쁨으로 지켜보게 됩니다.

3) 무학년제 필요성

주일학교 교사들이 초등학교에 찾아가 전도하는 장면을 연상해 봅시다. 며칠 동안 전도 훈련이며 선물 포장이며 음식 장만까지 아이들을 위해 이것저것 많은 준비를 했습니다. 드디어 교회에 대해 통 관심이 없던 아이의 호기심을 불러일으키는 데도 성공했습니다. 그런데 그렇게 어렵사리 접촉한 아이에게 교사가 이렇게 물어봅니다. "너 몇 학년이니?", "저 4학년인데요" "나는 3학년 담당인데…. 애들아, 3학년은 누구 없니? 있으면 이쪽으로 와! 그리고 너는 저쪽에 계신 선생님한테 가 봐" 이 얼마나 머쓱한 상황입니까?

* 목회와 신학에 실린 내용입니다.

부산 서부교회 김진선 선생님은 새해에 3학년을 맡았습니다. 처음으로 주일 학생을 가르친다는 생각에 마음이 설레었습니다. 지금까지는 배우기만 했지만 이제 곧 하나님의 말씀을 가르치는 선생님이 되어 맡은 반 학생들을 가르치기 위해 많은 계획을 짜기도 했습니다. 또 새로 학생들을 전도해서 자기반이 1등이 되도록 해야겠다는 생각도 했습니다. 자기반에 배정된 학생은 10명이었습니다.

첫 주부터 반 학생들의 친구들을 인도하기로 했습니다. 몇 주가 지나서 반에서 제일 말이 많은 수진이 집으로 가봤습니다. 사교성이 많아서 친구들이 많으리라 생각을 했기 때문입니다. 수진이 집을 가르쳐 주는 명희와 함께 수진이 집 앞 골목에 들어가니 7. 8명의 아이들이 고무줄 놀이를 하고 있었습니다. 재잘대는 수진이가 선생님을 보자 "애들아, 우리 교회 선생님이다 !"하면서 뛰어왔습니다. 수진이 때문에 그곳에 같이 놀던 동네 아이들 5명이 교회를 다니기로 약속을 했습니다. 너무 기뻤습니다. 그러나 수진이와 같은 3학년은 1명뿐이었고 나머지는 2. 4, 5학년들이었습니다.

다음 주일에 그 나머지 아이들을 다른 반에 등록시켰습니다. 행여 4학년 아이를 잘 전도해서 교회로 데려왔다손 칩시다. 아이는 생판 처음 보는 환경에서 모든 게 어리둥절하기만 합니다. 아는 사람도 친한 친구도 없고 그저 의지할 데라고는 자신을 전도한 선생님 한 사람뿐입니다. 그런데 그 선생님이 이렇게 이야기합니다. "자, 너는 이제부터 저기 4학년 반으로 가서 앉아. 거기서 처음 보는 선생님이랑 잘 알지도 못하는 친구들하고 사이좋게 예배하고 열심히 성경공부하면 돼". 보통의 아이가 과연 이런 상황에서 마음 놓고 예배에 집중하며 편안하게 주일학교에 정착할 수 있을까요?

만약 당신이 그 4학년 아이를 떠맡은 교사 입장이라고 생각해 봅시다. 게다가 같은 반에 자신이 직접 전도해 데려온 다른 아이들이 있다고 가정해 봅시다. 물론 최선을 다해 그 새로 맡은 아이도 잘 챙겨주려고 노력할 것입니다. 하지만 엄마가 내 배 아파가며 출산한 자식을 돌보아주는 마음처럼, 그 아이를 대하기는 어려울 것입니다.

몇 주일 가지 않아서 다른 아이들은 더 이상 다니지를 않았습니다. 직접 전도해 보지 않은 교사에게 맡기는 경우는 학생들의 90% 이상이 1년 안에 교회를 떠납니다. 내가 맡았으면 잘 길러 봤을 것인데 학년이 달라서 할 수 없이 다른 반에 보내야 했습니다. 흔히 들을 수 있는 경험담입니다. 안타까운 일들입니다. 주일학교를 맡아서 충성해 보려고 했던 교사들은 누구나 한 번쯤 느끼는 경험이었습니다.

이런 식으로 하다간 자칫 하나님께서 내려주신 절호의 기회를 허망하게 놓칠 수도 있습니다. 목양교사 하는 교회에서는 이런 일들이 생길 리가 없습니다. 교회주일학교 아이들의 학년이 따로 없기 때문입니다. 목양교사 하는 교회에서는 전도한 반사가 유치반에서 초등학교 6학년까지 다 자기반으로 등록시켜 같이 가르칩니다. 젖병을 문 갓난아기에서부터 곧 중학교에 올라갈 6학년까지 언니 동생들이 한 학급에서 어울립니다. 이른바 무학년제입니다. 위에서 말한바와 같이 교육학적으로 말한다면 도무지 불가능한 일 같았습니다. 그러나 하나님은 충성하는 반사를 통해 직접 역사하셨습니다. 가르치고 인도하는 데에 반사의 신앙과 충성이 모든 기존 생각의 벽을 깨뜨리고 놀랄 만한 결과를 이룩한 것입니다.

'목회와 신학'에서 지적한 것과 같이 객관적으로 볼 때에는 교육이 안 될 만큼 산만하게 보일 것입니다. 그러나 환경을 뛰어넘어 아이들을 가르치는 교사의 능력은 아주 감동적이었습니다. 교사가 정위치를 지킬 때 교육이 정상적으로 이루어지는 것입니다.

대부분의 교회는 시설 면에서부터 학생들을 감당하기에는 최악의 교육적 환경을 갖고 있습니다. 그러나 주일학교는 반사 각 개인의 신앙에 달린 것이지, 교육 환경이나 교재, 프로그램 운영법에 달린 것이 아닙니다.

무학년제 도입으로 교사들은 전도에 대한 더욱 확실한 동기부여가 생겼고, 아이들에게도 동생들을 돌보는 책임자로서 역할이 부여되며 자연스러운 리더십과 섬김 훈련이 이루어질 수 있습니다.

〈도표 5〉 무학년제 조직 편성 단계 (거창중앙교회 실제 사례)

(1단계) 주일학교 어린이 그룹 구분 원칙	(2단계) 몇 개의 그룹으로 할 것인가?	(3단계) 어린이와 기타 성도의 연계 조직화
• 초등학교 학교별 구분 • 지역별 구분 • 유치부 이하는 가족 관계를 따라감	• 주변 초등학교의 숫자에 따른 그룹 • 교회 의자의 배치 상황에 따른 그룹 • 교사 리더 숫자의 준비상황에 따른 그룹	• 그룹별 해당 학생들과 관련성 중심으로 조직화 • 중고청장년 성도분류(주교사-보조교사-학생 관계) • 이스라엘의 지파조직 개념 • 각 그룹 리더십 결정 (평신도 지도자) • 교역자는 영적 지도의 역할 (설교 및 영성 지도)

〈도표 6〉 학년제에서 무학년제로의 전환 단계 (전통교회를 위한 제안)

1단계	2단계	3단계	4단계
• 유능하고 열정 있는 교사로서 2~3명을 선정하여 시범적으로 시행한다. • 1년 정도 진행 상황을 보면서 계속 보완해 간다.	• 결과적으로 열매가 좋을 경우, 한번 정도 추가자원자(교사)를 모집하여 시행한다.	• 문제가 없다고 판단되면, 전면적 시행을 고려한다.	• 장년 조직과의 연계를 고려한다.

4) 단점이 있음에도 무학년제를 고집하는 이유

물론 무학년제에도 단점이 없는 것이 아닙니다. 인지발달이론에 기반을 둔 학년제 운영에도 분명히 수많은 장점들이 있습니다. 따라서 주일학교 운영에 무학년제만이 정답이라고 여기고, 각 교회 주일학교 자체적으로 섣부르게 결정을 내릴 일은 아니라고 봅니다. 담임목사의 확고한 신념과 적극적인 지지가 반드시 뒷받침되는 것이 매우 중요합니다.

젖먹이와 사춘기를 겪는 아이들이 한 학급에서 어울리다 보니 교사들의 애로가 적지 않은 게 사실입니다. 담당해야 할 아이들의 숫자가 많아질수록 교사들의 역량이 한계에 부딪히는 현상도 전혀 없지는 않습니다. 하지만 이를 상쇄하고도 남을 만큼의 큰 장점들이 목양하는 교회에서 무학년제를 고집하는 이유 중 하나입니다.

물론 전통적으로 해 오는 대로 '공과 공부'를 진행하는 방식이라면 무학년제는 어려움이 있을 것입니다. 앞으로 설명할 것이지만, 우리는 강단 메시지를 공과로 만들어 사용하기 때문에 무학년제를 충분히 가능하게 한다고 말할 수 있습니다.

이런 이유 때문에 밖에서 우려하는 것과는 달리 서로 다른 학령의 아이들이 섞여있는 학급 환경 때문에 교육의 어려움이 발생하는 일은 거의 없습니다. 선생님이 가르쳐주신 내용을 행여 이해하기 어려워하는 것 같다 싶으면 고학년 아이들이 저학년 아이들에게, 저학년 아이들은 또 자기보다 어린 동생들에게 서로의 눈높이에 맞춰 다시 설명해 줍니다. 또한 보조 교사 역할을 하는 학생들이 마치 모세 곁의 아론과 훌처럼 선생님을 도와 주변을 챙기기도 합니다. 젖먹이를 비롯한 유아들을 업고 놀며 친형제 이상으로 살뜰하게 보살펴주기 때문에 학급인원이 아무리 늘어도 교사

한 사람이 능히 감당할 수 있습니다. 어쩌면 주일학교가 세상 교육과 달리 영적인 부분을 다루고 있기 때문에 가능한 일이라는 생각도 듭니다.

무학년제를 시행할 때 유의할 점

① 무학년제를 시행할 때는 전학년(유치부 이하는 제외 고려)이 사용하는 교재는 통일시 키는 것이 좋다.
② 무학년제에 임하는 교사는 맡은 영혼을 끝까지 책임질 각오가 되어 있어야만 무학년제가 원활하게 시행될 수 있다.
③ 무학년제를 시행하면 교회 조직이 단순화되어 상의하달이 용이해지며, 목회 전략이 효율적으로 추진될 수 있는 장점이 있으나, 장점만을 바라보고 채택할 것이 아니라 먼저 교육 방향을 정한 후에 전 교회적 합의를 거쳐 단계적으로 추진되어야 한다.

---

5) 수많은 무디가 나오기를 꿈꾸다.

무학년제가 주는 혜택들은 도입한 많은 교회가 경험 하였습니다. 사실 이 '종합반'과 같은 학급을 '무학년제반' 혹은 '무디반'이라고도 부릅니다. 세계적인 전도자 무디의 이름을 딴 것입니다. 무디가 하나님의 은혜를 경험하고 교사로 섬기겠다고 자원하여 주일학교를 찾아갔는데, "당신이 누군지도 모르는데 이 중요한 일을 맡길 수는 없습니다"라는 대답이 돌아왔습니다. 몇 차례 다시 청해도 요지부동이자 무디가 새로운 제안을 했습니다. "그럼 제가 직접 전도해서 아이들을 데리고 오면 어떨까요?" "그건 괜찮겠네요". 결국 학년에 상관없이 데려왔던 무디의 반이 그 주일학교에서 가장 크게 부흥했다는 것은 주지의 사실입니다. 무학년제의 위력이 이러합니다.

우리 교회 주일학교 교사들 중에서도 수많은 무디들이 등장하기를 소망합니다. 그리고 그들의 슬하에서 자라는 어린 생명들 가운데서도 믿음의 영웅들이 대를 이어 배출되기를 바랍니다.

5. 반목회자의 준비

예수님께서는 제자들을 뽑으시면서 그들에게 이르시기를 '사람을 낚는 어부가 되게 하리라'는 말씀을 하셨습니다. 이 말씀은 제자들에게 주님을 따르려거든 사람을 낚는 제자가 될 준비를 해야 한다는 것이었습니다. 그래서 그들은 주님의 제자가 되는 관심을 가져야 하였습니다. '되어야 함'에 대한 원리는 교사들에게도 그대로 적용되어야 합니다. 우리는 날 때부터 주일학교의 사역자가 아니었습니다. 주님의 은혜를 덧입고 사람을 섬기는 사역에 헌신하겠다고 다짐한 것이 전부입니다. 그렇다면 우리에게 주일학교를 맡기신 주님의 뜻에 합당한 일꾼이 되려는 준비를 갖추어야 합니다.

교사는 반 어린이들의 목자입니다. 그래서 예전에는 '반사'라는 명칭으로 그들을 불렀습니다. 반의 인도자라는 뜻이었습니다. 교사로 임명을 받았다면 반의 공동체를 어떻게 이끌어갈 것인가에 대한 목회적인 준비를 해야 합니다.

(1) 구체적으로 반목회를 준비하기

반목회는 하나님께서 내게 맡겨주신 사역입니다. 계획하시고 준비하시는 하나님께서 아이들을 맡기셨습니다. 그러므로 이것만은 꼭 해보겠다는 한 가지 일이라도 정해야 합니다. 일년이 어려우면 한 분기, 그것도 어려우면 한 달 동안의 사역을 자신의 일상적인 일로 받아 들이는 훈련을 준비해야 합니다. 나아가 세운 계획을 중도에 포기하지 않고 어떠한 어려움이 있더라도 실행하겠다는 다짐을 해야 합니다. 이때 유념해야 할 부분들이 있습니다.

- 반목회를 위해 세운 계획들이 자신 안에 자연스럽게 녹아들면서, 교사의 전문적인 영역으로 정착되기 위해서 상당한 시간이 필요합니다.
- 현재의 자신의 상태에 비추어 현실성 있는 계획을 세웁니다.
- 계획은 나름의 양식을 만들어 사용하고, 반목회의 흐름도를 작성합니다.

(2) 준비된 교사가 되기 위한 반목회 지침 8계명

제 1계명, 자신의 목회자로서의 견해, 어린이관을 점검하라.
제 2계명, 반목회의 중심 자리에는 어린이들이 있어야 한다.
제 3계명, 반의 분위기와 어린이들의 특성을 파악하라.
제 4계명, 교사 자신의 적성에 맞지 않는 것을 억지로 하지 마라.

제 5계명, 하나님께서 바라시되 도달이 가능한 목표를 세워라.

제 6계명, 꼭 해야만 하는 것은 없다.

제 7계명, 백화점식 반목회 프로그램은 지양하자.

제 8계명, 반목회 현장은 닫힌 체제가 아니라 열린 유기체다.

교사는 어린이 학생들을 처음 만났을 때의 팽팽한 긴장과 그들과 함께 할 사역에 대한 기대로 계획을 세워야 합니다. 자신의 사역을 위한 준비는 교사에게 흥미 있는 일입니다.

참고문헌

• 권경호, 제인호, 재미있는 반목회와 교육활동, 영문, 1999.

• 김인환, 기다려지는 주일학교 만들기, 기독신문사, 2010.

• 김희자, 교사론, 대한예수교장로회 총회, 2014. p 35~38,108~122

• 박군오, 교사의 MTV & A, 요단, 2014. p 21~22,50~54

• 박연훈, 교회학교 뉴 패러다임, 물맷돌, 2020. p 129~135

• 백영희 목회연구소, 새로운 주일학교 운영의 실제, 기독지혜사, 1991. p 77~112

• 양승헌, 크리스천 티칭, 디모데, 2014. p 109~125

• 원준자, 주일학교 교사를 위한 효과적인 반목회, 파이디온, 1991. p 17~108

• 이병렬, 교회의 미래 어린이 안에 다 있다, 생명의말씀사, 2018. p 57~58,117~124

• 이정현, 교사 베이직, 생명의말씀사, 2022.

• 이현철, 교회학교 교사 어떻게 가르칠 것인가, 생명의 양식, 2018.

p 35~37,42~44

- 제이슨 송, 가르친다는 것은, 예수전도단, 2014. p 55~59

- 제인호, 뉴 교사 매뉴얼, 영문, 2005. p 19~30

- 케네스 갱글, 하워드 핸드릭스 외 달라스 신학교 교수진, 교수법 베이직, 디모데, 2005, p 393~419

- 하워드 G. 핸드릭스, 교사입니까, 아가페문화사, 2014. p 15,25~26

- 하정완, 교사 십계명, 나눔사, 2020. p 38~43

- 한민수, 교회학교 우리 교회도 부흥 할 수 있다, 아가페, 2023.

- 한성택, 6개월의 기적, 목양교사훈련원, 2007. p 8~25

- 한춘기, 교사 마스터링, 생명의 양식, 2008. p 37~38,48~52,89~92,163~167

- 한치호, 열정의 교사, 10가지 반목회 코칭, 크리스천 리더, 2013. p 81~102

- 한치호, 주일학교는 반목회다, 일오삼, 2012.

- 현유광, 교회교육 길라잡이, 생명의 양식, 2019. p 229~230

PART 3.
목양교사 4가지 전략

PART 3.

목양교사 4가지 전략

1. 기도가 전략

우리는 좋은 교사의 조건을 무슨 좋은 대학을 나오고 교육을 전공하고.... 뭐 이런 기준들을 중요시 할지 모릅니다. 물론 틀리지는 않습니다. 하지만 이것보다 더 중요한 것은 진심으로 아이들을 사랑하고 긍휼히 여기는 마음을 가지고 기도할 수 있는 사람이 더 훌륭한 교사라고 생각합니다. 늘 아이들을 마음에 두고 기도하는 교사가 있는 반의 아이들을 주님은 아름답게 변화시키시는 것은 당연한 일이 아닙니까? 아이들을 마음에 두고 기도하는 교사가 있는 반의 아이들을 주님이 아름답게 변화시키시는 것은 당연한 일이 아닙니까?

군산 드림 교회에 가장 연세 많은 남자 선생님이 있습니다. 전직군인 장교 출신에 현재도 예비군 중대장입니다. 겉으로 보면 상당히 무뚝뚝해 보이고, 재미없어 보이는 스타일입니다. 그런데 연말이 되면 신기한 일이 발생합니다. 제법 많은 부모님들이 담당 교역자에게 청탁이 옵니다. 자기 자녀를 꼭 그 선생님 반으로 넣어 달라는 것입니다. 더 놀라운 일은 스승의 주일이 되면 이미 졸업한 제자들까지 이 선생님을 찾아옵니다. 그간 받은 스승의 은혜가 너무 크다는 것입니다.

한번은 교사 엠티를 앞두고, 선생님들이 그 선생님께 노하우를 물어봤습니다. 잔잔한 미소를 띠며 겸손하게 대답했습니다. "특별한 것은 없지요. 그냥 목사님이 하라는 대로 했을 뿐입니다." 물론 이 답변은 다른 선생님들이 원하는 내용은 아니었을 것입니다. 좀더 구체적으로 소개해 달라는 젊은 선생님들의 눈빛을 받고 일차적인 답변에 덧붙여 두 번째 자신의 반 관리 노하우를 이야기했습니다. 핵심은 "반 아이들을 위한 기도입니다." "저는 새벽기도 나갈 때, 반 아이들을 위한 기도 노트를 가지고 갑니다. 한 페이지에 한 명씩 아이들의 이름과 한 줄 정도씩 아이들 기도제목을 적어 놓았지요. 새벽기도회 때, 아이들 이름을 한 사람씩 불러 가면서 기도합니다."

중요한 것은 시간이 지나면서 반 아이의 기도제목이 늘어난다는 것입니다. 처음에는 한 학생당 한 줄에 불과했던 기도제목이 몇달 지나면 한 장 전체를 채우게 됩니다. 반 아이 한 명당 노트 한 페이지의 기도제목을 갖게 되고, 그 아이를 위해 간절히 계속 기도하는 것이 노하우라면 노하우겠지요. 한 명당 한 페이지 분량의 기도제목, 이것은 그 선생님의 아이들을 향한 진정한 사랑의 모습이었습니다.

부산서부교회는 한때 만 12세 이하 어린이 신자의 재적이 3만 2,000명이었습니다. 1990년 성탄절 예배에는 1만 1,300명이 출석했다는 보고가 있습니다. 과연 비결이 무엇일까요? 여러 요인이 있지만 교사들의 기도가 큽니다. 서부교회 교사들의 기도생활에는 수칙이 있습니다.

- 수첩에 학생 명단을 기록해 놓고 1일 1회 이상 읽으면서 기도한다.
- 몇 해 동안 나오지 않아도 지우지 말고 항상 기도함으로써 끝까지 권면할 수 있는 기회를 놓치지 말아야 한다.
- 사도 바울이 "내가 떠난 것은 몸이요 마음이 아니니"라고 한 것 같이 몸은 나뉘어 있어도 항상 학생을 생각하고 기도함이 있어야 한다.
- 하나님이 붙드시고 일할 때를 맡기셨기 때문에 기도하면 큰 효력이 나타난다.
- 다른 사람의 구원을 위해 기도함이 곧 자기 구원이 된다는 것을 알고 감사함으로 전 인격을 기울여 죽을 때까지 쓰러지지 않도록 기도해야 세운 영혼들이 떨어지지 않는다.
- 반사도 주일학교 학생들도 앞으로 환난에 대비해 매일 30분씩 시간을 정해놓고 기도하되, 빠지지 않도록 해야 한다.

주일학생 1,000명 출석이라는 부흥으로 다른 교회들의 부러움의 대상이 되고 있는 거창중앙교회 이병렬 목사는 부흥의 원인을 기도에 두고 있습니다. 이 목사는 모든 성도에게 하루 4회씩 교회 주일학교를 위해 기도할 것을 권면하고 있습니다. "저도, 성도들도 이렇다 할 것이 없는 사람들인데, 정말 하나님의 은혜로 볼 수밖에 없습니다. 하나님 앞에서 방향 제시를 받고 밤마다 성도들에게 가슴에 불을 전수하는데, 2시간씩 3달간 밤 10시 전까지 모임하고 다음 날 새벽에 또 3시간 새벽기도를 하니 성도들이 같은 불로 뜨거워졌고 하나님이 함께하시는 것을 절실히 느꼈습니다. 성도들의 전도로 한 주에 아이들이 30명에서 100명까지 깜짝 놀랄 정도로 많이 교회에 왔습니다." 그런데 우리는 기도하지 않습니다. 일주일 내내 아이들을 잊어 버렸다가 간신히 주일날 교회에서 아이들을 가르칩니다. 그 가르침이란 것은 준비되었거나 묵상되어진 것도 아닙니다. 그저 기계적으로 가르칩니다. 그 가르침에 능력과 변화가 없는 것은 당연합니다.

생각해 봅시다. 양복 주머니, 바지 주머니 할 것 없이 기도제목이 적힌 종이쪽지를 넣어둡니다. 버스나 사람을 기다리다가 주머니에 있는 기도가 적힌 종이쪽지를 발견하고 꺼내어 들고 기도합니다. 이렇게 때를 얻든지 못 얻든지 기도하고 또 기도하는 교사와 그저 이름뿐인 교사가 다른 것은 당연하지 않습니까? 그렇게 기도하는 교사에게 주어진 아이들이 변화되고 새로워지는 것은 당연한 것입니다.

스트롱(J.H. Strong)은 "예수의 기도는 우리에게 그의 지혜와 능력의 원천, 그의 방법의 정수, 기쁨과 하나님의 능력 가운데 살아가는 모든 삶의 근원과 비결을 가르쳐 준다"라고 말합니다. Operation World의 패트릭 존스톤이 이런 말을 했습니다. "우리가 일하면 우리가 일하는 것이지만 우리가 기도하면 하나님께서 일 하신다". 사실 이 말씀은 새삼스러운 얘기가 아닙니다. 이미 예수님이 수없이 강조하였던 말씀이기 때문입니다. 우리의 기도가 능력이 있을 수밖에 없는 이유는 히브리서 말씀처럼 "항상 살아서" 우리를 위하여 기도하시기 때문입니다(히 7:24,25). 또한 주님이 살아계실 때 기도의 중요성과 능력에 대하여 수없이 강조 하셨습니다.

"그러므로 내가 너희에게 말하노니 무엇이든지 기도하고 구하는 것은 받은 줄로 믿으라 그리하면 너희에게 그대로 되리라"(막 11:24). 이 사실을 너무나도 잘 알고 있었던 제자 야고보는 매우 정확한 인식으로 우리에게 강력하게 권면하는데, 기도의 깊이를 알기 때문이었고 그 능력을 경험하였기 때문이었습니다. 그래서 야고보는 우리의 기도로 병든 자를 고칠 뿐만 아니라 심지어는 죄의 용서까지도 이끌어낼 수 있다고 강력하게 우리에게 말하고 있는 것입니다(약 5:15). 그렇다면 우리가 아이들을 위해 할 수 있는 가장 중요한 것은 기도일 것이고 주님 역시 우리에게 기도할 것을 요청하고 계신 것입니다. 다른 것은 잘 못할 수도 있습니다. 그런데 기도마저 못한다면, 기도조차 할 수 없다면 아이들을 가르치는 교사로서 가장 중요한 것을 잃고 있는 것입니다.

우리는 기도하지 않고도 사역을 감당할 수 있습니다. 주일에 동료 교사들과 사역의 방향에 대하여 논의할 수 있습니다. 준비된 교안을 읽으며 공과학습도 유능하게 진행할 수 있습니다. 그러나 기도 없이 하나님의 역사는 나타나지 않습니다. 하나님의 응답 없이 종교 행위로써 사역을 하고 있는 것입니다. 이제라도 기도 없이 교회주일학교를 섬기고 있다면 두려워해야 합니다.

믿는 사람들은 기도의 중요성을 잘 압니다. 그렇다면 교회주일학교 교사로서 어떻게 기도해야 할까요? 이미 기도의 전문가인 선생님들은 이러한 고민이 없겠지만, 아직 기도하기가 부담스러운 선생님들은 무엇을 어떻게 기도해야 할지 궁금할 것입니다.

우선 다른 교사들이 보통 무엇을 위해서 기도하는지를 살펴보면 도움이 됩니다. 군산드림교회 청소년부 담임교사 51명을 대상으로 교사들의 기도제목을 분석해 보았습니다. 큰 주제로 묶어 봤더니, 대략 32개의 기도제목이 나왔습니다. 그리고 어떤 기도제목으로 기도를 많이 하는지 빈도수별로 분류해 보았습니다. 이 기도제목을 살펴보면, 우리 반 아이들을 위해서 어떠한 기도제목으로 기도해야 할지 대략 알 수 있을 것입니다.

드림교회 청소년부 교사들 기도제목(복수응답)

• 반 학생들이 참된 예배자로 서도록(51%)

• 반 학생들의 믿음과 영적 성장을 위해(49%)

• 학생들이 수련회에 꼭 참석하여 영적으로 변화되도록(33%)

• 반 학생들이 꼭 주님을 만나도록(회심)(31%)

• 장기결석 하는 친구들이 주님께 돌아오도록(18%)

• 반 학생들의 믿지 않는 부모님의 전도를 위해(18%)

• 반 학생들이 기쁘고 즐겁게 신앙생활 하도록(14%)

- 교사로서 믿음 위에 굳게 서도록(14%)
- 반 학생들이 주일성수나 헌금생활 등을 비롯하여 신앙의 기본기가 서도록(12%)
- 반 학생들이 삶에서 본이 되는 학생이 되도록(12%)
- 반 학생들에게 하나님이 주신 꿈과 비전이 생기도록(12%)
- 교사로서 세상 속에서 구별되는 삶을 살도록(12%)
- 반 학생들이 만남의 축복을 경험하도록(12%)
- 더욱 많은 학생을 전도할 수 있도록(12%)
- 학생들의 필요에 민감하게 반응하는 교사가 되도록(10%)
- 우리 부서가 주님이 보시기에 아름다운 공동체가 되도록(10%)
- 반 학생들이 학교에서 기도모임을 잘 세워 가도록(8%)
- 반 학생들이 세상에 선한 영향력을 행사하도록(8%)
- 반 학생들의 학업 가운데 지혜를 주시도록(8%)
- 반 학생들에게 건강을 주시도록(8%)
- 교사로서 주신 사명을 잘 감당하도록(8%)
- 한 영혼을 더욱더 사랑하는 교사가 되도록(8%)
- 하나 되고 믿음 넘치는 우리 반이 되도록(8%)
- 새로 온 학생이 교회에 잘 적응하도록(8%)
- 반 학생들의 진학(진로)의 문이 잘 열리도록(6%)
- 반 학생들이 부모님과 좋은 관계를 유지하도록(6%)
- 반 학생들의 우선순위가 잘 세워지도록(6%)
- 반 학생들이 주님과 동행하도록(4%)
- 힘들고 어려운 학생들을 주님이 도와주시길(4%)

- 반 학생들이 미디어 기기의 유혹에서 벗어나길 (2%)
- 반 학생들이 시험 기간에 승리하도록 (2%)
- 우리 부서에 사탄이 틈타지 않도록(2%)

선생님들이 평소에 하는 기도제목을 분석해 보니, 크게 여섯 가지 내용으로 압축되었습니다. 첫째, 반 학생들의 믿음과 영적인 성장을 위한 기도입니다. 둘째, 교사 자신을 위한 기도입니다. 셋째, 반 학생들의 학교생활을 위한 기도입니다. 넷째, 반 학생들의 일반 생활을 위한 기도입니다. 다섯째, 우리 반 전체를 위한 기도입니다. 여섯째, 우리 부서를 위한 기도입니다. 단지 우리 반을 위한 기도에서 우리 부서 전체를 향해 기도의 지경을 넓히는 것이 중요합니다. 지금까지의 기도제목 분석에 따른 교사들의 기도 내용을 읽어 보면, 당신에게 필요한 기도제목이 나올 것입니다. 이 기도제목을 토대로, 다시 한 번 당신만의 반 학생들을 위한 기도문을 작성해 보는 것도 유익할 것입니다. 기도는 목양교사 사역의 핵심입니다. 기도는 구원 받은 우리에게 주신 하나님의 특별한 은혜입니다. 우리는 기도의 전문가가 되어야 합니다.

(1) 목양교사의 기도 7계명

1) 기도는 목양사역의 능력이다.

능력 있는 교사가 되고 싶습니까?. 그렇다면 기도해야 합니다.

능력이 떨어진 교사를 보면 알 수 있습니다. 내게 능력이 나타나는 여부를 본인이 가장 잘 압니다. 능력 떨어진 사역이 얼마나 안타깝고 힘들고 어렵습니까?. 교사가 능력이 떠나면 나 자신만 죽는 것이 아니라 양떼를 죽이는 결과가 옵니다. 그래서 주님은 "오직 너희에게 성령이 임하시면 너희가 권능을 받고"(사도행전 1:8). 너희가 먼저 권능을 받고 예루살렘, 온 유대, 사마리아와 땅끝까지 이르러 내 증인이 되라고 했습니다. 권능을 받지 않고 사역할 수 없습니다. 능력 없이는 사역할 수 없습니다. 왜요?. 우리의 사역은 영적인 일이니까요.

요한복음 14:14절 "내 이름으로 무엇이든지 내게 구하면 내가 시행하리라". 여기에서 나는 예수님입니다. 시행하겠다는 말은 움직이겠다는 것입니다. 우리가 기도하는 소리를 듣고 주님이 움직이시겠다는 것입니다. 우리가 기도하는 소리를 듣고 주님이 시행하신다는 것입니다. 내 이름으로 무엇이든지 구하면 내가 시행하리라 했습니다. 주님이 하셔야 할 일이 있습니다. 우리가 사역하려고 하지 말아야 합니다. 주님이 시행하시도록, 주님이 움직이시도록 우리는 기도해야 합니다. 기도할 때 주님이 일을 시행하시고 능력이 나타납니다.

우리 스스로 해서 일이 안 됩니다. 우리는 기도할 뿐입니다. 성경을 보면 능력사역을 했던 사람은 한결같이 기도하는 사람들이었습니다. 사도행전 3장에 베드로, 사도행전 16장에 바울도 그러했습니다. 사도행전 6장에 사도들은 "기도하고 말씀 전하는 일에 전무하리라"(7절)라고 했습니다.

목양교사라면 두 가지 일에 전무해야 합니다. 기도하는 일과 말씀 전하는 일입니다. 그런데 오늘 많은 교사들이 다른 일에 너무 많은 힘을 쏟고 있습니다. 교사들이 감당할 일이 너무 많아 다른데 너무 많은 신경을 쓰고 있습니다. 초대 예루살렘교회의 사도들은 재정도 처리하고 구제도 해야 하고 너무 많은 일을 감당하므로 교회문제가 발생했습니다. 그 때 깨달은 것이 있습니다. '목양교사는 기도와 말씀 전하는 일에 전무해야 되는구나'였습니다.

목양교사는 기도에 전문가가 되어야 합니다. 목양사역에 능력이 나타나야 하는데 기도할 때 능력이 나타납니다. 기도한 만큼 능력이 나타납니다. 하루에 최소한 1시간 이상 기도해야 사역에 능력이 나타납니다. 그리고 주일은 30분 이상 기도하고 시작해야 능력이 나타납니다. 주일이라 기도 안 해도 봐준다, 그런 법이 세상 어디에 있습니까?. 주일. 사역하는 날 더 많이 기도해야 합니다. 기도가 능력입니다. 우리 나름대로 기도에 재미를 붙여야 합니다. 기도하는 만큼 능력이 나타납니다. 하루에 1시간씩 꾸준히 기도해 보세요. 때가되면 역사가 일어납니다.

2) 기도는 목양사역의 안식이다.

목양교사는 매 주일 마다 영적 전쟁을 치릅니다. '주일 온다 해놓고 안 온 아이부터, 막상 교회 와서 이상한 행동한 아이까지, 어떤 아이는 심방 가서 데려오라 하니까 앞 교회 가버렸어요'. 속상합니다. 그런데 그게 목양입니다. 그랬을지라도 주일 밤에는 모든 걸 털어버려야 합니다.

목양교사에게는 안식이 필요합니다. 목양에 안식이 필요합니다. 주일 저녁, 그날 어떤 일이 일어났어도 안식이 있어야 합니다. 그래야 내일부터 힘을 얻고 한 주간동안 그들을 만날 수 있습니다. 그런데 계속 마귀는 목양에 안식을 못하도록 방해합니다. 안식이 만만치 않습니다. 기도 할 때만 안식이 가능합니다. 기도 안하면 안식하고 싶어도 안 됩니다.

마가복음 1:35절 '새벽 오히려 미명에 조용한 곳에 가서서 예수님은 기도하셨습니다'. 예수님은 하루의 시작을 기도와 안식으로 문을 열었습니다. 그 전날 피곤하게 많은 일을 하셨지만 새벽기도를 통해서 참된 안식을 누렸습니다.

빌립보서 4:6~7절 "아무것도 염려하지 말고 오직 모든 일에 기도와 간구로 너희 구할 것을 감사함으로 하나님께 아뢰라. 그리하면 모든 지각에 뛰어난 하나님의 평강이 그리스도 예수 안에서 너희 마음과 생각을 지키시리라". 우리가 하나님께 기도하고 간구하면 그리스도 예수 안에서 하나님의 평강이 나의 마음과 생각을 지켜 줍니다.

기도한 만큼 목양의 안식이 옵니다. 우리의 목양사역이 복잡합니다. 아이를 부모가 교회 안 보내려 하고 갑자기 반 아이들에게 문제가 발생합니다. 아이들이 집단적으로 교회 안 온다고 합니다. 이런 일들이 생겼을 때 마음에 얼마나 염려와 걱정이 많습니까. 안식이 있어야 분별력이 생기고, 평안하고, 상대방을 편안하게 해 줄 수가 있습니다. 내가 안식하지 못하는 사람이라면 누구를 편안하게 할 것입니까?. 내가 안식해야 다른 사람에게 안식을 줄 수 있잖습니까. 내가 평안해야 다른 사람에게 평안을 줄 수 있잖습니까. 언제 평안합니까?. 기도할 때입니다.

사도행전 16:25절 "밤중쯤 되어 바울과 실라가 기도하고 하나님을 찬미했다"라고 했습니다. 빌립보 감옥에서 바울과 실라는 기도하고 하나님을 찬미했습니다. 하나님은 그들에게 안식을 주셨습니다. 바울과 실라가 감옥에서 왜 기도했을까요?. 두려워서. 그들도 인간인지라 왜 두렵지 않았겠습니까?. 감옥에서 얼마나 두렵고 떨렸겠습니까?. 그러나 그들은 알았습니다. 기도하면 감옥에서 안식이 온다는 사실을. 기도는 안식을 가져다줍니다.

안식이 우리 마음의 상처를 치유합니다. 안식은 환경의 어두움을 물리칠 수 있습니다. 안식은 우리 마음에 서둘지 않게 만들어줍니다. 안식이 있어야 합니다. 그래서 제일 먼저 기도할 때 주시는 은혜는 우리의 생각과 마음을 평강으로 지켜 주는 것입니다. 굉장히 복잡한 문제를 놓고 기도해보세요. 생각과 마음이 평안하면 응답입니다. 기도하는 자에게 안식이 있습니다.

3) 기도는 자기 신앙관리의 지름길이다.

신앙생활에 제일 어려운 게 무엇입니까?. 제일 어려운 것이 기도, 전도, 양육, 심방, 마지막 자기 신앙관리, 5 가지 중에 사실은 제일 어려운 것이 자기 신앙관리입니다. 자기 신앙관리만 잘되면 사역은 성공하게 되어 있습니다. 가장 힘든 것이 나를 다스리는 것입니다. 그래서 사도바울은 고린도전서에서 자기를 쳐서 복종하도록 만든다고 했습니다. 그러기 위해서는 신앙관리를 나 스스로 잘 해야 합니다.

베드로전서 4:7절 "만물의 마지막이 가까웠으니 그러므로 너희는 정신을 차리고 근신하여 깨어 기도하라". 정신 차려야 합니다. 깨어있어야 합니다. 자기 신앙관리를 잘 해야 합니다. 마지막 때 자기 신앙관리를 잘 해야 합니다.

마태복음 26:41절 "시험에 들지 않게 깨어있어 기도하라". 기도 안 하면 자기 신앙관리가 안 됩니다. 안타까운 사실은 목양교사가 100명 넘고 200명 넘어가는 사람 중에 자기 신앙관리가 안 돼서 넘어진 사람이 많습니다. 얼마나 안타까운지 모릅니다. 혈기부리고 조급하고 욕심내고 기도 안 하는 것이 큰 문제입니다. 기도하면 자기 신앙관리가 됩니다. 자기를 조절할 줄 알고 관리하면 틀림없이 사역이 잘되게 되어 있습니다. 자신의 신앙관리를 잘하려면 기도해야 합니다.

다니엘 6:10절, "다니엘이 이 조서에 왕의 도장이 찍힌 것을 알고도 자기 집에 돌아가서는 윗방에 올라가 예루살렘으로 향한 창문을 열고 전에 하던 대로 하루 세 번씩 무릎을 꿇고 기도하며 그의 하나님께 감사하였더라". 다니엘은 왕 외에 다른 사람이나 신에게 기도하면 사자 굴에 들어간다는 왕의 조서를 보았습니다. 그때 다니엘은 여전히 예루살렘을 향하여 열린 창에서 전에 하던 대로 하루 세 번씩 무릎을 꿇고 감사하면서 기도했습니다. 다니엘은 무엇을 잘한 사람입니까?. 자기 신앙관리를 잘 한 사람입니다. 그래서 그는 결국 사자 굴에 들어갔지만 거기서 살아나왔습니다. 우리 신앙관리를 잘해야 합니다. 기도 하루에 1시간 이상씩 꾸준히 안 하면 자기관리가 안 됩니다. 야고보서에서는 믿음 이야기를 하면서 자기를 먼저 돌아보라고 했습니다. 자신을 돌아 볼 줄 알아야 합니다. 나를 돌아보는 거울은 하나님의 말씀입니다. 기도와 말씀 속으로 들어가야 나 자신이 보입니다. 기도해야 자기 신앙관리가 됩니다.

4) 기도는 영적전쟁에 핵폭탄이다.

기도는 핵폭탄입니다. 영적전쟁에 핵폭탄입니다. 기도하면 마귀가 벌벌 떱니다.

에베소서 6:18절 "모든 기도와 간구를 하되 항상 성령 안에서 기도하고 이를 위하여 깨어 구하기를 항상 힘쓰며 여러 성도를 위하여 구하라". 바울은 영적전쟁에 모든 기도와 간구로 하라고 했습니다. 기도해야 어둠의 영들이 떠납니다.

사도행전 12:5절 "이에 베드로는 옥에 갇혔고 교회는 그를 위하여 간절히 하나님께 기도하더라". 야고보는 순교 당했고 베드로는 옥에 갇혀 죽을 날을 기다리는데 예루살렘교회가 간절히 기도했더니 베드로는 기적의 역사로 살아나오고 헤롯은 충이 먹어 죽게 되었습니다. 기도하면 벌레 한 마리가 사람을 죽여 버립니다. 그 말은 내가 기도하면 생각지 못한 환경 속에서 기적이 일어납니다. 기도하면 사단이 꺾입니다. 그래서 사단 마귀는 우리의 기도를 무서워합니다.

야고보서 4:7절, "마귀를 대적하라. 그리하면 너희를 피하리라". 기도하는 자가 마귀를 이길 수 있습니다. 기도하는 자를 마귀는 무서워합니다. 기도하는 교회는 사단이 역사 못합니다. 기도는 연합해야 큰 힘이 있습니다. 겟세마네 연합기도, 새벽연합기도, 가족끼리 연합기도, 두 세 사람이 내 이름으로 함께 구하면 내가 이루어주겠다 라고 하셨습니다. 핵폭탄은 연합할 때 그 위력이 커집니다. 목양교사가 연합하여 기도하면 그 위력이 핵폭탄 보다 더 대단합니다.

5) 기도는 부흥의 시작이다.

다른 것은 다 못해도 기도는 많이 해야 합니다. 왜요? 기도하면 부흥이 일어납니다. 기도하는 숫자만큼 부흥이 일어나게 되어 있습니다. 기도하는 사람이 많은 만큼 부흥이 일어나게 되어 있습니다. 새벽기도가 10명 참석하는 교회는 교인이 100명 출석합니다. 새벽기도가 50명이면 곧 500명 됩니다. 새벽기도 하는 교인이 100명이면 곧 1000명 됩니다. 이게 기도가 부흥의 시작이라는 말입니다. 그러므로 우리가 새벽기도와 저녁기도에 열정적으로 뛰어들어야 합니다. 다른 것은 못해도 기도모임에 참석해야 합니다. 그게 반 부흥과 주일학교 부흥과 교회부흥을 돕는 길입니다.

목양교사들이 기도해야 부흥이 시작됩니다. 기도할 때 부흥이 일어납니다. 사도행전 1,10,12,13장 등. 사도행전 전체가 기도로 시작된 부흥을 이야기하고 있습니다. 우리 목양교사사역이 부흥하려면 겟세마네기도회부터 부흥해야 됩니다. 기도회에 나와서 헌신하면 반과 주일학교와 교회에 부흥이 일어납니다. 헌신 중에 가장 큰 헌신은 기도로 섬기는 것입니다. 사도행전 13장에 기도로 섬겼다 했습니다. 기도부흥이 반 목양과 주일학교 사역과 교회 부흥의 시작입니다.

6) 믿음으로 기도하라.

기도는 어떻게 해야 합니까? 믿음으로 해야 합니다.

요한복음 14:12절 "내가 진실로 진실로 너희에게 이르노니 나를 믿는 자는 나의 하는 일을 저도 할 것이요 또한 이 보다 큰 것도 하리니". 믿는 사람은 예수님이 하신 일을 하고 이 보다 더 큰 일도 한다고 했습니다.

마태복음 21:22절 "너희가 기도할 때 무엇이든지 믿고 구하는 것은 다 받으리라". 우리 반목양 현장에 얼마나 불신앙과 싸워야 할 일이 많은지 모릅니다. 불신앙 가지고는 어떤 일도 안 됩니다. 구름 한 조각으로 소낙비가 온다 해도 믿어야 합니다. 한 명이 전도된 날 다른 선생님한테 뭐라고 해야 합니까?. '우리 반은 폭발 했습니다'라고 해야 합니다. 우리는 그 한 명을 100명으로 볼 수 있는 믿음이 있어야 합니다. 10명을 1000명으로 볼 수 있는 믿음이 있어야 합니다. 그러므로 믿음으로 기도해야 합니다. 우리가 기도할 때 믿음으로 기도하면 이루어 주십니다.

목양교사는 믿음이 있어야 합니다. 홍해를 건너고 여리고를 무너뜨릴 일이 얼마나 많은지 모릅니다. 부모, 가정에 영적전쟁이 많아 믿음 없이는 할 수 없습니다. 믿음으로 기도해야 합니다. 다른 기도하지 마시고 "주여. 다음 주일 올 줄로 믿습니다. 내 문제가 해결된 줄로 믿습니다. 내 학업문제가 해결된 줄로 믿습니다". "저 아이가 기도 잘 할 줄로 믿습니다. 전도 잘 할 줄로 믿습니다. 예배 잘 드릴 줄로 믿습니다. 우리 가정이 평안하고 변화될 줄로 믿습니다"라고 기도해야 합니다.

왜 기도하면서 낙심합니까?. 믿음이 없어서 그렇습니다. 믿음이 있으면 기도하다가 낙심하지 않습니다. 기도할 때 100명을 주옵소서 기도하고 믿어질 때 이루어집니다. 내가 계속 믿고 기도하면 언젠가는 내 마음 속에 100명이 들어옵니다. 그것을 기도의 잉태라고 합니다. 내 마음에 잉태되어 때가되면 나옵니다. 나올 때까지 계속 믿고 기도해야 합니다.

7) 시간을 정해놓고 기도하라.

새벽기도, 정시기도, 철야기도 등 시간을 정해놓고 기도해야 합니다.

마가복음 1:35절 "새벽 오히려 미명에 예수께서 일어나 나가 한적한 곳으로 가사 거기서 기도하시더니". 본문은 안식 후 첫날 새벽에 예수님께서 기도하신 사건을 기록하고 있습니다. 사람들은 안식일에 쉬지만 예수님은 안식일에 가버나움 회당에 들어가셔서 가르치셨고 더러운 귀신 들린 사람을 온전케 하셨고 베드로의 가정을 심방하시며 그의 장모가 열병을 앓고 있으므로 고쳐주셨습니다. 해질 때에 각색 병든 자들을 데려오매 다 고쳐주시고 귀신을 내어 쫓으셨습니다. 온 종일 사역에 피곤하셨지만 이튿날 새벽 오히려 미명에 일어나신 예수님은 한적한 곳을 찾으셔서 기도하셨습니다.

사도행전 3:1절 "제 구시 기도시간에 베드로와 요한이 성전에 올라갈쌔". 성전 미문에 앉은뱅이가 고침 받을 수 있었던 이유는 하루 삼차 기도시간을 정하고 성전에 올라가던 베드로와 요한을 만났기 때문이었습니다. 유대인은 제 삼시, 육시, 구시를 기도시간으로 정하고 기도하는 사람들이었습니다.

다니엘 6:10절 "다니엘이 이 조서에 어인이 찍힌 것을 알고도 자기 집에 돌아가서는 그 방의 예루살렘으로 향하여 열린 창에서 전에 행하던대로 하루 세 번씩 무릎을 꿇고 기도하며 그 하나님께 감사하였더라". 다니엘은 나라의 모든 총리와 수령과 방백과 모사와 관원이 모여 의논하고 왕에게 금령을 세우게 하되 삼십일 동안에 누구든지 왕 외에 어느 신에게나 사람에게 무엇을 구하면 사자굴에 던져 넣기로 한 조서에 다리오왕의 어인이 찍힌 것을 알고도 하루 세 번씩 전에 하던 대로 기도했습니다.

시편 5:3절 "여호와여 아침에 주께서 나의 소리를 들으시리니 아침에 내가 주께 기도하고 바라리이다". 시편 55:17절 "저녁과 아침과 정오에 내가 근심하여 탄식하리니 여호와께서 내 소리를 들으시리로다". 하나님의 사람 다윗은 저녁과 아침과 정오에 기도

시간을 정하고 하나님 앞에 기도 했습니다. 목양교사는 쉬지 말고 기도하고 무시로 성령 안에서 기도해야 하지만 시간을 정하여 기도해야 합니다.

기도하는 교사, 기도를 사모하는 교사들에게 나타나는 특징이 있습니다. 늘 담당 교역자가 인도하는 기도회 자리에 함께합니다. 그들의 우선순위는 자기 부서의 기도 시간, 기도 모임에 있습니다. 기도라는 것은 담당 교역자가 기도회를 인도하는 그 자리에 있기만 하더라도 저절로 배우게 됩니다.

사역하면서 기억에 남는 부장 선생님이 있습니다. 부장으로서 늘 바쁘고 분주한데, 이분은 무슨 일이 있어도 기도하는 자리를 지켰습니다. 심지어 수련회 때, 장시간의 기도의 자리를 한시도 떠나지 않고 늘 끝까지 지켰습니다. 아무리 분주해도, 기도의 자리를 다른 것에 양보하지 않았습니다. 우리 부서의 가장 큰 부흥은 이분이 부장으로 있었을 때 일어났습니다. 기도하는 교사가 되기 위해서는 교회 안에 있는, 또는 부서 안에 있는 기도 모임에 적극적으로 참석하십시오! 기도하는 그 자리를 사수만 하더라도 당신은 기도하는 교사가 됩니다. 항상 우선순위를 기도하는 모임에 두고, 절대 그 자리를 빼앗기지 마십시오! 몇 년 안에 당신은 탁월한 교사가 되어 있을 것입니다.

위대한 하나님의 사람들을 보라. 위대한 교사들을 보라. 그들은 모두 기도의 사람이었습니다. 다들 바쁘다는 핑계를 댑니다. 그들도 바쁜 사람들입니다. 고든의 말에 귀를 기울이자 "오늘날 이 세상의 가장 위대한 사람들은 기도하는 사람들이다. 기도에 대해서 말하거나 설명 할 수 있는 사람이 아니라 시간을 내어 기도하는 사람을 말한다. 그들은 시간이 없다. 다른 어떤 일에서 시간을 떼어 내야만 한다. 다른 어떤 일도 중요하다. 대단히 중요하며 긴급하다. 그러나 기도만큼 중요하고 긴급하지는 않다".

사무엘 차드윅(Samuel Chadwick)은 이렇게 말했습니다. "사탄은 기도 외에는 아무것도 두려워하지 않는다. 그리스도를 잃은 교회는 선한 행위로 가득 찼다. 활동들이 증가되면 묵상은 축출될지 모르며 조직이 강화되면 기도는 기회를 잃을지 모른다. 악령들은 사악한 행위 속에서처럼 선한 행위 속에서 일하게 될지 모른다".

사탄의 관심 중 하나는 성도들을 기도하지 못하게 하는 것입니다. 사탄은 기도 없는 연구, 기도 없는 활동, 기도 없는 신앙심을 두려워하지 않습니다. 사탄은 우리의 열심을 조롱하며, 우리의 지혜를 비웃지만 우리가 기도하면 떱니다. 사탄은 우리가 기도보다도 자신의 노력을 앞세우고 하나님과의 교제보다도 인간과의 교제가 더욱 효과적이라고 믿도록 합니다. 사탄의 속임에 얼마나 많이 속고 있는지. 교사들이여, 기도를 두려워하지 말아야 합니다. 당신의 무릎이 낙타 무릎이 되는 것을 영광으로 알아야 합니다.

(2) 목양교사의 기도전략

① 겟세마네 기도회

겟세마네 기도회는 주님께서 감람산에서 땀방울이 변하여 핏방울이 되도록 간절한 기도로 하나님의 뜻을 구하였듯이 하나님의 뜻을 구하기 위한 기도 시간입니다. 월, 화, 목 (3일)하며 시간은 1시간을 기준으로 합니다. 찬양 (10분) 성경읽기 (5분) 연합기도 (30분) 개인기도 (15분). 시작에는 담임목사께서 인도하셔야 하고 자리가 잡히면 부교역자 또는 평신도 사역자가 인도하는 것도 좋습니다. 처음 시작할 때는 1~2주 특별기도회로 시작하다가 분위기가 잡히면 교인들의 동의를 받아 지속적으로 하는 것이 좋습니다.

② 목양 중보 기도팀 운영

기관별로 중보기도 팀을 운영하여 목양기도를 하게 합니다. 유치부 / 유초등부 / 중고등부 / 청년부 / 장년부. 시간은 교회별로 자유로이 정하는 것이 좋습니다. 토요일이나 주일이 효과 면에서는 가장 좋습니다. 시간은 30분에서 1시간 이내가 가장 좋습니다. 유치부는 인도자를 세우고 그 외 부서는 본인들이 인도자를 자율적으로 세워서 하는 것이 좋습니다. 찬양 (10분) 연합기도 (30분) 정도가 좋습니다. 목회자와 교회만을 위한 기도여야 합니다. 누구든지 할 수 있도록 문을 열어 놓아야 합니다. 그리고 만나는 사람마다 중보기도 팀을 하라고 권면해야 합니다.

③ 현장 기도회

초등학교와 중고등학교 안에서 기도회를 합니다. 일주일에 한 번씩 같은 학교 학생들끼리 모여서 합니다. 초등학교는 운동장에서 하고 있습니다. 중고등학생들은 학교 음악실을 빌려서 하고 있습니다. 이 기도회를 통해 본인들이 현장에서 무엇을 위해 살아야 하는지를 알게 합니다. 시간은 30분 정도가 좋습니다.

④ 월요 가족 통합 새벽기도회

목양사역을 하다보면 소외되는 성도가 있게 마련입니다. 언젠가는 그들도 목양을 하게 해야 합니다. 월요 가족 통합 새벽기도회는 교회 안에서 소외된 그들도 은혜 받도록 하는 좋은 시간입니다. 매주 월요일 마다 온가족이 함께 나와서 서로가 서로를 축복하며 기도합니다. 새벽 5~6시까지 한 시간 기도합니다. 찬양 (10분) 말씀 (20분) 연합기도 (30분). 부모가 먼저 자녀를 안수기도하고 그리고 자녀가 부모를 축복기도 합니다. 그런 후 온 가족이 교회와 목사님을 위하여 기도합니다. 혼자 나오는 가족은 가족사진을 가지고 나와서 손을 올리고 간절히 기도합니다. 평소 참석 수보다 4~5배 많이 나옵니다. 그리고 통합의 기름부음이 강합니다.

(3) 목양교사의 기도 7계명 강의안.

1. 목양사역에 능력이다.

1) 요 14:14/ 내 이름으로 무엇이든지 내게 구하면 내가 시행하리라.

2) 마 4:1~11/ 주님도 기도로 사역을 시작 하였다.

3) 행 1:13~14/ 초대교회도 기도로 시작하였다.

4) 행 16:16/ 바울사도도 기도로 시작하였다.

2. 목양사역에 안식이다.

1) 막 1:35/ 새벽 오히려 미명에 예수께서 일어나 나가 한적한 곳으로 가사 거기서 기도하시더니.

2) 빌 4:6~7/ 아무것도 염려하지 말고 오직 모든 일에 기와 간구로 너희 구할 것을 감사함으로 아뢰라 그리하면 모든 지각에 뛰어난 하나님의 평강이 그리스도 예수 안에서 너희 마음과 생각을 지키시리라.

3) 행 16:25/ 밤중쯤 되어 바울과 실라가 기도하고 하나님을 찬미하매 죄수들이 듣더라.

3. 자기 신앙관리에 지름길이다.

1) 벧전 4:7/ 만물의 마지막이 가까웠으니 그러므로 너희는 정신을 차리고 근신하여 기도하라.

2) 마 26:41/ 시험에 들지 않게 깨어 기도하라.

3) 단 6:10/ 다니엘이 이 조서에 어인이 찍힌 것을 알고도 자기 집에 돌아가서는 그 방의 예루살렘으로 향하여 열린 창에서 전에 행하던 대로 하루 세 번씩 무릎을 끓고 기도하며 그 하나님께 감사하였더라.

4. 영적전쟁에 핵폭탄이다.

1) 엡 6:18/ 모든 기도와 간구로 하되 성령 안에서 기도하고 이를 위하여 깨어구하기를 항상 힘쓰며 여러 성도를 위하여 구하고.

2) 막 9:29/ 기도 외에 다른 것으로는 이런 유가 나갈 수 없느니라.

3) 행 12:5/ 이에 베드로는 옥에 갇혔고 교회는 그를 위하여 간절히
하나님께 빌더라.

4) 약 4:7/ 마귀를 대적하라 그리하면 너희를 피하리라.

5. 교회 부흥의 시작이다.

1) 행 1:14/ 마음을 같이하여 전혀 기도에 힘쓰니라.

2) 행 10장 / 백부장의 기도.

3) 행 12장 / 예루살렘교회의 기도.

4) 행 13:1~3/ 안디옥교회의 기도.

6. 믿음으로 기도하라.

1) 요 14:12/ 내가 진실로 진실로 너희에게 이르노니 나를 믿는 자
는 나의 하는 일을 저도 할 것이요 또한 이보다 큰 것도 하리니 이
는 내가 아버지께로 감이라.

2) 마 17:20/ 겨자씨 믿음.

3) 마 21:22/ 너희가 기도할 때 무엇이든지 믿고 구하는 것은 다 받
으리라.

7. 시간을 정해놓고 기도하라.

1) 새벽기도 (막 1:35)

2) 정시기도 (행 3:1)

3) 철야기도 (눅 22:39)

2. 전도가 전략

(1) 왜 전도를 해야 하는가?

"그러므로 너희는 가서 모든 민족을 제자로 삼아 아버지와 아들과 성령의 이름으로 세례를 베풀고 내가 너희에게 분부한 모든 것을 가르쳐 지키게 하라볼지어다 내가 세상 끝 날까지 너희와 항상 함께 있으리라 하시니라"(마 28:19~20).

1) 전도는 교회의 거룩한 사명

아이들은 지금 버림받은 상태나 다름없습니다. 그들에게는 구원이 필요합니다. 주님께서 사람들에게로 오셨던 것처럼 우리는 아이들에게로 가야 합니다. 우리의 사명은 예수님께서 하셨던 것처럼 예수님을 대신하여 아이들에게 예수님을 전하는 일입니다. "교회의 사명은 세계 모든 민족들이 복음을 대면하도록 하는 일이다."

우리는 복음을 전해야 하는 교회의 사명 속에서 교회가 해야 할 일을 찾아야 합니다. 예배하고 설교를 들으며, 말씀을 배우고, 친교를 누리며, 나아가 이웃과 사회를 향하여 구제와 섬김으로 봉사해야 합니다. 아이들이 교사와 함께 성경을 공부해야 하는 이유를 알고 있습니까? 아이들에게 공과학습을 통해 성경을 가르치는 이유를 알고 있습니까?

지금 아이들에게는 주일학교가 곧 교회입니다. 우리가 맡은 아이들은 주일학교에서 교회를 경험해야 합니다. 교회의 사명은 "우리가 세상에 살면서 멸망으로 향해가는 자들을 모아다가 그리스도의 사람으로 중생케 하고, 성결한 삶을 살도록 하며, 나아가 다른 사람들에게 그리스도의 사랑의 복음을 전하도록 만드는 것"입니다.

하나님의 사랑은 예수님께서 세상에 오시도록 하셨습니다. 예수님께서 세상에 오셨다는 사실은 죄가 없으신 하나님이 죄인이 되셨다는 것입니다. 이것이 바로 하나님의 우리를 향하신 사랑입니다. 하나님께서 우리를 사랑하셨기에 예수님께서 죄의 값을 지불 하게 하실 것을 계획하신 것입니다. 이 땅의 어린이들은 하나님의 사랑을 받아야 합니다. 그들은 우리에게서 하나님의 사랑을 알아야 할 대상입니다. 버림받은 그들에게 필요한 것은 오직 하나님의 사랑입니다.

테이어(Tayer)는 '세상' 을 다음과 같이 세 가지로 설명합니다. 첫째, 지구에서 거주하는 사람들, 또는 인류, 둘째, 하나님을 모르는 군중, 즉 그리스도의 대적자, 셋째, 세상의 모든 일, 또는 세상에 있는 일들의 총체, 세속적인 물건 세상의 재능, 부귀, 이익, 쾌락 등으로서 덧없고 허무하며 하나님으로부터 멀어 지게 하고 그리스도의 영광을 저해하는 방해물들입니다.

테이어의 말을 빌린다면 세상은 하나님의 사랑을 받을만한 조건이 하나도 없는 상태라는 것을 알 수 있습니다. 그러나 하나님은 그의 놀라우신 사랑으로 세상을 용납하셨습니다. 그 증거로 우리에게 독생자를 주셨고, 죄와 멸망으로부터 구하시려고 예수님께서 죄가 없으심에도 불구하고 죄인이 되게 하신 것입니다.

사도 요한은 그의 서신에서 독생자를 주신 하나님의 사랑에 대하여 썼습니다. '유일하시고 영원하신 하나님께서는 오직 한 아들을 스스로 낳으셨다. 그 외아들은 참된 신성을 가진 하나님이시다'.

하나님께서는 자기의 독생자를 세상에 보내셨습니다. 세상에 보내셨다는 말씀에는 두 가지 뜻이 있습니다. 첫째는 사람의 본질을 취하여 사람으로 보내셨다는 의미, 즉 성육신의 의미이며, 둘째는 십자가에 죽게 내어주셨다는 의미입니다. 성육신은 신비 중의 신비요 기적 중의 기적입니다. 사람이 되어 세상에 오신 하나님의 독생자는 십자가에 죽으셨습니다. 그는 죽기 위해 오셨습니다. 하나님께서는 독생자를 십자가에 내어주기 위해 세상에 보내셨습니다.

하나님께서 독생자를 세상에 보내신 목적은 우리를 살리시기 위함이었습니다. 우리가 언제 죽었습니까? 우리의 영혼은 우리의 허물과 죄로 죽었습니다(엡 2:1). 그러므로 우리의 영혼이 죽음에서부터 살아나기 위해 메시아의 대속의 죽음이 필요합니다.

하나님의 독생자는 이 대속의 죽음을 죽으시기 위해 사람이 되어 십자가에 죽으셨습니다. 하나님께서 자기의 하나밖에 없는 아들을 사람으로 세상에 보내시고 십자가에 죽게 하신 것은 전적으로 우리를 사랑하시고 우리의 죽은 영혼을 살려주시기 위함이었습니다.

2) 믿는 자마다 멸망에 이르지 않게 하시는 하나님

우리들이 예수님 안에서 구원을 얻는 것은 오직 저를 구주로 믿는 믿음으로 말미암습니다. 예수님을 믿는 믿음은 사람에 의한 것이 아니요 오직 하나님의 선물입니다. 예수님을 믿고 구원을 얻는 것은 하나님의 사랑으로 말미암습니다. 이로써 우리는 사람에게 하나님의 구원하시기로 예정된 사랑이 나타났음을 깨닫게 됩니다. 사도행전 13장 48절에 "이방인들이 듣고 기뻐하여 하나님의 말씀을 찬송하며 영생을 주시기로 작정된 자는 다 믿더라"라고 하였습니다. 여기에서 '다'는 영생을 주시기로 작정된 자 전부를 의미합니다.

즉, 영생의 근원은 하나님의 작정에 근거하며 그 작정은 확정된 것이라는 것이고, 하나님의 구원 작정의 증거는 예수 그리스도를 믿는 것이라는 것을 말해 줍니다. 믿음은 예정의 결과요 증거입니다. 예정된 자는 자동적으로 구원받는 것이 아니고 회개하고 예수 그리스도를 믿음으로 구원을 받습니다. 그러므로 전도는 반드시 필요합니다. 교회의 사명은 복음을 널리 전파하는 것입니다.

교회는 전도자들을 부르고 훈련 시키고 세우고 파송해야 합니다. 복음이 들어가지 않은 곳 어디든지 전도자들을 파송해야 합니다. 전도자들의 발걸음은 귀하고 아름답습니다. "아름답도다. 좋은 소식을 전하는 자들의 발이여."(롬 10:15)

또한 교회는 파송된 전도자들을 기도와 물질로 후원해야 합니다. 바울은 그리스도께서 사람들에게 각각 직분을 주셨다고 하였습니다. 그래서 어떤 사람은 사도가 되고 어떤 사람은 예언자가 되었으며, 또 어떤 이는 교사가 되었습니다. 예수님께서 직분을 주신 까닭은 성도들을 온전하게 하여 봉사의 일을 하게하고 그리스도의 몸된 교회를 자라게 하기 위함이었습니다. 교회가 성숙한 교회가 되어야 하고, 우리의 신앙과 인격이 온전해지도록 돕는 일 때문에 교사의 직분을 허락 하셨던 것입니다.

3) 성경이 말하는 전도

복음을 전한다는 의미의 전도는 그 어원을 복음에서 찾을 수 있습니다. '복음'은 말 그대로 '복된 소식' 또는 좋은 이야기를 뜻하며, 아름다운 소식(사 40:9, 눅 2:10), 좋은 소식(롬 10:15)이란 의미를 가지고 있습니다. 전도라는 말은 유앙겔리온(euaggelion)에서 왔고, 이 단어는 '전하다. 말하다' 등으로 번역되며 "내가 기쁜 소식을 전한다"는 뜻입니다. 이것을 우리말로 복음이라고 합니다. 이 단어는 헬라어에서 '좋은' 이라는 의미를 가진 헬라어 유(eu)와 메시지라는 의미를 가진 앙겔리온(aggelion)이란 말이 합쳐진 것입니다. 그러므로 복음은 '좋은 메시지' 혹은 '좋은 소식' 이라는 의미를 가지고 있습니다. 복음을 전하는 것은 이 좋은 것을 전하는 것입니다. 영어로는 Good(좋은)와 Spell(이야기 또는 말)인데 이 말이 결합 되어 Gospel(복음)이 되었습니다.

예수님께서 "너희는 회개하고 복음을 믿으라"고 말씀하셨을 때 이 낱말을 사용하셨습니다. 여기서 이 낱말의 뜻은 기쁜 소식입니다. 복음 전도자 라는 말은 이 낱말에서 유래되었습니다(행 21:8). 신약 성경에서 복음 전도자는 왕국의 기쁜 소식을 퍼뜨리는 자였습니다. 이와 같이 여러 가지 어원적 의미를 살펴 볼 때 전도는 기쁜 소식을 입으로 전하고, 선포하고, 퍼뜨리는 포괄적인 의미로 이해해야 합니다.

헬라어 신약 성경에는 명쾌하게 '전도' 라고 번역할 수 있는 낱말이 있습니다. 그렇지만 전도의 개념과 명령은 신약 성경에서 매우 근본적인 것이었음을 알 수 있습니다. 신약의 몇몇 단어들이 전도의 의미를 분명하게 해 주기 때문입니다. 전도의 의미를 밝혀 주는 낱말 가운데 좋은 소식과 관련해서 만족할만한 용어가 있는데, "전파하다"로 번역되는 단어입니다. 이 말의 원어는 '유앙겔리조'로서 '좋은 소식을 알리다' 라는 의미를 지니고 있습니다. 그리고 복음을 "전파 하다" 라고 해석될 수 있습니다. '전도 하다' 라는 단어는 실제로 이 헬라어의 음역인 것이 분명합니다.

사도행전 21장 8절에서 빌립은 전도자로 불려 졌습니다. 이는 빌립의 사역이 복음을 전하는 동시에 설교하며 돌아다니는 것이었음을 의미합니다. 초대 교회의 전도자들은 구원의 좋은 소식을 전파하는 사람들이었습니다. "우리도 조상들에게 주신 약속을 너희에게 전파하노니"(행 13:32). "그들과 같이 우리도 복음 전함을 받은 자이나 들은 바 그 말씀이 그들에게 유익하지 못한 것은 듣는 자가 믿음과 결부시키지 아니함이라"(히 4:2).

복음을 전하는 것과 관련해서 신약 성경에서 우리가 만나게 되는 낱말이 있다. 그것은 "전하다" 또는 "전파 하다"는 의미로 사용 되어지는 낱말로 "케루소"입니다. '케루소'는 기본적으로 왕의 명령을 전달하는 행위를 뜻합니다. 고대 왕국에서 왕으로부터 그에게 주어진 메시지를 전달 하는 '선포자'에 대하여 이 낱말이 쓰인 것입니다.

왕의 메시지를 받은 선포자는 마을 한 가운데서 나팔을 불어 백성들이 왕의 말을 듣도록 하였습니다. "선포자는 자신의 의견을 피력하는 것이 아니라 오직 그에게 맡겨진 왕의 메시지만을 전해야 한다." 이 낱말이 강조하는 것은 진리를 단순하게 나타내는 것입니다. 듣는 사람이 어떻게 반응하느냐에 있는 것이 아닙니다. 만일 누가 '케루소'의 의미로 전하면 그는 복음을 선포하고 있는 것입니다. 우리는 이 뜻을 다음 말씀에서 확인할 수 있습니다.

"그 때에 세례 요한이 이르러 유대 광야에서 전파하여 말하되 회개하라 천국이 가까이 왔느니라 하였으니" (마 3:1~2), "크도다 경건의 비밀이여, 그렇지 않다 하는 이 없도다 그는 육신으로 나타난 바 되시고 영으로 의롭다 하심을 받으시고 천사들에게 보이시고 만국에서 전파되시고 세상에서 믿은 바 되시고 영광 가운데서 올려지셨느니라"(딤전 3:16).

'가르치다'의 의미인 헬라어 "디다스코" 는 예수님의 지상 사역에서 행해진 전도를 묘사할 때 쓰여 졌습니다. 사복음서 기자들은 모두 예수님에게 이 용어를 사용하고 있습니다. 이것은 가르치기 위해 다른 사람들과 담화하는 것을 가리키며, 그 의미는 가르치다 입니다. "예수께서 모든 성과 촌에 두루 다니사 저희 회당에서 가르치시며" (마 9:35).

예수님에게 가르침은 진리를 선포하는 것 이상의 의미를 가지고 있습니다. 가르침은 명료하게 하고 설명을 해주는 것입니다. 신약 성경에 "선포하다"의 목적은 하나님 나라와 그리스도를 전하는 것이고, 바울 서신에서는 "그리스도를 전한다"라는 것으로, 사도행전에는 양자를 병행하고 있습니다. 그러나 선포는 동일한 목적을 갖고 있습니다. 그것은 복음을 듣고 믿게 하려는 데 있습니다. 사도들이 전한 것은 하나님의 구원의 말씀이었고 그것은 현재적이며 창조적인 실재였습니다. 제자들은 사람들을 회개시켜 믿는 자들을 모아야 했고 청종의 여부에 상관없이 하나님의 구원의 메시지를 선포하였고 사람들을 모아 공동체를 이루었습니다.

복음화가 비록 인간이라는 매개체를 통하여 이루어지지만 그 실질적 주체는 하나님이십니다. 따라서 하나님의 메시지에 이어 개인적인 메시지가 전달되어야 하며, 전도는 개인적인 경험과 관계를 맺고 있음을 간과해서는 안 됩니다. 여기서 개인적 경험이란 성경의 역사에 따른 믿음의 역사에 뿌리를 두고 있는 것이므로 전도의 내용에는 반드시 주님의 가르침에 대한 인간의 반응 '예' 혹은 '아니오' 라는 것을 요구하는 요소가 내포되어 있다고 할 수 있습니다.

"마르투레오"는 '증거하다'는 의미입니다. "너희가 … 내 증인이 되리라"(행 1:8), 엄격한 의미에서 증인은 진리의 증거나 실증을 줍니다. 예수 그리스도에 대하여 증거 하는 자들은 그리스도의 메시지가 진실하다는 실증을 제공합니다. '순교자' 라는 말도 이 단어에서 유래합니다. 순교자는 자기가 복음을 믿는 증거로써 자기 생명을 내어놓은 사람입니다. 증인은 다른 모든 사람들에게 생명을 내어놓고 증언하는 사람입니다. 사도들에게는 하나님의 백성들을 모으는 것이 선포의 목적이었고 성경은 이 목적이 성취된 것을 입증해 주고 있습니다. 예수님의 명령을 받고 성령의 능력을 의지하여 세상에 나가서 십자가에서 인간의 죄를 지시고 죽으시고 다시 살아나셔서 인간의 구주가 되신 예수님을 선포하므로 모든 족속으로 제자를 삼는 데 있습니다.

전도의 궁극적인 목적은 예수님을 전파하여 모든 족속으로 그의 제자를 삼는 것입니다. 전도를 말할 때 헬라어 "마타테우오"가 종종 쓰입니다. 이 말이 가리키는 의미는 제자를 삼는 것입니다. 예수는 그의 제자들에게 다른 사람들을 제자로 삼으라는 임무를 주셨습니다.

"그러므로 너희는 가서 모든 족속으로 제자를 삼아" (마28:19). 이 말은 회개라는 개념을 내포하고 있습니다. 이 용어는 마지막 결과들과 관련됩니다. 교육을 통해 회심한 사람은 학습자 혹은 학생, 즉 제자가 됩니다. 전도는 저주 가운데 사는 죄인이 회개(마 4:17)를 통하여 천국을 얻는 것이며, 어둠의 자식을 하나님의 자녀로 만드는 일(요 1:12~13)이요, 예수님의 새로운 제자를 양육하는 것(마 18:19)입니다.

4) 성경에서 보여준 전도의 실례

예수님께서는 사마리아 여자에게 물을 좀 달라고 요청하셨습니다. 예수님의 참된 관심은 물을 얻어 마시는 것이 아니고 그 여자의 영혼을 구원하는 것이었습니다. 주님께서는 그 여자에게 하나님의 선물과 생수에 대해 말씀하셨습니다. 하나님의 선물은 예수 그리스도 자신이요 우리에게 구원과 영생을 주시는 것입니다 (롬 6:23).

이 생수는 죄사함으로 말미암는 영원한 생명을 주시는 성령을 가리킵니다. 이것이 하나님께서 주시는 선물입니다. 예수님께서는 그 우물의 물과 자신이 주는 물을 대조하여 설명하셨습니다. 예수께서 주시는 물은 물질적 물이 아니고 영적 물을 가리킵니다. 사람은 물을 마시지 못하면 갈증을 느끼고, 그것이 심하면 힘이 빠지고, 더 계속되면 죽습니다.

사람에게는 영혼의 갈증, 마음의 갈증이 있습니다. 그것은 죄로 인하여 생긴 여러 가지 슬픔과 불안과 불만족입니다. 그래서 죄인에게는 참된 안식과 만족이 없습니다. 그것이 심하면 삶의 의욕과 기쁨을 잃게 됩니다. 모든 사람은 이 갈증을 가진 채 영원한 죽음을 향해 가고 있습니다.

주님께서는 이런 슬픔과 불만을 해소하는 물을 말씀하셨습니다. 그것은 영원히 목마르지 않는 기쁨과 힘을 주고 영원한 생명을 주는 물을 가리킵니다. 그 물은 다른 것이 아니고 주께서 주시는 성령님을 가리킵니다(요 7:37~39). 죄인들은 성령의 역사로 예수 그리스도를 믿음으로 죄사함과 영원한 생명을 얻습니다.

증인의 본이 되신 예수님은 하나님의 강권하심을 알고 계셨습니다. 또한 사람들의 갈급한 영혼을 알고 계셨습니다. 그러므로 먼저 호의를 보이시고, 상대방의 관심을 불러일으키셨습니다. 그리고 논쟁을 거부하시고는 상대방의 양심을 일깨워 주셨습니다.

사도행전 8장 26~40절에 보면, 빌립은 천사를 통한 하나님의 명령에 즉시 순종하였습니다. 일어나 가서 보니 한 에디오피아 사람이 길을 가고 있었습니다. 그는 한 눈에 존귀한 사람처럼 보였습니다. 그는 에디오피아 여왕 간다게의 모든 국고를 맡은 권세 있는 내시였는데 예배하러 예루살렘에 왔다가 돌아가는 길이었습니다.

빌립 속에 거하신 성령께서는 빌립을 권하여 그 병거로 가까이 나아가게 하셨습니다. 빌립은 달려갔습니다. 그것은 그가 성령의 권면에 즉시, 즐거이 순종했음을 나타냅니다. 그는 에디오피아 사람이 선지자 이사야의 글 읽는 것을 듣고 "읽는 것을 깨닫느뇨?" 하고 말을 건네었습니다. 전도자는 낯선 사람에게라도 접근하여 말을 해야 합니다.

그 내시는 빌립에게 병거에 올라 같이 앉으라고 청하였습니다. 이 일은 하나님께서 준비하여 주신 것이었습니다. 그는 이사야서 중 메시아의 고난에 관한 부분을 읽고 있었습니다. 그가 빌립에게 질문 한 것을 보면 그는 성경의 내용에 큰 관심이 있었고 또 성경을 믿으려는 마음이 있었습니다. 빌립은 입을 열어 이사야의 글을 통해서 예수님을 전하였습니다. 우리는 빌립의 전도 모범에서 성공적인 증거의 여섯 가지 특징을 발견 할 수 있습니다.

첫째, 성공적인 증인은 하나님의 음성에 순종합니다. 둘째, 복음이 모든 사람들의 것임을 인식하여야 합니다. 셋째, 열정을 가지고 믿음을 나누어 주어야 합니다. 넷째, 만남의 맥을 잡아야 합니다. 다섯째, 성경을 바로 알아야 합니다. 여섯째, 결단을 하게 해야 합니다. 결단은 하나님의 요구로 증거 하는 자는 결단할 때까지 인도하여야 할 책임이 있습니다. 이 때 사랑스럽게 믿음을 가지고 결단을 촉구하여야 합니다. 하나님께서 성경의 전반적인 사실을 통해 우리에게 보여주시는 전도의 방법은 다음과 같습니다.

첫째, 그들에게 구원이 필요하다는 것을 보여 주어야 합니다(롬 3:23, 53:6). 둘째, 스스로 자신을 구원할 수 없음을 보여 주어야 합니다(딛 3:5갈 2:16 잠 14:12 엡 2:8~9). 셋째, 하나님이 그들의 구원을 위하여 예비하신 것을 보여 주어야 합니다(롬 5:8, 요 3:16). 넷째, 어떻게 구원의 확신을 가질 수 있는지 보여 주어야 합니다(요일5:13). 다섯째, 예수님께서 유혹을 극복할 수 있게 하신다는 것을 보여주어야 합니다(고후 5:17 고전 10:13 요일 4:4).

실제적으로 도입할 수 있는 전도법으로는 다음과 같은 성경의 모범을 찾을 수 있습니다.

- 안드레 전도법 : 형제를 대상으로 하는 전도(요 1:41~42)
- 노방 전도법 : 대로나 골목을 다니며 복음을 전하는 전도(요 1:43)
- 빌립 전도법 : 친구를 전도하는 전도(요 1:45)
- 사마리아 전도법 : 동네 사람을 대상으로 하는 전도(요4:28-29)

이제 당신은 어린이 전도를 위하여 한 가지 방법을 선택해야 합니다. 만일 어린이 전도가 부담스럽게 여겨져서 전도 방법을 선택하기가 망설여진다면 주일학교를 떠나라! 왜냐하면 주일학교는 전도 공동체여야 하기 때문입니다.

(2) 목양교사의 전도 7 계명

1) 전도에 미쳐라.

내가 어떤 것에 미치면 나보다 주위 사람이 더 잘 알게 됩니다. 우리는 무언가에 미쳐야 성공합니다. 공부도 미쳐야 잘 합니다. 사업도 미쳐야 성공 합니다. 그림 그리는 사람은 그림에 미치고 책 쓰는 사람은 책 쓰는 일에 미쳐야 합니다. 자기 전공에 미쳐야 성공 할 수 있습니다. 우리는 전도에 미쳐야 합니다. 전도를 잘 하려면 전도에 미쳐야 합니다. 지나가는 사람만 있으면 다 말을 걸어보고. 아이들만 있으면 다 전도하고, 때를 얻든지 못 얻든지 전도에 그냥 미쳐 살아야 합니다.

마가복음 1:38절, "우리가 가까운 다른 마을들로 가자 거기서도 전도하리니 내가 이를 위해서 왔노라". 예수님이 새벽기도를 마쳤을 때 많은 사람이 병 고침 받으러 찾아왔습니다. 그 때 예수님은 그 사람들을 만나지 않았습니다. 왜냐하면 예수님은 전도에 미친 분이었기 때문입니다. 예수님은 그들을 먼저 만나지 않으시고 전도하러 갔습니다. 우리가 전도의 뜨거움과 전도에 미쳐야 전도에 전문가가 될 수 있습니다. 전도는 훈련 이전에 있어야 할 것이 있습니다. 미치는 것은 훈련으로 되는 게 아닙니다. 전도에 미치고 은혜로 충만해지는 것은 훈련으로 되는 것이 아닙니다. 그것은 하나님의 기름부음이 있어야 합니다. 전도에 미치는 기름부음이 있어야 합니다. 재적이 100명 넘고 출석이 30명 넘어간 사람은 전도에 안 미치면 그리될 수가 없습니다. 전도에 안 미치고 자기 시간 따라 전도하면 이룰 수 있는 것이 아닙니다. 전도 스케줄이 모든 삶에 우선순위가 되고 모든 것을 뒤로 하고 전도해야 전도에 미친 사람 아니겠습니까?. 미친 사람들은 뒷일을 생각하지 않습니다. 전도에 미치면 내일 일을 생각하면 안 됩니다. 전도에 미치면 앞으로 일어날 어떤 일을 생각할 필요가 없습니다. 미친 사람들의 특징은 다른 것 고민 안 합니다. 우리가 예수에 미치고 복음에 미쳐야 정상적인 하나님의 은혜 속에 들어갈 수가 있습니다. 전도에 미쳐야 합니다. 다른 것보다 전도에 미쳐야 합니다.

사도행전 8:26~40절에 빌립집사가 전도하는 장면이 나옵니다. 자세히 보면 빌립집사는 전도에 미쳤습니다. 왜요? 지금 예루살렘은 헤롯의 핍박이 일어나 쫓기는 과정입니다. 도망가는 중인데 가다가 사마리아성을 보니 자신의 입장과 처지를 생각 안하고 전도하고 있습니다. 전도에 한참 열심내고 있는데 갑자기 성령님이 역사하십니다. 어디로 가라했습니까?. 광야로 가라. 광야로 가니 에디오피아 국고를 맡은 내시가 있습니다. 사마리아에서 광야까지는 300km입니다. 그것도 광야 길을. 순종하여 가 보니까 전도대상자가 100명 1000명이 있었습니까?. 아닙니다. 단 한 명이 있었습니다. 이 일은 전도에 미친 사람에게만 올 수 있는 하나님의 인도하심입니다. 우리가 어떤 상황에 있어도 전도해야 합니다. 그게 전도에 미친 사람입니다. 그러면 나머지는 주님이 도와주십니다.

우리가 전도하기 위해서는 우리 주위에 일어나는 환경을 뛰어넘어야 합니다. 미치지 않고는 뛰어 넘을 수가 없습니다. 전도하고 심방은 꾸준하게 해야 합니다. 지속적으로 하는 것은 미쳐야 할 수 있습니다. 미치면 지속하도록 하는 힘이 생겨집니다. 우리 전도에 미칩시다.

사도행전 9장에 보면 사도바울이 완전히 미쳤습니다. 다메섹에서 예수님을 만나고 나서. 그가 지금 전도할 상황이 아닙니다. 그는 어제까지만 해도 예수를 핍박하고 예수 믿는 사람을 핍박하던 사람이었습니다. 그런데 예수 만난 바울은 즉시 회당에 가서 예수님은 하나님의 아들이라고 전파했습니다. 바울은 전도에 미쳤습니다. 바울이 은혜 받고 제일 먼저 찾아 온 것이 전도에 미친 것입니다.

사도행전 14장에 바울이 돌에 맞아 거의 죽은 상태에 있었습니다. 그런데 이틀이 지나서 또 전도했습니다. 미친 사람만 이렇게 할 수 있습니다. 정말 목양교사로서 전도 잘 하기를 원한다면 전도에 미쳐야 합니다. 목양교사들은 전도에 미쳐야 합니다. 무디는 전도에 미쳤습니다. 무디는 하루에 한 명 전도 안하면 잠을 안 잤습니다. 그가 사역하다보니 바빠서 어느 날 전도를 못했습니다. 그날 늦은 밤 시카고를 갔습니다. 가다가 술에 만취한 사람한테 '예수 믿으세요. 예수 안 믿으면 당신은 지옥 갑니다' 한 마디하고 돌아왔습니다. 그 사람이 얼마나 욕했겠어요. '그 예수. 니나 잘 믿어라' 그러지 않았겠어요. 그런데 그 사람이 집에 갔는데 귀에 "예수 믿으세요. 안 믿으면 지옥 갑니다". 3개월 동안 불면증에 시달리다 무디를 찾아와 예수를 믿었습니다. 능력전도는 대단합니다. 전도에 미친 자에게 주시는 하나님의 특별한 은혜입니다.

2) 전도가 하나님의 소원임을 알아라.

전도는 내 소원이 아니고 하나님의 소원입니다.

요한복음 3:16절, 하나님은 이 세상의 모든 사람이 멸망 받는 것을 원치 않습니다. 지옥 가는 것을 원하지 않습니다. 영생을 얻고 천국 가는 것을 원하십니다. 그래서 여러분 모든 사람이 죄를 범하였는데 (로마서 3:23) 로마서 5:8절 예수 그리스도를 보내 죽게 하셔서 우리를 구원했습니다. 왜요?. 그것이 하나님의 소원이기 때문입니다.

디모데전서 2:4절 "하나님은 모든 사람이 구원을 받으며 진리를 아는데 이르기를 원하시느니라". 하나님은 모든 사람이 구원 받기를 원합니다. 모든 사람 속에는 어린이, 어른 모두 다 들어 있습니다. 우리가 전도에 왜 미쳐야 합니까?. 하나님의 소원이기 때문입니다. 하나님의 소원에 미쳐야 합니다. 내 소원에 미치지 말고 하나님의 소원에 미쳐야 합니다.

3) 내가 사는 목적이 전도임을 고백하라.

오늘 사는 목적이 분명해야 합니다. 사는 목적을 분명하게 알 때 방황이 끝납니다. 내가 살아 있는 목적, 살아가야 할 이유가 하나님의 영광 아닙니까?. 하나님의 소원을 풀어드리는 것 아닙니까?. 전도는 하나님의 소원입니다. 전도에 미쳐야 할 이유가 전도는 하나님의 소원입니다. 그런데 이제는 사는 목적 자체가 전도가 되어야 합니다. 사는 이유가 전도를 위해서입니다. 누가 나에게 왜 사세요?. 물으면 바로 나와야 합니다. 전도하기 위해 산다고. 사는 목적이 분명해야 임마누엘 은혜가 옵니다. 사는 목적이 분명해야 인생에 갈등이 오지 않습니다. 우리가 목적을 붙잡고 푯대를 향하여 하나님이 위에서 부르신 부름의 상을 위하여 가야 되지 않겠습니까? 그게 무엇입니까? 전도입니다.

사도행전 9:15절에 하나님이 바울에게 '이 사람은 내 이름을 위하여 이방인과 임금들과 이스라엘 자손들 앞에 전하기 위한 나의 그릇이라'. 하나님은 사도바울을 전도의 그릇으로 택했다고 했습니다. 목양교사는 여기에 확신이 있어야 됩니다. 목양교사가 됐으면 영혼구원 하는 사람입니다. 바울이나 우리 교사들이 똑 같은 게 하나있습니다. 영혼구원 하는 것입니다. 우리는 어린 영혼, 학생들을 전도할 교사 아닙니까?. 그러면 하나님은 우리를 무슨 그릇으로 선택 했을까요?. 전도의 그릇으로 선택한 것입니다. 바울은 이방인들에게 그리스도의 복음을 전하기 위하여 택한 그릇이었습니다. 그러므로 사도바울은 사는 목적이 분명했습니다. 무엇을 위해서 사는 것입니까?. 전도를 위해서, 영혼을 구원하기 위하여 본인이 선택을 받았습니다. 우리도 마찬가지입니다. 사명, 부르심에 대한 분명한 답이 있어야 됩니다. 왜 나를 불렀을까요?. 왜 나를 구원했을까요?. 하나님이 전도 때문에 불렀습니다. 여기에 흔들리면 안 됩니다. 모든 그리스도인들은 다 전도자로 부름 받았습니다.

전도는 특별한 사람한테 준 은사가 아닙니다. 아기 낳는 것은 은사가 아닙니다. 하나님이 주신 보편적이고 일반적인 은혜입니다. 전도는 특별한 사람한테 준 은혜가 아닙니다. 구원 받은 모든 사람에게 준 하나님의 축복입니다. 그러므로 '나는 전도를 위해 택함 받은 그릇이다' 이 고백이 있어야 목양교사 잘 할 수 있습니다. 목양교사는 전도전문가입니다.

마태복음 4:19절, 예수님이 무엇이라 말씀하십니까?. 나를 따라 오너라. 내가 너희로 사람을 낚는 어부가 되게 하리라. 예수님은 제자를 부를 때 목적이 있었습니다. 전도자로 불렀습니다. 교사들을 무엇 때문에 불렀습니까?. 전도자로 불렀습니다. '나를 따라 오너라. 내가 너희로 사람을 낚는 어부가 되게 하리라.' 목양교사는 전도하고 제자삼아야 합니다. 그런데 교사들이 전도훈련이 안 되어 벌벌 떨고 있습니다. 전도하러 나가는 시간이 어디 밥 먹으러 가는 시간처럼 즐거워야 하는데 실상이 그렇지 못합니다. 무슨 일이라도 하나 터지면 변명하고 안 나오려 합니다. 그러면서 하는 말. '집사님은 전도 잘하니까 나는 치맛자락 잡고 따라갈게요. 집사님! 전도해서 나에게 한 명 줘요'. 그런데 이 말은 옆집에 가서 '애기 낳으면 한 명 주세요'라고 하는 것 하고 같습니다. 이런 사람이 있다면 그 사람 보며 미쳤다 할 것입니다. 우리는 부르신 소명을 확실히 해야 합니다. 주님은 왜 나를 교사로 불렀습니까?. 왜 구원하셨습니까?. 전도의 그릇으로 부르셨습니다.

고린도전서 10:31절 "그런즉 너희가 먹든지 마시든지 무엇을 하든지 다 하나님의 영광을 위하여 하라". 여기 하나님의 영광이 무엇입니까?. 전도입니다. 하나님의 영광과 뜻은 모든 사람이 구원 받는 것입니다. 모든 사람이 구원 받는 게 최고의 영광입니다. 우리가 사는 목적은 하나님의 영광을 위해 살아야 합니다. 왜 우리가 전도자의 삶을 살아야 합니까?. 그것이 하나님의 소원이요 내가 사는 목적이기 때문입니다. '내가 사는 목적, 내가 원하는 한 가지 주님의 기쁨이 되는 것'. 주님의 기쁨은 우리가 전도할 때 이루어집니다. 내가 사는 목적은 주님의 기쁨이 되는 것입니다.

4) 전도는 성령의 능력으로만 가능하다.

전도는 성령의 능력으로만 가능합니다. 절대로 우리의 힘으로 못합니다.

누가복음 4:18~19절, "주의 성령이 내게 임하셨으니 이는 가난한 자에게 복음을 전하게 하시려고 내게 기름을 부으시고 나를 보내사 포로 된 자에게 자유를, 눈먼 자에게 다시 보게 함을 전파하며 눌린 자를 자유케 하고 주의 은혜의 해를 전파하게 하려 하심이라 하였더라". 예수님도 주의 성령이 임하여 가난한 자 병든 자 눌린 자 갇힌 자에게 전도했습니다.

사도행전 1:8절, "오직 성령이 너희에게 임하시면 너희가 권능을 받고 예루살렘과 온 유대와 사마리아와 땅 끝까지 이르러 내 증인이 되리라 하시니라". 성령이 임해야 증인된다고 했습니다.

사도행전 13:1~3절, "안디옥 교회에 선지자들과 교사들이 있으니 곧 바나바와 니게르라하는 시므온과 구레네 사람 루기오와 분봉 왕 헤롯의 젖동생 마나엔과 및 사울이라. 주를 섬겨 금식할 때에 성령이 가라사대 내가 불러 시키는 일을 위하여 바나바와 사울을 따로 세우라 하시니 이에 금식하며 기도하고 두 사람에게 안수하여 보내니라". 성령의 인도로 선교와 전도의 역사가 시작되었습니다.

전도는 성령의 역사입니다. 전도는 성령의 인도하심입니다. 그러므로 전도는 성령의 능력을 받아야만 가능합니다. 권능을 받아야 합니다. 왜 그렇습니까?. 전도는 영적전쟁이기 때문입니다. 전도는 육신의 싸움이 아닌 영적인 싸움입니다. 그래서 전도는 내 육의 힘으로 할 수 없습니다. 전도는 성령의 능력으로만 가능합니다. 왜요?. 마귀에게 꽉 붙잡힌 인생들을 하나님께로 이끌어 오는 것이 전도이기 때문입니다. 영혼을 이끌어 오는 힘은 인간적인 방법으로 안 됩니다. 성령의 능력으로만 가능합니다.

어린이 전도도 능력전도 해야 합니다. 전도는 어른이든 어린이든 능력전도 해야 합니다. 어린이 전도를 아주 쉽게 생각하고 나가서 어느 순간 전도가 될 수 있습니다. 그냥 나가도. 그런데 어린이 전도도 평소 기도준비 된 사람이 현장에 가는 것이지. 전도는 어른이든 어린이든 마귀에게 사로잡힌 사람을 끌어내는 것이기 때문에 능력이 있어야 가능합니다. 전도를 위하여 성령의 능력을 받으시기 바랍니다. 하나님께 전도를 위하여 능력을 간절히 구하시기 바랍니다. 성령의 권능, 다이나마이트 같은 폭발적인 힘. 그래서 마귀의 성을 파괴 시켜야 합니다. 초등학교와 중고등학교, 마귀의 성, 핵폭탄 터트리듯이 완전히 복음과 능력으로 파괴시켜 그 지경을 변화시켜야 합니다. 복음의 능력으로 완전히 변화시켜야 합니다. 이것이 인간의 힘으로 안 됩니다. 성령의 능력으로만 가능합니다. 그런데 지혜로운 것 또 하나 있어야 합니다. 오직 능력으로. 불로 ! 불로 !해서 너무 능력전도로 나가도 안 됩니다. 전도는 전략이 있어야 하고 지혜로움이 있어야 합니다. 그리고 전도는 성령의 인도를 잘 받으셔야 합니다.

5) 전도는 지속성이 중요하다.

전도는 지속성이 중요합니다.

사도행전 5:42절에 "저희가 날마다 성전에 있든지 집에 있든지 예수는 그리스도라 가르치기와 전도하기를 쉬지 아니하니라". 두 가지 단어가 있습니다. 날마다. 쉬지 아니하니라. 어린이든 중고등부든 전도는 날마다, 쉬지 않는 지속성이 중요합니다. 지역을 뒤덮고 있는 어둠과 흑암은 한꺼번에 꺾이지 않습니다. 양파껍질이 벗겨지듯이 서서히 지역의 어둠이 꺾여집니다. 절대로 한 방에 끝나거나 그러지 않습니다. 어느 지역에 전도하러 가서 2박 3일 전도했다고 흑암의 권세가 꺾이는 것이 아닙니다. 지역교회가 꾸준하게 지역적으로 꺾어내야 가능합니다. 지속적으로 꾸준히 전도 하는 게 중요합니다.

우리 교사들이 1주일에 한 번이라도 꾸준히 전도해야 합니다. 기왕이면 날마다 하면 좋습니다. 성경 사도행전에 보면 날마다 전도했습니다. 전도지 넣고 다니다가 하루 1명이라도 복음을 전해야 합니다. D. L. 무디처럼. 이게 어려울까요?. 쉬울까요?. 결코 쉽지 않습니다. 지속성이라는 것이 정말 마음만 갖고 꾸준히 하는 것이 쉽지는 않습니다. 하지만 쉬다가도 다시 시작하면 됩니다. 전도가 되든 안 되든 지속성. 가장 무서운 게 지속하는 것입니다. 마귀가 무서워하는 것이 지속입니다. 여리고 성은 하루 만에 무너진 게 아닙니다. 칠일을 꾸준히 돌 때 무너졌습니다. 여리고가 무너질 때에도 지속적으로 돌았을 때 무너졌습니다.

사도행전 14:7절, 사도바울이 1차 전도여행을 마치고 돌아가면서 "거기서 복음을 전하라". 바울의 전도전략은 한 번 갔던 곳을 다시 찾아가는 전략을 사용했습니다. 지속입니다. 한 번 방문으로 끝낸 것이 아니라 다시 방문하고 때로는 편지를 썼습니다.

사도행전 19:8절, "바울이 회당에 들어가 석 달 동안을 담대히 하나님 나라에 대하여 강론하며 권면하되". 바울은 몇 달 동안 지속적으로 전도했습니까? 무려 석 달 동안을 한 지역에서 전도했습니다. 한 학교를 완전히 정복하려면 선생님 2~3분이 학교 앞에 가서 진을 치면 감히 누가 오지를 못합니다. 한 팀이 같은 학교 가서 한 3개월 전도해보세요. 그 학교 아이들은 거의 다 그 교회 나옵니다. 어른도 마찬가지지만 한 지역을 지속적으로 전도하면 그 열매가 대단합니다. 지역장악. 지역장악은 꾸준히 지속적으로 할 때 이루어집니다. 이것이 바울전도전략입니다. 바울의 전도전략은 지속하는데 있습니다. 꾸준히 하는 것입니다. 데살로니가에 가서 3주 정도 집중전도 해놓고 또 교회세우고 그리합니다. 앞으로 우리가 한 지역을 정했다면 지속적으로 계속 나가서 어둠을 꺾어내고 만남의 축복을 자꾸 가져야 합니다.

6) 때가 된 사람은 예수님을 믿는다.

내가 아무리 전도해도 때가 되어야 예수 믿는다는 것입니다. 우리가 억지로 해서 안 됩니다. 또 어떤 분들은 '강권하여 끌고 와서'. 이런 전도만 하면 사람 죽습니다. 강권하여 데려오는 것도 가끔 해야 합니다. 억지 전도는 안 됩니다. 때가 된 사람은 예수 믿습니다.

사도행전 13:48절, "이방인들이 듣고 기뻐하여 하나님의 말씀을 찬송하며 영생을 주시기로 작정된 자는 다 믿더라". 구원을 받기로 작정된 자는 다 믿더라 라고 했습니다. 2000 몇 년 0월 00일 예수 믿을 아이들이 있습니다. 그 다음 날 예수 믿을 아이들이 있습니다. 어제는 싫다했는데 오늘은 믿겠다 하는 아이들도 있습니다. 지난주에 전도했을 때 무반응이던 아이가 그 다음 주일 따라 온 아이가 있습니다. 그러므로 전도는 즐겁게 하셔야 합니다. 오늘 한꺼번에 뭔가 하려고 하지 말고 다음에 만나면 때가 된 아이가 있습니다.

우리가 예수 믿은 그 때가 가장 좋은 때였습니다. 아마도 조금은 억울한 사람도 있을 것입니다. 왜 어릴 때 나를 예수 믿게 안 했나?. 우리가 예수 믿었던 그 때가 하나님이 예정하신 때였습니다. 그러니까 원망하지 말아야 합니다. 그러므로 하나님의 예정 안에

정하신 때가 있다는 것입니다. 그것은 어린이도 꼭 같습니다. 무엇을 보여 줍니까?. 매사에는 때가 있다는 이야기입니다. 예수님을 믿어야 할 사람은 때가 되면 다 믿는다는 것입니다.

갈라디아서 6:9절, "우리가 선을 행하되 낙심하지 말지니 피곤하지 아니하면 때가 이르매 거두리라". 우리가 선을 행하는 것은 전도입니다. 전도하며 낙심하지 말라는 것입니다. 전도하다가 낙심하는 그것 자체가 교만입니다. 왜 전도하다가 낙심합니까?. 내가 전도하려고 하기 때문입니다. 전도는 하나님의 일입니다. 우리를 통한 하나님의 일이 전도입니다. 우리가 전적으로 할 수 있는 일이 아닙니다. 나는 전도했는데 한 명도 열매가 없다면 하나님이 아직 역사 안 하신 것이고 하나님의 때가 아직 안 된 것입니다. 나는 오늘 전도의 씨를 뿌린 것으로 끝나면 됩니다. 그 일을 하게 하신 것으로 감사, 찬양하면 됩니다. 그러므로 우리가 전도하다가 낙심하면 안 됩니다.

7) 옥토에 전도하라.

전도의 전략 중에 전략이 길가 밭, 돌짝 밭, 가시떨기 밭이 아니라 옥토입니다. 우리가 옥토전도하면 몇 배의 열매를 맺나요?. 30배, 60배, 100배입니다. 지금 옥토인 다음세대 전도를 꾸준히 하는 교회는 최소한 몇 배입니까?. 10배는 부흥합니다. 재적으로 따지면 10배 한 데가 많습니다. 4장에서 소개하는 목양하는 교회들은 한결같이 말합니다. 10배 부흥입니다. 이것이 목양교사운동 하는 교회에 변하지 않는 영적 분위기이고 은혜라고 생각합니다. 옥토에 전도하면 10배 열매를 맺습니다. 어디에 전도했기 때문에 10배 부흥했습니까?. 옥토입니다. 교회전체 크기도 10배 부흥했습니다.

하나님은 전도에 열매를 요구하십니다. 허공을 치는 전도하면 안 됩니다. 열매 있는 전도를 하셔야 합니다. 전도 해 보신 분들이 아시겠지만 어디에다 전도해야 열매가 많습니까?. 어린이 다음세대입니다. 틀림없습니다. 옥토 전도입니다. 주님은 옥토에다 뿌리라 했습니다. 우리가 옥토라 믿는 그곳에다가 전도해야 됩니다. 그곳이 어른이라면 어른전도 해야 할 것이고 어디든 간에 저는 옥토 전도 해야 된다고 생각합니다.

옥토전도는 두 가지 의미가 있습니다. 하나는 새신자. 그러니까 예수 모르는 모든 사람은 옥토입니다. 또 하나 연령층으로 보면 다음세대다 그렇게 봅니다. 왜냐하면 성경공부를 해보면 알게 됩니다. 5학년 보다 4학년, 4학년 보다 3학년, 3학년 보다 2학년, 2학년 보다 1학년, 1학년 보다 일곱 살. 학년이 낮고 나이가 어릴수록 더 잘 받아들입니다. 어릴수록 그 마음이 옥토입니다. 예수님은 옥토에 전도하라고 했습니다. 전도전략은 옥토전도 해야 합니다.

전도할 때 메시지가 쏙쏙 들어가면 얼마나 재미있겠습니까?. 전도가 어렵다는 말은 성경적이 아닙니다. 전도는 예수님께서 '하라'는 말 보다는 '되리라'. '하리라'는 표현을 더 많이 쓰셨습니다. 되어지는 이야기를 하고 있습니다. 그 속에만 들어가면. 무슨 말입니까?. 옥토전도 해야 한다는 것입니다. 길가와 돌작 밭은 여러분

만만치 않습니다.

(3) 목양교사의 전도전략

① 매일 주중 전도

학교 앞에서 같은 시간에 매일 전도합니다. 함께 연합하여 꾸준히 하다보면 전도의 문이 열립니다. 집에 있는 사람은 모두 전도에 동참을 시켜야 합니다. 어른을 전도하라면 부담을 가지지만 어린이 전도는 부담을 가지지 않습니다. 몇 개월 하다보면 전도에 자신감이 붙어 누구든지 전도를 잘하게 됩니다.

② 토요일 학교 앞 전도

매주 토요일 마다 자기 지역 학교 앞에 가서 전도 합니다. 예수님 마음으로 하는 전도 외에 다른 방법을 사용하지 않습니다.

③ 지역 전도

심방을 가다가 그 지역을 전도하는 것입니다. 가장 효과가 좋습니다.

④ 총동원 전도축제

처음 목양교사 사역을 시작할 때 하는 것이 좋습니다. 그리고 1년에 두 차례 정도 실시 하는 것이 좋습니다. 부모 초청전도(Famaily Festival, 일명 F2)도 1년에 한 차례는 하는 것이 좋습니다.

⑤ 영접 훈련

전도 훈련을 받고 영접정도는 준비하는 것이 좋습니다. 영접을 시켜야 자신의 목양사역에 도움이 됩니다.

(4) 3분 목양 복음제시

"야 ! 친구야 멋있다". 너는 예수님만 믿으면 세계적인 리더다.

하나님은 너를 세계를 다스리고 정복할 사람으로 만들었다(창 1:27,28).

"하나님이 자기 형상 곧 하나님의 형상대로 사람을 창조하시되 남자와 여자를 창조하시고 하나님이 그들에게 복을 주시며 그들에게 이르시되 생육하고 번성하여 땅에 충만하라, 땅을 정복하라 바다의 고기와 공중의 새와 땅에 움직이는 모든 생물을 다스리라 하시니라".

하나님은 우리가 행복하게 세계를 정복하고 다스리며 살 원리를 주셨다.

물고기는 물에 있어야 행복하고 나무는 흙에 있어야 행복하게 만들어놓았다.

사람은 하나님과 함께 있을 때 행복하게 세계적인 리더가 되게 하셨다.

그런데 창세기 3장에 보면 마귀가 인간에게 찾아 와서 하나님을 떠나고 저주받고 불행하도록 죄를 짓게 하였다. 하나님께서 먹지 말라고 한 선악과를 먹고 하나님을 떠나게 되었다.

그때부터 물고기가 물을 떠나면 죽듯이 인간에게 죽음이 왔고 질병이 왔고 고난이 찾아왔다.

그런데 - 요한복음 3장 16절 "하나님이 세상을 이처럼 사랑하사 독생자를 주셨으니 이는 저를 믿는 자마다 멸망하지 않고 영생을 얻게 하려 하심이니라". 하나님은 인간을 사랑하시어 예수님을 보내시어 우리 죄를 위하여 십자가에서 죽으시고 3일 만에 다시 살아나심으로 우리에게 구원을 주셨다.

누구든지 예수님을 믿으면 하나님을 만나고 행복하게 세계적인 리더가 된다.

요한복음 1장 12절 "영접 하는 자 곧 그 이름을 믿는 자에게는 하나님의 자녀가 되는 권세"를 주셨다 라고 말씀하셨다. 하나님의 자녀 권세는 세계를 정복하고 다스리는 것이란. 지금 예수님을 믿으면 친구는 세계적인 리더가 되고 하나님이 늘 함께 하신다.

(영접기도)

주 예수님, 지금까지는 제가 원하는 대로 살았지만 예수님께서 나의 죄를 위해 십자가에서 죽으시고 3일 만에 부활하신 사실을 믿습니다. 지금 내 마음의 문을 열고 예수님을 나의 구주, 나의 구세주로 영접합니다. 나의 죄를 용서해주시고 구원해 주셔서 감사합니다. 이제 나를 다스려 주시고 세계적인 지도자의 축복을 받을 수 있도록 도와주세요. 하나님의 자녀가 되게 해 주셔서 감사합니다. 예수님의 이름으로 기도합니다. -아멘-

(축복기도)

(5) 세계적인 리더가 되는 길 전도 메뉴얼 (영접을 목적으로 한다)

안녕하세요! 반갑습니다!

저는 000 교회에서 좋은 소식을 전하기 위하여 나왔습니다.

세계적인리더가 되는 길을 들어보셨어요? (책자를 보이면서)

당신은 하나님께서 세계적인 리더로 만드셨습니다.

예수님만 믿으면 세계를 다스리고 정복하는 리더가 됩니다.

1. 하나님이 만드신 인간의 모습을 보세요.

땅을 정복하고 세상을 다스리도록 만드셨습니다.

얼마나 위대하게 만드셨는지 몰라요.

최고의 사람으로 만들었어요.

2. 하나님께서는 다스리고 정복하는 행복한 원리를 주셨습니다.

나무는 흙에서 행복하도록 하셨습니다.

나무의 뿌리가 흙에서 나오는 순간 뿌리가 말라서 죽는 것 입니다.

흙속에는 나무가 살 수 있는 모든 영양분이 다 들어있습니다.

물고기는 물에서 행복하도록 만들어졌습니다.

물고기가 물이 답답하다고 밖으로 나오면 그 자리에서 죽습니다.

물고기는 물 안에서만 행복해지는 것입니다.

인간은 어디에 있어야 행복할까요? 그림을 한번보세요.

누구와 함께 있어야 행복하죠? 예) 하나님!! 맞습니다.

인간은 하나님과 함께 살아갈 때 행복하도록 만들어졌어요.

(그런데 안타깝게도 인간에게 불행이 찾아왔어요)

3. 인간이 타락을 하였습니다.

창세기 3장 사건이 일어났습니다.

하나님께서 그렇게 먹지 말라고 명령한 선악과를 먹었습니다.

선악과를 먹으면 반드시 죽는다고 말씀하셨어요.

사단이 나타나 선악과를 먹으라고 유혹을 했어요.

인간은 그 유혹에 넘어가서 선악과를 먹고 죄를 짓고

하나님을 떠났어요. 그리고 사단의 종이 되어 버렸습니다.

(큰 불행이 인간에게 찾아 왔어요)

4. 인간이 저주를 받게 되었습니다.

저주 받은 인간에게 일곱 가지 현상이 나타납니다.

첫째로 우상을 숭배하면서 살아갑니다. 하나님만 섬겨야하는데

나무, 돌, 해, 달, 불상 등에게 복을 달라고 빕니다.

새 자동차를 뽑아도 돼지 머리를 앞에 두고 절을 합니다.

죽은 돼지에게 도와달라고 기도하는 것입니다.

돼지가 도와 줄 수 있나요? 그럴 수 없죠!

둘째로 진노의 자녀가 되었어요.

진노라는 것은 하는 일 마다 잘 안 되는 것이에요.

마지막에 망하는 것입니다.

아무리 노력을 해도 노력만큼 열매가 없어요.

셋째로 영적으로 정신적으로 시달립니다.

악몽을 꾸고 이상한 물체가 보입니다.

환청이 들립니다. 혼자 있으면 무섭고 두렵습니다.

넷째로 육신의 질병에 시달립니다.

약을 먹어도 고쳐지지 않는 병에 시달립니다.

다섯째로 자아 통제가 불가능해 집니다.

내 마음대로 되지가 않습니다. 나는 나쁜 행동을 하지 않으려
고 하는데 뜻대로 되지가 않습니다.

내 자신에게 너무나 실망스럽죠.

여섯째로 술, 담배, 게임, 자살, 가정 파탄이 일어납니다.

지금 우리 주위에 얼마나 많이 일어나는지 몰라요.

일곱째로 사람은 언젠가는 죽습니다. 그리고 죄의 심판을 받습니다.

영원히 멸망당합니다.

이것이 저주 받은 인간의 모습입니다.

나에게 해당되는 것이 있나요? (질문)

그러나 정말 다행스러운 일이 일어났어요.

5. 하나님께서 우리를 사랑하시어서 이 땅에 독생자 예수님을 보내어 주셨어요.

예수님은 제사장이 되셔서 인간의 죄를 대신 짊어지시고 십자가 위에서 죽으셨어요.

예수님은 선지자가 되셔서 하나님 떠난 인간에게 하나님을 만나는 길을 열어주셨어요.

예수님은 왕이 되셔서 마귀의 일을 멸하셨어요.

예수님은 죄가 없으신 분이예요 하나님의 아들입니다.

우리를 위해 죽으셨어요.

죽으셨다가 3일 만에 부활하셨습니다.

이것을 하나님의 사랑이라고 해요.

하나님의 사랑으로 구원해 주셨어요.

6. 예수님만 참 구원의 길이 되세요.

이제 예수님을 나의 죄를 위해 죽으시고 부활하신 구원자로 영접하면 됩니다.

로마서 10:9~10절에 마음으로 믿어 의에 이르고 입으로 시인하여 구원에 이른다고 했어요.

인간은 내일 일을 알 수가 없어요. 구원은 오늘 지금 받아야 해요.

7. 구원을 받으면 8가지 축복이 우리에게 주어져요.

첫째, 죄 사함을 받아요. 하나님이 나의 아버지가 되는 축복 이예요.

아버지가 능력 있고 힘이 있으면 좋잖아요. 하나님은 창조주세요. 못하시는 일이 없으세요. 구원받으면 그분이 아버지가 되세요.

둘째, 세계를 정복하고 다스리는 축복을 받아요.

세계 최고의 리더가 되는 것 이예요.

셋째, 기도응답의 축복을 받아요.

우리가 아버지에게 필요할 때 도움을 요청하면 주시죠.
하나님 아버지도 우리가 기도하면 응답을 주세요.

넷째, 물질과 건강의 축복도 주세요.

이 땅에 살아가면서 필요한 물질 건강을 도와주세요.

다섯째, 마귀를 이기는 권세가 주어져요.

도둑들은 경찰을 보면 도망가죠.
경찰에게는 법적인 권세가 있어요.
하나님 자녀들은 마귀를 이길 수가 있어요.

여섯째, 지식과 재능의 축복을 받아요.

공부도 잘하고 최고의 재능의 축복도 받아요.

일곱째, 예배와 봉사의 축복도 받아요.

하나님께 예배드리고 남을 도와주고 봉사하는 사람이 됩니다.

마지막으로 영생을 얻고 천국 가는 축복을 받아요.

예수님 믿으면 천국가게 되요.

어때요, 너무나 축복이 많죠?

예수님을 믿고 죄 사함 받고 구원받으면 누구든지 이러한 축복을 받을 수 있어요.

예수님 믿어야 되겠죠? 그러면 영접을 하도록 해요.

영접은 내 마음속에 나의 죄를 위해 죽으시고 부활하신 예수님을 모셔 들이는 거예요.

영접기도문을 함께 읽어봐요.

좋으신 하나님 감사합니다. 지금까지는 제가 원하는 대로 살았지만 예수님이 나의 죄를 위하여 십자가 위에서 죽으시고 3일 만에 부활하신 사실을 믿습니다. 지금 이 시간 내 마음의 문을 열고 예수님을 나의 주인 나의 구세주로 영접합니다.

나의 죄를 용서해 주시고 구원해 주셔서 감사합니다.

이제부터 나를 다스려 주시고 세계적인 리더의 축복을 받을 수 있도록 도와주세요. 하나님의 자녀가 되게 해 주셔서 감사합니다.

예수님의 이름으로 기도합니다. 아멘

어디에 주님을 모셔드렸지요? (내마음속에)

이제부터 주님은 영원히 함께 합니다. 축복합니다.

(6) 목양교사의 전도 7계명 강의안.

1. 전도에 미쳐라.

1) 막 1:38/ 우리가 가까운 다른 마을들로 가자 거기서도 전도하리
   니 내가 이를 위해 왔노라.

2) 행 8:4~8, 26~40/ 빌립집사

3) 행 9:20/ 즉시로 각 회당에서 예수의 하나님의 아들이심을 전파
   하니

4) 행 14:19~21/ 돌에 맞아 죽은 줄 알았는데 이틀 지나 전도.

2. 전도가 하나님의 소원임을 알아라.

1) 요 3:16/ 하나님이 세상을 이처럼 사랑하사 독생자를 주셨으니 이
   는 저를 믿는 자마다 멸망 치 않고 영생을 얻게 하려 하심이니라.

2) 롬 3:23/ 모든 사람이 죄를 범하였으매 하나님의 영광에 이르지
   못하더니.

3) 롬 5:8/ 우리가 아직 죄인 되었을 때에 그리스도께서 우리를 위
   하여 죽으심으로 하나님께서 우리에게 대한 자기의 사랑을 확증
   하셨느니라.

4) 딤전 2:4/ 하나님은 모든 사람이 구원을 받으며 진리를 아는데 이
   르기를 원하시느니라.

3. 내가 사는 목적이 전도임을 고백하라.

1) 행 9:15/ 이 사람은 내 이름을 이방인과 임금들과 이스라엘 자손들 앞에 전하기 위한 나의 그릇이라.

2) 마 4:19/ 나를 따라 오너라 내가 너희로 사람을 낚는 어부가 되게 하리라.

3) 고전 10:31/ 너희가 먹든지 마시든지 무엇을 하든지 다 하나님의 영광을 위하여 하라.

4. 전도는 성령의 능력으로만 가능하다

1) 눅 4:18~19/ 예수님도 주의성령이 임하여 가나한자 병든 자 눌린 자 갇힌 자에게 전도.

2) 행 1:8/ 성령의 권능을 받고 증인되리라고 하였다.

3) 행 13:1~3/ 성령의 인도로 선교가 시작되었다.

5. 전도는 지속성이 중요하다.

1) 행 5:42/ 저희가 날마다 성전에 있든지 집에 있든지 예수는 그리스도라 가르치기와 전도 하기를 쉬지 아니하리라.

2) 행 14:7/ 거기서 복음을 전하니라.

3) 행 19:8/ 바울이 회당에 들어가 석달 동안을 담대히 하나님 나라에 대하여 강론하며 권면하되.

6. 때가 된 사람은 예수님을 믿는다.

1) 행 13:48/ 이방인들이 듣고 기뻐하여 하나님의 말씀을 찬송하며

영생을 주시기로 작정 된 자는 다 믿더라.

2) 갈 6:9/ 우리가 선을 행하되 낙심하지 말찌니 피곤하지 않으면 때
가 이르매 거두리라.

7. 옥토에 전도하라.

1) 마 13:1~9/ 주님의 뜻이다. 100배 열매를 맺는다.

2) 신 6:7/ 어릴수록 마음이 옥토다.

3. 양육이 전략

양육이란 무엇인가?라고 물어보면 사람들로부터는 구구각색의
대답이 나옵니다. 그 대답들이 양육의 상당부분을 포함하고는 있
습니다. 그러나 어느 것 하나만으로는 충분히 설명이 되지 않습니
다. 양육은 어린이가 새로운 삶에 있어서 첫 발을 내딛도록 도움을
주는 초기 교육만을 국한해 말하지 않기 때문입니다.

(1) 양육의 정의

만일 누군가 일부 사람들이 하듯 어린이의 양육에 대해 정의한
다고 하면 그 정의는 다음과 같을 것입니다.

1. 양육이란 어린이로 하여금 예수님에 대해 다른 사람에게 전
하라고 가르치는 것입니다.

2. 양육이란 어린이에게 예수님 안에서 성장하는 법에 대한 책 자를 주는 것입니다.

3. 양육이란 어린이에게 교회에 출석하라고 말해 주는 것입니다.

4. 양육이란 어린이가 예수를 영접한 후 다른 사람을 전도하여 교회로 데리고 오도록 가르치는 것입니다.

5. 양육이란 어린이에게 그리스도인의 생활 가운데 몇 가지 커 다란 금지사항이 있음을 가르치는 것입니다.

6. 양육이란 어린이에게 성경을 읽고, 기도하며, 교회에 출석하 고 다른 사람에게 전도해야 된다고 말해 주는 것입니다.

7. 양육이란 그가 구원받았다는 것을 확신하도록 확신의 구절들 을 가르치는 것입니다.

양육이란 위에 나열한 것들 중 상당 부분을 포함하고 있지만 그 어느 것도 하나만으로는 충분히 설명되지 않습니다. 많은 사람들 이 이러한 점을 알게 되었습니다. 그리고 그들은 그리스도인이 된 어린이들을 올바르게 가르치는 방법 결정에 도움을 필요로 하고 있습니다.

양육은 단지 어린이가 새로운 삶에 첫 발을 내딛도록 도움을 주 는 초기의 교육만을 뜻하지 않습니다. 양육이란 어린이가 단계적 으로 성장하도록 도움을 주는 계속되는 과정을 말합니다. 양육의 개념을 한마디로 정의하기란 상당히 어려운 일이지만 그렇게 하 는 것은 도움이 됩니다.

양육이란 한 개인에게 모든 가능한 기회를 부여하여 그 인격이 성장하도록, 또한 그리스도인의 본질적인 영역 안에서 살도록 도와주는 것을 말합니다. 그로 인해 그가 혼자 힘으로 걸어갈 수 있도록 하며, 또 다른 사람이 새 생활을 할 수 있도록 도와 줄 능력을 갖게 하는 것입니다.

이제 이 정의를 분석해 보겠습니다.

1) 모든 기회를 부여하는 것

어린이는 성장하기 위해 많은 기회를 필요로 합니다. 어린이는 그가 예수님을 영접했다는 사실을 누군가에게 말할 기회가 있어야 합니다. 듣는 사람은 그 어린이의 그 같은 결심에 기뻐하는 사람이어야 합니다. 그러나 그 어린이가 성장하기 위해서는 더 많은 기회들이 요구되어 집니다. 그 어린이는 그와 시간을 함께할 사람을 필요로 합니다. 또 하나님이 말씀하시는 성경에 대해 설명해 줄 수 있는 사람을 필요로 합니다. 또한 그가 성경을 공부하는 데 도움을 주고 그가 관심 갖는 일에 대해 함께 기도하며, 함께 놀아 줄 사람을 필요로 하며, 아울러 성장을 위한 환경을 조성해 줄 수 있는 사람을 필요로 합니다.

2) 그 인격이 성장하도록 돕는 것

어린이는 성장을 위한 도움이 필요합니다. 어린이 스스로는 무엇을 해야 할지 알지 못합니다. 성장하는 것은 바로 인격(a person)입니다. 양육이란 어린 시절에만 국한되는 것이 아니기 때문에 그 정의에 있어서 어린이 (child)라는 단어는 합당하지 않습니다. 즉 양육은 계속되며, 성장은 멈추지 않습니다. 그것은 항상 계속됩니다. 어떤 점에서 양육은 결코 끝이 없다고 말할 수 있습니다. 확실히 양육은 새 신자가 스스로 걸을 수 있기 전까지 끝나서는 안 됩니다. 그리고 난 후에는 스스로 양육되어야 합니다.

이 내용의 중요한 부분은 "성장"이란 단어입니다. 그리스도인의 생활은 인격을 얻는 (get) 어떤 것이 아닙니다. 우리는 한 어린이에게 그리스도인의 생활을 단번에 하도록 도와 줄 때 그가 더 많은 도움을 받지 않아도 다른 어린이에게 그러한 생활을 하도록 도움을 줄 수 있지 않느냐고 반문해서는 안 됩니다. 인격이란 단지 새로운 삶을 얻는 것만으로 이루어지는 것이 아닙니다. 새 삶은 예수를 영접했을 때 시작되며 그때부터 자라기 시작합니다. 그것은 날마다 이루어지는 것입니다. 새신자에게 처음에는 먹을 것을 공급해 주어야 합니다. 그 후에야 스스로 먹는 방법을 배울 수 있게 됩니다. 그가 스스로 공급받는 방법을 배울 때 다른 사람에게 공급해 주는 방법을 알게 됩니다.

3) 그리스도인의 본질적인 영역 안에서 살도록 하는 것

본질적인 영역이란 무엇입니까? 그리스도인의 삶에는 많은 면들이 있습니다. 그래서 사람들은 예수 안에서 새 생활을 시작할 때 어디서부터 출발해야 할지 의아해 하기도 합니다. 그러나 만일 이러한 삶 중 몇 가지 중점적이고 기초적인 것들을 선택한다면 성장이 계속되는 한 새 생활의 다른 많은 면들도 그와 잘 조화를 이루게 될 것입니다. 만일 한 사람이 몇 가지 필수적인 것만 알고 시작했다 하더라도 그는 다른 삶에서도 그러한 것들을 보게 될 수 있어 방향감과 성취감을 맛 볼 수 있게 됩니다.

그리스도인의 삶에서 중심 되는 필수 요소들은 다음과 같습니다.

① 구원의 확신

자기의 구원을 의심하는 어린이를 그리스도인이라고 말하지 말아야 합니다. 그 어린이는 그리스도인이 아닐 수 있습니다. 아마도 그가 의심하는 이유는 그가 처음에 예수를 결코 믿지 않았기 때문일 것입니다. 오히려 그 어린이에게 성경 요한복음 1:12 요한복음 3:16 요한일서 5:11.12과 같은 확신 구절을 보여주어야 합니다. 그리고 그 어린이로 하여금 스스로 하나님의 말씀에 기초하여 자신이 그리스도인인지 아닌지 살펴보게 해야 합니다.

② 그리스도의 주권에 대한 이해

새로운 삶을 살려면 새 주인을 모셔야 합니다. 어린이는 예수님이 구원자로 오신 것 뿐만 아니라 자기의 주인으로 오셨다는 것을 이해해야 합니다. 또한 어린이는 하나님의 말씀에 순종하는 것이 얼마나 중요하다는 사실을 알아야 합니다.

③ 하나님의 말씀의 규칙적인 섭취

어린이는 하나님의 말씀을 섭취해야 할 필요를 알아야 합니다. 베드로는 그것이 성장을 위한 하나님의 방식이라고 말했습니다 ("갓난 아이들 같이 순전하고 신령한 젖을 사모하라. 이는 이로 말미암아 너희로 구원에 이르도록 자라게 하려 함이라" 베드로전서 2:2).

④ 기도의 생활화

어린이는 기도가 무엇인지 이해해야 합니다. 날마다 자기의 관심사를 기도와 관련 시켜 기도로 표현하고 말할 수 있어야 합니다.

⑤ 전도의 능력

어린이에게 전도하는 방법을 가르쳐 주어야 합니다. 또 어린이에게 다른 사람이 전도하는 것을 보여주어야 합니다.

⑥ 교제

새 신자는 다른 그리스도인과의 교제를 필요로 합니다. 교제를 통하여 그는 다른 사람이 갖고 있는 것들을 나눌 수 있고 자신이 갖고 있는 문제들도 나눌 수 있게 됩니다. 교제를 통하여 그는 다른 사람들과 함께 성장할 수 있습니다.

4) 그가 혼자 힘으로 걸어갈 수 있도록 해 주는 것

새 신자는 그의 영적 성장을 위해 다른 어떤 사람에게도 의존해서는 안 됩니다. 뿐만 아니라 미처 준비되기도 전에 홀로 걷도록 놔두어서도 안 됩니다. 혼자 힘으로 걸어가도록 돕는다는 것은 그가 스스로 공부할 수 있을 때까지 그의 성경공부를 도와주는 것을 의미합니다. 또한 그가 스스로 기도할 수 있을 때까지 돕고 그가 스스로 전도할 수 있을 때까지 도우며, 스스로 경건의 시간을 가질 수 있을 때까지 도와주며 스스로 남에게 베풀 수 있을 때까지 베푸는 것에 관하여 가르치는 것과 그가 성경을 공부할 때 토론하고 실천하게 될 그리스도인 생활의 많은 다른 부분들에 대해 도움을 주는 것을 의미합니다.

5) 다른 사람이 새 생활을 할 수 있도록 도와 줄 능력

한 사람이 스스로 걸을 수 있게 된 후에 그는 자신에게 도움을 주었던 사람에게서 받은 것을 진정으로 이해해야 합니다. 그래서 밖으로 나가 다른 사람에게 그렇게 해 줄 수 있어야 합니다. 예를 들면, 어린이가 예수님을 영접할 때 그는 "다른 사람에게 전하라"는 말을 종종 듣게 됩니다. 이러한 방법이 나쁜 것은 아니지만 단지 그것만으로는 충분하지 못합니다. 어린이가 다른 사람에게 전도할 때 가르치는 자가 그 어린이와 함께 가는 것이 바람직합니다. 당신이 다른 사람에게 전도하고 있을 때 어린이로 하여금 몇 차례 당신과 함께 있도록 해야 합니다.

이때 어린이는 전도가 잠시 한때 행하는 작은 선행이 아니라 정말로 생활의 중요한 한 부분임을 깨닫게 될 것입니다. 그리고 당신이 다른 사람과 이야기하고 있을 때 약간의 시간을 주어 어린이로 하여금 그가 어떻게 그리스도인이 되었는가 이야기할 기회를 주어야 합니다. 어린이가 다른 어린이와 이야기하고 있을 때 당신이 그 곁에 있다고 해서 이야기를 돕기 위해 중간에 끼어들지 말아야 합니다. 다른 사람과 이야기하는 방법에 대해 어린이와 함께 의견을 나누어야 합니다. 그 어린이를 성장하도록 도왔던 방법들에 대해서도 의견을 나누어야 합니다. 그러면 그도 남에게 어떻게 도움을 줄 수 있는지 깨닫게 될 것입니다. 어린이는 당신이 그를 잘 자라도록 돕기 위해 의도적으로 하였던 일들을 분명하게 깨닫지 못할지도 모릅니다. 그럴 때는 분명하게 그것들을 얘기해 주어야 합니다. 그때서야 어린이는 다른 어린이에게 똑같이 행할 수 있습니다.

어떤 사람들은 "다른 사람이 새 생활을 할 수 있도록 도와 줄 능력에 관한 이 끝부분은 양육의 정의에 포함 시키지 않으려 할 수도 있습니다. 그러나 그것은 - 양육의 한 부분으로 불리워지든 안 불리워지든 반드시 행해야 할 일입니다. 만일 그것을 양육에 뒤따르는 또 하나의 양육으로 부르고자 한다면 그렇게 받아들일 수도 있을 것입니다. 정의가 중요한 것은 아닙니다.

새 신자에게는 반드시 어떠한 일이 일어나게 됩니다. 그리고 그는 그것을 다른 이에게 전하도록 배워야 합니다. 많은 어린이 사역자들은 할 일이 너무 많기 때문에 양육에 할애 할 시간이 없다고 말합니다. 만일 양육을 통해 새 그리스도인이 또 다른 사람을 도울 수 있을 만큼 성장하면, 이로써 모든 일을 하는데 도움을 주는 또 다른 사람이 생겨나는 셈이 됩니다. 이것이 양육에 있어서 중대한 일처럼 느껴질 것입니다. 그렇습니다! 이것이 시간이 걸리는 이유이며, 양육할 때는 또 다른 사람과 함께 해야 하는 이유가 됩니다. 종종 양육이 행해져야 할 때 막상 행해지지 않는 것도 이 때문입니다.

양육은 댓가를 지불 해야 합니다. 시간, 비용, 기도, 정력, 가슴 아픔, 어떤 때는 다른 이로부터의 비난을 감수해야 합니다. 양육은 어린이에게서 끝나지 않고 계속되어야 합니다. 그리스도인이 된 어린이가 시작해야 할 일들은 무엇 무엇이라고 단정 지을 수 없습니다. 그것은 너무도 많기 때문에 도움과 본보기를 필요로 합니다. 어린이는 또 다른 상황 속에서도 이와 같은 일들을 해야 합니다. 그러면 그는 계속하여 그 일들에 대처할 수 있는 태도를 가질 수 있게 됩니다.

(2) 양육은 왜 해야 하는가?

당신은 한 어머니가 갓난 아기를 병원에서 집으로 데리고 와서는 아기를 부엌에 데려다 놓고 "얘야, 이게 냉장고란다. 배가 고프면 이 안에 있는 것들을 꺼내 먹도록 해라"라고 말했다는 이야기를 들어본 적이 있습니까? 그러나 그리스도 안에서의 갓난 아기들은 그렇게 하기를 요구받고 있습니다. 스스로 모든 일을 할 수 있기를 기대합니다. 그러나 어린 아기는 먼저 누군가의 도움이 있은 후에야 스스로 그 같은 일을 할 수 있게 됩니다. 즉 새 신자 스스로가 자신의 일을 할 수 있도록 이르기까지 도움을 주는 것을 말합니다. 이것이 양육의 목적입니다. 그러나 이 목적은 단번에 이루어지지 않습니다. 그래서 양육이 필요합니다.

양육은 왜 해야 합니까? 여기에는 몇 가지 이유가 있습니다.

1) 양육은 성경적이다.

주님은 제자들에게 또 다른 제자를 삼으라고 말씀하셨습니다. 제자를 삼기 위해 그들은 다른 사람들을 그리스도가 가르치신 말씀에 순종하도록 가르쳐야 했습니다. 그들은 구원 받은 사실 자체에 멈추지 않고 제자 삼기를 계속해야만 했습니다. 마태복음 28:19~20은 다음과 같이 기록되어 있습니다.

"그러므로 너희는 가서 모든 족속으로 제자를 삼아 아버지와 아들과 성령의 이름으로 세례를 주고 내가 너희에게 분부한 모든 것을 가르쳐 지키게 하라. 볼지어다 내가 세상 끝날까지 너희와 항상 함께 있으리라 하시니라."

2) 바울도 양육을 했다.

바울은 디모데와 함께 시간을 보냈습니다. 그는 디모데의 결단을 위해 기도했으며, 그에게 편지를 썼습니다. 그는 골로새 교인들에게 다음과 같이 말했습니다.

"우리가 그를 전파하여 각 사람을 권하고 모든 지혜로 각 사람을 가르침은 각 사람을 그리스도 안에서 완전한 자로 세우려 함이니

이를 위하여 나도 내 속에서 능력으로 역사하시는 이의 역사를 따라 힘을 다하여 수고 하노라" (골로새서 1:28~29).

바울은 그리스도인이 된 사람들을 가르쳐서 그리스도를 닮아 가도록 하였습니다. 그는 양육하도록 자신 안에서 역사하시는 주의 성령을 따라 이것을 가르친다고 말했습니다. 만약에 누구든지 양육을 하지 않는다면, 그는 자기 안에 계셔서 새로운 회심자들이 자라나는 모습을 보기 원하시는 하나님의 성령을 소멸하는 것입니다.

3) 지도자로서 우리를 세우심에는 하나님의 뜻이 있다.

하나님은 교회에게 양육 자체를 위한 지도자들을 주셨습니다. 지도자는 새 신자가 다른 사람들을 가르칠 수 있을 때까지 도움을 주어야 하며, 거짓 증거에 빠지지 않도록 진리 안에서 올바로 세워주어야 하며, 공동체 안에서 한 지체로서의 역할을 감당할 수 있도록 도와 주어야 합니다. 만약 누군가가 양육을 하지 않는다면 그는 그의 삶 속에서 하나님의 뜻을 실현하지 않고 있는 것입니다. 전술한 중심 내용은 에베소서 4:11~16에 근거한 것입니다.

"그가 혹은 사도로, 혹은 선지자로, 혹은 복음 전하는 자로, 혹은 목사와 교사로 주셨으니 이는 성도를 온전케 하며 봉사의 일을 하게 하며 그리스도의 몸을 세우려 하심이라. 우리가 다 하나님의 아들을 믿는 것과 아는 일에 하나가 되어 온전한 사람을 이루어 그리스도의 장성한 분량이 충만한 데까지 이르리니 이는 우리가 이제부터 어린 아이가 되지 아니하여 사람의 궤술과 간사한 유혹에 빠져 모든 교훈의 풍조에 밀려 요동치 않게 하려 함이라. 오직 사랑 안에서 참된 것을 하여 범사에 그에게까지 자랄지라. 그는 머리니 곧 그리스도라 그에게서 온 몸이 각 마디를 통하여 도움을 입음으로 연락하고 상합하여 각 지체의 분량대로 역사하여 그 몸을 자라게 하며 사랑 안에서 스스로 세우느니라."

사도 바울이 이렇게 철저한 양육을 실시했던 사실에 납득이 갑니다. 바울이 행했던 방법(How)과 내용(What)을 살펴보지 않고는 바울의 양육에 대해 연구할 수 없습니다. 그리고 이러한 바울의 방법과 내용은 우리로 하여금 양육을 해야 할 이유(Why)를 알게 해 줍니다. 만약 바울에게 그 일이 중요했다면, 역시 다른 사람에게도 중요한 것입니다.

신자에 대한 바울의 사역은 세 가지 측면으로 간추릴 수 있습니다. 첫째 데살로니가 교인에 대한 양육, 둘째 빌립보 교인에 대한 양육, 셋째 디모데에 대한 양육이 그것입니다.

① 데살로니가 교인들에 대한 바울의 양육 방식

데살로니가전서 2:4에서 바울은 다음과 같이 말했습니다.

"오직 하나님의 옳게 여기심을 입어 복음 전할 부탁을 받았으니 우리가 이와 같이 말함은 사람을 기쁘게 하려 함이 아니요 오직 우리 마음을 감찰하시는 하나님을 기쁘시게 하려 함이라."

바울은 다른 사람들에게 복음을 전파하기 위해 스스로 자급자족하면서 자신을 드려 감옥에도 갔고, 그보다 더한 것도 함으로서 그 부탁을 신중하게 받아들였습니다. 그리고 그는 복음의 부탁에 헌신 된 자로서 그 부탁이 쓸모없이 되지 않도록 하기 위해 회심자들에게 시간을 할애했습니다. 바울이 데살로니가 교인들을 양육한 방법들을 생각해보면 다음과 같습니다. 1. 그들을 위해 기도했습니다(1:23: 3:10). 2. 그들에게 편지를 썼습니다. 3. 권면하고 격려했습니다(1:6~9). 4. 그들의 본이 되었습니다(1:5, 6: 2:10). 5. 궁극적인 목표를 제시했습니다. 즉 하나님 앞에서 합당히 행함(2:12: 4:1). 6. 그들을 위해 온 힘을 다했습니다(2:8). 7. 소유를 그들과 함께 나누었습니다(2:7, 9, 11). 8. 사탄의 대적을 깨닫게 해 주었습니다(3:4~5). 9. 사람을 보냈습니다(3:6). 10. 지녀야 할 덕을 깨닫게 해 주었습니다. • 사랑(3:12: 4:9) • 순결(4:1~7) • 정직 (4:12) 11. 영원한 가치에 의해 살도록 가르쳤습니다(4:16~17; 5:6). 12. 그리스도인의 생활에 대한 특별한 교훈을 주었습니다 (5:11~12). 13. 이 모든 일을 성취하시기 위한 그들 안에서의 하나님의 사역을 확신시켜 주었습니다(5:22,24). 14. 잘못 이해한 교리들을 교정하기 위해 두 번이나 편지를 썼습니다(데살로니가 후서는 그리스도 재림에 관한 오해에 대해 다루고 있습니다).

② 빌립보 교인들에 대한 바울의 양육 방식

빌립보서는 바울이 그들을 믿게 한 다음에는 버려두고 떠난다는 식의 전도 방식을 사용치 않았다는 것을 보여 주는 훌륭한 부분입니다. 그 내용은 다음과 같이 나타납니다. 1. 편지를 썼습니다. 2. 그들을 위해서 기도했습니다(1:3~6, 9~11). 3. 그들에게 디모데를 보냈습니다(2:19~23). 4. 자신이 직접 가기를 원했습니다(2:24). 5. 그들에게 따라야 할 모범으로서 자기 자신을 지적했습니다(3:7; 4:9).

③ 디모데에 대한 바울의 양육 방식

디모데에 대한 바울의 양육은 너무도 광범위 하기 때문에 여기서는 단지 몇 가지 예만을 생각해 보기로 합니다. 이에 대한 완전한 연구를 하려면 디모데가 바울과 함께 여행하며 배운 것을 볼 수 있는 사도행전의 관련 성구들을 찾아보기 위해 성구 사전을 사용하는 것이 좋습니다. 그 다음에는 바울이 디모데에게 쓴 두 서신을 연구해야 합니다. 또한 바울이 디모데에 대해 무어라 언급했는지 다른 서신들도 살펴보아야 합니다. 이러한 모든 것들은 다음과 같이 간추릴 수 있습니다.

㉠ 사도행전 16,17,18장에서 디모데는 바울이 열심히 복음을 전하는 것을 보았습니다. 또한 바울이 그의 확신 때문에 고난 받는 것을 보았습니다. 뿐만 아니라 다른 사람들의 영혼을 위해 짐을 지는 것을 보았습니다.

㉡ 디모데후서 3:10,11에서 바울은 디모데에게 다음과 같이 썼다. "나의 교훈과 행실과 의향과 믿음과 오래 참음과 사랑과 인내와 핍박과 고난과 또한 안디옥과 이고니온과 루스드라에서 당한 일과 어떠한 핍박 받은 것을 네가 과연 보고 알았거니와 주께서 이 모든 것 가운데서 나를 건지셨느니라." 이는 시간이 걸리는 일입니다. 디모데는 짧은 시간에 바울의 생활 태도를 완전히 알 수 없

없습니다. 그래서 바울은 디모데에게 그의 목적을 가르쳐 주는 시간을 가졌습니다. 그리고 디모데는 바울이 그 목적을 따라 살아가는 것을 보았습니다. 디모데는 바울의 믿음을 알았고 하나님이 모든 어려운 상황 가운데서 바울을 건져주심을 보았습니다. 디모데후서 3:10~11에서 말해 주는 대로 디모데가 바울에 대하여 안다는 것은 "세 가지 쉬운 과목으로 이루어진 그리스도인의 삶을 사는 법"을 아는 것 같은 그런 과정이 아니었습니다. 이는 하루하루 수년 동안의 교제와 훈련을 필요로 했던 것이었습니다.

ⓒ 바울이 빌립보에 가길 원했지만 자신이 갈 수 없어서 대신 보낼 사람을 필요로 했을 때 그는 양육에 대해 관심이 있는 또 다른 사람을 찾을 수 없었습니다. 디모데 외에는 가르치고, 훈련하고 양육하는 시간을 가졌던 사람이 아무도 없었습니다. 양육을 통해 바울은 함께 사역할 수 있는 다른 동역자를 얻게 되었습니다.

ⓓ 빌립보서 1:6에서 바울은 빌립보에서 시작한 일을 하나님이 이루실 줄로 확신한다고 했습니다. 바울이 확신할 수 있었던 이유는 무엇입니까? 그는 새 신자를 성숙한 단계까지 이끄는데 하나님과 협력하고 있다고 여겼기 때문에 확신할 수 있었습니다. 바울은 빌립보 교인들을 위해 기도했습니다. 그리고 그들에게 보낼 사람을 훈련 시켜 왔습니다. 바울은 뒤로 물러나 앉아 있지 않았습니다. 그는 자신이 회심시킨 자들을 하나님께 맡길 수 있고, 그로 인해 그들을 잊을 수 있다는 생각에서 빌립보서 1:6을 주장했습니다. 그는 하나님이 새로운 회심자들을 자신에게 주실 것과 그들을 성숙시킬 능력을 부여받았다는 것을 알았기 때문에 빌립보서 1:6

처럼 말할 수 있었습니다. 이것이 그가 "너희 속에 착한 일을 시작하신 이가 그리스도 예수의 날까지 이루실 줄을 우리가 확신하노라"라고 말할 수 있었던 이유입니다. 디모데는 바울이 새 그리스도인에게 그같이 편지할 때 그와 함께 있었습니다. 디모데는 그 자신의 생활 속에서 바울의 사역을 경험했던 것입니다.

ⓜ 디모데후서는 바울이 쓴 마지막 편지로 간주 되고 있습니다. 디모데는 이미 바울과 함께 많은 경험을 했고, 바울이 보낸 곳에 있던 다른 사람들을 통해서도 많은 경험을 얻었습니다. 그런데 이 마지막 편지에서조차도 바울은 디모데에게 교훈을 하고 있습니다. 그는 디모데가 다른 사람과 함께 일할 수 있는 위치에 있을 때에도 양육하기를 그치지 않았습니다.

ⓗ 디모데후서 1장은 디모데의 어린 시절에 그의 외조모와 어머니의 영향에 대해서 언급하고 있습니다. 사도행전 16장은 바울과의 친분의 시작에 대해 기록하고 있습니다. 성경에는 디모데에 관한 기록이 많이 있으며, 그 대부분은 그의 생활에 끼친 바울의 영향에 대해 언급하고 있습니다. 그의 이름은 단지 그리스도를 구주로 받아들인 사람으로서만 나타나 있지 않습니다. 어린이들을 대상으로 일하는 사람은 구원 경험의 기록만을 강조하고 양육에 대한 기록은 잊어버리기 쉽습니다. 디모데에 대한 기록은 외조모와 어머니를 통한 구원 전 그의 삶에 되어진 일을 보여주고 있습니다. 그 후에는 그가 바울과 함께 했던 양육의 경험으로 채워져 있습니다. 이러한 것은 어린이나 그와 함께 일하는 사람이 구원 받은 날을 기록해서는 안 된다는 말이 아니라, 그러한 기록만으로는 부족

하다는 것입니다.

ⓐ 사람들은 종종 그리스도인의 사역을 함에 있어서 누군가 자신들을 도와줄 사람을 원합니다. 하나님께서 바울에게 협력자를 주신 것은 디모데의 삶을 향한 바울의 훈련 계획을 통해서였습니다. 바울은 마게도냐에 어떤 사람을 보냈고(사도행전 19:22), 고린도에도 보냈고(고린도전서 4:17), 빌립보에도 보냈습니다(빌립보서 2:19). 또한 디모데가 주님으로부터 지시를 받은 것도 이러한 경험들을 통해서였습니다. 디모데는 하나님으로부터 직접적인 계시를 통해 인도받지는 않았습니다. 하나님은 디모데에게 이루시고자 하는 바를 보여 주시기 위해 한 사람, 바울을 사용하셨습니다. 이것이 양육의 사역에 중요한 부분입니다. 다시 말해, 어린이들이 그의 삶 속에서 하나님의 지시를 따르도록 도와 주는 것입니다. 그리고 하나님이 어린이를 사용하시는 한 방법은 양육하는 바로 그 사람을 통해서 이루십니다.

요약

만약 어떤 사람이 양육을 하지 않는다면, 그는 그리스도인으로서의 삶에 있어 다음과 같은 중대한 실수를 저지르고 있는 것입니다. • 그는 예수 그리스도의 명령에 불순종하고 있습니다. • 그는 성경 말씀을 거역하고 있습니다. • 그는 성령을 소멸하고 있습니다. • 그는 지도자의 위치에서 자신에게 주어진 하나님의 목적을 완수하지 못하고 있습니다. • 그는 자신에게 요구되는 새 신자

와의 교제를 거부하고 있습니다. • 그는 하나님이 원하시는 일을
수행할 다른 일꾼을 개발하지 않고 있습니다. • 그는 하나님이 다
른 사람의 생애를 통해 이루시고자 하는 인도의 길을 막아 버리
고 있습니다.

(3) 목양교사의 양육 7계명

우리가 양육을 안 하면 우리도 죽고 아이들도 죽습니다. 양육이
얼마나 중요합니까?. 이 양육을 마귀가 가장 무서워합니다. 생육
하고 번성하는 것, 양육을 마귀가 무서워합니다. 우리들의 다음세
대가 성장하는 것을 마귀가 원하지 않습니다. 제자 되는 걸 원치
않습니다. '예수 믿되 적당히 믿으라'. 이렇게 말하고 있습니다. 양
육을 해야 영적전쟁에 승리하게 됩니다. 우리교회 경험을 보면 양
육을 잘 하는 교사일수록 힘을 받습니다. 그런데 바빠서 양육 안하
는 교사가 있습니다. 주일 그 교사의 얼굴을 보면 굉장히 피곤하게
보입니다. 그만큼 양육은 우리 사역에 굉장히 중요합니다. 목양교
사는 양육에 승부수를 던져야 합니다. 아무리 바빠도 다른 걸 제쳐
놓고 양육해야 합니다.

1) 양육은 하나님의 최초 명령이다.

창세기 1:28절, "하나님이 그들에게 복을 주시며 그들에게 이르
시되 생육하고 번성하여 땅에 충만하라, 땅을 정복하라, 바다의 고

기와 공중의 새와 땅에 움직이는 모든 생물을 다스리라 하시니라".
양육은 하나님의 최초 명령입니다. 생육하고 번성하라.

신명기 6:7절, "네 자녀에게 부지런히 가르치며 집에 앉았을 때
에든지 길에 행할 때에든지 누웠을 때에든지 일어날 때에든지 이
말씀을 강론할 것이며". 네 자녀를 부지런히 가르치라 했습니다.
양육은 하나님의 명령입니다. 교회에 목사님이 존재하는 이유 중
에 하나가 무엇입니까?. 가르치기 위해서입니다. 초대교회 사도들
이 가르쳤듯이. 부모가 자식에게 해야 될 역할 중에 가장 중요한
역할이 교육입니다. 영육 간에 자식을 양육하는 것이 부모의 의무
중에 의무요, 사명 중에 사명입니다. 양육이 얼마나 중요합니까?
하나님이 주신 최초의 명령입니다.

2) 양육은 예수님의 마지막 명령이다.

마태복음 28:18~20절, "예수께서 나아와 일러 가라사대 하늘
과 땅의 모든 권세를 내게 주셨으니 그러므로 너희는 가서 모든 족
속으로 제자를 삼아 아버지와 아들과 성령의 이름으로 침례를 주
고 내가 너희에게 분부한 모든 것을 가르쳐 지키게 하라 볼지어다
내가 세상 끝날까지 너희와 항상 함께 있으리라 하시니라". 가서
모든 족속으로 가르쳐 지키게 하라. 제자 삼고.
요한복음 21:15~17절, "저희가 조반 먹은 후에 예수께서 시몬
베드로에게 이르시되 요한의 아들 시몬아 네가 이 사람들보다 나
를 더 사랑하느냐 하시니 가로되 주여 그러하외다 내가 주를 사랑

하는 줄 주께서 아시나이다 가라사대 내 어린 양을 먹이라 하시고 또 두번째 가라사대 요한의 아들 시몬아 네가 나를 사랑하느냐 하시니 가로되 주여 그러하외다 내가 주를 사랑하는 줄 주께서 아시나이다 가라사대 내 양을 치라 하시고 세번째 가라사대 요한의 아들 시몬아 네가 나를 사랑하느냐 하시니 주께서 세번째 네가 나를 사랑하느냐 하시므로 베드로가 근심하여 가로되 주여 모든 것을 아시오매 내가 주를 사랑하는 줄을 주께서 아시나이다 예수께서 가라사대 내 양을 먹이라". 네 어린 양을 먹이라. 내 양을 치라. 내 양을 먹이라. 양육은 예수님의 마지막 명령입니다. 하나님의 명령. 예수님의 명령. 그러면 교회가 다음세대 양육을 안 하면 어떻게 됩니까?. 하나님의 심판이 임합니다. 오늘, 어린이, 중,고 청년 다음 세대를 양육하고 제자 삼아야 합니다. 그것이 하나님의 명령이요. 예수님의 명령입니다.

3) 훈련받지 않고는 온전히 성장하지 않는다.

다른 말로 하면 양육 받지 않고는 성장하지 않습니다. 양육을 통해 성장합니다. 어린 아이 영이나 어른의 영이 다 똑같습니다. 육은 다릅니다. 영적 세계는 다 같습니다. 얼마나 그 영이 갈급하겠습니까?. 어린이도 하나님의 형상 닮았는데 얼마나 갈급하겠습니까. 우리가 장년으로 교회에서 제자훈련 안 해주고, 양육 안 해주고, 문제 해결 잘 안되어지면 얼마나 열 받습니까? 우리 문제해결이 되어야 은혜가 됩니다. 영적으로 성장해야 은혜가 됩니다. 우리 다음세대도 영혼이 자라야 합니다. 그러므로 양육하지 않고는 성장이 되지 않습니다.

에베소서 4:11~12절, "그가 혹은 사도로, 혹은 선지자로, 혹은 복음 전하는 자로, 혹은 목사와 교사로 주셨으니 이는 성도를 온전케 하며 봉사의 일을 하게 하며 그리스도의 몸을 세우려 하심이라". 목사와 교사를 교회에 주셨는데 그들은 성도를 온전케 하고, 양육하기 위해서 주셨습니다.

신명기 6:4~9절, "이스라엘아 들으라 우리 하나님 여호와는 오직 하나인 여호와시니 너는 마음을 다하고 성품을 다하고 힘을 다하여 네 하나님 여호와를 사랑하라. 오늘날 내가 네게 명하는 이 말씀을 너는 마음에 새기고 네 자녀에게 부지런히 가르치며 집에 앉았을 때에든지 길에 행할 때에든지 누웠을 때에든지 일어날 때에든지 이 말씀을 강론할 것이며 너는 또 그것을 네 손목에 매어 기호를 삼으며 네 미간에 붙여 표를 삼고 또 네 집 문설주와 바깥 문에 기록할지니라". 네 자녀를 부지런히 가르치라고 했습니다.

디모데후서 2:2절, "또 네가 많은 증인 앞에서 내게 들은 바를 충성된 사람들에게 부탁하라 저희가 또 다른 사람들을 가르칠 수 있으리라". 많은 증인들 앞에서 내게 들은 바를 또다시 충성된 사람들에게 가르치라. 그러면 그들이 또 다른 사람을 가르칠 수 있습니다. 오늘 우리가 다음세대를 양육해야 그들이 또 다른 사람을 양육합니다.

이렇게 기독교의 역사가 이루어져 가는 것입니다. 믿음의 대가 이어져 가는 것입니다. 믿음의 대는 양육으로 이어집니다. 믿음의 대는 불로 불로 이어가는 게 아닙니다. 믿음의 대는 가르치고 양육으로 이어집니다. 가르쳐 지키게 하라. 그런데 어른들은 열심히 배우고 다음세대는 안 가르치고 있습니다. 전교인 장년부가 일어나서 다음세대를 양육해야 합니다. 이런 결단이 일어나야 됩니다. 이 사역을 하려면 교회가 1년은 결단해야 합니다. 1년만이라도. 우리 다음세대들에게 모든 것을 쏟아 부어야 합니다. 그래야 하나님이 정상적으로 회복시켜 주십니다. 어른이나 어린이나 하나님은 똑같이 봅니다. 성장하는 것은 양육의 원리입니다. 양육 없이는 성장하지 않습니다. 목양교사 여러분 양육해야만 합니다. 공과만 가지고는 안 됩니다. 다수를 모아 놓고 하는 공과만 가지고는 안 됩니다. 1:1 양육을 해야 합니다. 맞춤식 양육. 성령님께서 직접 간섭하도록. 다수로 모아 놓고 하지 말고 1:1 양육. 공과만 갖고는 부족합니다.

4) 양육은 한 명에게 먼저 집중하라.

양육은 한 명에게 먼저 집중해야 합니다. 일단 한 명에게 집중하면 또 한명, 또 한명. 절대 욕심 부리면 안 됩니다. 한명씩, 한명씩 양육해야 합니다. 한사람의 위대함을 아십니까?. 하나님은 한 사람을 통해서 한 시대와 지역을 살리시기를 원하십니다. 우리 욕심을 버리고 한사람에게 집중하십시오. 하나님은 아브라함, 요셉, 모세, 사무엘, 다니엘, 엘리야 한사람에게 집중했습니다. 엘리야에게 뭐라 합니까?. 엘리사 한 사람을 세워라. 그러니까 오늘 양육을 하되 한사람의 위대함을 알아야 합니다. 지금 양육 하고 있는 한명을 한명으로 보시면 안 됩니다. 한 나라로 봐야 합니다. 그 한명을 천명으로 볼 수 있어야 합니다. 이 아이에게 붙여진 수천 수만 명의 시대를 살릴 영혼들이 있습니다. 이 눈이 열려야 합니다. 이게 열리고 양육해야 합니다. 이 아이들 뒤에 누가 있습니까?. 이 아이 한명이 아닙니다. 이들 뒤에는 평생에 만날 수백만, 수천 만 명이 있습니다. 그러므로 한명에게 집중하고 목숨 걸어야 하지 않겠습니까?

목양교사는 목양제자 귀한 영혼들을 우리가 한명씩 한명씩 길러내야 합니다. 아브라함은 목양교사였습니다. 25년 동안 아브라함 반은 0명(뻥반) 이었습니다. 한 명 있었는데 내 보내버렸습니다. 그런데 하나님은 계속 하늘의 별을 보면서 반이 수천 명 된 걸 보여주셨습니다. 아브라함은 자기 당대에 그리될 줄 알았습니다. 그런데 실상은 아니었습니다. 딱 한명만 주었습니다. 이삭 한사람을 얼마나 잘 양육합니까?. 17살 정도 된 이삭이 모리아산 올려보내니까 나무제단위에 누우며 '나를 죽이세요. 나는 하나님의 것입니다'. 이렇게 나오잖아요. 오직 순종!. 그게 진짜 제자입니다. 그 나이에 이삭이 아버지를 밀치고 도망 내려 올 수 있습니다. 그런데 안 그랬습니다. "아버지. 아버지가 맞습니다". 아버지를 인정하고 신뢰하고, 맡기고 누워버렸습니다. 이 얼마나 양육을 잘 했습니까?. 자녀 양육 잘 하셔야 합니다. 이삭을 키워야 합니다. 한 명. 뻥반 25년 하다가 한 명을 하나님이 주셨습니다. 그런데 그 한 명이 한 명이 아닙니다. 그 한 명이 한 나라였습니다. 한 시대였습니다. 그 한 명을 통하여 믿음의 대를 이어갑니다.

5) 양육은 오직 말씀과 기도로 양육하라.

양육은 오직 말씀과 기도로 해야 합니다.

디모데전서 4:5절, "하나님의 말씀과 기도로 거룩하여짐이니라".

디모데후서 3:16~17절, "모든 성경은 하나님의 감동으로 된 것으로 교훈과 책망과 바르게 함과 의로 교육하기에 유익하니 이는 하나님의 사람으로 온전케 하며 모든 선한 일을 행하기에 온전케 하려 함이니라". 사람은 말씀으로 변화됩니다. 사람은 기도로 변화됩니다. 우리 목양사역의 양대 핵심은 말씀과 기도입니다. 핵심이 말씀과 기도입니다. 말씀을 벗어나면 안 됩니다. 우리 교사들이 말씀의 능력을 믿으셔야 합니다. 말씀이 얼마나 능력이 있습니까?. 하나님 말씀은 읽어도 복 받고 들어도 복 받고 지키면 더 복받고, 말씀이 우리를 변화시킵니다. 에스겔 37장을 보세요. 죽은 자가 살아납니다. 말씀은 우리의 죽은 모습들을 생명력 넘치도록 변화시킵니다.

히브리서 4:12절, "하나님의 말씀은 살았고 운동력이 있어 좌우에 날선 어떤 검보다도 예리하여 혼과 영과 및 관절과 골수를 찔러 쪼개기까지 하며 또 마음의 생각과 뜻을 감찰하나니". 하나님의 말씀은 살았어요. 완전히 새롭게 만듭니다. 하나님의 말씀은 능치 못함이 없다고 했습니다(창 18:14. 막 9:23). 오늘 말씀으로만 아이들이 변합니다. 어린 친구들 양육할 때 다른 걸로 하면 안 됩니다.

말씀중심으로 해야 합니다. 말씀중심, 암송, 기도, 오직 말씀, 말씀이 중심이 되어야 합니다. 우리 목양교사 훈련원[1] 사역의 장점은 강단, 말씀, 요절 암송이 핵심입니다. 이것 이상 다른 것 하려고 하지 마세요. 일단 말씀이 중심이 되어야 합니다. 그리고 여러분 기도가 중심이 되어야 할 줄로 믿습니다.

6) 리더로 지도자로 양육하라.

이전에 한 명에 집중하자 하고 비슷하지만 결국은 다릅니다. 우리가 양육을 할 때 내가 어떤 생각을 갖고, 어떤 지도자로 만들 것인가 하는 분명한 목표를 갖고 있어야 합니다. 우리의 목표는 무엇입니까?. 우리가 양육하면서 항상 교재 안에 있는 내용이 무엇입니까?. 무슨 리더를 만들어야 합니까?. 목양리더를 양육시켜야 됩니다. 목양제자, 목양제자 정의 두 가지. 목양제자는 첫째. 내가 전도하고 제자 양육하는 사람입니다. 목양제자 두 번째 정의는 목사님과 목숨 거는 동역자입니다.

7) 목숨 걸고 양육하라.

어떻게 양육해야 합니까?. 목숨 걸고 양육해야 합니다. 우리가 양육하고 제자훈련 해보면 절대로 희생 없이는 한 사람이 안 바뀝

---

1) 부산 예환꿈교회 부설 목양교사훈련원 홈 페이지, http://www.yhk.or.kr/main/sub.html?pageCode=26

니다. 내가 바쁜 중에 피곤한 중에 외치고 또 외치고 쓰러질 때 한 사람이 변합니다. 적당하게 하면 절대로 변하지 않습니다. 목숨을 걸고 양육해야 사람이 변합니다.

갈라디아서 4:19절, "나의 자녀들아 너희 속에 그리스도의 형상이 이루기까지 다시 너희를 위하여 해산하는 수고를 하노니". 해산의 수고가 있어야 합니다. 한국교회 교사들이 해산의 수고가 부족합니다. 자기 일이 바쁘면 양육을 안 합니다. 양육을 하더라도 바쁘니까 5분 10분 대충해버립니다. 거기에는 변화가 일어나지 않습니다. 내 마음이 담기고 목숨이 담기고 해산의 수고하는 마음이 있어야 한 사람이 바뀝니다. 주님이 우리 해산의 수고를 보고 그 아이를 바꾸십니다. 우리가 어떤 자세로 양육하는지. 사람은 몰라도 주님은 아십니다.

요한복음 10:11절, "나는 선한 목자라 선한 목자는 양들을 위하여 목숨을 버리거니와". 예수님은 양을 위하여 목숨을 버린다고 했습니다. 양을 위하여. 오늘 그런 양육이 필요합니다. 그래서 목양교사 정의 3가지는 평생교사, 목숨 거는 교사, 제자 삼는 교사입니다.

(4) 목양교사의 양육전략.

① 일대일 양육

일주일에 한명에게 집중해서 양육하는 것입니다. "새로운 생활" 교재를 참고하세요.

1:1 양육방법

◑ 양육시간 : 1시간 이내로 한다.

- 찬양 10분. 말씀 20분. 나눔 15분. 기도 15분.

1. 찬양은 아이들이 좋아하는 곡과 진지한 곡을 선택하여야 한다.

- 찬양은 빠르고 힘찬 곡을 선곡하되 박수치며 힘 있게 찬양한다.

2. 말씀을 나눌 때는 질문을 하지 말고 확신과 영혼사랑을 가지고 선포한다.

3. 나눔은 말씀을 한 번 더 깨우치게 하고 마음속에 있는 고민과 상처를 치유하게 한다.

4. 기도는 중보기도로 손을 잡고 합심기도를 먼저 하고 교사가 축복기도로 마무리 한다.

- 합심기도는 전도대상자 이름을 놓고 함께 기도한다.
- 축복기도는 믿음을 가지고 아이를 포함하여 전 가족을 위해 기도한다.
- 주기도문으로 마친다.

5. 서두에 말씀암송과 끝마침에 외어쓰기를 꼭 체크 한다. (말씀의 능력을 체험하게 한다)

6. 적용은 전도대상자의 이름을 적고 다음 주간에 만날 계획을 포함한다. 본 1:1양육과정의 수료자는 2명 이상 전도하므로 자격요건을 충족하게 된다. 목양교사는 한 주간 양육자와 함께 지속적으로 기도하고 주간 중에 전도대상자를 직접 만나 양육자와 함께 전도한다.

7. 아무리 바쁘고 양육대상자가 많을지라도 1:1로 양육을 해야 한다.

선생님을 돕는 도우미로 세워지기까지 1회 양육으로 끝나지 말고 2회, 3회 지속 반복하여야 한다.

1:1 양육 장소와 시간

1. 장소는 가능한 집중할 수 있는 조용한 장소를 선택하라.

• 집에서 할 때는 전화기를 내려놓으라.

2. 시간은 아이들의 시간을 고려하고 토요일 오후나 주일이 좋다.

• 4주 하다가 사정상 빠졌을 경우 꼭 그 주간에 빠진 과를 실시하라.

• 한 주간을 늦추면 리듬이 깨질 수 있다.

* 4주간의 전 과정을 끝마칠 때

1. 4주 동안의 소감을 물어보고 기록에 남겨 놓으라. 다음에 참고자료가 될 것이다.

2. 수료 파티를 하고 기념사진을 찍어서 추억에 남도록 하면 좋을 것이다.

3. 4주 양육훈련에 동역자가 되도록 사명을 주어라. 선생님의 도우미임을 알려주어라.

4. 4주 양육을 마친 아이들을 그룹으로 만들고 한 단계 높은 훈련을 위해 기도하라.

*「새로운 생활」의 구성

• 전체 4과입니다.

* 1. 2과는 구원을 다루고 있습니다.

- 1과는 "하나님 만나는 길"입니다.
- 2과는 "예수님을 왜 믿어야 하나요 ?"입니다.
- * 3. 4과는 제자론입니다.
- 3과는 "예수님의 제자가 되자".
- 4과는 "나는 선생님을 돕는 도우미" (제자)입니다.

② 리더그룹 양육

4주 일대일 양육을 받은 사람을 소그룹으로 양육합니다. 시간은 자유로이 하고 1시간 이내로 하는 것이 좋습니다. 기도를 많이 해야 합니다. "성장하는 생활" 교재를 사용하는 것이 좋습니다.

③ 공과를 통한 양육

한주 전에 담임목사님의 강단 말씀을 공과로 사용합니다. 또한 심방을 통하여 요절암송으로 양육합니다.

〈도표 7〉 목양제자대학 커리큘럼

양육 단계	커리 큘럼	청장년교과과정	교재	다음세대교과과정	교재
컨퍼 런스	목양교사 컨퍼런스				
1단계	체험 훈련	1과 - 목양교사의 기도 7계명 2과 - 목양교사의 전도 7계명 3과 - 목양교사의 양육 7계명 4과 - 목양교사의 심방 7계명			목양 교사 4가지 전략

	새가족반	1과 - 나를 바로 알자 2과 - 예수님을 바로 알자 3과 - 교회를 바로 알면 복 받는다. 4과 - 목사님을 바로 알면 복 받는다.	목양 새 가족 학교	1과 - 하나님 만나는 길 2과 - 예수님을 왜 믿어야 하나요 3과 - 예수님의 제자가 되자 4과 - 나는 선생님을 돕는 도우미	새로운 생활
2단계 집중 훈련	성장반	1과 - 예배생활의 축복 2과 - 봉사생활의 축복 3과 - 헌금생활의 축복 4과 - 성령충만한 생활과 축복 5과 - 순종생활과 축복 6과 - 전도생활과 축복 7과 - 희망을 주는 생활과 축복 8과 - 기도생활과 축복	성장하는 생활	1과 - 예배생활의 축복 2과 - 봉사생활의 축복 3과 - 헌금생활의 축복 4과 - 성령충만한 생활과 축복 5과 - 순종생활과 축복 6과 - 전도생활과 축복 7과 - 희망을 주는 생활과 축복 8과 - 기도생활과 축복	성장하는 생활

3단계 집중 훈련	제자 대학	1과 – 하나님 만나는 길 2과 – 예수님을 왜 믿어야 하나요 3과 – 예수님의 제자가 되자 4과 – 나는 선생님을 돕는 도우미		1과 – 하나님이 나를 만드신 목적 2과 – 나는 누구인가 3과 – 목양제자 4과 – 목사님은 누구인가 5과 – 교회를 바로 알자 6과 – 영적전쟁 7과 – 부르짖는 기도영성 8과 – 능력있는 전도자 9과 – 최고의 리더 10과 – 세계적인 리더가 되는 길	목양 리더 학교
		1. 목양기도학교 1과 – 천국열쇠 2과 – 기도와 영적전쟁 3과 – 응답받는 기도 4과 – 목양기도 2. 목양전도학교 1과 – 지상명령 2과 – 예수님은 누구신가 3과 – 목양전도 4과 – 목양제자와 전도 3. 목양 양육학교 1과 – 양육은 하나님 명령 2과 – 양육과 다음세대 3과 – 리더로 양육하라 4과 – 한 사람의 위대한 목양제자 4. 목양 심방학교 1과 – 심방과 하나님 2과 – 목양심방 3과 – 심방의 축복 4과 – 목양심방의 방법	목양 학교		
		1과 –교회란 무엇인가 2과 – 교회의 권세 3과 – 영적 전투적 교회 4과 – 건강한 목양교회	목양 교회 론		

양육 단계	커리 큘럼	청장년교과과정	교재	다음세대교과과정	교재
4단계 집중 훈련	사역 자반	첫째날 - 삶의 목 적과 방황 둘째날 - 창조 의 명령과 삶의 목적 셋째날 - 예수님 의 유언과 삶의 목적 넷째날 - 목양 은 내가 사는 이유와 목적이다. 다섯째날 - 하나 님의 한이 삶의 목적 여섯째날 - 시 대의 시급한 사명이 내가 사는 목적 일곱째날 - 목 양교사는 내가 사는 목적이다	삶의 목적을 발견하는 7일	1. 목양기도학교 1과 - 천국열쇠 2과 - 기도와 영 적전쟁 3과 - 응답받는 기도 4과 - 목양기도 2. 목양전도학교 1과 - 지상명령 2과 - 예수님은 누 구신가 3과 - 목양전도 4과 - 목양제자와 전도 3. 목양 양육학교 1과 - 양육은 하나 님 명령 2과 - 양육과 다 음세대 3과 - 리더로 양 육하라 4과 - 한 사람의 위 대한 목양제자 4. 목양 심방학교 1과 - 심방과 하 나님 2과 - 목양심방 3과 - 심방의 축복 4과 - 목양심방의 방법	목양 학교

		1과 - 영적인 축복(1) 2과 - 영적인 축복(2) 3과 - 마음의 축복 4과 - 범사의 축복	목양 교사의 축복		
		1과 - 하나님이 나를 만드신 목적 2과 - 나는 누구인가 3과 - 목양제자 4과 - 목사님은 누구인가 5과 - 교회를 바로 알자 6과 - 영적전쟁 7과 - 부르짖는 기도영성 8과 - 능력있는 전도자 9과 - 최고의 리더 10과 - 세계적인 리더가 되는 길	목양 리더 학교		

(5) 목양 리더 학교 지침서

1) 10주 과정을 마치면 수료증을 줍니다.

• 학생들은 목양교사를 바로 세우는 데 무리를 느꼈습니다. 목양리더학교는 10주 과정을 마치면서 다음 세대를 목양 교사로 세

우겠다는 의미에서 만들어낸 교재입니다. 학생들은 10주 동안 목양을 가르쳐놓고 목양 교사 임명을 정식적으로 합니다. 그러니까 다른 교재는 목양 교사 하면서 하는데 목양리더학교 10주 과정 뒤에 목양 교사 임명을 하는 걸로 해서 만들어 놓았습니다. 10주 과정을 마치면 수료증을 줍니다.

2) 10주 동안 신앙서적(성경이 만든 사람 / 목양교사 / 6개월의 기적 / 세대간 통합비전)을 탐독하게 합니다.

• 10주 동안 다 읽기는 어려워요. 여기에서 최소한 한두 권은 읽도록 해야 합니다. 특히 성경이 만든 사람, 존 워너 메이커 이야기는 꼭 읽게 하는 게 좋습니다. 존 워너 메이커는 목양 교사의 모델입니다. 평신도 목양 교사 중에 존 워너 메이커가 롤 모델입니다. 존 워너 메이커는 내 본업은 교사요 부업은 체신부 장관이라고 말합니다.

• 10주 동안에 여기 있는 책 외에도 읽게 할 수 있습니다. 그러니까 교사의 목양 사역에 도움 되는 책, 꼭 한 권 정도는 탐독하게, 가능한 이 안에 있는 거면 좋습니다. 이런 책을 읽고 좀 나눌 수 있도록 하셔야 됩니다.

3) 10주 동안 3명 이상 전도시 수료를 해야 합니다.

• 10주 공부하면서 친구 세 명을 전도해야 됩니다. 학생들은

10주 동안 세 명 이상 전도시 수료하게 합니다. 10주 동안 친구들 세 명을 등록시켜야 됩니다. 그럼 여기 의도가 이 아이들을 목양 제자, 전도를 시켜야 합니다. 이 과정은 성경 공부 목적이 아닙니다. 목양 제자 세우기입니다. 성경을 가르치는 것도 중요하지만 이 아이들을 목양의 삶으로 가게 하는 것이 목양리더학교의 방향입니다.

• 세 명 전도 안하면 수료하면 안됩니다. 그러면 3명을 전도하여 자기 소그룹을 만들어야 됩니다. 이 세 명이 자기 셀, 자기 목장이 되고, 나는 리더가 되는 겁니다. 만약 이 과정을 받았는데 3명을 전도 못했다. 이런 경우 수료를 기다려야 합니다. 수료를 해주지 말고, 그 사람은 조금 기다려야 됩니다. 3명 전도 하는 날까지 기다려 주고, 그다음에 혼자 수료를 하더라도, 전도할 수 있도록 기다려주는 게 좋겠습니다. 우리가 이 모든 공부의 목표는 전도입니다. 우리가 어떤 공부를 하든지 전도 하고 제자 삼기 위해서 하는 것이지 그냥 공부하려고 하는 게 아닙니다.

• 자기가 전도한 그 아이를 직접 양육하는 그런 식으로 운영하고, 나중에 양육 수료할 때, 그 아이들까지 같이 가서 사진 찍는다든지 이런 어떤 수료식을 할 수 있다면 굉장히 축제적인 분위기가 될 수가 있습니다.

4) 10주 동안 주일성수와 매일 기도 한 시간씩 해야 수료 합니다.

• 이 교재는 하나만 가르치는 게 아닙니다. 완전히 어떤 자기희

생과 정신을 갖게끔 해줘야 됩니다. 이게 참 쉽지는 않지만 여기 제자반 들어올 정도 되면 리더 지침서를 읽고 지원하게 해야 됩니다. 여기 읽고 동의하는 아이들이 지원하게 해야 됩니다. 그리고 신청한 사람한테 이 지침서대로 할 것인지 다짐을 받고 시작해야 합니다. 아무나 하고 시작하면 안됩니다. 결국은 아무나 데리고 성경 공부식으로 하면 효과가 없습니다. 10주 동안에 체질을 바꿔주어야 합니다.

• 주일 성수하고 매일 1시간씩 기도하도록 해야 됩니다. 기도 1시간하든 30분 하든, 일단은 분위기를 하는 걸로 다짐을 받아야 됩니다. 아이들이 한 시간씩 기도할 수 있습니까? 마음만 먹으면 아이들이 할 수 있습니다. 이 과정을 대충하면 안 됩니다. 철저하게 여기는 좀 아이들을 강하게 만들기 위한, 뽑혀 나오게 돼 있습니다. 지원하고, 아이들이 좀 이렇게 조금 다른 교재보다는 훈련이 강합니다. 이 과정은 어린이가 아니고 여기 청소년들을 중심해서 만든 것인데 어린이도 합니다. 이 교재를 가지고, 이렇게 똑같이 어린이도 합니다. 어린이 파트를 따로 이렇게 합니다.

• 10주 동안에 하루에 1시간이라도 기도 하려고 몸부림 쳐야 합니다. 그냥 성경공부하면서 여러분 기도 안하면, 한번 배워봤자 아무런 소용이 없습니다. 철저하게 10주 하는 동안에 기도 안 되면 1시간 찬송해라. 기도 안 되면 1시간 성경 읽어라. 아니면 주여 천 번해라. 주여 천 번을 시켜야 됩니다. 주여 천 번은 혼자하면 45분 걸립니다. 10주 끝나면 최소한 기도 체질은 어느 정도 될 수 있도록 훈련을 하자. 그래서 이런 걸 좀 강하게 출석도 좀 체크하고 도

저히 안 될 때에는 한 30분이라도 하게끔 그렇게 체크를 좀 해주
도록 해야 아이들이 바뀝니다.

• 성경 읽기는 시간 따라 1독 하도록 성경을 언제나 읽도록 숙제
를 내주고 있습니다.

5) 10주 동안 주일 낮 목사님 설교를 기록하게 합니다.

• 10주 동안 노트 갖고 다 앞자리 앉아가지고 목사님 설교 제목,
은혜 받은 것, 다 적습니다. 이것도 이제 훈련 차원에서 이렇게 지
금 하는 겁니다. 학생들은 이 과정 끝나고 나면 계속 노트 갖고 다
니는 겁니다. 모든 집회 때마다 설교 노트만 해도 특히 청소년 리
더들은 이것만 잘하면 공부 잘합니다. 한 번씩 이제 목사님들이 체
크, 잘 했네 아이들 격려해 주고, 아이들 의외로 우리들 생각보다
더 잘합니다. 그리고 훈련 받는 아이들은 주일 낮 예배 다 참석해
야 합니다. 철저하게 훈련을 시켜야 됩니다.

6) 성경공부 시간은 1시간 하고 기도는 30분 합니다.

• 철저하게 이걸 지켜야 됩니다. 기도 없는 성경 공부는 가르치
는 자와 배우는 자가 굉장히 힙듭니다.

• 그러면 12명을 하잖아요. 그러면 a 한 명 1분 기도해 주고, b
한 명 기도해 주고, 돌아가면서 기도해 주면 이 시간이 꽤 갑니다.
그리고 리더, 목사님 놓고 먼저 기도해라. 그렇게 기도하고 그러면

오른쪽부터 기도합니다. 이러면 30분 기도 합니다. 이렇게 아이들이 금방 30분 기도하는데 기도 자신감이 생깁니다.

7) 소그룹 귀납법적 성경공부식으로 합니다.

• 이 교재는 1 대 1이 아닙니다. 소그룹 귀납적 성경 공부식으로 해야 합니다. 이 말은 소그룹으로 인도자가 질문하고 학생들이 답하는 식의 공부를 하기 위해서 만들어낸 교재입니다.

• 지금까지는 우리가 선포식으로 했거든요. 목양 교사 학교도 그렇고, 모든 게 이제 선포식입니다. 다른 교재는 대개 보면 20~30명 앉혀 놓고 목사님이 그냥 일방적으로 강의하듯이 하는데 목양 리더학교는 소그룹 귀납법적 성경공부식으로 합니다. 이것만큼은 목양교사학교 식으로 하지 마시고 10~12명 탁자에 앉게 하고 철저하게 한 명씩 체크해 주고 그렇게 공부를 좀 했으면 좋겠습니다. 그렇게 교재가 만들어졌습니다.

• 이 교재는 학생들이 답 찾기가 굉장히 어렵게 만들었습니다. 제가 이 성경 구절을 넣을 때는 답을 찾지 말고 성경 구절을 다 쓰게끔 하려고 넣은 겁니다. 답을 찾아내는 게 아니고 성경 구절 자체를 다 기록하는 겁니다. 학생들이 답을 찾기보다는 교재에 성경 구절을 찾아 기록해오도록 합니다. 그냥 성경 구절을 다 쓰고 그때 답을 불러주고 동그라미 치도록 하는 그런 식으로 하면 부담스럽지 않고 아이들도 즐거워합니다. 긴 성경 구절은 붙여서 자기들이 가져오고 그렇게 했습니다.

8) 훈련받는 인원은 5명에서 12명까지가 좋습니다. 사정에 따라서 일대일도 가능합니다. 그리고 더 많은 인원은 교회 상황에 따라 해도 좋습니다.

• 이 교재는 일대일 양육 교재가 아닙니다. 사정에 따라서 일대일도 가능합니다. 사정에 따라 1대 1도 가능하다는 말은 어쩔 수 없을 때는 일대일로 해도 됩니다. 그러나 가능하면 이건 소그룹으로 팀웍을 이루어 가는 게 좋습니다. 그러나 이 교재를 만들 때는 일대일로 만든 건 아닙니다. 이 공부는 사정에 따라 어쩔 수 없을 때 일대일입니다. 그러나 20명~30명하면 안 됩니다.

• 저자의 생각에는 절대로 서두르지 마시고, 한 12명씩 뽑아서 하면 안 좋겠나 싶습니다. 너무 서둘러 우리가 한꺼번에 30명 확 끝낼 거야, 그게 의외로 효과가 없습니다. 예수님의 12제자를 생각 하고 10~12명씩을 뽑아 가지고 이렇게 하는 것도 참 좋은 방법 중에 하나입니다.

9) 입학식과 수료식을 정확하게 해야 합니다.

• 이 교재는 주요 목양하는 교회들이 토요일마다 목양리더 학교를 하고 있습니다. 다른 것은 수료가 없어도 이것만큼은 입학식과 수료식을 정확하게 해야 합니다.

• 정확하고 거창하게 꽃다발도 주고 제일 잘하는 학생들 한 두 명을 뽑아서 시상도 하고, 책 읽고 독후감 쓰는 거 잘하고 착실하

게 다 잘한 아이들은 상을 주고, 축복하는 이런 것도 있었으면 좋겠습니다. 그렇게 3명을 전도하고 이제 목양교사 임명을 받는 시간이기에 수료식을 할 때 얼마나 귀한 시간입니까.

• 입학식을 할 때 학생 한명에 기도해주는 분을 한명을 묶었습니다. 기도자를 모집합니다. 입학식 때 열두 명 세워 놓고 예배 시간에 기도할 사람, 손듭니다. 10주 동안 이 아이들이 도중하차 안하도록, 다 그렇게 했습니다. 10주 동안만 기도해 주는 겁니다.

• 수료식 때도 기도하시는 분들이 꽃다발 가지고 12명하고 선생님까지 한 30명 됩니다. 축제 한번 하고 그리고 아이들이 소감문 발표하고 여기에 전도했던 아이들, 기도해준 선생님, 사진도 찍습니다.

10) 일정한 훈련 회비를 받고 해야 합니다.

• 목사님들 대부분이 훈련 회비를 안 받을 거라고 생각합니다. 근데 일정한 회비를 받아야 됩니다. 받은 회비는 10주 동안의 어떤 필요한 부분으로 경비를 쓰시면 안 됩니다. 훈련생들한테 합의보고 단 하나도 먹는 데 사용하면 안 됩니다. 회비는 선교지 예배당 세우거나, 의미 있는 곳에 사용합니다.

• 회비를 부담해야 더 귀하고 잘 된다고 생각합니다. 무조건 회비 안 받고 하는 것보다는 조금 그런 의무를 주는 게 좋다고 생각합니다. 참고로 2천원 받은 교회는 실패했습니다. 20만 원 받은 교회는 성공했습니다. 이 교회는 회비 마련을 위해 학생들이 알바를

했습니다. 최소한 내가 볼 때는 아이들한테는 회비를 2만 원 정도 받고, 저들이 용돈 줄여가지고 하는 이 헌신이 일어나야 됩니다.

☞ 교회 상황에 따라 진행하시면 되지만 이 지침서대로 최대한 하는 것이 좋습니다. 여기에다가 조금 더 업그레이드 하든지 잘 한 번 해보시면 좋겠다는 생각을 합니다. 저는 이 교재 만들면서 철저하게 대충 아니고 아이들은 좀 더 강력한 훈련은 필요하다 싶어서 이렇게 했습니다.

☞ 꼭 현수막 걸고 훈련생 모집을 하시고 목양제자반을 분위기 있게 해야 합니다.

☞ 목양리더학교는 언제 하는 것이 좋습니까? 제 생각에는 가정에 계신 분은 주 중에 하는 게 좋고, 학생들은 토요일 하는 게 좋다고 생각합니다. 토요일 오전 오후, 주일 오후, 중간에 수요일에 예배 끝나고 할 수 있으면 겟세마네 기도가 없으면 좋습니다만 주중 새벽도 좋고 각 교회 상황 따라 하시면 좋습니다.

☞ 이제 시간 배정이 앞에 부분에 한 3분의 2는 제가 할애합니다. 숙제 확인 이렇게 나누고, 교재 내용의 공부는 30분이 안 넘어갑니다. 그 안에 공부 내용은 한 20~30분 그리고 질문 그리고 한 1시간 반 정도 진행합니다.

(6) 목양교사의 양육 7계명 강의안

1. 하나님의 최초의 명령이다.

1) 창1:28/ 생육하고 번성하여

2) 신6:7/ 네 자녀를 부지런히 가르쳐라

3) 엘리-사무엘/ 엘리야-엘리사

2. 예수님의 마지막 명령이다.

1) 마28:18~20/ 가서 모든 족속으로 제자를 삼으라

2) 요21:15~17/ 내 어린양을 먹이라

3. 훈련 받지 않고는 온전히 성장하지 못한다.

1) 엡4:11~12/ 그가 혹은 사도로 혹은 선지자로 혹은 복음 전하는
자로 혹은 목사와 교사로 주셨으니 이는 성도를 온전케 하며 봉사
의 일을 하게하며 그리스도의 몸을 세우려 하심이라.

2) 신6:4~9/ 부지런히 어릴 때부터 가르쳐라

3) 딤후2:2/ 네가 많은 증인 앞에서 내게 들은 바를 충성된 사람들에
게 부탁하라 저희가 또 다른 사람들을 가르칠 수 있으리라.

4) 마11:29/ 나는 마음이 온유하고 겸손하니 나의 멍에를 메고 내게
배우라 그러면 너희 마음이 쉼을 얻으리니.

4. 한명에게 먼저 집중하라.

1) 욕심을 버려라(약1:15)

2) 아브라함/요셉/ 모세/ 사무엘/ 엘리야/ 다니엘

5. 오직 말씀과 기도로 양육하라.

1) 딤전4:5/ 하나님의 말씀과 기도로 거룩하여 짐이라

2) 딤후3:16~17/ 모든 성경은 하나님의 감동으로 된 것으로 교훈과 책망과 바르게 함과 의로 교육하기에 이는 하나님의 사람으로 온 전케 하며 모든 선한 일을 행하기에 온전케 하여 함이니라.

6. 리더로 지도자로 양육하라.

1) 딤전2:2/ 저희가 다른 사람들을 가르칠 수 있으리라.
2) 창1:28/ 생육하고 번성하여 땅에 충만하고 땅을 정복하고 다스 리라.
3) 행1:8/ 땅끝까지 증인으로 양육하라

7. 목숨을 걸고 양육하라.

1) 요10:11/ 나는 선한 목자라 선한목자는 양을 위하여 목숨을 버 리거니와
2) 갈4:19/ 나의 자녀들아 너희 속에 그리스도의 형상이 이루기까지 다시 너희를 위하여 해산하는 수고를 하노니.

4. 심방이 전략

어느 해 늦가을, 전도사께서 사역하던 청소년부의 한 아이가 다 니는 학원 앞으로 심방을 갔습니다. 학원 마치는 시간을 미리 알아 두었다가, 시간에 맞춰 근처 마트에서 따뜻한 음료수를 몇 병 구 입했습니다. 얼마 지나지 않아 학생들이 우르르 몰려나왔습니다. 친구들과 함께 나오던 그 아이가 나를 알아보았습니다. "어? 전도

사님!" "누구야? 아는 사람이야?" "응! 우리 교회 전도사님이야. 전도사님! 여기 웬일이세요? 이 동네 안사시잖아요". "웬일은? 너 보러 왔지! 늦은 시간까지 수고 많구나". "에이, 뻥! 뭘 저를 보러 와요! 어디 다녀오는 길이세요?" "아니, 정말 너 보러 왔다니까! 허허. 자 여기! 아직 따뜻하다. 친구도 받아 마시고 힘내라!" "우와! 진짜 저 보러 오셨어요? 헐 대박사건! 야 봤냐? 나 이런 사람이야!"

대한민국의 입시환경은 이 땅의 청소년들에게 학교, 학원, 독서실로 이어지는 끔찍한 생활 패턴을 선물했습니다. 성적이 좋은 학생도, 공부에 취미가 없는 학생도 각자의 무게를 짊어지고 학창시절을 버텨내고 있습니다. 이렇게 몸과 마음에 여유가 없는 아이들을 그냥 찾아가 따뜻한 음료 한 병이라도 건네주자. 근처에 포장마차가 있다면 어묵꼬치라도 사주자. 특별히 감동을 자아낼 만한 멋진 멘트를 준비할 필요도 없습니다. 그냥 늦은 밤, 지친 걸음으로 귀가하는 아이를 찾아간 것만으로도 그 마음이 충분히 전달될 것입니다. 별 것 아닌 짧은 만남이지만 아이는 몇 년이 지나도 기억합니다.

이렇게 바쁘고 복잡한 생활 속에서도 심방을 꼭 해야 할 것인가? 하는 문제로 고민한 적이 있습니다. 하나님께서 우리 인간에게 말씀으로, 선지자로, 하나님의 은혜를 전하시다가 직접 인간이 사는 땅에 성육신하여 찾아오심으로 우리의 모든 것을 체휼하시고 주님의 사랑의 발자취를 그대로 볼 수 있게 하셨습니다. 또한 예수님께서는 이 땅에 계신 동안에 수없이 많은 가정과 동네들을 심방하셨습니다. 우리에게 "가라"고 명령하시고 주님께서 몸소 본을 보이신 이 심방은 교사가 평생에 행해야 할 일입니다.

(1) 심방의 목적

1) 하나님의 잃어버린 양을 찾는 것입니다. 하나님은 잃어버린 양을 찾는 자가 없음을 탄식하고 계시는 것을 볼 수 있습니다. "너희가 그 연약한 자를 강하게 아니하며 병든 자를 고치지 아니하며 상한 자를 싸매어주지 아니하며 쫓긴 자를 돌아오게 아니하며 잃어버린 자를 찾지 아니하고 다만 강포로 그것들을 다스렸도다. 목자가 없으므로 그것들이 흩어지며 흩어져서 모든 들짐승의 밥이 되었도다. 내 양의 무리가 모든 산과 높은 멧부리마다 유리되었고 내 양의 무리가 온 지면에 흩어졌으되 찾고 찾는 자가 없었도다"(겔 30:4~6). 심방은 이러한 하나님의 마음을 헤아려 잃은 양을 찾는 것입니다.

2) 그리스도의 충만한 축복을 나누어주는 것입니다. 사도 바울은 로마교회를 방문할 때 그리스도의 충만한 축복을 나눠줄 것을 약속하고 있습니다. "내가 너희에게 나갈 때에 그리스도의 충만한 축복을 가지고 갈 줄을 아노라"(롬 15:29). 사도 바울은 로마를 방문할 때 로마교회에 주의 충만한 축복이 임할 것을 확신했습니다. 교사는 하나님이 세우신 사람입니다. 교사가 주의 이름으로 어린이의 가정을 방문하는 것은 그냥 가는 것이 아닙니다. 하나님이 주신 축복권을 가지고 가는 것입니다. 따라서 방문 혹은 심방은 그리스도의 풍성한 은혜와 축복을 나누어주는 것입니다.

3) 믿음이 약한 자에게 견고한 믿음을 심어 주는 것입니다. 사람은 누구나 돌봄이 필요합니다. 어른이건 어린이건 할 것 없이 격려와 권면이 필요합니다. 특히 믿음이 연약한 사람은 더욱 심방이 필요합니다. 목회 현장에서 언제나 느끼는 것은 심방의 효력입니다. 낙심해서 몇 주씩 결석하던 성도들도 목회자의 심방을 받고 금방 힘을 얻어 교회에 출석합니다. 이것은 어린이들에게도 마찬가지입니다. 어린이 가정에 심방을 갖다 오면 얼마나 좋아하는지 모릅니다. 심방을 한 번 다녀오면 그 때부터 인사가 달라집니다.

예수님도 나사로의 집을 자주 방문하셨고 회당장 야이로의 집과 여러 사람들의 집을 방문하셨습니다. 예수님의 방문은 그들에게 크나큰 새 힘이 되었고 격려가 되었던 것을 알 수 있습니다. 심방은 믿음이 연약한 자들, 병든 자들, 가정에 문제가 있는 자들에게는 더욱 필요합니다. 특히 이런 가정은 교사 혼자 심방 하지 말고 아이들과 함께 심방해서 예배를 드리고 격려함으로 새 힘을 얻게 해야 합니다.

4) 신앙의 열매를 맺게 하는 것입니다. 씨를 뿌렸다고 저절로 열매를 맺는 것은 아닙니다. 끊임없는 보살핌과 관심이 필요합니다. 신앙의 열매도 마찬가지입니다. 어린이들은 쉽게 마음이 감동되어 결단을 하고 헌신을 합니다. 그리고 영적으로 민감해서 은혜를 잘 받는 좋은 장점을 가지고 있습니다. 반면에 또 쉽게 흔들리고 넘어진다는 것입니다. 그들이 헌신한 것을 쉽게 잊어버리고 실천하지 못합니다. 누군가의 도움이 필요합니다. 그것은 바로 교사의 몫입니다. 어린이들이 결심한 대로 살아갈 수 있도록 그들을 돌봐

주어야 합니다.

심방은 바로 그것을 체크하는 중요한 방법입니다. 어린이 집을 방문해서 혹은 그들의 삶의 현장에서 만나서 어린이들이 그대로 실천하고 있는지 확인하고 격려해야 합니다. 실천하지 못하고 있다 하더라도 실망하지 말고 방해 요소를 제거해 줄 수 있어야 합니다. 시간 관리에 문제가 있다면 함께 의논해서 생활 시간표를 짜서 약속을 합니다. 컴퓨터 게임에 너무 빠져 있다면 어린이의 동의를 얻어 게임 프로그램을 지워준다든지, 아니면 다른 방향으로 돌려 줍니다. 예를 들어 그 시간에 선생님과 친구들 하고 채팅을 하게 합니다. 선생님은 아이들이 신앙의 열매를 맺는 데 방해되는 모든 것을 과감하게 제거해주어야 합니다. 때로는 어린이들에게 아픔이 된다 할지라도 도와주어야 합니다. 어렸을 때 신앙의 바른 성장이 없으면 후에는 더 많은 시간과 노력이 투자해야만 신앙의 열매를 거둘 수 있습니다.

(2) 심방의 좋은 점

1) 어린이의 사정과 가정 형편을 알게 됩니다. 심방을 통하여 우리는 다음과 같은 것들을 알 수 있습니다. 먼저 어린이의 가정에 대해서 알 수 있습니다. 가족관계, 편부인지 편모인지, 엄마 아빠의 직업, 종교 집안 형편. 가족들의 생활패턴 등을 자세하게 알수 있습니다. 또 어린이에 대해서도 알 수 있습니다. 어린이의 성격, 학교생활, 취미 좋아하는 것들, 특기, 특별히 요구되는 사항들

을 알 수 있습니다. 이러한 것을 알게 되면 어린이를 지도하기에 훨씬 수월해집니다. 그리고 그 어린이를 구체적으로 도울 수 있게 됩니다.

2) 부모님의 협조를 구할 수 있습니다. 자녀들의 신앙 교육은 부모나 가정의 협조 없이 어렵습니다. 자녀들의 신앙 교육은 교회와 가정이 함께할 때 제대로 할 수 있습니다. 교사는 어린이 집을 심방함으로 부모에게 주일학교 교육의 중요성, 주일학교 운영시간 프로그램 등을 자세하게 알려드리고 협조를 구합니다. 특히 출석 문제뿐만 아니라 자녀들의 신앙지도와 점검까지도 부탁을 드립니다. 교회에서 배운 말씀을 가정에서 그대로 실천하는지 부모가 점검을 할 수 있도록 미리 협조를 구하고 그 때 그 때마다 부탁을 드립니다.

3) 구체적으로 기도할 수 있습니다. 교사는 어린이들을 위하여 날마다 기도해야 합니다. 어린이들의 필요에 따라 구체적으로 드리는 기도훈련이 필요합니다. 심방은 구체적인 기도제목을 얻게 되는 정탐꾼 역할을 하게 됩니다. 심방을 다녀오면 벌써 기도가 달라집니다. 구체적인 기도제목을 얻었기 때문입니다. 그 가정을 위해서도 구체적인 기도를 드릴 뿐만 아니라 어린이를 위해서도 구체적인 기도로 도와줄 수 있습니다. 이런 구체적인 기도로 말미암아 교사는 반목회에 자신감을 얻게 되고 활력이 넘치는 반이 됩니다.

4) 불신 가정을 전도하는 기회로 삼을 수 있습니다. 사회가 점점 극악해져서 문을 닫고 살며, 어린이 일지라도 몸을 조심히 시켜야

할 만큼 사람이 사람을 못 믿는 무서운 세대 속에서 모르는 집과 모르는 사람에게 전도하기란 쉬운 일이 아닙니다. 심방의 최대 효과는 불신 가정의 전도입니다. 어린이 심방은 선생님과 부모 사이에 중요한 교제의 기회가 됩니다. 이런 교제가 거듭되면서 서로 간에 신뢰감이 쌓이게 됩니다. 교사는 자연스럽게 교회 이야기를 꺼내고 전도할 수 있습니다. 그리고 교회 행사가 있을 때마다 부모님들을 초청해서 함께 하는 자리를 만들고 전도의 기회로 삼습니다. 교사가 자기 아이들을 위해 간절히 기도하고 수고하는데 완강하게 거부하는 부모들은 드뭅니다.

5) 선생님과 어린이 간에 건전한 교제가 이루어짐으로 사랑이 넘치는 교회를 만들게 됩니다. 심방을 열심히 하는 교사들은 어린이들을 쉽게 이해합니다. 어린이들은 자기들을 잘 이해해주는 교사를 좋아할 수밖에 없습니다. 그런 반은 당연히 분위기가 다르고 생기가 넘치게 됩니다. 심방은 예방 차원을 넘어 건강한 주일학교를 만들고 사랑이 넘치는 주일학교로 만드는 중요한 수단이 되는 것입니다. 모든 선생님들이 심방을 열심히 한다면 그 주일학교 분위기는 금방 변할 것입니다.

6) 유혹에서 어린이를 보호하게 됩니다. 어린이들 주변에는 항상 위험한 요소들이 도사리고 있습니다. 불량한 선배들이나 친구들, 마약처럼 빠져드는 컴퓨터 게임과 PC방 오락실, 어른들의 무분별한 상술로 인한 유혹들, 어린이들은 유혹에 쉽게 넘어갑니다. 아무리 결심을 하고 계획을 세운다 하더라도 그것을 지켜나갈 의지가 어른들보다 약합니다. 심방은 이러한 어린이들을 도와주는

좋은 방법이 됩니다. 불량한 친구들이나 선배들로부터 보호해줄 수 있고, 컴퓨터 게임이나 PC방에 빠져 있는 아이들을 도와줄 수 있습니다.

7) 부모님이 안심하고 자녀를 교회에 보내게 됩니다. 심방은 교사와 부모 간에 신뢰감을 심어 주게 됩니다. 따라서 부모들은 자식을 교회에 안심하고 보내게 됩니다. 자기 자식뿐만 아니라 동네에 사는 친구들을 같이 보낼 때도 있습니다.

(3) 심방시 주의할 점

1) 전화로 예약을 하고, 심방시간은 30분을 경과하지 않도록 합니다. 시간을 잘 지켜서 하나님의 교사로서의 예의범절에 어긋나지 않게 유의해야 합니다.

2) 대부분의 사람들은 처음 만나는 사람에 대해서 경계심과 호기심을 가지고 관찰하려 하기 때문에 특히 불신자의 가정을 방문하였을 때는 "우리 아이를 맡겨도 손해 보지는 않겠다"라고 하는 첫 인상이 들도록 하나님이 뽑으신 교사로서 부족함이 없도록 노력해야 합니다. 하나님께서는 만물을 만드신 후 "좋았더라"(창 1:4,10,12,18,21,25)고 말씀하시고 특히 사람을 만드시고는 "심히 좋았더라"(창 1:31)라고 말씀하셨습니다. 하나님은 완전한 예술가이십니다. 하나님이 만드신 모든 것에는 완전한 아름다움이 있습니다. 하나님이 만드신 것들 중에 하찮은 것이나 쓸모가 없는 것들은 없습니다. 그냥 버려도 좋을 것은 하나도 없습니다. 그 모

양과 맛과 색과 향이 어우러져 완전한 아름다움을 볼 수 있습니다. 그리고 때를 따라 변화하는 신비한 아름다움까지도 주셨습니다. 하나님이 모든 것을 지으시되 때를 따라 아름답게 하셨다(전 3:11)고 말씀하셨습니다. 그러므로 하나님께서는 사람이 늘 아름답기를 원하십니다. 하나님의 사람들은 때를 따라 늘 아름다워야 합니다. 봄과 여름, 가을, 겨울이 각각 무한히 아름다운 것처럼 사람들도 어린이나 소년이나 청년이나 중년이나 노년이나 다 아름다워야 합니다. 특히 교사는 마음과 외모에 단정함과 아담함과 우아함으로 모든 사람에게 아름다움을 주어야 합니다.

3) 긍정적인 언어를 사용하여 아이에 대한 칭찬으로부터 시작하여 부모님의 노고에 감사드리고 간단한 자기소개와 교회 교육의 소개로 시작합니다.

4) 어린이 심방 예배는 특별한 경우를 제외하고는 가능한 한 가족을 위한 축복기도와 찬송가 한 곡 정도가 가장 적당하다고 생각합니다.

5) 심방 시에는 될 수 있으면 있던 자리에서 그대로 있다가 나오는 것이 좋으며, 방바닥이나 의자에 앉을 수도 있으므로 여자선생님은 치마와 스타킹에, 그리고 남자 선생님은 머리와 옷매무새, 양말 등에 신경을 써야 합니다. 또 가까이에서 대해야 하므로 입 냄새에도 주의를 기울여야 합니다.

(4) 어린이 심방의 실제

1) 심방계획

첫째, 기도와 말씀으로 준비합니다. 심방은 영적인 전투입니다. 영적인 전투에서 말씀과 기도보다 중요한 것은 없을 것입니다. 심방 할 집과 어린이를 생각하며 깊이 있는 기도 구체적인 기도를 하도록 해야 합니다. 기도는 심방 하는 교사의 발걸음을 힘 있게 합니다. 심방을 자주 하다 보면 황당한 경우를 많이 당하게 됩니다. 아예 방문 자체를 거절하는 가정이 있는가 하면, 노골적으로 오지 말라고 표현하는 사람도 있습니다. 방문을 받아놓고도 무안을 주는 경우도 있습니다. 어떤 경우든 우리는 그 집을 축복할 수 있어야 합니다. 그리고 기회가 되면 복음을 전할 수 있어야 합니다. 말씀은 능력입니다. 사람의 마음을 움직이는 힘이 있습니다. 말씀과 기도로 준비해야 합니다.

둘째, 어린이의 집을 방문하기 전에 신상을 파악해야 합니다. 심방 시 무엇보다도 준비해야 할 사항은 신상 파악입니다. 어린이 집을 방문하기 전에 다음 사항을 반드시 파악해야 합니다. 이름, 별명, 나이, 생일, 주소, 전화, 학교, 부모의 종교, 관심, 취미, 특기. 구원에 대한 확신, 영적 성숙도 문제점, 교회 내 활동, 학교생활, 가정생활 등을 파악합니다.

셋째, 심방 대원을 구성해야 합니다. 남의 가정에 혼자 심방 한다는 것은 쉬운 일이 아닙니다. 본인도 쑥스럽고 심방을 받는 집도 난처할 때가 있습니다. 어린이 심방은 어린이들과 함께 하는 것이 좋습니다. 심방 받을 어린이에 대한 정확한 정보도 얻을 수 있고,

심방이 훨씬 부드러워집니다.

넷째, 심방 날짜와 시간을 약속합니다. 예고 없이 심방 할 수도 있지만 가능하면 심방 날짜와 시간을 약속하는 것이 좋습니다. 약속한 심방 날짜와 시간은 꼭 지키도록 하고 가정에 부담을 주지 않도록 합니다.

다섯째, 가능한 한 부모님과 어린이가 다같이 집에 있는 시간을 택해야 합니다. 어린이가 혼자 있는 집을 방문하는 것은 삼가도록 합니다. 아무리 교사와 부모 간의 신뢰가 있다 할지라도 바람직하지 않습니다. 가능한 한 부모와 어린이가 함께 있는 시간을 택하도록 합니다. 물론 요즘같이 바쁘고 복잡한 시대에 그런 시간을 갖는다는 것이 쉬운 일은 아닙니다. 그렇지만 심방의 무리를 갖지 않기 위해 삼가도록 하는 것이 좋습니다.

여섯째, 복장은 단정하고 검소하게 합니다. 교사의 외모는 만나는 사람에게 첫 인상을 결정합니다. 교사의 복장은 단정하고 검소한 것이 좋습니다. 학생 교사라 할지라도 허름한 점퍼 차림이나 요란한 복장은 곤란합니다. 첫 방문 때 부모들에게 신뢰감을 줄 수 있는 것 중에 하나가 교사의 복장이라는 사실을 잊지 말아야 합니다.

일곱째, 사랑하는 마음을 가지고 가야 합니다. 심방 하는 교사가 무엇보다 가져야 할 마음입니다. 어린이를 사랑하는 마음은 얼굴로 나타나고 행동으로 표현됩니다. 이것은 숨길 수 없는 감정입니다. 따라서 사랑하는 마음으로 심방을 할 때 천하보다 귀한 영혼을 얻게 되는 것입니다.

2) 심방시 피할 일과 지킬 일

첫째, 식사 시간과 바쁜 시간을 피해야 합니다. 식사 시간과 바쁜 시간에 심방 하는 것은 아무 효과가 없습니다. 서로에게 부담만 될 뿐입니다.

둘째, 시간을 오래 끌지 말아야 합니다. 심방 시간은 대체로 15분~20분 정도가 적당합니다.

셋째, 다른 어린이와 절대로 비교하지 말아야 합니다. 아이들은 물론 부모들도 내 자녀가 다른 사람과 비교되는 것을 싫어합니다. 비교보다는 칭찬을 아끼지 말아야 합니다.

넷째, 될 수 있는 대로 말은 적게 하고 공손한 말을 해야 합니다. 말하기보다는 듣는 것을 즐겨해야 합니다. 부모의 말을 들어주고 아이들의 말에 귀를 기울이라 말을 할 때는 공손한 말을 하도록 합니다.

다섯째, 심방 날짜와 시간을 꼭 지켜야 합니다. 약속한 심방 날짜와 시간은 꼭 지키도록 해야 합니다. 피치 못할 사정으로 약속을 지키지 못할 경우는 사전에 연락을 드리고 정중하게 사과를 해야 합니다.

여섯째, 어린이나 가정의 비밀을 절대 공개하지 말아야 합니다. 심방을 하게 되면 어린이와 그 집에 대해서 많은 것을 알게 됩니다. 심방 후 어린이와 가정의 비밀을 가지고 기도의 골방으로 들어가야 합니다.

일곱째, 어린이를 위하여 꼭 기도해야 합니다. 심방 하면서 얻은 기도 제목들이 있다면 구체적으로 기도합니다. 내가 기도할 때 하나님이 일하십니다.

여덟째, 미소 띤 얼굴과 친절한 태도를 잊지 말아야 합니다. 심방 하는 교사가 가져야 할 자세는 웃는 얼굴과 친절한 태도입니다. 웃는 얼굴과 친절한 태도는 서로의 마음을 여는 열쇠가 됩니다.

아홉째, 어린이에 대해 깊은 관찰을 해야 합니다. 심방은 어린이에 대해 깊이 관찰 할 수 있는 좋은 기회입니다. 대화 중에 가정의 분위기 어린이 방에서 어린이에 대해 깊이 관찰할 수 있도록 합니다.

3) 어린이 심방 대원을 구성합니다.

어린이 심방 대원을 구성하는 것은 심방에 많은 장점이 있고 교육 면에서도 좋은 반응을 얻고 있습니다.

첫째, 결석한 어린이에게 직접 메일이나 전화, 카드를 보냅니다.

둘째, 연락망을 만들어서 어린이가 결석했으면 즉시 전화를 해서 오전 예배에 나오지 않았으면 오후 예배는 꼭 나오도록 권면합니다.

셋째, 반 어린이들끼리 짝을 지어줄 때 아이들이 원하는 대로 짝을 짓지 않습니다. 정규적으로 출석하는 어린이와 새로 나온 친구나 잘 나오지 않는 친구를 짝으로 지어서 정규적으로 돌아보게 합니다.

4) 심방의 실제

첫째, 출발 전 대원들과 같이 기도하라. - 이것도 훈련입니다. 기도하며 일하는 것을 보여줘야 합니다.

둘째, 집 앞에서 축복하라 - 어린이 집의 문을 노크하기 전에 그 집 앞에서 축복합니다.

셋째, 미소 띤 얼굴로 친절한 인사를 하라 - 간단한 자기소개를 잊지 않도록 합니다.

넷째, 방문 즉시 기도하라 - 기도는 영적 전투를 승리로 이끄는 방법입니다. 먼저 기도로 기선을 제압합니다.

다섯째, 가정 형편과 분위기를 잘 파악하라 - 어린이 지도에 중요한 정보가 됩니다.

여섯째, 불신 가정을 처음 방문할 때는 어린이에 대해서 칭찬을 많이 해주고 다른 어린이와 비교하지 않습니다.

일곱째, 예배를 간단히 드리고 원하지 않는 가정은 가정과 어린이를 위해 간단히 기도를 합니다.

여덟째, 방문하는 동안 부모님들에게 가정에서 자녀들이 공부하는 데 도움이 되는 방법을 알려주고, 교회에서 배운 것을 강화 해주는 방법에 대해서도 알려줍니다.

아홉째, 부모님에게 선생님의 이름과 주소, 전화번호 등을 적은 메모지를 줍니다. 그리고 그 어린이가 아프거나 도움을 필요로 하거나 또는 특별한 문제가 있을 때 그 사실을 알려달라고 부탁합니다.

열번째, 예의 있는 태도와 좋은 분위기로 심방을 끝내라 - 때로 심방을 거절하고 불쾌하게 하는 경우가 많이 생기는 것을 경험하게 됩니다. 그렇다 할지라도 심방 하는 교사는 예의 바른 태도를 가져야 합니다. 우리의 싸움은 혈과 육에 대한 싸움이 아니라는 사실을 기억합니다.

(5) 목양교사의 심방 7계명

1) 심방은 삼위일체 하나님의 마음이다.

창세기 3장에 죄를 지은 아담에게 하나님이 찾아오셨습니다. 왜 찾아 오셨습니까?. 아담과 하와의 부끄러움을 가려주시고 양을 잡아 가죽옷을 지어 입히시고 구원의 길을 열어주시기 위해서 찾아 오셨습니다. 이것이 하나님의 마음입니다. 더 놀라운 마음이 있습니다. 빌립보서 2장에 예수님께서 인간으로, 4천년 전에 계획한 예수님이 직접 인간의 몸으로 찾아오셨습니다. 심방을 직접 오셨습니다. 가장 멀리서 심방 온 분 중에 한 분이 예수님이십니다. 그런데 우리는 조금만 멀면 다리 아프다고 심방 안 갈려고 합니다. 우리 주님은 엄청나게 높은 곳에서 내려 오셨습니다. 그러니까 심방하면 하나님의 마음과 일치하게 됩니다. 심방은 하나님의 마음입니다. 사도행전 2장에 마가의 다락방에서 기도할 때 성령님이 찾아오셨습니다. 심방은 삼위일체 하나님의 마음입니다. 무슨 뜻입니까? 삼위일체 하나님은 우리에게 "오라"(마태복음 11:28) 하시기도 했지만 먼저 찾아오셨습니다. 그러면 우리는 사역할 때 오라 해야 되기도 하지만 찾아 가야 합니다. 찾아 가는 사역을 해야합니다. 때로는 오라해야 하지만 찾아가는 사역이 아버지 마음의 사역입니다. 그러므로 심방은 하나님 아버지의 마음으로 사역하는 것입니다. 심방 안 하는 사람은 아직 온전한 사역은 아닙니다.

2) 심방은 아버지의 마음을 얻는 지름길이다.

우리가 기도할 때 아버지의 마음을 달라고 합니다. "아버지, 하나님의 마음을 주세요". 아버지의 마음은 그냥 기도만 한다고 오는 것이 아닙니다. 심방 해보신 분들은 알게 됩니다. 심방 가보면 아버지의 눈물이 쏟아질 때가 있습니다. 심방 가면 내 마음에 주님의 마음이 올 때가 있습니다. 교회에서 그렇게 기도해도 오지 않던 아버지의 마음이 현장에 가보면 찡하게 옵니다. 심방 갔다 돌아오면서 한없이 울어본 경험이 있습니다. 안타까워 울기도 하고 감격해서 울기도 하고 아이들이 너무 너무 불쌍해서 울기도 하고. 그러니까 선생님 눈으로 보는 게 아니고 주님의 눈이 들어와 그 아이를 보기 시작하는 것입니다. 그게 심방 사역의 축복입니다.

심방은 아버지의 마음을 얻는 지름길입니다. 누가복음 15장에 아버지의 마음은 찾는 기쁜 마음입니다. 교사가 토요일마다 심방다니면 언제가 제일 기쁨이 있습니까?. 6개월 동안 못 만난 아이를 딱 만났어요. 그렇게 만나려고 해도 못 만나던 아이를 심방가다 만났어요. 기뻐요, 안 기뻐요?. 목소리가 높아져요. 그때는 체면이고 인격이고 없습니다. 내가 6개월 안 나갔는데 나를 보더니 저렇게 좋아한다. 이유는 모르지만 아이는 충격입니다. 이 아이가 교회 안 나오다가 언젠가는 다시 나옵니다. 그걸 확인시키는 게 심방입니다. 심방하며 1:1로 만나다보면 아이들이 그걸 느낍니다.

또 집에 찾아가면 아이들이 굉장히 진지합니다. 학교 앞에서는 친구들하고 개구쟁이 짓 하지만 집에 가면 개구쟁이처럼 노는 아이가 없습니다. '선생님 오셨습니까?' 인사하지만 집안이 어려운 아이들은 눈치를 봅니다. 그걸 보는 선생님은 마음이 아픕니다. 어떤 면에서는 그게 그 아이의 본 마음입니다. 심방가야 아이들을 진짜 만날 수 있습니다. 보통 때 어울려 다니는 모습은 진짜 모습이 아닐 수 있습니다. 그들이 시달리는 영적인 문제, 실제 현장의 어려움. 그 아이들을 만나야 비로소 느낄 수 있습니다. 아버지의 마음. 찾는 기쁜 마음.

심방가면 어떤 마음을 얻습니까?. 낮아지는 겸손한 아버지의 마음. 진짜 별거 아닌 부모가 있습니다. 심방 가보면 진짜 상대가 안 되는 부모가 있습니다. 대화할 가치가 없는 부모도 있습니다. 하지만 그 앞에 설 때 대통령 앞에 서는 것처럼. '저 어느 교회서 왔습니다'. 그 순간 본인이 낮아지는 것입니다. 심방 가보면 나도 모르게 그렇게 됩니다. 본래 모습은 그렇지 않은데 심방하다보니 자기도 모르게 낮아진 것입니다. 심방을 많이 할수록 겸손해집니다.

심방을 많이 할수록 아버지의 마음이 더 많이 들어옵니다. 교사는 심방을 적극적으로 해야 합니다. 교사가 변화되기를 원하면 심방을 적극적으로 해야 합니다. 그만큼 심방이 쉽지는 않습니다. 우리 예수님은 주님이신데 인간이 되어 이 땅에 오셨습니다. 예수님은 완전히 자기를 비우고 내려와서 종이 되었습니다. 심방을 해봐야 주님을 만날 수 있습니다. 아버지의 마음을 얻는 지름길이 심방입니다.

3) 심방은 목자의 핵심사역이다.

잠언 27:23절, "네 양떼의 형편을 부지런히 살피며 네 소떼에 마음을 두라". 심방 안하면 양떼의 형편을 알까요?. 모를까요?. 모릅니다.

요한복음 10:27절, "내 양은 내 음성을 들으며 나는 저희를 알며 저희는 나를 따르느니라". 심방 안하면 어린이와 선생님이 절대로 하나가 안 됩니다. 심방을 가야 그들의 음성을 들을 수 있습니다. 고통의 음성, 가정의 고통 하는 음성, 그 아이의 삶의 음성, 영적인 음성이 심방가야 들려집니다. 그들은 선생님의 음성을 듣습니다. 그때 제자가 되는 것입니다. 그때 순종하고 제자가 됩니다. 전체가 있을 때는 그게 안 보입니다. 예수님은 내 양은 내 음성을 듣는다고 했습니다. 나는 저들을 알고 내 양은 내 음성을 듣는다 했습니다. "네 소떼에 마음을 두라". 심방가야 그들이 내 마음에 들어옵니다. 심방 안가면 안 됩니다. 심방을 통하여 양과 목자가 하나 됩니다.

4) 심방은 강한 영적 전쟁이다.

심방가면 마귀에게 눌린 현장을 봅니다. 그러니까 심방은 강력한 영적전쟁을 느끼게 합니다. 아주 귀한 주님이 강하게 쓰실 아이일수록 부모가 갑자기 사나워집니다. 우리가 두려울 정도로. 마귀가 역사하면서 그렇습니다. 심방을 해보면 그 아이가 은혜 받으려 하면 부모가 강하게 나오면서 핍박을 합니다. 그때는 지혜가 필요합니다. 한 발 뒤로 갔다가 두 발 앞으로 가야 합니다. 부모가 잘 보내 주다가 아이가 은혜 받고 양육 받는걸 보면 부모가 반대하면서 강하게 나옵니다. 그때는 절대로 정면 승부하면 안 됩니다. 지혜롭게. "예 감사합니다. 예 다시 기도하겠습니다". 한주 지나고 다시 기도하면서 찾아가야 됩니다. 그럴 때 영적 전쟁은 지혜가 필요합니다. 기도 더 많이 하고 그 다음 주 찾아가면 '아. 지난주는 미안했다' '그때는 내가 왜 그랬는지 모르겠다. 우리 아이 잘 부탁한다'라고 합니다.

심방은 영적 전쟁입니다. 그러니까 강하게 반대 할수록 감사하셔야 됩니다. 은혜가 강하게 안 들어갔을 때는 마귀가 강하게 반대 안합니다. 은혜가 강하게 들어갔을 때는 마귀가 강하게 반대합니다. 심방을 통해서 그것을 느낄 수 있습니다. 심방은 강력한 영적 전쟁입니다.

마가복음 5장 1~20절, "예수께서 바다 건너편 거라사인의 지방에 이르러, 배에서 나오시매 곧 더러운 귀신 들린 사람이 무덤 사이에서 나와 예수를 만나다. 그 사람은 무덤 사이에 거처하는데 이제는 아무나 쇠사슬로도 맬 수 없게 되었으니, 이는 여러 번 고랑과 쇠사슬에 매였어도 쇠사슬을 끊고 고랑을 깨뜨렸음이러라 그리하여 아무도 저를 제어할 힘이 없는지라. 밤낮 무덤 사이에서나 산에서나 늘 소리지르며 돌로 제 몸을 상하고 있었더라. 그가 멀리서 예수를 보고 달려와 절하며, 큰 소리로 부르짖어 가로되 지극히 높으신 하나님의 아들 예수여 나와 당신과 무슨 상관이 있나이까 원컨대 하나님 앞에 맹세하고 나를 괴롭게 마옵소서 하니, 이는 예수께서 이미 저에게 이르시기를 더러운 귀신아 그 사람에게서 나오라 하셨음이라. 이에 물으시되 네 이름이 무엇이냐 가로되 내 이름은 군대니 우리가 많음이니이다 하고, 자기를 이 지방에서 내어 보내지 마시기를 간절히 구하더니, 마침 거기 돼지의 큰 떼가 산 곁에서 먹고 있는지라. 이에 간구하여 가로되 우리를 돼지에게로 보내어 들어가게 하소서 하니, 허락하신대 더러운 귀신들이 나와서 돼지에게로 들어가니 거의 이천 마리 되는 떼가 바다를 향하여 비탈로 내리달아 바다에서 몰사하거늘, 치던 자들이 도망하여 읍내와 촌에 고하니 사람들이 그 어떻게 된 것을 보러 와서, 예수께 이르러 그 귀신 들렸던 자 곧 군대 지폈던 자가 옷을 입고 정신이 온전하여 앉은 것을 보고 두려워하더라. 이에 귀신 들렸던 자의 당한 것과 돼지의 일을 본 자들이 저희에게 고하매, 저희가 예수께 그 지경에서 떠나시기를 간구하더라. 예수께서 배에 오르실 때에 귀신 들렸던 사람이 함께 있기를 간구하였으나, 허락지 아니하시고 저에게 이르시되 집으로 돌아가 주께서 네게 어떻게 큰 일을 행하사 너를 불쌍히 여기신 것을 네 친속에게 고하라 하신대, 그가 가서 예수께서 자기에게 어떻게 큰 일 행하신 것을 데가볼리에 전파하니 모든 사람이 기이히 여기더라".

누가복음 4장에도 주님이 그 현장 속에 가서 복음을 전합니다. 17~18절, "선지자 이사야의 글을 드리거늘 책을 펴서 이렇게 기록한 데를 찾으시니 곧, 주의 성령이 내게 임하셨으니 이는 가난한 자에게 복음을 전하게 하시려고 내게 기름을 부으시고 나를 보내사 포로 된 자에게 자유를, 눈먼 자에게 다시 보게 함을 전파하며 눌린 자를 자유케 하고". 심방 가서 보면 그렇습니다.

사도행전도 8장에도 보면 마찬가지입니다. 4~8절, "그 흩어진 사람들이 두루 다니며 복음의 말씀을 전할새, 빌립이 사마리아 성에 내려가 그리스도를 백성에게 전파하니, 무리가 빌립의 말도 듣고 행하는 표적도 보고 일심으로 그의 말하는 것을 좇더라. 많은 사람에게 붙었던 더러운 귀신들이 크게 소리를 지르며 나가고 또 많은 중풍병자와 앉은뱅이가 나으니, 그 성에 큰 기쁨이 있더라". 마귀가 집안을 핵폭탄 터뜨리듯이 파산시킨 집이 많습니다. 심방해보면 가정사역이 얼마나 중요한지를 알게 됩니다. 심방해보면 보편적인 가정, 평범한 가정이 얼마나 행복한지를 압니다. 특별히 부자가 아니라도, 부모와 아이들이 살면서 부유하지 않아도 행복하게 사는 것을 심방해 보면 알게 됩니다. 심방해보면 양육해야 할 절박함이 깨달아집니다. 심방해보면 양육의 중요성을 알게 됩니다. 때로는 그 집에 가서 성경공부 해야 할 이유를 알게 됩니다.

5) 심방은 가족 복음화의 길이다.

예수님은 삭개오의 집을 찾아가서 구원사역을 하셨습니다. 누가

복음 19:9절, "예수께서 이르시되 오늘 구원이 이 집에 이르렀으니 이 사람도 아브라함의 자손임이로다".

사도행전 16:34절, "저희를 데리고 자기 집에 올라가서 음식을 차려 주고 저와 온 집이 하나님을 믿었으므로 크게 기뻐하니라". 바울도 간수장의 집에 가서 그 가정을 구원했습니다. 심방은 가족 복음화의 지름길입니다. 심방가면 부모를 만납니다. 부모에게 전도할 기회가 생겨집니다. 그러면 가정이 다 복음화 되어 집니다. 우리가 부모를 직접 만나려하면 길이 없습니다. 그런데 매주 심방 가서 만나는 게 얼마나 좋은 지름길입니까?. 전도의 엄청난 문입니다. 그러니까 토요일 심방 갈 때 부모 전도하러 간다 생각해야 합니다. 그냥 아이 만나는 게 힘들다 생각하지 마시고 내가 전도하러 간다. "주님, 전도하러 갑니다. 아버지 마음 얻으러 갑니다" "오늘도 심방하며 아버지 마음을 얻게 하옵소서". 그렇게 가다보면 낮아지는 마음. 늘 뻣뻣하던 우리가 그 집 심방만가면 낮아집니다. 그러다보면 가족 복음화, 구원의 역사가 일어납니다. 심방을 부지런히 해야 전도문이 많이 열려집니다.

6) 심방은 사람을 세워야 한다.

성경에 보면 심방한 곳에 한결같이 사람을 세웠습니다. 사도행전 15:41절, "수리아와 길리기아로 다녀가며 교회들을 굳게 하니라". 열왕기상 19:1~21절, "아합이 엘리야의 무릇 행한 일과 그가 어떻게 모든 선지자를 칼로 죽인 것을 이세벨에게 고하니, 이세벨

이 사자를 엘리야에게 보내어 이르되 내가 내일 이맘때에는 정녕 네 생명으로 저 사람들 중 한 사람의 생명 같게 하리라 아니하면 신들이 내게 벌 위에 벌을 내림이 마땅하니라 한지라. 저가 이 형편을 보고 일어나 그 생명을 위하여 도망하여 유다에 속한 브엘세바에 이르러 자기의 사환을 그곳에 머물게 하고, 스스로 광야로 들어가 하룻 길쯤 행하고 한 로뎀나무 아래 앉아서 죽기를 구하여 가로되 여호와여 넉넉하오니 지금 내 생명을 취하옵소서 나는 내 열조보다 낫지 못하니이다 하고, 로뎀나무 아래 누워 자더니 천사가 어루만지며 이르되 일어나서 먹으라 하는지라. 본즉 머리맡에 숯불에 구운 떡과 한 병 물이 있더라 이에 먹고 마시고 다시 누웠더니, 여호와의 사자가 또 다시 와서 어루만지며 이르되 일어나서 먹으라 네가 길을 이기지 못할까 하노라 하는지라. 이에 일어나 먹고 마시고 그 식물의 힘을 의지하여 사십 주 사십 야를 행하여 하나님의 산 호렙에 이르니라. 엘리야가 그곳 굴에 들어가 거기서 유하더니 여호와의 말씀이 저에게 임하여 이르시되 엘리야야 네가 어찌하여 여기 있느냐, 저가 대답하되 내가 만군의 하나님 여호와를 위하여 열심이 특심하오니 이는 이스라엘 자손이 주의 언약을 버리고 주의 단을 헐며 칼로 주의 선지자들을 죽였음이오며 오직 나만 남았거늘 저희가 내 생명을 찾아 취하려 하나이다. 여호와께서 가라사대 너는 나가서 여호와의 앞에서 산에 섰으라 하시더니 여호와께서 지나가시는데 여호와의 앞에 크고 강한 바람이 산을 가르고 바위를 부수나 바람 가운데 여호와께서 계시지 아니하며 바람 후에 지진이 있으나 지진 가운데도 여호와께서 계시지 아니하며,

또 지진 후에 불이 있으나 불 가운데도 여호와께서 계시지 아니하더니 불 후에 세미한 소리가 있는지라. 엘리야가 듣고 겉옷으로 얼굴을 가리우고 나가 굴 어귀에 서매 소리가 있어 저에게 임하여 가라사대 엘리야야 네가 어찌하여 여기 있느냐, 저가 대답하되 내가 만군의 하나님 여호와를 위하여 열심이 특심하오니 이는 이스라엘 자손이 주의 언약을 버리고 주의 단을 헐며 칼로 주의 선지자들을 죽였음이오며 오직 나만 남았거늘 저희가 내 생명을 찾아 취하려 하나이다. 여호와께서 저에게 이르시되 너는 네 길을 돌이켜 광야로 말미암아 다메섹에 가서 이르거든 하사엘에게 기름을 부어 아람 왕이 되게 하고, 너는 또 님시의 아들 예후에게 기름을 부어 이스라엘 왕이 되게 하고 또 아벨므홀라 사밧의 아들 엘리사에게 기름을 부어 너를 대신하여 선지자가 되게 하라. 하사엘의 칼을 피하는 자를 예후가 죽일 것이요 예후의 칼을 피하는 자를 엘리사가 죽이리라. 그러나 내가 이스라엘 가운데 칠천 인을 남기리니 다 무릎을 바알에게 꿇지 아니하고 다 그 입을 바알에게 맞추지 아니한 자니라. 엘리야가 거기서 떠나 사밧의 아들 엘리사를 만나니 저가 열두 겨리 소를 앞세우고 밭을 가는데 자기는 열둘째 겨리와 함께 있더라 엘리야가 그리로 건너가서 겉옷을 그의 위에 던졌더니, 저가 소를 버리고 엘리야에게로 달려가서 이르되 청컨대 나로 내 부모와 입맞추게 하소서 그리한 후에 내가 당신을 따르리이다 엘리야가 저에게 이르되 돌아가라 내가 네게 어떻게 행하였느냐 하니라. 엘리사가 저를 떠나 돌아가서 소 한 겨리를 취하여 잡고 소의 기구를 불살라 그 고기를 삶아 백성에게 주어 먹게 하고 일어나 가서 엘리야를 좇으며 수종들었더라".

출애굽기 3:1~15절, "모세가 그 장인 미디안 제사장 이드로의 양무리를 치더니 그 무리를 광야 서편으로 인도하여 하나님의 산 호렙에 이르매, 여호와의 사자가 떨기나무 불꽃 가운데서 그에게 나타나시니라 그가 보니 떨기나무에 불이 붙었으나 사라지지 아니하는지라. 이에 가로되 내가 돌이켜 가서 이 큰 광경을 보리라 떨기나무가 어찌하여 타지 아니하는고 하는 동시에, 여호와께서 그가 보려고 돌이켜 오는 것을 보신지라 하나님이 떨기나무 가운데서 그를 불러 가라사대 모세야 모세야 하시매 그가 가로되 내가 여기 있나이다. 하나님이 가라사대 이리로 가까이 하지 말라 너의 선 곳은 거룩한 땅이니 네 발에서 신을 벗으라. 또 이르시되 나는 네 조상의 하나님이니 아브라함의 하나님, 이삭의 하나님, 야곱의 하나님이니라 모세가 하나님 뵈옵기를 두려워하여 얼굴을 가리우매, 여호와께서 가라사대 내가 애굽에 있는 내 백성의 고통을 정녕히 보고 그들이 그 간역자로 인하여 부르짖음을 듣고 그 우고를 알고, 내가 내려와서 그들을 애굽인의 손에서 건져내고 그들을 그 땅에서 인도하여 아름답고 광대한 땅 젖과 꿀이 흐르는 땅 곧 가나안 족속, 헷 족속, 아모리 족속, 브리스 족속, 히위 족속, 여부스 족속의 지방에 이르려 하노라. 이제 이스라엘 자손의 부르짖음이 내게 달하고 애굽 사람이 그들을 괴롭게 하는 학대도 내가 보았으니, 이제 내가 너를 바로에게 보내어 너로 내 백성 이스라엘 자손을 애굽에서 인도하여 내게 하리라. 모세가 하나님께 고하되 내가 누구관대 바로에게 가며 이스라엘 자손을 애굽에서 인도하여 내리이까,

하나님이 가라사대 내가 정녕 너와 함께 있으리라 네가 백성을 애굽에서 인도하여 낸 후에 너희가 이 산에서 하나님을 섬기리니 이것이 내가 너를 보낸 증거니라. 모세가 하나님께 고하되 내가 이스라엘 자손에게 가서 이르기를 너희 조상의 하나님이 나를 너희에게 보내셨다 하면 그들이 내게 묻기를 그의 이름이 무엇이냐 하리니 내가 무엇이라고 그들에게 말하리이까, 하나님이 모세에게 이르시되 나는 스스로 있는 자니라 또 이르시되 너는 이스라엘 자손에게 이같이 이르기를 스스로 있는 자가 나를 너희에게 보내셨다 하라. 하나님이 또 모세에게 이르시되 너는 이스라엘 자손에게 이같이 이르기를 나를 너희에게 보내신 이는 너희 조상의 하나님 곧 아브라함의 하나님, 이삭의 하나님, 야곱의 하나님 여호와라 하라 이는 나의 영원한 이름이요 대대로 기억할 나의 표호니라". 심방 가는 목적이 그 집을 주님의 집으로 세우는 목적으로 해야 합니다.

7) 심방은 꾸준하게 하여야 한다.

심방은 꾸준하게 해야 합니다. 애굽은 10가지 재앙으로 무너졌습니다(출애굽기 7~12장). 꾸준하게 심방해야 합니다. 갈라디아서 6:9절, "우리가 선을 행하되 낙심하지 말지니 피곤하지 아니하면 때가 이르매 거두리라". 낙심하지 말고 때를 기다리며 심방해야 합니다. 베드로전서 5:8절, "근신하라 깨어라 너희 대적 마귀가 우는 사자 같이 두루 다니며 삼킬 자를 찾나니". 교사는 우는 사자 같이 사단이 삼킬 자를 두루 찾기에 우리는 꾸준하게 심방 가야 합니다. 오늘 가고 다음주일에 안가면 마귀에게 탁 잡힙니다. 꾸준하게 심방해야 합니다. 사단이 틈을 못 타게. 여리고를 무너뜨리듯이. 심방은 꾸준하게 해야 합니다. 한 아이의 집을 1년 최소한 52번은 가야합니다. 1년 52번만 심방가면 그 집은 바뀌어 집니다.

(6) 목양교사의 심방전략.

① 학교 앞 심방.

매일 전도를 통하여 만남으로 심방을 하게 됩니다.

② 가정 방문 심방.

모든 재적을 토요일에 심방합니다. 가정에 아무도 없어도 갑니다. 문잡고 기도합니다. 보조리더와 함께 갑니다. 처음에는 교회서 준비한 선물을 가지고 가는 것도 좋습니다.

③ 심방을 통하여 가족 복음화가 이루어집니다.

(7) 목양교사의 심방 7계명 강의안.

1. 심방은 삼위일체 하나님의 마음이다.

1) 창 3장/ 죄를 지은 아담에게 찾아오셨다.

2) 빌 2:5~11/ 예수님께서 인간으로 이 땅에 우리를 찾아오셨다.

3) 행 2:1~4/ 성령께서 찾아오셨다.

2. 심방은 아버지 마음을 얻는 지름길이다.

1) 눅 15장/ 찾은 기쁨마음

2) 빌 2:5~6/ 낮아지는 겸손한 마음

3. 심방은 목자의 핵심 사역이다.

1) 잠 27:23/ 네 양떼의 형편을 부지런히 살피며 네 소떼에게 마음을 두라

2) 요 10:27/ 내양은 내 음성을 들으며 나는 저희를 알며 저희는 나를 따르느니라.

3) 심방을 통하여 양과 하나가 되는 것이다.

4. 심방은 강한 영적 전쟁이다.

1) 행 8:4~8/ 마귀에게 눌린 현장

2) 막 5:1~20/ 거라사 지방 군대 귀신

3) 눅 4:17~18/ 예수님

5. 심방은 가족 복음화의 길이다.

1) 눅 19:9/ 오늘 구원이 이집에 이르렀으니 이 사람도 아브라함의 자손임이로다.

2) 행 16:34/ 온 집이 하나님을 믿으므로 크게 기뻐하니라.

3) 친구들 주위에 부모와 가족이 있다 그들을 구원하기 위함이다.

6. 심방은 사람을 세워야 한다.

1) 행 15:41/ 수리아와 길리기아로 다녀가며 교회들을 굳게 하니라.

2) 왕상 19장/ 엘리야를 찾아가서 세우심

3) 출 3장/ 모세를 찾아가서 세우심

7. 심방은 꾸준하게 하여야 한다.

1) 출애굽의 10가지 재앙(출7~12장)

2) 갈 6:9/ 낙심하지 말고 때를 기다려라.

3) 벧전 5:8/ 우는 사자같이.

참고문헌

• 고은식, 교사 트레이닝, 넥서스 CROSS, 2016. p 156~157

• 김성중, 어쩌다 교사, 두란노, 2022.

• 김용재, 당신은 좋은 교사입니다, 좋은 씨앗, 2020.

• 김인환, 기다려지는 주일학교, 기독신문사, 2010. p 90~150

• 머조리 소더홀름, 구원 이후 어린이 양육은 이렇게 하라, 파이디온, 1990.

• 원준자, 효과적인 반목회, 파이디온, 1991. p 83~90

• 이정현, 교사 기도 베이직, 생명의말씀사, 2022. p 9~11,20,41~46

• 임만호, 아이들이 교회로 몰려온다, 생명의 말씀사, 2019.

• 최현식, 이지훈, 미래 교사 마인드 셋, 생명의 말씀사, 2018.

• 하정완, 교사 십계명, 나눔사, 2020. p 93~98

• 한민수, 교회학교 우리 교회도 부흥 할 수 있다, 아가페, 2023.

• 한성택, 기도 전도 양육 심방, e뉴스한국, 2014. p 15~196

• 한치호, 전도 하지 않는 교사 주일학교를 떠나라, 크리스천 리더,

2008. p 27~45

PART 4.
목양교사[1]로 부흥한 주일학교들

1) 여기 소개하는 교회들이 각각 교사를 다르게 부르지만 평생 하는 교사, 목숨 거는 교사, 제자 삼는 교사라는 면에서 목양교사라 할 수 있다. 이 자료는 책으로 출간 되었거나 교계 신문 또는 월간지에 소개 된 내용들을 집약한다.

PART 4.

목양교사로 부흥한 주일학교들

I. 부산 서부교회 (백영희 목사)[1]

재적 어린이 3만 2천[2]

지난 해 12월 25일 성탄일 아침, 부산시 서구 동대신동 1가 381의 1번지, 예수교 장로회 한국 총공회 서부교회에는 1만 1천 3백 명의 어린이들이 일시에 몰려들었다가 일시에 흩어지는 진풍경이 연출되었습니다. 구덕 공설 운동장의 1킬로미터 남쪽이며, 간선 도로와 지선 도로가 복잡하게 뒤얽혀 있는 곳에 서 있는 이 교회로부터 코흘리개 어린이들이 마치 팔방으로 뻗은 거대한 부채살 처

---

1) 백영희 목사는 1910년 경남 거창 지방의 유교적인 가정에서 태어난 그는 25세에 회심 하였고 28세 때 목회를 시작 했다. 50 평생을 목회와 교육 그리고 말씀 연구와 실행하는 삶을 살았다. 그의 제자들을 중심으로 예수교 장로회 한국 총공회를 세웠다. 여기에 소개하는 내용은 지금은 절판되어 시중에서 구하기 어려운 "새로운 주일학교 운영의 실제" (백영희 목회연구소 편, 기독지혜사, 1991)를 요약했음을 밝혀 둔다.

2) 마당지 83년 2월호

럼 퍼졌다가 오므라들었다가 했던 것입니다.

더구나 각종 차량과 일반 행인들이 복잡하게 엇갈리고 있는 속에서도 이들 어린이들만은 너무나 질서 정연하게 움직여 마치 철새 무리들이 군무라도 벌이는 듯한 느낌을 갖게 했습니다. 1년 전의 1981년 성탄일엔 이보다 더 많은 1만 3천여 명의 어린이들이 한꺼번에 이 교회에서 예배를 드렸습니다. 많은 어린이들이 몰려드는 것은 굳이 성탄일만이 아닙니다. 매주 일요일 아침 8시 30분에 열리는 서부교회의 주일학교에는 평균 7천 5백 명의 어린이들이 출석하고 있습니다. 봄, 가을철에는 평균 8천~9천 명의 더 많은 어린이들이 몰려듭니다.

이 교회의 만 12세 이하의 어린이 재적 숫자는 3만 2천여 명이며, 해마다 어린이 신자 숫자가 3천~4천 명씩 늘어나고 있어 규모면에서는 가히 세계 최대의 어린이 주일학교라 할 수 있겠습니다. 어린이 신자 숫자로 본다면 보통 교회의 50~100배이며, 일반 신자 수로도 국내 최대인 순복음교회나 영락교회를 뒤따르고 있습니다. 주위에서 흔히 볼 수 있는 현상은 아닐 것입니다.

30여 년 전에 설립된 이 교회는 백영희 목사의 뜻에 따라 주일학교에 절대적인 비중을 두고 있는 명실상부한 어린이 교회입니다. 중간반의 평균 출석수가 1천 8백 명, 장년반이 3천 2백 명쯤으로 주일학교보다 훨씬 밑돌고 있습니다. 전체 교인 숫자의 약 80퍼센트가 어린이들인 만큼 이 교회는 어린이 신자들의 왕국이라고도 말할 수 있겠습니다.

거의 1만 명에 가까운 주일학교 어린이들은 1층과 2. 3층(극장

계단식), 그리고 지하의 세 곳으로 나누어져 따로 예배를 드립니다. 서부교회는 지난 1970년대 이후 급격하게 늘어나는 어린이 신자들을 수용하기 위해서 세 차례의 증축 공사를 해왔습니다.

강당의 크기는 1층과 2층이 2백 70평, 3층이 1백 70평 지하가 87평인데, 어린이 숫자에 비해서 너무 비좁기 때문에 1층은 의자 없이 마루 바닥에 수용하고 있습니다. 그것도 모자라 현재 네 번째 대대적인 증축공사를 하고 있습니다. 오는 5월 어린이의 달에 이 증축공사가 완료되면 1층과 2층은 각각 4백 40평, 3층 2백 20평, 지하 1백 90평으로 늘어나 1. 2층의 강당은 웬만한 운동장만큼 넓어집니다.

1. 백영희 목사의 교육철학

서부교회는 우선 분위기에서부터 타 교회와 일신합니다. 더욱 희한한 것은 대예배실의 모습이 흡사 피난교회 같습니다. 넓디 넓은 공간에 미장되지 않은 기둥들, 세면 계단 그대로의 강대상에는 6·25 직후에 만들었다는 낡은 강대상과 의자가 있고, 사회자는 마루 바닥에 앉은 채 순서 때마다 일어서 예배를 인도하고 있습니다. 서부교회 주일학교가 성경의 초대교회 원리에 입각하여 주일학교 운영을 완전히 개편하고 성경적 원리대로 적용해본 결과, 인간의 상식과 교육, 심리학으로 이해할 수 없는 놀라운 부흥이 일어났습니다. 이러한 서부교회 주일학교의 초대교회식 주일학교 운영은 백영희 목사의 신앙과 목회에서 비롯된 것입니다.

(1) 초대교회식 주일학교

서부교회도 1960년까지는 아동 심리학적 방법을 사용하였습니다. 그러나 주일학교에는 첫째, 너무 아동심리학적 요소가 많아 장년반과 같이 성경적으로 운영해 보는 것이 옳겠다고 생각했습니다. 교육의 방법까지도 학생 위주가 아닌 하나님 위주로 가르치는 것이 옳다고 생각했습니다.

월간 주일학교 교사의 벗, 1986년 2월호 한국의 10대 주일학교 중에서 서부교회 주일학교 운영내용 중 '예배 프로그램'에 관한 기사 내용을 소개합니다.

예배순서는 독특하다. 하나님 중심으로 하나님이 기뻐하시는 그 뜻을 위주로 한다는 자세 아래 예배 이외에 일체의 다른 활동이 금지되어 있다. 그런 까닭에 동화구연을 한다거나. 영화를 시도한다거나, 성극 공연, 심지어 율동이나 레크리에이션은 일체 안 한다. 말씀을 가르치고 배우는 것 외에는 하나님이 기뻐하시지 않는다는 것이다. 어린이들이 한 주간 동안 지내면서 오락, 유희, 동화, 영화 등은 세속 사회의 산물을 지나치리만큼 접하기 때문에 교회에서까지 그런 것을 할 필요가 없다는 것이다. 예배를 드릴 때도 어린이용 찬송가를 사용하지 않는다. 순서도 그렇거니와 어른과 똑같은 예배의식을 갖는다. 어른과 같은 찬송가를 사용하고, 주경설교를 듣는다. 예배순서의 묵상기도, 부장의 개회기도, 찬송, 반사의 대표기도, 부장의 설교, 분반공부, 찬송, 문답, 찬송, 광고, 폐회 기도로 이루어진다. 주보를 펴내지 않기 때문에 예배진행은 전적으로 부장에게 맡겨진다. 특기할 사항은 설교다. 어린이 예배의 설교는 그 전 주일에 목사님이 대예배 때 설교한 것으로 한다. 주일 오전 목사님의 설교는 다시 본문, 제목, 설교 개요와 서론 본론 결론이 요약 정리되어 수요일 저녁 예배 때 전 성도들에게 나누어 주어(교사들도 포함) 다시 같은 설교를 한다. 이 설교 원고가 공과가 되어 다음 주일의 어린이공과 내용이 되고, 부장의 설교 원고가 된다. 그래서 어린이는 문답시간과 함께 하여 한 내용을 세 번 익히게 되는 것이다. 공과는 스스로 재작성하여 교인들에게 배부하고 있다. 교사의 위치에서는 한 설교 내용을 4번~5번 다루게 된다. 문답 시간에는 공과공부 때 교사들이 나누어 준 문답지(요절지)에 의하여 대답하도록 하고 있고 요절은 꼭 외워야 한다. 어린이들의 성경공부 내용은 진행이나 서술 과정이(용어포함)어른의 것과 똑같다.

백영희 목사는 '아직 세속에 때 묻지 않은 순진무구한 어린이때부터 그들을 교회로 인도하여 신앙심을 심어 줌으로써, 진정한 하나님의 아들이 되게 한다'는 뜻에서 주일학교의 어린이 신자들을 늘리는 데 주력해 왔습니다. 그러나 주일학교에 주력을 하고 있다는 세계 최대의 이 어린이교회가 놀랄 만큼 어린이들에게 아무런 혜택도 주지 않고 있으며, 겉보기로는 신앙을 심어주는 교육 방식도 아주 단순하고 딱딱한 느낌을 줍니다.

둘째, 어린이들을 학년별로 구분하지 않고 코흘리개부터 국민학교 6학년 학생까지 한 반에 통합시켜 두고 있습니다. 따라서 학년별 주일학교 교재를 쓰지 않고, 교회가 독자적으로 만든 "공과"로 성경을 가르칩니다. 이 "공과"란 1주일 앞서 중간반·장년반에서 성인을 대상으로 했던 목사의 설교 내용을 그대로 어린이들이 이해하기 쉽도록 다시 정리한 것입니다. "공과"는 강당의 층별 부장 선생이 1차로 가르치고, 그것을 다시 반사들이 반별로 복습을 시키게 됩니다. 어린이들은 찬송가를 부르기는 하나 따로 찬송가를 배우는 시간은 갖지 않으며, 오로지 성경을 중심으로 한 목사의 설교만을 배우는 셈입니다.

서부교회에서는 서부교회 소속 교단의 교리, 신조를 성경대로 간단명료하게 요약하여 주입식 암기식으로 그대로 가르칩니다. 1989년 1월 첫 주 공과를 통해 서부교회의 교육 방법을 좀 더 자세히 소개해 보겠습니다.

1989. 1. 4.

본문 : 에베소서 1장 3절
제목 : 우리들에게 주신 큰 구원

요절 : "찬송하리로다 하나님 곧 우리 주 예수 그리스도의 아버지께서 그리스도 안에서 하늘에 속한 모든 신령한 복으로 우리에게 복 주시되"(에베소서 1장 3절)

1. 하나님은 우리들의 아버지
2. 신령한 몸으로 부활하여 죽지도 쇠하지도 아니할 우리들
3. 영원토록 영생할 우리들

4. 창조주와 피조물 사이에 화평을 이루게 하는 제사장직
5. 하나님의 충만을 피조물에게 충만케 해줄 선지자직
6. 창조주의 단일 통치의 통일이 이루어지게 하는 왕직

이 여섯 가지 받은 것을 밤낮으로 생각하면서 감사하고 찬송하는 것이 하나님을 기쁘시게 하는 것이요, 복 받는 유일한 법칙입니다.

많은 세상 지식을 이미 배운 사람은 하나님의 지식을 배울 때 먼저 배운 기존 지식이 하나님의 지식을 자꾸 부인하기 때문에 바로 깨닫고 바로 믿기가 힘든 법입니다. 이러므로 세상 지식보다 어릴 때부터 하나님의 지식을 먼저 많이 배우게 하는 것이 중요합니다.

동화식보다 반복식, 주입식으로

하나님의 말씀은 살았고 운동력이 있으며(히 4:12), 진리의 영이 우리를 깨닫게 합니다(요 16:13). 말씀을 이해 못해도 우리 속에 들어온 이 말씀에는 성령의 역사가 함께 함으로 그 순간에는 못 깨달아도 언젠가는 깨닫게 할 수 있다는 것입니다. 학생들에게 심어진 말씀은 그들의 지각에 역사하여 깨닫게도 하고 그들의 양심에 역사하여 실행케도 합니다.

험악한 말세, 온갖 세상 지식이 하늘에까지 솟구친 말세, 음란과 방탕의 모든 죄악이 어린 학생들을 둘러싸고 그들을 마구 감염시키고 있는 말세에, 무엇으로 이들을 가르쳐 참사람으로 살게 하겠습니까? 도덕? 윤리? 철학? 아닙니다! 영생인 하나님의 말씀밖에

는 없습니다. 말씀으로 붙들린 학생이 아니고는 악하고 음란한 이 세대에 물들지 않을 수가 없습니다. 그러므로 어린 학생들에게는 성경 말씀을 그대로, 또는 신앙의 근본 교리를 요약한 요리문답 같은 것을 그대로 주입시켜 넣어야 합니다. 말씀을 이해시키는 것도 중요하지만, 무조건 외워서 믿게 하는 것이 더 효과적인 결과를 가져옵니다. 몇 번이고 반복하여 외운 말씀은 결국 그들 속에서 역사할 것이기 때문입니다. '어린이는 빈 자루와 같다. 담는 대로 담긴다'. 무엇을 담을까. 생각하고 이성적으로 비판하기보다는 들리는 대로 집어넣고 보는 때입니다. 그러므로 비록 어려운 말씀이지만 많이 집어넣으면 주관적인 지식이 될 수 있습니다. 그리하여 여러 가지 환경, 어려운 시험, 인생의 좌절이 닥칠 때 이 말씀들이 그 마음에 역사하게 되는 것입니다.

따라서 짧은 주일학교 시간에 간단하게 요약한 말씀을 반복하고 외우게 하여 주입식으로 학생들의 머리를 채워 넣는 것이 최상의 방법입니다. 어른들에게는 해당 되지 않는 방법이 아이들에게는 평생에 걸쳐 마음속에 깊이 새겨 넣는 귀한 기회가 되는 것입니다. 이렇게 주입식으로 담겨진 하나님의 말씀은 세상 어떤 지식보다도 더 중량이 무겁고 최고의 권위를 가졌기 때문에 이 말씀이 다른 지식을 몰아냅니다. 결국은 이 말씀이 그 안에서 역사하게 되는 것입니다.

외국어를 배우는 제일 좋은 방법도 어릴 때 가르치는 것입니다. 대학을 졸업한 부모들은 미국에 이민을 가서도 영어를 익혀 나가는데 오랜 시간이 걸립니다. 그러나 문법도 구문도 단어도 모르는

4. 5살짜리 아이는 6개월도 되기 전에 완전히 미국 아이처럼 영어를 합니다. 머리가 굳어지기 전에 자꾸 듣고 그대로 흉내 내다보면 무의식중에 익혀지는 것입니다. 이것은 하나의 자연계시입니다.

서부교회에서는 부장이 통반시간에 한 번, 각 반사들이 분반 시간에 한 번, 마지막으로 문답 시간에 한 번, 이래서 한 번 예배드리는 동안에 똑같은 내용의 공과를 세 번 반복합니다. 또한 통반, 분반 시간, 문답 시간에도 설명식보다는 같은 내용을 몇 차례씩 반복 주입합니다. 딱딱하고 재미없어 아이들이 듣겠느냐고 반문이 생길지도 모르지만, 실제 이렇게 해보면 아이들이 선생님을 따라 하느라고 정신없이 반복하다가 자기들도 모르는 사이에 암기가 되니까. 거기에서 아이들은 흥미를 느끼는 것입니다. 그러는 동안 간단한 성경 요약이나 교리는 그 시간에 완전히 외우게 되는 것입니다.

이렇게 20여 년 해오며 많은 경험과 확신을 더욱 얻어서 최근 몇 해 전부터는 아예 한 공과를 3. 4 주씩 계속 가르치기로 했습니다. 이렇게 한 공과를 3. 4주 계속 반복시킴으로써 평생 그들 머리에서 잊혀 지지 않게 되는 것입니다.

자신이 먼저 깨닫고 가르쳐야 한다.

학생을 주입식으로 반복하여 가르칠 때 주의할 것은, 비록 반사가 동화식이나 설명식으로 가르치지 않을지라도 알고 가르쳐야 한다는 점입니다. 이것은 세상 지식과는 다른 하나님과의 영적인 교통이 있어야 깨달아지기 때문입니다. 그러므로 깨닫지 못한 상태에서 말로만 전하는 것은 실질적인 결실을 맺지 못합니다. 즉 반사가, 말로만 전하면 말만 전달되고, 깨닫고 전하면 깨달음이 전달되며, 믿고 전하면 믿음이 전달되고, 실행하면서 전하면 실행할 수 있는 권능이 학생에게 전달되는 것입니다.

어머니가 먹이는 젖의 색깔과 맛은 같습니다. 똑같아 보이는 젖이지만 어머니가 푸른 채소를 먹고 젖을 먹이면 아기의 똥이 푸른색을 띠게 되고 기름기가 많은 음식을 먹으면 아기가 젖을 먹고 설사를 합니다. 어머니가 먹고 소화한 음식과 영양이 그대로 아기에게 가는 것입니다. 반사가 전하는 공과는 모두 같으나 반사가 가르치는 말씀은 확실히 깨닫고 믿는 정도와 양만큼 전달이 됩니다. 똑같은 책이지만 반사에 따라 전해지는 믿음은 다른 것입니다.

(2) 될 수 있는 한 반사 일선에 나서도록

일반적인 주일학교 조직을 보면 부장, 총무, 회계, 서기, 각반 반사가 있습니다. 여기서 직접 학생을 전도하고 챙기는 것은 주로 각반 반사들이 하고 그 외의 직책은 특별직으로서 학생들을 개별적으로 상대하지 않습니다. 반면 반사들은 반사 일선에 나서는 선생님과 보조하는 선생님으로 나눌 수 있습니다.

어린 학생들을 전도하고 가르쳐야 할 주일학교 부흥의 핵심은 학생들을 개별적으로 상대해야 할 반사에 있습니다. 될 수 있는 대로 모두 반사 일선에 나서도록 해야 합니다. 그 이유는 전도하고 가르칠 학생들은 동네마다 골목마다 기다리고 있는데 데리고 나올 반사가 없어 문제요, 또 보조직보다 직접학생을 지도하는 데서 자신의 신앙이 크게 자라기 때문입니다. 즉 학생들을 위해서도 자신을 위해서도 반사 일선에 나서는 것이 꼭 필요하다는 것입니다.

일반적으로 반사와 특별직의 비율을 보면 4:1 정도입니다. 그러나 대개의 경우라면 혼자서 몇 가지 직책을 하든지 아니면 반사를 하면서 겸직을 하는 일이 대부분입니다. 특별직은 초신자도 할 수 있으므로 가능한 한 모든 사람이 참여하는 것이 좋습니다.

1987년 6월 20일 크리스찬 신문이 전하는 서부교회 주일학교 재적은 2만 7천 명, 학급만도 500 반이었고 보조 반사를 포함한 반사만도 948 명이었습니다. 이 당시 서부교회의 기록을 살펴보면 주일학교를 총괄하는 총무 1명이 2명의 상근직원과 주일 오전만 수고하는 10명의 임시서기를 지휘하여 주일학교의 행정, 서무, 회계, 통계집계, 출석부, 요절지 배부 등의 전 업무를 담당하고 있습니다.

부장부터 일선 반사 겸직을

부장이라도 구원사역 일선에 직접 나서야 합니다. 인간 구원은 직접 나서봐야 할 수 있는 것입니다. 과거에 해봤다던가 아니면 직접 일선에서 뛰어 보지 않고 설교나 사회만 하는 것으로는 겉도는 부장이 되기 쉽습니다. 실은 부장이라면 일반 반사 중에서 제일 충성되고 또 실력이 있는 사람으로 학생을 가르치는 일 뿐 아니라 전도하고 출석시키는 면에서도 일등이라야 합니다.

지극히 작은 일에 충성하는 사람이라야 지극히 큰 것에도 충성합니다. 일선 반사를 거쳐 자라서 일등 반사가 되고 일등 반사된 사람이 그대로 부장을 겸직해야 산 역사가 계속될 수 있습니다. 과거에도 충성을 했고 현재에도 충성을 하면서 전체를 통솔하는 부장과, 과거에는 충성을 했으나 지금은 어른이 되어서 밑에 반사를 시키기만 하는 부장은, 반사와 학생을 통솔하는 데 있어서 감화의 정도와 지도의 실질성에 많은 차이가 있습니다. 산 부장이 계속 살아서 뛰면서 설교할 때 산 설교, 필요한 생명의 교훈이 나옵니다. 앞서 가면 양들이 뒤에서 따라 온다고 했습니다(요 10:4). 자기는 뒤에 가면서 다른 사람을 인도할 수는 없는 것입니다.

서부교회 주일학교 부장은 반드시 제일 성적이 좋았던 사람 중에서 뽑습니다. 아무리 설교를 잘하고 행정 지도를 잘해도 학생인도의 실력이 없으면 인정하지 않습니다. 즉 학생인도의 실력도 반사 중에서 최고라야 한다는 말입니다. 매주일 출석 60명 이상의 1등반을 해보지 못한 사람은 부장자격이 없습니다. 자기 반을 주일학교에서 1등으로 못 만든 사람이 입으로만 부장자리에 올라갈 수 없다는 것입니다. 그러다 보니 이렇게 실력을 쌓아 올라간 장로는 부장이 되고 그렇지 못한 장로는 일반 반사가 됩니다. 1989년 현재 부장단은 전도사 2명, 장로 2명, 집사 2명, 일반 반사로 있는 장로가 9명, 보조 반사로 있는 장로가 6명입니다. 장로라면 주일학교에도 일반반사들의 모범이 되라는 것입니다. 연보해서 식사 대접만 할 것이 아니라는 말입니다.

어쨌든 부장이라면 반사 중에 제일의 실력자임에는 틀림 없을 것이니, 실력 있는 반사를 일선에서 후퇴시켜 뒷짐만 지게 할 것이 아니라 계속 뛰게 해야 합니다. 그래서 자꾸 변하는 어린이들 세계의 실제 형편과 배경 분위기를 아는 부장으로 출석수에서도 평균 반별 출석에 2~3배는 담당을 해야 정상일 것입니다. 예를 들어 서부교회는 반별 평균 출석수가 11명에서 14명이며 600명 반사가 학생 출석수 6,500명에서 8,500명을 출석 시키고 있습니다. 600명 반사 중에 6명의 부장은 반별 평균 출석 11~14명의 4배 이상의 출석수를 기록하고 있습니다. 서부교회식 주일학교를 위해서는 부장이 제일 앞장서서 주일학생을 전도하고 지도해 나가야 할 것입니다.

기타 보조직도 겸직을

얼마 전 주일학교의 일선 반사직과 특수 · 보조 반사직(부장. 서기.…)에 대한 자료를 집계한 적이 있었습니다. 놀랄 만한 일은 이런 부장, 서기, 총무, 회계 등등의 직책을 가진 사람들은 대개 신앙으로 앞선 사람들이었음에도 불구하고 의외로 이런 좋은 일꾼들이 주일학생을 위해 직접 일하지 못하고 있다는 것이었습니다. 보조직이었으므로 이들은 학생들을 심방하거나 개별적으로 직접 지도하지 않은 경우입니다. 세상 조직과 달라서 교회의 조직은 조직의 생명과 운영이 구원운동에 있기 때문에, 초대교회나 종교개혁 때와 같이 살아 움직이는 교회들은 그 조직이 아주 단순했습니다. 누구든지 먼저 믿은 사람이 다른 사람에게 복음을 전해서 인도했으며, 예배 시간의 설교를 통하여 신앙을 키워가는 것입니다. 복잡한 조직과 교육방법이 없어도 상관이 없습니다.

복잡한 조직과 방법론들은 그 동기는 좋아도 그 결과가 오히려 복음사역에 지장이 되는 경우가 많습니다. 또한 인간의 조직을 연구하다 보면 보이는 실상만을 추구하게 되고 그렇게 됨으로써 자연히 신령한 하늘의 세계와는 차차 멀어지게 되고 맙니다. 특히 주일학교의 경우는 누구든지 나가서 전도만 하면 많은 학생들이 교회를 나오게 되어 이들을 지도할 사람조차도 모자라게 될 것인데, 대부분의 경우가 공연한 조직만 많아서 아까운 인재들을 썩히는 결과가 되었습니다.

부장부터 모범을 보여 앞장을 서면서, 그다음 총무, 서기, 회계 등 보조직에 있는 사람들에게도 부장과 같이 겸직을 하도록 하는 것이 좋습니다. 특히 서기의 경우 짧은 시간에 성적 집계, 보고, 요절지 분배 등의 일을 해야 하므로 힘들겠지만, 미리 준비하면 반사직까지도 겸할 수 있을 것입니다. 겸직하면서 꼭 할 수 없는 일이 있다면 반사 일선에 나설 수 없는 형편의 사람이나 신앙 어린 사람에게 그 일을 분담시키거나 다른 반사들의 도움을 받으면 될 것입니다. 이렇게 부장 외의 보조직이나 특별직을 가진 사람들도 반사를 겸직하도록 권면하는 것은 유능한 인재를 썩히지 않겠다는 것과 그들 자신의 신앙에 크게 유익을 끼치기 위한 것에 그 주요 목적이 있습니다.

또한 겸직을 해야 어린 학생 하나하나의 심정을 다 잘 알 수 있습니다. 주일학생 인도와 지도 시에는 일반적인 교사와 학생 관계를 초월합니다. 학생은 친자식보다 오히려 더 귀한 존재입니다. 그러나 직접 책임 맡아 이 심정을 가져 보지 않은 사람이 부장으로 지도하거나 총무 혹은 서기로 보조직을 수행할 때는 종종, 뜨거운 사랑이 부족하거나 또는 귀한 아이들을 사무적으로 상대한 탓에 그 어린 심령을 상하게 하는 경우가 있습니다.

(3) 예배 중심의 주일학교 운영

주일학교가 보조기관 부속기관으로 특별히 취급되는 것처럼 주일학교 예배도 예배라기 보다는 하나의 성경공부 시간이나 교회 부속 특별 프로그램같이 생각되기 쉽습니다. 예배는 성도의 신앙에서 가장 중요한 시간입니다. 어떤 바쁜 일 급한 일이 있어도 주일 예배만큼은 반드시 드려야 하는 것입니다.

주일학생들이 비록 어리지만 하나님 앞에 드리는 이 예배만은 반드시 예배로 드려야 모든 학생들의 생활이 바로 될 수 있습니다. 예배 외의 특별 시간은 교회 형편에 따라 조정될 수 있을 것입니다. 서부교회 주일학교의 대원칙은 주일학교 예배 시간 중 아동심리학에 따른 율동, 오락, 동화식 성경이야기 등의 방법을 일절 배제하고 장년반과 같이 말씀 중심의 단순한 예배로 운영하는 것입니다.

일반적으로 주일학교는 율동, 유희, 오락, 성경동화 등 다채로운 프로그램으로 운영되고 있습니다. 이와 달리 장년반처럼 모든 순서를 단순하게 성경 말씀 그대로, 또 요약한 교리 주입식 설교로 진행하면 어린 아이들이 어찌 알아듣겠으며 어찌 앉아 있겠습니까? 취지는 좋지만 현실을 모르고 하는 말이라고 반대하는 사람들이 많을 것입니다. 그러나 실지 해보면 이와 반대입니다. 선입관을 버리고 살펴보고 연구해 보면 좋겠습니다.

① 장년반 대예배와 똑같은 예배시간

나이는 어려도 중생한 성도들의 예배 시간입니다. 오락 시간
도 유희 시간도 아닙니다. 유치원 유아원의 교육 프로그램 시간
이 아니라, 하나님 앞에 한 주일 생활의 제일 중심 되는 시간입니
다. 이 시간은 날 중에 제일 귀한 주일, 시간 중에 제일 귀한 예배
시간입니다.

서부교회 주일학교에서 예배 시간마다 전 학생이 몇 번씩 반복
하는 말입니다. 학생들의 한 주간 생활은 주일에 있고 주일 하루
는 예배 시간에 있는 것입니다. 예배는 하나님을 섬기는 일에 첫
째 되는 순서요 예배가 잘못되면 그 사람의 모든 생활이 다 잘못
되는 것이니 신성하고 정숙한 분위기에서 예배를 드리도록 해야
할 것입니다.

② 주일학교의 올바른 예배 방법

예배 때에는 인간 심리 위주가 아닌 하나님 말씀(뜻) 위주입니
다. 성도는 예배 시간에 하나님의 말씀을 배워 이것으로 신앙의 양
식을 삼아야 합니다. 육체의 양식은 밥과 반찬이요, 사람의 인격,
신앙의 양식은 하나님의 입에서 나오는 모든 말씀 외에는 없습니
다(마 4:4).

이러므로 이 말씀의 양식으로 배불리 먹어야 하는 예배 시간인
데 어린 아동들이 그것을 어떻게 이해할 수 있을까 하는 우려로 주

일학교의 예배 시간이 많이 변질되어 있습니다. 주일학교 예배 시간은 어떻게 드려야 할까요?

성경말씀을 꾸며서 전하지 말고 그대로 전해야 합니다. 예배시간에 제일 핵심은 말씀을 가르치는 시간입니다. 어른들도 이해하기 어려운 성경말씀, 특히 교리적인 것을 어떻게 학생들에게 가르치겠습니까? 이야기식으로 동화식으로 이해되기 쉽고 알기 쉽게 가르치는 것이 좋지 않겠습니까? 아동 심리학으로 볼 때 이렇게 하는 것이 훨씬 효과적이라는 것입니다.

예를 들면, 아담과 하와가 선악과를 따먹은 것이 잘 이해되지 않거나 잘 알아듣지 못할까 봐 사과를 먹다가 목에 걸렸다는 식으로 이야기를 합니다. 또 에덴동산의 이야기를 들려주는 선생님의 오른 손에는 흰 머리, 긴 수염의 흰 옷 입은 할아버지 그림까지 들고 하나님이라고 보여주며 이해를 도와줍니다.

그러나 이렇게 듣고 이해를 하는 것은 너무 세상 동화식입니다. 아담과 하와가 창세기 3장에서 타락할 때, "선악과 먹는 날에는 정녕 죽으리라"는 하나님의 말씀을 "죽을까 하노라"로 말씀을 자기 마음대로 가감하다가, 범죄 하여 죽었는데 그 말씀을 가르치면서 동화식으로 해야 이해가 잘 된다고 가감, 각색을 해버리면 이는 정말 큰일입니다. 하나님의 말씀은 정확 무오 하여 일점일획까지도 잘못될까 조심해야 합니다.

더구나 하나님을 어린 학생들이 어떻게 이해하겠는가 걱정하여 흰 수염의 할아버지로 그려서 보이지만, 볼 수 없는 하나님을 보여준 자체가 학생들에게 하나님에 대한 인식을 잘못 심어주는 것입니다. 결국 동화책이나 T.V에서 본 산신령님과 하나님이 같게 보이기밖에 더 하겠습니까?

③ 예배의 순서(서부교회식)

예배 순서에도 설교, 기도, 찬송 3가지를 주축으로 하여 장년반과 같이 드립니다. 찬송가도 어린이용 찬송가가 따로 없고 장년반에서 사용하는 일반 찬송가를 사용합니다. 다른 프로그램은 일절 생략합니다. 인간의 수단, 방편이 앞서가면 하나님이 역사하지 못할까 하여 그런 것입니다.

서부교회 주일학교의 예배 시간표는 다음과 같습니다.

묵도(주악과 성시 낭독) / 찬송 / 통반의 부장설교 / 분반설교 / 찬송 / 광고 / 주기도문(폐회)

시간 배정도 정확히 지킵니다. 이러한 순서는 여름 성경학교에서도 그대로 지켜집니다. 복음성가 1. 2 곡 배우는 것 외에는 정확히 지켜집니다. 성탄 축하 예배 때도 그대로 지켜집니다. 성탄 때는 2부에 축하순서를 가집니다. 그러나 그 축하 순서도 단 세 가지입니다. 성경 암송, 합창, 합주가 전부인 것입니다. 또한 이 순서는 주일 저녁, 수요 예배 때도 주일 낮 예배 순서에 준하여 다음과 같이 간단히 짜여 집니다.

5:00~5:03 묵도 / 5:04~5:06 찬송 / 5:07~5:21 설교 / 5:22~5:23

기도 / 5:24~5:25 찬송 / 5:26~5:28 광고 / 5:29~5:30 주기도문

이것이 전부입니다. 20여 년 계속 이렇게 해 왔으나 초대교회식으로 바꾸기 전은 300여 명이던 것이 20여 년간 8,000 명으로 꾸준히 부흥되어 온 것입니다.

④ 찬송(아동찬송/예배찬송)

다 같은 찬송이니 어느 것을 꼭 쓰라는 법은 없는 줄 압니다. 그러나 지금 대개 불려지는 아동용 찬송가는 요즘 세상 유행을 따라 감정과 흥에만 치중한 동요식이 많아서 아무래도 예배용 찬송가로는 좀 부적절합니다. 찬송이란 은혜 받은 성도들이 특별한 영감으로 작사하고 곡을 붙인 것으로 교회의 많은 성도들이 은혜롭게 불러 온 것을 모은 것입니다. 찬송가는 제 2의 성경과 같은 역할을 하여 신앙이 성숙 되지 못한 사람에게는 가사의 내용으로부터 은혜 받는 계기가 되기도 합니다. 그러므로 찬송가를 신중히 선별하는 것은 중요 한 일 중 하나입니다.

서부교회 주일학교에서 최근까지 제일 많이 불러온 찬송은 다음과 같습니다(옛날 새 찬송가 가사 기준).

1. 복의 근원 강림하사 / 2. 울어도 못 하네 / 3. 예수께로 가면 기쁘리로다 / 4. 예수께서 오실 때에 그 귀하신 보배 / 5. 구주의 십자가 보혈로 / 6. 이 기쁜 소식을 / 7. 갈 길을 밝히 보이시니 / 8. 구주 예수 의지함이 / 9. 듣는 사람마다 복음 전하여 / 10. 주의 친절한 팔

에 안기세 / 11. 천부여 의지 없어서 / 12. 태산을 넘어 험곡에 가도

또한, 복음성가로서는, 1. 주님고대가(손양원 작시) / 2. 성도의 행진 곡(유재현) / 3. 여호와는 나의 목자 / 4. 신유찬송(유재현) / 5. 하나님이 세상을 이처럼 사랑하사 / 6. 목마른 사슴 / 7. 임마누엘(유재현).

이런 찬송으로 인도해도, 인도자가 기도로 준비하면 한 목소리로 힘차고도 맑게 울려 나오는 찬양을 통해 성령님의 역사하심을 볼 수 있습니다.

⑤ 교육환경

교회의 재정 형편이나 예배당 형편이 빈약한 교회, 혹은 시골의 주일학교 반사들이 흔히 털어놓는 불평입니다. "우리 반만 따로 모일 교실이 없어 잘 가르칠 수 없다." "예배실 내의 방음장치가 좋지 않아서 분반 때는 시끄럽다." 그러나 이런 문제도 시간과 공간에 제한받지 않는 하나님의 능력을 믿고, 주신 환경에서 믿음으로 해보면 실제로 아무런 문제가 되지 않음을 경험하게 됩니다.

참고로, 서부교회는 한 예배실에 200개 반이 함께 수업을 합니다. 단독 교실은 꿈에도 생각할 수 없습니다. 그러나 양은 목자의 음성을 안다는 말씀과 같이 자기 반 선생님의 가르치는 것을 자기 반 학생들은 잘 알아들을 수 있으며, 이렇게 20여 년 해 왔으나 가르치는데 불편을 느껴본 적이 없습니다. 좋은 공부방에 있다

고 공부가 잘 되는 것이 아니라, 공부하고자 하는 마음이 문제 인 것입니다.

⑥ 예배의 횟수

현재 우리나라 초등학교의 공부시간을 보면 과목당 제일 많은 과목이 국어, 산수, 사회 등의 순서입니다. 왜 하기 싫은 국어 · 산수 과목을 학교에서는 제일 많이 시키는가? 중·고등학생으로 말하면 왜 어려운 영어는 공부시간도 제일 많은가? 뿐만 아니라 복습도 왜 제일 많이 하는가? 그것도 모자라서 과외에 학원 공부까지 해서 보충을 하는가? 물론 가치가 있다고 생각하기에 분투, 노력하고 있는 것입니다. 가치 있는 것일수록 얻기가 힘든 법입니다. 하물며 영생을 얻는데, 영원한 하늘나라를 얻는데, 주일 오전 한 번 놀이 삼아, 취미 삼아왔다 가는 것이 전부라는 말인가? 신앙을 가진 부모, 교회의 책임입니다.

첫째, 예배는 많이 드릴수록 좋습니다 . 예배의 횟수는 장년반과 같은 것이 정상입니다. 주일 오전, 주일 오후 예배가 있어야 합니다. 주일 하루 종일 무엇을 하게 할 것인가? 일주일 동안 세상 공부에 시달렸으니 다음 한 주간 세상 공부하기 위해 휴식하라는 주일 오후인가? 또 월요일에서 토요일까지 한 주간은 너무 깁니다. 수요일에도 오후든지 초저녁이든지 교회의 형편에 따라 수요 예배를 드리는 것이 옳다고 봅니다. 서부교회는 학생을 처음 전도하면 안 믿는 집 아이들이지만 '교회는 일주일에 세 번 나오는 법'이라고 의례 것 가르칩니다. 주일 오전 8시 30분, 주일 오후 5시, 수요일 오후 5시. 세 번 모입니다.

　둘째, 믿는 집 학생들이면 새벽기도를 하도록 합니다. 어릴 때부터 습관을 들여 놓는 것이 좋습니다. 하루가 시작되는 첫 시간에는 새벽 기도회로 시작하는 것이 옳은 일입니다. 어린 학생들을 잘 지도하고 끌면 무엇이든지 할 수 있습니다. 클수록 힘이 듭니다. 어린나무일 때 바로 잡아야 합니다. 물론 안 믿는 집 아이들이나 먼 곳에서 오는 아이들은 어려울 수 있습니다. 주일 오전에 못 가르친 것은 오후에 가르쳐야 할 것이고, 이때 못 가르친 것은 수요 예배 때 가르쳐야 할 것이고, 이때 못 가르친 것은 새벽 예배에 가르쳐야 합니다. 서부교회는 교회가 멀어서 자주 못 오는 학생들을 위해서 시내 300여 곳에 분교를 만들어 놓고 오후 예배나 새벽 예배까지 드리고 있습니다. 서부교회는 주일 오전 8,000명 출석에 오후 예배 5,200명, 삼일예배 1,000 명이 출석하고 있습니다. 대개는 믿는 집 아이들이 참석하는 새벽 기도를 아이들이 어떻게 할까 우려했지만 어릴수록 더 잘하는 경우를 많이 보았습니다.

　아래 표는 서부교회 주일학교 새벽 예배 출석을 나이별로 통계를 내보았습니다.

〈도표 8〉 서부교회 주일학교 새벽예배 출석연령 비율

구분	출석수(명)	연령비율(%)
7세 이하	60	37.5
1~2학년	39	24.4

3~4학년	47	29.3
5~6학년	14	8.8

위에서 보는 바와 같이, 예배 출석 상황을 연령 별로 보면 미취학 아동들이 제일 많습니다. 비율을 내어 보면 학년이 올라갈수록 떨어집니다. 세상 공부에 바빠서 새벽 기도를 잊었든지, 아니면 한 학년씩 커 갈수록 주관과 자율이 더 자란 것입니다.

세상 공부가 얼마나 중요하다고 새벽 기도를 안 나오는가? 또 믿는 학생이 본이 되어야 하지 않는가? 새벽기도 시간 했다고 성적이 내려가게 할 하나님이 아닙니다. 학생 때 성적 때문에 새벽 기도를 빠지는 신앙이 어른이 되면 사업에 출세에 돈벌이에 바빠서 새벽 기도를 빠지는 사람으로 성장할 것은 명약관화입니다.

(4) 성장의 비결 – 맹렬 반사들

1) 전도한 교사 중심의 반편성

서부교회 주일학교의 성장 비결을 알기 위해 서부교회와 주변의 관계자들을 만나 취재한 결론이 "무엇보다 이 교회의 주일학교는 강력하고 열성적인 반사 운영 체제가 절대적인 역할 이었다"라고 합니다. (신앙계 83년 5월호)

서부교회 유년주일학교를 처음 찾는 사람이면 누구나 특이한 교육방식과 직제를 보고 놀라게 됩니다. 우선 반을 나누는 기준이 보통 교회와 크게 다릅니다. 보통의 교회들이 일반학교의 교과 과정에 맞추어 1학년, 2학년 따위로 구분하는 것과는 달리 이 교회에서는 한 학급에 1학년부터 6학년까지. 심지어 미취학 어린이까지를 모두 수용합니다. 학급을 나누는 기준이 되는 것은 오직 누가 그 어린이를 전도했느냐 하는 것뿐입니다. 다시 말해서, 한 교사가 전도한 아이들은 나이와 학년, 성별에 상관없이 그 교사가 맡아 가르칩니다.

한 학급은 평균 50명 정도로 구성되고 이 인원을 넘으면, 기회를 보아 한 학급당 3. 4명씩 배치되어 있는 보조 반사에게 분반시킵니다. 이 반이 무사히 독립할 때까지 분만시킨 모교사가 지속적으로 관리함은 물론입니다.

나이도 다르고 지능도 다르고 이해할 수 있는 능력도 현저하게 다른 어린이들을 어떻게 한 자리에 앉혀 놓고 가르칠 수 있을까? 이런 의문에 대하여 유년 주일학교 총무 장영목 전도사는 이렇게 대답합니다. "하나님의 말씀이 세상 학문과 다른 것이 바로 그런 것 아니겠습니까? 하나님 말씀은 누구나 다 들어야 하고 또 들을 수 있습니다. 말씀을 깨닫게 하시는 분은 우리 하나님이기 때문입니다. 장년반을 생각해 보세요. 학력 수준도 차이가 나고 신앙 연륜도 다르지만 말씀을 들을 때 은혜는 똑같이 받지 않던가요? 우리는 그 원리를 어린이들에게도 적용시킬 수 있다고 믿습니다."

반사들이 직접 전도해서 학생을 길러야 하는 것을 주일학교 운영 방침으로 두는 것은 바로 이러한 성경적 가르침에 근거를 둔 것입니다. 직접 전도해서 자기 반을 키워 보는 반사와 만들어진 반을 맡아서 키워 보는 반사는 학생에 대한 애착, 노력, 관심, 기도 충성에서 완전히 다르기 때문에 서부교회 주일학교는 주일학교 체제의 가장 핵심적인 점을 여기에 두고 있습니다.

물론 전도 없이 원래부터 교회에 나오는 믿는 집 아이들이나, 반사의 유고로 인해 할 수 없이 타반의 학생들을 가르쳐야 하는 경우가 없는 것은 아닙니다. 그러나 이런 경우에도 직접 전도해서 자기 학생을 길러 본 반사는 자기 학생 귀한 줄 아는 심정이 있어서 직접 인도하고 길러 본 경험 없는 반사와는 기본자세가 다릅니다.

그러나 서부교회 주일학교에서는 전도한 반사가 입대, 전근 등으로 자기 학생들을 타반에 인계하는 경우 1년 안에 학생들의 절반 이상이 교회를 떠나거나 다른 교회를 다니든지 아니면 당분간 교회를 나오지 않고 쉬는 경우를 통계로서 가지고 있습니다. 직접 전도해 보지 않은 반사에게 맡기는 경우는 학생들의 90% 이상이 1년 안에 교회를 떠납니다. 이러므로 반사는 대학교 다닐 때 2, 3년 해보는 임시직이 아니라, 자기 힘 있는 대로 늙어서까지 하는 평생직이요 은퇴 없는 영구적으로 알고 충성해야 합니다.

2) 전도의 힘 : 반사를 뛰게 하는 최고의 약.

처음에 마지못해 시작한 반사라도 원반사를 따라다니며 몇 번 전도해 보면 앞의 여러 가지 경험을 하게 되고, 자기 입으로 전한 복음을 듣고 생전 안 믿던 학생이 교회를 나오게 되면, 그만 그 맛에 끌려 자세가 완전히 변화되어 자발적으로 전도에 나서게 됩니다.

예로부터 성도들의 신앙 경험에서 나온 교훈에 따르면 '전도는 신앙생활의 힘'이라고 하지 않던가? 바로 그것입니다. 이래서 전도에 힘을 얻게 된 반사는 주일학교 뿐 아니라 신앙 전반에 힘을 갖게 됩니다. 전도에 힘주신 성령께서는 그 사람의 신앙생활의 모든 부분에 활력을 불어 넣는 것을 우리는 너무도 많이 보았습니다.

반사로 하여금 반사되게 만드는 최고의 방법은 전도하게 하라는 것입니다. 안 믿는 학생을 구원하니 좋고, 반사로 하여금 신앙의 확신과 체험을 갖게 하니 좋고, 이래서 반사들은 신앙생활 전반에 걸쳐 새로운 활력을 갖게 됩니다. 전도가 끊이지 않는 주일학교는 항상 새 생명으로 넘치는 교회가 됩니다.

3) 학생도 전도할 수 있게 가르친다.

이렇게 전도하는 반사, 직접 인도하여 기르는 반사가 되고 보면 출석수는 분명히 이전보다 많아집니다. 그렇게 되면 많은 학생들을 인도하고 지도하는 데 힘이 닿지 않을 수 있습니다. 여기에서 우리는 직접 전도도 하고 심방도 하는 반사를 만든 것처럼, 먼저 나온 학생으로 반사를 돕게 하는 학생을 만들 때 반사에게도 도움이 되고 또 반사를 돕는 학생의 신앙에도 많은 유익을 줄 수 있는 것입니다.

처음에는 반사인 나에게도 그토록 어렵게 느껴지는 전도를 어떻게 학생에게 시키겠는가 라는 생각이 들겠지만, 처음에 잘 나오는 아이는 선생님이 심방 갈 때나 전도할 때 몇 번 데리고 다니며 길을 잘 찾지 못하는 어린 학생들을 주일 아침 교회로 인도하도록 차차 가르치면 훌륭한 보조반사 노릇을 하게 됩니다. 벌써 한 반의 학생이 20여 명이 되면 주일 아침에는 학생들 모두에게 손이 잘 닿지 않습니다. 그래서 20여 명 이상으로 키우려면 필연적으로 학생 중에 심방 보조원을 시키는 방법을 사용합니다. 실제로 골목에서는 골목대장 노릇하는 아이가 있는 법이어서 그 동네 아이들을 불러 모으고 데려오는 데 선생님 못지않은 학생들이 많습니다.

또 심방 할 때도 학생들을 데리고 다니면 골목길에서 처음 보는 학생들도 선생님 옆에 따라 나온 학생을 보면서 대화가 자연스럽게 이루어집니다. 학생들이 경계심 대신 호기심을 가지고 상대하게 되는 것입니다.

백 목사님은 이렇게 학생들을 심방이나 전도에 활용하는 목회법을 쥐 고양이 비유를 들어 강조한다. 쥐를 잡는 가장 쉽고 확실한 방법은 고양이를 기르는 것이 아니라 쥐로 쥐를 잡게 하는 방법, 즉 '쥐 고양이'를 만들라는 것입니다. 옛날 고양이가 귀한 가난한 두메산골에는 쥐를 잡는데 고양이 대신 쥐 한 마리를 잡아 독에 가둔다. 2. 3일을 굶겨 놓고는 생쥐를 한 마리 집어넣는다. 이렇게 쥐 맛을 알도록 길들인 다음 이 쥐를 내어 놓는다. 독에서 나온 이 쥐는 이제 고양이가 들어가지도 못할 쥐구멍까지 찾아 들어가서 고양이 노릇을 한다.

어린 학생들을 심방원으로 데리고 다니면 선생님들이 모르는 아이들만의 세계, 동네 아이들이 끼리끼리 만나는 곳, 놀러 잘 가는 곳, 어느 집에 모여 무슨 놀이 하고 있는 것, 그 동네 아이들의 모든 소식, 사정을 다 알려줍니다. 또 선생님을 안내하여 아이들을 만날 수 있도록 구석구석을 다 다닙니다. 또 선생님이 모르는 아이들에게 함께 교회 다니자고 권하기도 합니다. 자랑도 합니다. 낯 모르는 어른들에게 경계심을 갖는 아이들에게 옆에 서 있는 친구 때문에 호기심이 나서 오히려 어느 교회를 다니느냐고 물어보고 달라붙기도 합니다. 서부교회 주일학교에서는 작은 반이라 해도 그 학생의 신앙을 기르기 위해서라도 먼저 나온 학생으로 하여금 어린 학생이나 친구들을 교회에 올 때 데리고 오도록 가르치고 선생님을 도와 동네 아이들을 전도하고 심방 하는 데 돕도록 하고 있습니다.

4) 반사 육성 및 임명

일년에 한 번씩 세상 학교의 신학기를 따라가는 것이 아니라 위에서 설명한 것과 같이 반사가 전도하여 반을 만드는 것이므로 특별한 시기가 필요 없습니다. 다만 처음 시작하는 경우는 기존의 반에 보조반사로 임명받아 원반사를 따라다니며 직접 배우고 이제 자신이 전도한 학생과 함께 자립할 수 있게 되면 언제라도 자기반을 창설하면 되는 것입니다.

① 반사를 키워라 : 반사가 곧 주일학교

서부교회식 주일학교의 운영 초점은 반사에게 있습니다. 사실 충성하는 반사만 있다면 굳이 아름답고 시설 좋은 예배당도 필요 없습니다. 반사 있는 곳에 주일학교가 있기 때문입니다. 반사만 충성하면 전세방에서 시작한 개척교회라도 상관없습니다. 주일학교는 충성에 있지 복잡한 조직, 기발한 프로그램에 있는 것이 아닙니다. 학생은 충성하는 반사를 따라 가지 예배당 시설이나 기발한 프로그램을 따라가는 것이 절대 아닙니다. 하나님의 말씀을 바로 전해서 학생들을 신앙으로 길러 보자는 이 사명감만 있다면 환경은 상관이 없는 것입니다. 주일학교 부흥과 실패의 책임은 전적으로 반사 양성에 있는 것입니다.

반사 수는 많을수록 좋습니다. 앞에서 말한 것처럼 자신의 신앙을 위해서 좋고, 학생 구원에 힘써서 좋은 것이 반사직이니 반사는 누구든지 많이 할수록 좋은 것입니다. 교인을 신앙으로 기르는 많은 방법 중에 다른 사람을 구원하는 일에 봉사하는 것보다 더 빠른 방법은 없습니다.

또한 주일학교의 부흥도 반사의 수에 달려 있습니다. 흔히 서부교회 주일학교의 부흥은 불가사의한 일로 취급을 합니다. 그러나 그 교회의 안을 자세히 들여다보면 재미있는 사실을 발견할 수 있습니다. 주일학교 전체의 반별 평균수를 보면 서부교회식으로 주일학교를 운영하는 다른 교회에 비해서 오히려 좀 떨어지는 것입니다.

서부교회식으로 운영하는 100여 교회들의 예를 보아도 알 수 있듯이 총 출석수가 많은 이유는 다른 데 있는 것이 아니라 반사 숫자에 있습니다. 주일학생을 길러 장년반이 부흥되었고, 장년반이 부흥되니 장년반 중에서 반사를 더 많이 등용하고, 더 많이 등용된 반사가 새로운 반을 만들고 전도하니까 더 많은 주일학생이 나오게 되는 아주 간단하고도 당연한 결과인 것입니다.

물론 한 반이 100명 혹은 그 이상이 넘는 초대형 반들이 있습니다. 그러나 서부교회식으로 하는 교회들에서는 이런 경우를 흔히 볼 수 있습니다. 서부교회에서만 볼 수 있는 일이 아닙니다. 다만 서부교회 부흥의 기본은 어디까지나 많은 반사를 등용하고 일선에 나서도록 한 것입니다. 반사별 평균 13명, 이 정도는 어느 주일학교든지 반사들이 직접 전도하고 심방하여 학생들을 기르면 나올 수 있는 결과입니다.

학생들에게 대하여는 반사가 교역자와 같습니다. 교회는 교역자 수준대로 됩니다. 결국 교인이란 교훈을 가진 교역자를 닮습니다. 백 목사는 항상 말하기를 어느 교회든지 교인들은 교역자를 그대로 닮는다고 하는데, 이것은 주일학교도 마찬가지입니다. 그 반의 모습이 그 반이요, 그 반사의 모습이 그 반이기 때문입니다. 이러므로 반사 양성이 주일학교 운영에 생명이라는 것입니다.

반사의 충성 정도만큼 주일학교는 부흥됩니다. 50명 실력의 반사는 어디가도 50명 반으로 전도하고 유지합니다. 10명 실력의 반사에게 50명 학생을 붙여줘도 시간문제이지 결국은 자기 실력인 10명만 남습니다.

신앙도 반사의 신앙 정도와 신앙의 성격을 따르게 됩니다. 반사 신앙이 네모이면 그 반 학생들도 네모인 신앙이 되고야 맙니다. 원만한 둥근 신앙이면 학생들도 원만한 둥근 신앙을 닮고야 마는 것입니다. 인본주의 신앙을 가진 반사가 교훈을 신본주의적으로 가르친다고 하자. 학생들이 반사의 신앙 인격을 배워 자라가겠는가 반사의 말을 배워 자라가겠는가? 얼른 보면 말대로 배워가는 것 같지만 신앙의 세계에서 반사의 권면, 설교는 일시적인 것이고 결국은 반사의 신앙 인격을 배우게 되고 닮는 것입니다. 부모를 닮는 아이처럼 그 반사의 신앙대로 학생들은 닮아가는 것입니다. 그러므로 반사 양성은 주일학교 부흥과 신앙에 절대적인 문제인 것입니다. 예컨대 자기 반사는 학생들에게 교역자 위치를 가지게 되는 것입니다. 결국 반사는 작은 목회를 하는 것입니다.

② 반사 양성법 : 반사의 3대 직무 수칙

어떻게 하면 반사를 바르게 양성할 수 있을까요? 서부교회는 가장 일반적이고 보편적인 방법을 제시합니다. 즉, 전도자의 유일한 자격은 예수님을 구주로 고백하는 것입니다. 이것 이상의 자격은 없습니다. 가르치는 데 유일한 자격은 신앙입니다.

예수 믿는 사람이면 누구나 주일학생을 전도할 수 있는 자격자입니다. 예수 믿고 신앙생활을 하는 사람이면 누구나 주일학생을 신앙으로 지도할 수 있습니다. 자기가 80점짜리 신앙 생활하면 80점 정도의 신앙 지도는 할 수 있습니다. 자기가 신앙 생활하는 만큼 학생들의 신앙 지도를 할 수 있습니다.

그러므로 주일학생을 가르칠 반사는 먼저 자신이 신앙생활을 잘해야 합니다. 이것이 가장 중요한 반사의 자격이요, 이 외에는 없습니다. 50점짜리 신앙 생활하는 반사가 반사교육 프로그램을 통하여 100점짜리 방편을 배운다 해도, 당장은 효과가 있을 수 있지만 실은 속는 일입니다. 먼저 자신의 신앙이 선결 문제인 것입니다. 자신이 바른 신앙으로 산 다음, 학생을 자신처럼 신앙으로 길러가는 방법은 세 가지입니다.

서부교회는 반사 양성 특별 프로그램이 전혀 없습니다. 한 번도 없었습니다. 오직 반사가 반사이기 전에 교인입니다. 교인으로서 교회의 모든 예배, 할 수 있으면 새벽기도까지 열심히 참석하고 은혜 받고, 또 자기 일상생활에서 말씀대로 힘써 살라는 것입니다. 정상적인 교인 생활이 바로 반사 양성에 제일 좋은 방법이라는 것입니다.

특효약, 비상약은 임시 효과는 있는 것 같지만, 반드시 부작용이 따르는 것입니다. 매일 아침 맛있게 먹는 식사만큼 좋은 보약이 어디 있겠는가? 반사가 교인으로서 1주일 동안 신앙으로 바르게 산다면, 그것이 그다음 주일 학생을 가르치는 일에 제일 중요한 준비인 것입니다. 즉, 반사 양성의 첫째 방법은 1년에 몇 번 있는 특별 세미나나 수련회가 아니라 1년 365일 계속되는 자신의 매일 매일의 신앙생활입니다.

한 주일학교 반사가 자신은 일주일 동안 실컷 세상에 빠져 살다가 토요일 저녁 잠깐 공과준비를 하는 것으로 반사로서 합당한 생활을 했다고 생각하는 사람에게는 어떤 반사교육 프로그램도 소용없는 일입니다. 그런 반사에게는 '한 주간 신앙생활을 바로 하라'는 교육 프로그램이 필요한 것입니다.

그러므로 서부교회 반사 양성 방법을 물어오는 모든 방문객들에게 백영희 목사는 '대예배 4번, 새벽예배 7번 참석해서 말씀을 배워 그대로 살고, 매일 30분 이상 각자 기도하기로 전교인에게 부탁한 그대로 기도생활 하는 것이 전부'라고 합니다. 그러므로 반사는 일주일 내내 학생들 때문에라도 먼저 바르게 살아야 합니다.

㉠ 마음속에 품어 길러라

반사들은 심방을 가보면 자신의 신앙 상태에 대해 알 수 있습니다. 한 주일 동안 말씀대로 살려고 힘쓰다가 토요일이 되어 심방을 가보면 스스로 힘이 솟는 것을 느낍니다. 그러나 양심을 어기고 신앙생활이 바로 되지 못했을 때는 심방하고 가르치는 일부터가 자신이 없어집니다. 그런 날은 학생들의 예배 태도, 선생님을 대하는 자세가 벌써 다릅니다.

그러므로 학생들을 한 주일 동안 잊고 살다가 심방하는 토요일이나 예배드리는 주일이 되어서야 '앗차, 주일이구나!' 하여 서둘러 공과 교재 뒤져보고 이것저것 챙기려 해서는 안 됩니다. 양을 기르는 데는 풀만 있으면 되지만, 신앙의 사람을 기르는 데는 그를 마음속에 두고 그를 위해서 '어떻게 해야 이 학생을 바로 길러 볼까' 생각하는 것이 끊임없이 있어야 됩니다. 여기에서 구원의 지혜, 지도의 지혜, 그리고 학생에게 꼭 필요한 교훈이 나오는 것이요, 또한 이렇게 할 때 하나님께서도 내 마음속에 오셔서 나를 지도해 주시는 것입니다. 이런 마음을 가지는 동안 자기 자신도 거룩해지고 깨끗해집니다.

아이를 품은 어머니처럼, 바울의 "내가 떠난 것은 몸이요 마음은 너희와 항상 함께 있다"는 말과 같이, 한 주간 내 생활 전부 속에서, 어디서 무엇을 하든지, 내가 책임지고 있는 신앙의 자녀인 내 학생들을 생각하며 그들을 마음에 품는 것이 중요합니다. 육체의 외적 활동보다 탁월한 전지전능한 성령이 우리의 영과 더불어 역사하는 영적 활동이 있습니다. 내 마음속에 학생들을 품고 있을 때, 하나님은 마음속에 품은 학생에게 감화의 역사와 신앙으로 살게 하는 역사를 일으키십니다.

자신의 학생들을 품고 있는 반사는 자신의 신앙생활부터 바르게 됩니다. 자신이 살아봤으니, 학생들에게도 "이대로 살면 복 받는다", "또 하나님 말씀이 이러하니 순종해 봐라"는 담대한 증거도 나오는 것입니다. 반사의 신앙생활에 따라 그 반사 속에 역사하는 성령이 학생들의 마음에도 역사하여, 학생들은 반응하는 태도부터 달라집니다.

내 자신이 시험 준비 때문에, 돈벌이 때문에, 친구와 약속 때문에 밤 예배에 빠진 후, 심방 가서 혹은 설교 중 학생에게 "어떤 일이 있어도 예배에 빠지면 하나님께서 기뻐하시지 않는다!"는 교훈이 잘 나오겠는가? 나는 공부 때문에, 돈벌이 때문에 바빠서 지난 한 주간 성경을 몇 장 못 읽었으면서 학생들에게 생명의 말씀, 성경을 많이 읽어야 한다고 힘 있게 강조할 수 있겠는가? 자기 속에서 힘이 없는데 겉으로 힘 있는 것처럼 외친다고 해도 영과 영이 역사하는 성도의 교통에 있어서 학생들의 심령은 냉냉 할 수밖에 없습니다. 육체의 자녀가 뱃속에서 길러지는 것처럼 신앙의 자녀는 마음속에서 길러지는 것입니다.

자신의 신앙생활을 바로 하면서 동시에 매일 한 번씩 자기가 맡은 학생들을 위해서. 그들의 신앙을 위해서 기도를 해야 합니다. 서부교회 백 목사는 매주 반사회 때마다 한 번도 빼지 않고 반사들에게 물어보는 것이 있습니다. "지난 한 주간 동안 자기 맡은 학생들을 위해서 그들의 이름을 부르며 그들을 위해 기도한 사람 손 들어 봅시다." 일일이 손을 들게 해서 600여 반사, 300여 보조반사까지 확인합니다.

몸은 한 주간 동안 학생들과 떨어져 있다 해도 신앙의 자녀, 양들을 위해서 마음으로 기도해야 합니다. 기도하는 방법은 학생들의 이름을 하나씩 마음속으로 외워가거나 혹은 학생 명단을 수첩에 적어놓고 잠시 불러가면서 그들의 얼굴을 생각하면서 기도하는 방법입니다. 몇 분 걸리지 않는 간단한 방법이고 쉬운 일이지만 많은 유익이 있습니다.

돈벌 사람은 돈벌 연구를 해야 합니다. 연구에서 지혜가 나옵니다. 사업하는 사람이면 밤낮 사업을 마음속에 넣고 구상해야 거기에서 지혜가 나옵니다. 반사가 항상 학생을 마음속에 생각하며 어찌해야 이들을 신앙으로 잘 기를까, 어떤 면이 이 학생에게는 부족한가에 대하여 늘 생각하다 보면(마음에 품어 길러라) 그 학생을 위해 필요한 것이 느껴집니다. 그것을 기도해서 주님에게 구하라는 것이 곧 기도로 기르라는 것입니다.

우리가 학생을 신앙으로 기를 때, 필요한 것을 구하는 주님은 어떤 분이신가? 우리의 믿음의 남편은 예수님입니다. 내가 전도하여 믿게 된 학생은 내가 신앙으로 낳은 자녀이므로 그 믿음의 아버지가 주님입니다. 그러므로 자녀에게 필요한 것을 남편 되는 주님에게 기도로 구하라는 것입니다. 이런 의미에서 성경은 우리를 주님의 신부라고 표현한 것입니다. 그러면 공부는 언제하고 돈벌이는 언제 하는가? 백 목사는 단언코 "맡은 학생 위해서 기도하는 것이 공부 잘하는 방법이다", "맡은 학생을 위한 기도가 바로 제일 좋은 돈벌이 방법이다", 이것을 이해 못하는 사람은 신앙 체험이 없는 사람이다 라고 단언합니다. 너무나도 쉽게 죄짓는 마음, 더러운 욕심, 음욕… 등으로 사는 연약한 우리가 맡은 학생을 위해서 하루 한 번씩 이름이라도 불러가며 그의 신앙을 생각한다는 것은 참 귀한 일입니다.

ⓒ 잘 관리해라

마음속에 품고 항상 생각하던 학생, 그의 신앙에 관련된 모든 필요한 것을 기도하면서, 이제는 학생의 모든 주변 상황과 생활을 살펴서 돌보는 관리가 세 번째로 필요합니다. 다스리는 자는 부지런함으로 하라는 말씀같이, 실제로 학생들을 돌아볼 때는 부지런해야 합니다. 그들을 실제로 가르치고 지도한 것을 확인 하는 게 심방입니다. 지난 주일 배운 것을 가르치고 확인해 보고 또 그들이 어떤 형편에 있는지 심방해 보아야 합니다. 이렇게 해야 또 다음한 주간 마음속에 학생들을 실제로 품을 수 있고 그들을 위한 기도가 나오는 것입니다. 이래서 마음에서 기도로, 기도에서 심방으로, 심방에서 다시 마음으로 품는 참된 목회법, 학생을 신앙으로 기르는 반사의 참된 직무가 계속되고, 이러한 참된 직무를 잘 할 때에 맡은 학생들의 신앙과 자기 반의 부흥이 자연히 뒤따르기 마련입니다.

모든 반사는 자기가 맡은 학생을 반드시 심방하자.

주일학교가 열리는 일요일 아침에는 교회를 중심으로 골목길은 골목길대로 떼를 지어 걸어가는 어린이들로 넘쳐나고, 시내버스는 버스대로 어린이들로 만원을 이룬다. 이들 어린이 가운데는 유치원에 다니거나 미취학 아동들도 적지 않게 포함되어 있는데, 모든 어린이들은 주일학교의 반사들이 집에서 교회까지 데려오고, 또 교회에서 집까지 데려다 준다.

여기서 우리는 다시 한 번 심방의 중요성을 강조합니다. 반사를 바로 하고 말씀으로 학생을 키우고자 한다면 심방은 생명입니다.

첫째, 심방을 어렵게 생각 말라. 심방하면 목사님이 집사님 장로님과 함께 근엄하게 방문하는 것을 자꾸 연상할 것입니다. 하나님이 내게 맡기신 학생이 죽었는지 살았는지 집에서 부모님 말씀을 듣지 않다가 쫓겨났는지 구원을 책임진 반사라면 돌아보는 것이 마땅하지 않겠는가? 집으로 찾아가 대할 때와 교회에서 대할 때와는 전혀 다르게 가까워집니다. 학생은 더욱 선생님을 따르게 됩니다. 또 심방을 가보면 그 학생의 경제, 부모, 가정 교육, 성격 문제 등 모든 면들이 다 눈에 들어오게 됩니다. 특별히 부잣집 심방은 여러 모로 힘듭니다. 사생활공개를 꺼리며 절차가 많고 인사를 많이 해야 하기 때문입니다. 그래도 해야 합니다(거절하지 않는다면).

그러나 참 재미있는 것은 중하류 동네 심방입니다. 골목에는 같은 또래의 학생들이 몰려 있습니다. 다른 교회 다니는 학생들도 호기심으로 쳐다봅니다. 재잘거리는 참새 떼 속에 인간 구원을 위해 나선 전도자는 형언 못할 구원의 참 세계를 발견하게 됩니다. 중요한 것은, 형제를 위해서 목숨을 버리면 이에서 더 큰 사랑이 없다(요 15:13) 하신 말씀과 같이 어떤 현실에서도 죄와 상관이 없는 반사로, 하나님의 말씀을 순종하는 반사로, 하나님과 하나 된 반사로 심방 하게 될 때, 맡은 학생을 진정으로 사랑하게 되는 것입니다. 어렵게 생각할 것은 하나도 없다는 것입니다.

둘째, 가정마다 변동사항을 주시할 것. 잠깐 들러도 "별일 없습니까"라고 지나가는 인사로라도 꼭 물어봐야 합니다. 안 믿는 집은 주일날 이사를 잘 갑니다. 토요일 심방 때는 변동이 없었는데 다음날 아침에 데리러 가보니 빈집이었습니다. 반사를 피해서 도망간 것이 아닙니다. 그저 자녀의 교회생활에 관심이 없는 가정인 경우 흔히 있을 수 있습니다.

나에게 알려주기를 기다리지 말고 내가 물어서 알고 있어야 합니다. 이사 가는 집은 특히 골목에 써 붙이기 마련이고 그런 다음 2주 이상은 지나서 실제로 옮기는 것입니다. 그러니까 미리 살펴서 멀리 가는지 그렇다면 어디로 가는지 잘 알아서 알맞은 교회를 소개하고 그 교회에도 연락을 해둬야 할 것이요, 가까운 곳으로 가는 경우 미리 알아놨다가 추후에 심방을 가야 할 것입니다. 이렇게 변동이 있어도 심방하고 돌보는 것을 부모님들이 보면 크게 감동하여 떼지 못할 인연이 됩니다.

셋째, 심방 하는 가정이 반드시 믿는 가정되게 해달라는 기도를 할 것. 많은 반사들이 경험하지만 이렇게 주일 학생들을 진정으로 돌보고 위하면, 나중에 아이들이 신앙이 떨어져 교회에 가지 않으려 할 때 부모님들이 강제로 보내는 경우도 허다하게 봅니다. 장차 다 믿을 가정들입니다. 지금 우리나라는 믿는 사람들이 늘어나고 있습니다. 하나님이 주시는 때입니다. 기도하고 그 가정 전체를 구원코자 소원하면 결국 이루어 주십니다.

넷째, 심방 할 때 주의할 점 11가지

㉠ 심방 하는 선생님은 심방 할 때에 예사로이 언행을 해도 주위의 이웃 사람들은 말 없는 가운데 언행을 살피고 마음속으로 시험도 받고 감화도 받습니다. 기도하는 마음으로 경건한 사랑을 베풀어야 할 것입니다.

㉡ 정해진 요일, 시간, 길로만 심방 하지 말고 한 번씩 시간과 심방 도는 길을 변경해 보라. 만나지 못한 그 동네 많은 아이들도 만나서 새로운 전도의 기회도 되고 또 반 학생의 환경에 대하여도 많은 새로운 면을 보게 되어 지도하는 데 도움이 됩니다. 특히 늦은 밤도 좋습니다. 대개 부모들이 있게 되어 가정을 더 잘 알 수 있고 또 밤 심방은 낮 심방 때보다 힘이 더 나는 것을 체험할 것입니다. 단 여반사들은 조심할 것.

㉢ 한 집에서 다음 집을 갈 때, 너무 먼 거리가 아니면 반학생들을 데리고 다니는 것이 좋습니다. 아이들은 자기가 아는 아이들과

같이 서 있는 선생님을 무척 호기심 있게 대하고 또 따라 가고 싶어 합니다. 또한 자기반 학생들도 선생님을 많이 따라 다니고 싶어 합니다.

㉣ 한번 맡은 지역은 몇 십 년이라도 계속하는 것이 좋습니다. 학생들이 좀 떨어진다고 옮기기 시작하면, 어디 가도 같은 악령, 같은 성령의 역사가 있기 때문에 똑같은 결과를 초래 할 뿐입니다. 한 지역에서 계속해 보면 자라서 나오는 학생들도 생기게 되고 또 자기반 학생들이 자라서 장년반으로 올라올 때, 지속적으로 챙길 수가 있기 때문입니다. 한 지역에서 10년간 계속해 보면 놀랄 만한 복음의 역사들을 많이 체험 할 것입니다.

㉤ 심방 시에는 꼭 지난주에 배운 말씀을 물어보고 복습을 해야 합니다. 그러나 가능한 간략하게 핵심 요점 몇 가지로 간추려 하는 것이 필요합니다. 그러려면 기도 준비와 말씀 준비가 반사에게 먼저 있어야 합니다.

㉥ 새로 전도하는 학생들의 경우 학교, 반, 집 위치, 전화번호까지는 적어둬야 합니다. 대개 비슷한 지역 내에서는 같은 학교가 대부분인데, 학년, 반을 계속 적다 보면 아이들이 서로 같은 학교 친구든지 아는 학생이 있으면 아주 반가워하고 교회에 나와도 서먹서먹해 하지 않습니다.

㉦ 멀리 이사 가는 경우도 한 도시에서라면 버스를 타고라도 본 교회에 출석케 하는 것이 좋습니다. 교회 오는 데 정성을 많이 들이면 그만큼 복을 받습니다. 서부교회 학생들의 집은 교회 버스로 30분씩 걸리는 지역이 상당히 많습니다. 그러나 먼 데 있는 학생

들이 교회에 항상 더 일찍 와 있습니다. 또한 예배 시간에 늦지 않도록 사전에 예배는 제 시간에 시작해야 한다는 중요성을 인식시켜야 합니다. 9시에 5분 지각하는 반사나 학생을 위해 10시로 예배시간을 조정할지라도 역시 지각하는 반사, 지각하는 학생은 없어지지 않습니다. 아예 예배는 지각할 수 없다는 것을 교육시켜야 합니다.

◎ 학생으로 하여금 자립심을 가르치는 것은 희생심을 가르치는 것만큼 중요합니다. 교회를 다니기 시작하면 헌금하는 것부터 가르쳐야 합니다. 안 가르쳐도 의례 부모들이 준비해 줍니다. 챙기지 않으면 헌금을 다른 데 쓰게 되고, 그러면 양심에 가책을 받아 일찍 시험에 들어버립니다. 그래서 다른 사람의 구원을 위한 헌금임을 충분히 설명하고 올바로 헌금하도록 가르쳐야 합니다. 또 자기가 처음 나올 때 선생님이나 친구들이 데리러 간 수고를 받았던 것처럼 그 아이도 다른 아이들을 데리고 나오도록 해서 몇 명씩 서로 짝을 지어 오도록 하는 것이 좋습니다. 또 먼 데서 시내버스를 이용하는 학생이면 처음에는 한두 번 선생님이 도와줄 수 있을 것입니다. 그러나 요즘에 돈 없어서 시내버스 차비 못 낼 학생은 없습니다. 오히려 신앙이 자라면 옆집 아이 데리고 오면서 자기가 돈을 내어 데려오도록 자립성과 희생정신을 가르치는 것은 자라나는 어린 신자에게는 더 없이 필요한 일입니다.

㉾ 학생들의 명단을 항상 수첩에 꼭 지니고 다녀야 합니다. 항상 마음에 품고 있는 것이 그 학생들의 신앙 성장을 위해서는 최선의 방법입니다. 반사가 주님에게 이들을 참 신앙으로 길러주시도록,

반 아이의 어떤 버릇을 고쳐 주시도록 기도하는 가운데, 하나님은 반사 자신을 고쳐 주시며 쉼 없이 역사하십니다.

ⓩ 자기가 한 번 맡은 학생은 죽는 일 외에는 잊지 말고 끝까지 그의 구원을 위해서 기도하고 책임을 져야 합니다. 어떤 학생은 초등학교 때 교회 한 번 나온 뒤, 6년이 지나고 대학에 입학한 후 다시 나오면서 새벽기도까지 계속하는 교인이 되는 것을 많이 보았습니다. 하나님께서 그를 구원하시려는 섭리는 일시 교회에 나오지 않을 때라도 꾸준히 역사하시며, 한 번 택하여 부른 자는 끝까지 포기하지 않는 하나님이십니다. 또 낙심한 학생이라도 항상 심방을 다니면서 눈여겨보면 새로이 시작하는 것을 많이 볼 수 있습니다.

ⓔ 심방 시간을 정할 때는 내 직장, 내가 얽매인 시간 때문에 힘들겠지만, 될 수 있는 대로 학생의 형편에 내가 맞추어가며 만나야 합니다. 그렇지 않으면 가봐야 없을 시간, 혹은 특별한 용무 중에 있는 시간이 되어 그냥 되돌아오는 경우가 많습니다.

토요일 심방

① 준비 : 심방 가는 선생님의 모습은 단정해야 합니다. 할 수 있는 한 정성껏 준비해야 합니다. 그러나 더 중요한 준비는 오늘 심방에 주님이 동행해 주시기를 구하는 출발 기도입니다. 그다음 잠깐 눈을 감고 내가 맡은 반사 직책이 우주보다 귀한 한 생명, 한 생명을 전도하는 일이요, 또 신앙으로 지도하는 일이라는 사명감을 새겨보고 느껴보는 것입니다. 이렇게 잠시 사명감을 되새겨서 심

방하고 전도 할 수 있는 힘을 얻어야 합니다.

② 심방 때는 한 학생, 한 학생 집으로 찾아가서 반드시 하나님의 말씀으로 가르치고 살펴 봐야합니다. 심방시 꼭 챙길 것은 다음과 같다.

㉠ 지난 주 배운 것을 복습해야 합니다. 배운 것을 문답식으로 해보면 배운 것을 기억도 하기 쉽고 또 다음날 배울 때도 훨씬 정신 차려 듣게 됩니다.

㉡ 각 학생별로 특별히 권면할 것을 생각해야 합니다. 장난 치는 것이 문제인 학생, 지각하는 것이 문제인 학생.. 이런 일들은 전체적인 교훈도 필요 하지만 따로 만나서 따뜻하게 사랑으로 살필 때 많은 효과가 있습니다.

㉢ 주일 예배 출석에 어려움이 없는지를 살펴야 합니다. 특히 안 믿는 집 학생들은 토요일 친척 집에서 자고 온다든지 별 생각 없이 친구들과 주일 아침에 무슨 약속을 할 수 있습니다. 주일 예배 참석 없이 신앙은 자라갈 수 없습니다. 심방 가서 주일 예배 참석을 잘 인식시키는 것이 어린 신앙인들에게는 제일 중요한 일입니다.

㉣ 가정이나 학생에게 특별한 일이 없는가 살펴야 합니다. 식구 중에 입원한 사람이 있거나 초상이 난 경우.. 특히 어려움이 있을 때는 그 가정을 구원할 수 있는 좋은 기회입니다.

㉤ 심방 가는 집에서 다음 집까지 사이사이에 전도를 하는 것이 좋습니다. 학생들의 친구, 동네 아이들 등 부근 학생들을 차근차근 전도해 나가는 것입니다.

반사들에게 있어 대개 토요일 오후가 심방하기에 가장 좋은 때

일 것입니다. 학생들 역시 토요일 오후가 제일 좋은 때입니다. 자기 집까지 찾아와 자기 아이들을 챙겨주는 이런 모습에 감동받지 않는 부모는 없습니다. 토요일 심방을 계속해 보면 학생들뿐 아니라 동네 골목의 가게 주인까지도 "교회 선생님이 오늘은 안 보이네..." 하면서 기다리게 됩니다. 또 동네 골목의 이웃들과도 인사를 하다 보면, 어떤 부모들은 "우리 집 아이도 데려가 달라"라고 부탁까지 합니다.

주일 심방

전도가 없고 현 상태로만 유지해 나가는 반이라면 주일 아침에 스스로 나오는 학생들만 있으니 아침 심방이 필요 없을 것입니다. 그러나 토요일 심방을 하게 되면 반드시 전도가 있게 되고 처음 나오는 학생들, 어린 학생들, 또 말썽꾸러기들은 선생님이 주일 아침에 데리러 가야 합니다. 그렇게 하면 부모들도 좋아하고 또 믿고 보낼 수도 있는 것입니다.

주일 아침 서부교회 부근 대신동 일대는 예배 30분 전이 되면 반사들이 학생들을 업고 지고 손잡고 오는 행렬이 끊이지를 않습니다. 심방이 있으니 전도가 있고, 주일 아침의 끝없는 행렬은 계속되는 것입니다. 또 교회 나오는 학생들의 입장에서도 대개 선생님과 친구들이 다같이 손잡고 나오면 많은 힘을 얻습니다. 이렇게 학생들을 위해서 뛰고 있는 반사와 학생은 뗄 수 없는 신앙으로 연결되어, 때로는 야단을 치고 꾸지람을 해도 오해가 없습니다.

이렇게 데려온 학생들이 주일예배를 한 번 드릴 때마다 말씀으로 신령한 은혜를 받고 커나가는 것이 마귀가 제일 두려워하는 일입니다. 누가 마귀와 싸워 주일이면 안 믿는 가족, 친구, T.V 만화 영화 등을 통해서 교회에 못 나가게 할 연구를 하는 마귀에게 끌려 신앙을 망치는 주님의 어린 양을 인도하고 건져서 기를 것인가? 이 일이 바로 반사의 거룩한 사명인 것입니다. 우리가 게을러서 예배에 빠지게 되면 그들의 한 주간 세상 생활이 어떻게 되겠는가? 그렇기에 반사의 책임이 중한 것입니다.

5) 반사직의 임기 : 평생직

세상 모든 직업은 다 정년퇴직이 있습니다. 물론 교회에도 있습니다. 그러나 서부교회에서는 정년 퇴직제가 없이 성직 종신제를 채택하고 있습니다. 담임 목사님이 80세로 순교하셨던 상황도 주일 새벽 심방 출발하는 반사들에게 심방 가는 길에서도 주님의 죽으심과 부활의 대속을 잊지 말라고 권면하는 설교 도중이었습니다. 80세 노령에도 1주일에 주일 오전, 오후 대예배, 수요 예배, 금요 구역통합 예배 새벽기도 7회, 공식 예배만 11회를 인도하셨습니다. 일반 반사들도 은퇴가 없습니다. 자기가 구원한 자기 학생을 하나님 앞에서 평생 책임지라는 것입니다. 현재 75세까지 반사를 하신 분이 있습니다.

① 신앙은 전진이요 노쇠가 없다.

신앙은 전진뿐입니다. 비록 육체는 노쇠하여 기력이 쇠하여지나 학생을 길러 보조반사를 만들고 또 분반을 시켜서 독립을 시킵니다. 육체의 힘은 모자라나 신앙의 자녀들이 보조반사로 자기의 육체의 힘을 보조하게 합니다.

그러나 노반사의 충성과 기도가 육체의 활동이 왕성한 젊은 반사를 능가할 수 있는 것은 신앙의 힘이 있기 때문입니다. 서울 사직동에 오전 예배에 1회 출석 인원이 500여 명이 되는 장년반을 가진 교회가 있었습니다. 그 교회는 주일학교를 서부교회식으로 해 왔습니다. 50세가 넘었으나 구역장과 반사직을 겸임하던 두 여집사가 있었습니다. 그들은 보조반사 한두 명을 데리고 심방을 했습니다. 힘이 없으니 뛰어다닐 수도 없고 젊은 반사들처럼 활동 할 수도 없었습니다.

그러나 그 교회 45개 반 중에서 이 두 분의 나이 많은 여집사가 항상 1, 2등을 번갈아 가며 차지하였습니다. 주일 오전에 출석하는 그들 반의 학생수는 100명이 넘었습니다. 자녀가 있는 구역장으로서 이렇게 반사를 직접 하는 분이 한 분 더 있었습니다. 나이는 비교적 젊었으나 45명의 반사 중에 많은 남녀 대학생들과 청년남녀 엘리트 반사들을 제치고 3등은 항상 이분이 차지했습니다. 세 반이 다 100여 명이 넘으니 놀랄 만한 일이었습니다.

이것은 1년마다 바뀌는 제도가 아니라, 자신의 신앙 전진에 따라 자녀를 기르는 부모같이 계속하여 챙기다 보니 당연히 따라오는 결과였던 것입니다. 즉, 한 반사가 한 반을 맡아 계속할 때 그 반은 점점 부흥되며 아무리 유능한 반사라도 해마다 반을 바꾸면 부흥되는 길이 계속 막히기 마련입니다.

여기에 대하여 이런 반문이 있었습니다. 서부교회의 연간 출석 평균표를 보면, 1980년에 매주 출석 인원이 8,000명이었으나 9년이 지난 1989년도에는 6,000명이었습니다. 이는 주일학교가 침체해가고 있는 것이 아닌가?

참고로 서부교회 주일학생들이 제일 많이 다니는 5개 초등학교의 학생 수를 보자.

〈도표 9〉 5개 국교 학생수 변동현황(1980/1989)

학교명/ 구분	년도	총학급수 (1-6)	각학년별 평균학급수	각학년별 평균학생수	총학생 수	총여학 생수	학생총수 증감율 (%)
화랑 국민 학교 학교명/ 구분	1980	40	6.6	427	2,559	1,248	40.52% 감소
	1989	33	5	251	1,522	747	
동신 국민 학교	1980	57	9.5	631	3,783	1,844	37.8% 감소
	1989	47	7.8	331	2,350	1,078	
보수 국민 학교	1980	41	6.8	427	2,559	1,243	35.7% 감소
	1989	36	5.8	272	1,644	818	
부민 국민 학교	1980	51	8.5	536	3,218	1,556	36.9% 감소
	1989	43	6.8	333	2,030	975	
감천 국민 학교	1980	102	17	1,088	6,533	3,179	44.8% 감소
	1989	70	11.5	598	3,603	1,728	

※ 이 자료는 부산 교육위원회 기획 감사 담당자료 중에서 통계 낸 것임.

상기 통계표에서 보는 바와 같이 80년에서 89년 사이 9년간 부산시의 초등학교 아동수는 38%가 줄어들었고, 서부교회에 출석하는 주일학생이 제일 많이 다니는 5개 초등학교의 평균수는 39.14%가 줄어들었으니, 이 비율을 감안한다면 서부교회 주일학교는 실질적으로 계속 부흥되었다는 결론입니다.

② 장로도 반사는 필수

서부교회의 장로들은 반사를 하는 것이 필수요 특별한 사정이 있어 못 하면 간접적으로라도 협조하고 나섭니다. 장로는 일반교인의 신앙에 본이 되어야 합니다. 간판으로만이 아니라 실제로 본이 되어야 정상적인 장로입니다.

어린 학생을 구원하는 이 일에도 장로는 모범이 되어야 합니다. 따라서 특별한 이유가 없으면 다 반사 일선에 나섭니다. 60대의 장로님 반사가 20대의 청년들을 능가하여 1등반을 유지하고 전도 심방, 지도의 모든 면에 모범이 되어야 비로소 실력을 인정받아 부장이 됩니다.

서부교회 6명 부장 중 3명이 이런 경우였습니다. 그 중 한 명이 장로되기 전부터 반사를 해오던 분이 있는데, 그분은 10년 전부터 꾸준히 600반 중에 1. 2위를 놓치지 않고 학생들을 지도해 왔습니다.

토요일이 되면 만사를 제쳐두고 회사를 나와 심방에 나섭니다. 주일 아침이면 6시에 집을 나서 8시 30분까지 도착해 전체를 통솔합니다. 그의 직업은 시내버스 회사의 간부입니다. 운전기사들을 상대하는 직책이라 다소 주일학교 반사라는 직책과는 어울리지 않는 것 같습니다. 일반 교회 같으면 나이로 보나 다른 조건을 봐도 반사할 입장이 아닌 것 같습니다. 그러나 단연 서부교회 제 1의 반사입니다. 반사를 하다 낳은 아들이 벌써 자기반 학생으로 졸업하고 이제 의젓이 아빠 반의 보조반사입니다.

③ 해산한 산모는 한 달간 휴직할 뿐이지 퇴직하지 않습니다.

주일학교를 졸업하자 졸업한 반의 선생님을 돕는 보조반사가 된 학생이 있었습니다. 고등학교와 대학을 졸업할 때까지 계속 학생반사가 되었습니다. 졸업한 후 처녀 반사로 계속했습니다. 결혼을 한 뒤에도 남편과 같이 각각 반을 맡은 부부 반사를 하다가 곧 아기를 가졌습니다. 임신부 반사가 된 것입니다. 해산하기 직전까지 심방하고 가르치다 해산이 임박해 한 달간 조리하는 동안 남편과 보조반사등에게 자기 반을 부탁했습니다. 첫 아이를 얻고 한 달이 지나 엄마 반사로 또 계속했습니다. 반사 앞에 붙는 이름은 학생, 처녀, 부부, 임신, 엄마이었으나 반사는 그대로입니다. 해산을 하면 조리기간 휴직을 하지 퇴직은 하지 않습니다. 이것이 서부교회 반사관입니다.

둘째가 태어나면 퇴직인가? 아이를 넷 가진 엄마 반사도 있었습니다. 자기 구역이 너무 커져서 주일날 장년반과 구역 소속 다른 반사를 챙기기 위해 할 수 없이 반사를 놓게 되었습니다. 구원 운동에 다른 직책을 맡거나 더 중직을 맡았기 때문입니다. 즉 반사직은 임시직이 아니라 평생직입니다. 학생 때 혹은 청년 한 때에 거치는 임시직이 아닙니다.

6) 반사 교육

① 사명감

반사를 양성하거나 교육하는 프로그램 세미나는 어찌되는가? 물론 특별한 경우 할 수 있다고 생각합니다. 그러나 무엇보다 중요한 것은 사명감입니다. 대속 받은 성도로서 날 대속하신 주님을 위해 다른 사람을 구원해 보겠다는 사명감이 중요하며, 이 관심과 이 신망을 갖게 하는 것이 반사 양성의 제일 원칙으로서 이 신앙을 계속 유지하여 반사를 계속 하도록 하는 것입니다.

교회의 구원 운동에 대한 사명감은 목회자의 설교에서 은혜를 받아야 가질 수 있습니다. 성경 전체는 십자가의 대속을 증거 합니다. 설교에 있어 십자가의 사랑이 없는 설교는 있을 수 없습니다. 이러므로 교역자의 설교에 은혜를 받아 다른 사람의 구원에 사명감을 가지도록 하는 것. 이것 이상의 반사 양성 방법은 없습니다.

② 현장 교육

반사를 처음 시작하는 사람은 보조반사를 하면서 현재 활동 중인 반사를 직접 따라다니며 현장에서 배우는 것이 가장 속성의 길일 것입니다. 현장 경험을 통해 금방 배울 수 있는 것을 책으로 이론으로 배우려면 10배 이상의 노력이 더 필요합니다. 임명된 반사의 계속적인 교육도 역시 매주 하는 심방이나 전도가 최상입니다.

ⓐ 서부교회 반사는 예배 설교에서 받은 은혜로 봉사합니다.

백영희 목사의 목회 방침은 일반 교인이 평상시 신앙생활을 제대로 하면 바른 반사가 된다는 것입니다. 자신의 신앙생활을 그대로 가르치는 것이 반사지 특별한 방법, 교육법을 연구해서 자기가 해보지 않은 생활을 가르치는 것은 잘못된 교육이라는 것입니다. 따라서 대예배, 새벽예배 참석을 통해 설교에서 은혜 받은 그대로 생활하며 학생도 그대로 살도록 인도하라는 것입니다. 반사 교훈 따로 있고 학생용 교훈이 따로 있는 것이 아니라 진리는 하나인 것처럼, 그저 성령이 감동시키면 이루어지고 성령이 감동시키지 않으면 안 되는 줄 알라는 것입니다.

ⓑ 참고로 이것이 곧 목회자 양성법입니다.

백목사님은 반사들을 길러 100여 교회를 직접 지도하여 세우고 30여 교회를 개척하였는데, 백목사님의 교역자 양성관은 반사생활을 잘한 교인이 성실한 교역자가 될 수 있음을 보여줍니다. 따라서 일등 교인 생활을 한 사람은 일등 목회자가 되고 이등 교인 생활을 한 사람이 이등 목회자가 되는 것이지, 신학교의 학문적 지식을 익힌 점수와는 별개라는 것입니다. 그것은 하나의 참고 정도가 될 뿐이라는 것입니다. 이렇게 서부교회에서는 주일학교 반사를 먼저 앞에 말한 방법으로 길러서 정상적인 반사, 활동하는 반사로 키우고 그 중에서 목회에 사명감을 가진 반사, 목회를 위해 하나님이 기르시는 증거를 가진 반사들을 목회자로 배출합니다.

(5) 모든 편제는 단순히(단순성)

1) 독립(자립하는 반사로)

앞에 편제에서 설명한 바와 같이, 어느 교회든지 조직표를 보면 복잡합니다. 장년반은 언급하지 않겠습니다. 적어도 주일학교의 경우도 일반 세상 학교나 단체처럼 철저하게 짜여있습니다. 조직의 생명은 어디에 있는가? 조직의 목적 달성에 있는 것입니다. 반사가 학생들을 전도해서 가르치는 데 필요하게 짜여 져야 하는 것입니다.

그러나 반사가 자기 반을 스스로 전도해서 만들고 그들을 위해서 기도하고 심방 한다면, 즉 자립해서 모든 것을 한다면 이런 복잡한 조직은 별로 필요성을 느끼지 못할 것입니다. 오히려 복잡한 조직과 제도가 거추장스러워질 것입니다. 초대교회는 모든 면에서 단순했습니다. 종교 개혁기의 기독교는 단순했습니다. 조직에 생명을 두는 것보다 개개인이 주님을 모시고 충성할 때 교회의 모든 문제들은 자동적으로 잘 해결이 되었습니다. 인간이 자신의 생각으로 너무 많은 조직과 제도를 만들어 놓은 것이 오히려 믿음의 역사를 방해한 것이 많았습니다.

'남의 도움을 바라지 말고 받는 자보다 주는 자가 더 복되다'는 말씀과 같이 자기 있는 힘대로 자립하여 모든 것을 해보려고 할 때 교회는 단순해집니다. 주일학교는 운영과 조직이 단순해져야 합니다. 조직과 운영이 단순해지면 모든 힘을 모아서 학생 하나하나를 전도하고 기르는 일에 집중이 될 수 있는 것입니다. 잘못하면 조직을 위한 조직이 되어 반사들의 많은 힘이 구원 운동에 실질적으로 쏟아지지 아니하고 반사끼리 모여 앉아 탁상공론으로 소비하는 경우가 있게 됩니다.

서부교회의 조직은 1,000여 명의 일선 반사(보조반사 포함)를 뒷받침하는 순수 보조직은 총무 1명, 서기 10명이 전부입니다. 더 정확히 말한다면 전 주일학교를 실제로 총괄 지도하는 총무 1명 외에는 전부 일선 반사이며, 서기 10명은 특별한 사정으로 반사직을 할 수 없는 교인으로 600여 반의 출석부와 요절지 배부. 출석 통계만 보조하는 임시직입니다.

일반 교회의 경우 10~20개 반에 일선 반사를 하지 않는 보조직이 부장, 총무 서기, 회계 등으로 대개 3~4명인 것과는 크게 대조되는 것입니다. 각 반사들이 자기 반을 책임 인솔, 지도하고 자기 반의 모든 기록, 통계를 성실히 하기 때문에 서기는 집계하는 일뿐이며, 주일학교는 말씀 가르치는 것과 심방 외에는 아무런 특별 기획이나 프로그램이나 행사가 없으니 자연히 그런 것을 준비하고 진행하는 데 필요한 조직과 인원이 불필요한 것입니다.

2) 많은 조직보다 개개인의 신앙이 문제

유한한 우리의 시간과 노력을 특히 바쁜 세상 일, 세상 공부 속에서 쪼개어 낸 이 시간에 한 가지 일을 하면 다른 일은 자연히 소홀해 질 수밖에 없습니다. 전도해서 말씀을 가르치는 것을 전부로 삼는 서부교회는 복잡한 편제가 필요 없습니다. 오히려 거추장스러운 것입니다. 그런데 크게 근심되는 것은 우리나라의 주일학교들이 너무 조직과 운영이 복잡하고 치밀하고 아주 과학적으로 되어있고•이것에 관한 책자, 교육프로그램, 전문가들이 많은데 문제는 그러한 학원이나 책을 일부러 판매하는 사람들이 학생이나 손님을 상대로 심리를 연구하고 여러 가지 프로그램을 만들어 운영하는 수단 방법에만 몰두하고 있다는 사실입니다. 꼭 구원에 유익하면 이용할 수 있다고 하지만 인간의 수단이 많을수록 하나님의 능력이 역사하는 데는 오히려 방해가 될 수 있으므로 가능하면 성경이 가르치는 대로 단순하게 믿음으로만 해보면 하나님의 크신 능력을 볼 것입니다.

2. 서부교회 주일학교의 기타 운영 지침

(1) 서부교회 주일학교의 반사 지도 지침

서부교회 주일학교는 문서화 된 반사 교육서나 이에 대한 보조자료는 전혀 없습니다. 다만 초대 교회식 운영원리에 입각한 담임목사의 지도 및 교훈, 실제 경험을 통한 사항을 간단히 정리하여 참고하고 있습니다. 여기 소개해 봅니다.

I. 예배에 관한 사항

(1) 교회 입장시

① 교회 입구에 도착할 때 학생들의 마음을 정돈시킨다.

② 뛰지 말고 천천히 걷는 것과 예배당에서는 장난치지 말고 떠들지 않도록 주의를 시킨다.

③ 기도 시간일 때는 발뒤꿈치를 들고 머리 숙여 소리 없이 입장한다.

(2) 예배 도중

(예배는 하나님 섬기는 일에 첫째 되는 순서요, 예배가 잘못되면 그 사람의 모든 생활이 잘못되기 때문에 신성하고 정숙한 분위기 속에서 예배드리도록 한다.)

① 찬송시간

㉠ 선생은 찬송가를 들고 앞서 힘차게 찬송 지휘, 선생님에게 맞춰 학생들이 따라오게 한다.

㉡ 학생들이 다 찬송가를 준비하도록 권면한다.

② 기도시간

㉠ 학생들의 기도 태도 및 자세를 바르게 한 후,

㉡ 선생님도 함께 기도하여 눈짓 몸짓으로 기도하지 않는 학생을

단속한다.

ⓒ 기도 시간 중 말로써 학생을 단속하면 안 된다.

③ 통반공부

학생들을 부장에게로 집중시켜 말씀 듣는 일에 주력하게 한다.

④ 분반공부

㉠ 아버지께서 보내지 않으시면 올 자 없고 보내오지 않으면 가르
칠 수 없고 가르침이 없으면 회개할 자 없다.

㉡ 하나님이 보내실 때 잘 인도하고 가르칠 때 잘 가르쳐 환난 때에
다 이기게 해야 한다.

㉢ 선생님의 한눈에 학생들이 들어오게 하여 많은 것을 가르치려
말고 한두 가지에 주력 간단명료하게 요점을 가르쳐야 한다.

㉣ 주입식으로 문답을 되풀이 하되 성령님이 함께 하시도록 기도하
는 마음으로 힘 있게 가르쳐야 한다.

㉤ 전 인격을 기울여 기도하여 반사 직책에 흠이 없도록 힘쓰고
성령에 힘을 얻어 성경 진리인 말씀과 교리, 신조만 가르친다.

㉥ 요절지 배분, 헌금은 부장의 광고 지시에 따라 일제히 하되 먼
저 선생님부터 연보하여 본을 보임으로 연보하는 것을 가르치
도록 한다.

⑤ 문답시간

일체의 개인행동을 중지하고 전 학생의 시선을 문답 선생님께 주목

시켜 반사 선생님도 학생들과 함께 문답에 응하도록 한다.

(3) 퇴장

① 폐회 기도와 동시에 일어나는 학생이 한 사람도 없어야 하며 미아, 분실물이 없는지 확인한다.

② 앞좌석에 앉아 있는 반은 한 사람도 일어서지 말고 찬송 지휘 선생님의 인도에 따라 찬송을 계속 해야 한다.

③ 퇴장은 질서 정연히 줄을 지어 나가고, 뛰어 나가거나 의자를 넘어 나가는 일이 없도록 한다.

④ 학생들을 귀가시킨 후 반사 선생님은 반드시 서기부에 자기반 미아가 보호되고 있는지를 확인토록 한다.

⑤ 출석카드와 연보 주머니는 별도 분리하는 장년반 오후 예배 전까지 서기부에 제출하되 연보 주머니는 반사 선생님 자신이 직접 서기부 연보궤 속에 넣도록 한다.

(4) 오후예배

① 반사회에는 전원 참석하여 목사님의 교훈 말씀과 기타 광고 사항을 잘 듣도록 한다. 특별한 사정이 있는 선생님은 서기부에 불참 사유를 밝혀야 한다.

② 반사회가 끝난 즉시 심방하여 학생들도 오후예배에 참석시켜야 한다.

(5) 기타 지도 사항

① 폭력 사항은 일체 금하고 생명의 말씀으로 지도하도록 한다.

② 학생은 반사의 표시판임을 알고 학생의 어떠함이 자신의 어떠함인 줄 알고 자신을 돌아보도록 한다.

③ 경어를 사용해야 하며 감화적으로 해야 한다.

④ 질서 문란은 큰 사고를 유발할 위험이 있는고로 미리부터 기도로써 단속한다.

⑤ 지각하지 않기(일찍 심방 출발하여 시간 안에 학생들을 준비시켜 인도하도록 한다).

⑥ 의자에 낙서나 칼질을 하지 않고 소중히 사용하도록 한다.

⑦ 1학년 이하 학생, 처음 나온 학생은 꼭 미아 명찰을 달도록 한다.

⑧ 정해진 좌석일지라도 학생수를 보아 조금씩 앞뒤 좌석을 조정하여 앉을 수 있다.

⑨ 반사명찰을 꼭 부착하도록 한다.

II. 반사 선생님 준수 사항

(1) 새로운 목회 방법

① 마음속에 품어 기르고(떠나 있는 것은 몸이요 마음은 항상 학생을 품어 가지고 있어야 그 학생이 자람)

② 기도로 주님과 협력해서 기르고

③ 관리로 기를 것 (양과 외부의 것과의 접촉을 관리)

(2) 자신의 신앙

① 주일 대예배, 삼일. 오일, 새벽예배 시간을 빠짐없이 지킴으로 먼저 반사 자신이 진리를 바로 깨닫고 은혜를 받아, 이대로 실천하여 말씀대로의 자체와 행위가 되도록 힘써야 한다.

② 공과 준비 철저(공과 내용을 30회 이상 읽고 외워 완전히 자기 것을 삼아 가르치도록 한다).

③ 신앙에는 노쇠가 없고 항상 승리의 전진뿐이나 선을 행하다 낙심치 말라. 피곤치 않아야 때가 되면 거두리니 이런 사람은 하나님이 붙드시고 일하실 수 있다. 언제나 하나님으로 마음을 동이고 깨끗한 사람이 되어, 하나님께서 학생을 붙여 주실 수 있고 부모도 학생 맡기기를 원하고 학생도 따를 수 있는 자체가 되도록 힘쓴다.

④ 반사직은 우리의 천직이요 주업인 것을 알고 마음 다하고 힘 다하고 뜻 다하고 목숨 다하여 죽도록 충성 할 때에 하나님의 기적과 축복은 자기 것이 되어 진다.

⑤ 모발과 의복은 유행에 앞서지도 뒤떨어지지도 말고 중간에서 품행 단정하여 양심으로 인정받는 사람이 되도록 한다.

(3) 기도

① 수첩에 학생 명단을 기록 1일 1회 이상 읽으면서 기도할 것.

② 몇 해 동안 나오지 않아도 지우지 말고 항상 기도함으로 끝까지 권면할 수 있는 기회를 놓치지 말 것.

③ 바울 사도는 내가 떠난 것은 몸이요 마음이 아니라고 하심같이 몸은 나뉘어 있어도 마음은 항상 학생을 생각하고 기도함이 있어야 한다. 어머니가 아기를 뱃속에 품어 자라게 하듯이 우리 믿음의

자녀도 우리 마음속에 품어 있어야 자라게 된다.

④ 하나님이 붙드시고 일하도록 맡기셨기 때문에 기도하면 큰 효력
이 나타난다.

⑤ 다른 사람 구원을 위해 기도함이 곧 자기 구원이 되어짐을 알고 감
사함으로 전 인격을 기울여 죽을 때까지 쓰러지도록 기도해야 세
운 영혼들이 떨어지지 않는다.

⑥ 반사도 주일학생들도 앞으로 환난에 대비해서 매일 30분씩 시간
정해 놓고 기도하는 것을 빠지지 않도록 해야 한다.

(4) 심방

① 심방은 기회가 있는 대로 할 것이며 토요일 오후, 주일 오전 오후
는 의무적으로 꼭 심방을 실시해야 한다. 심방시 학생들에게 교회
오라는 것으로 끝나지 말고 하나님 섬기는 법, 학생의 본분, 의무,
책임 등을 가르치도록 한다.

② 얻었던 학생 잃는 것이 짐승에게 내 사랑하는 자식을 잃은 것 같
이 아픈 심정이 있어야 한다.

③ 자기 학생을 잘 분류 파악하여 매주 심방하는 학생, 1주일에, 혹
은 2~3주, 혹은 1개월 혹은 2~3개월에라도 꼭 심방하여 한 번이
라도 교회에 나왔던 학생들을 잃지 말도록 하자.

④ 주일 오후, 삼일예배, 새벽기도에 학생들이 참석토록 권면한다.

II. 제반 규정

1) 보조반사로서 출석학생이 5명 이상일 때는 원반사로 임명 받을 수 있다.

2) 사정상 반을 인계 시킬 경우 임의로 하지 말고 꼭 주일학교 행정실로 사전 연락할 것.

3) 1달 이상 결석한 학생을 다른 반사가 인도할 경우 자기반이라고 주장할 수 없다.

4) 모범반 선정

  * 특별 모범반 : 반사가 지각하지 않고 통반 공부 시작 전에 25명 이상 출석하고 예배 태도가 모범일 경우

  * 일반 모범반 : 반사가 지각하지 않고 통반 공부 시간 전에 15명 이상 출석하고 예배 태도가 모범일 경우

5) 우승반 선정

  1등 : 출석학생이 60명 이상인 때

  2등 : 출석학생이 45명~59명

  3등 : 출석 학생이 30명~44 명

6) 보고서 제출 및 작성요령

  (1) 출석부는 매월 마지막 주에 꼭 제출하시고 검인 도장을 받을 것. (특별상은 출석부 정리가 안 된 반은 제외)

  (2) 심방 보고서는 매주 제출할 것.

  보고서 작성 시는 한꺼번에 기록하지 마시고, 매일(월~주일까지) 또박또박 기록합시다.

(3) 요절암송 검사 표는 심방보고서 제출을 통해서만 받을 수 있다.

(4) 출석보고는 해당 주일에 늦어도 2시까지는 카드를 제출할 것

※ 반사는 의무적으로 반사회에 꼭 참석할 것(보조반사 동행)

※ 출석부 뒤에 인쇄되어 있는 주일학교 운영과 생활지도에 대해서 자세히 읽어보고 그대로 힘쓸 것.

※ 심방보고서 작성의 의의는 자기 믿음의 자녀에 대한 애착과 자기 자신을 한번 더 돌아보게 하기 위함이니 보고서 내기 위한 형식적인 것으로 하지 말고 기도하는 마음으로 차근차근 학생명단을 보고 기록하면서 자신의 신앙과 충성도를 측량 검토하는 시간이 되도록 바쁜 가운데서도 꼭 심방보고서를 작성하는 여유를 가지도록 할 것.

※ 충성한 것만큼 학생은 하나님이 맡겨주신다. 학생은 선생님 자신의 신앙인격의 표시판이다. 어머니가 아기를 뱃속에 품어 자라게 하듯이, 우리 믿음의 자녀도 우리 마음속에 품어있어야 자라게 된다.

1. 출석부 정리요령

① 제일 앞장에 반, 반사명, 보조반사 명을 기입할 것.

② 학생이름, 성별, 학년, 지역을 파악해서 기입할 것.

③ "출석"란에는 출석 표시를 하고 결석 시에는 그대로 둘 것.

④ 연보표시는 출석표시 위에 액수를 적든지 O표를 하던지 선생님이 확인 할 수 있도록 간단히 표시할 것.

⑤ 새로 인도 된 학생이 있을 시는 인도한 학생출석표시 밑에 인도 된 숫자를 기입할 것.

⑥ 결석 사유를 간단히 기재하여 참고 삼을 것.

⑦ 출석, 연보, 현황 그래프를 이용하여 가감의 원인을 분석해 볼 것.

2. 심방 보고서 작성요령

① "날짜"란에는 해당 주간 월 −주일까지 기록할 것.

② "반, 반사명"을 꼭 기록할 것.

③ "학생명단"을 미리 기록할 것.(재적학생은 다 기록함)

④ "출석"란에는 출석한 학생만 표시할 것.

⑤ "심방"란에는 월요일부터 주일까지 각 학생에 대해 심방 횟수를 (正)자로 표시할 것.

※ 기본 심방은 일주일에 2번입니다. 토요일과 주일 그 외에 학생 형편을 살펴서 필요에 따라 심방 할 것.

⑥ "심방통계"란에는 학생 1명당 심방 수 1번으로 통계 내어 기록할 것.

(학생 개인에 몇 번 심방 했던지 1번)

⑦ 심방은 한번이라도 나온 학생은 재적에서 지우지 말고 계속 심방 할 것

⑧ "기도"란 에는 월요일부터 매일 한번씩 (正)자로 표시해 갈 것.

(한 학생 한 주간 기도했으면 7번 표시됨)

⑨ "요절암송"한 학생은 참고란에 암송이라 표시하고 통계 란에 명수를 기록할 것.

※ 요절암송 : 학생의 학년이나 연령 또는 신앙 정도의 차이에 따라서 요절만 외우는데 그치지 말고 전체를 다 외울 수 있도록 권면할 것.

※ 요절암송의 기본은 본문, 제목, 요절을 외울 때 암송에 해당 됨.

3. 보고서 양식 윗쪽 굵은 선 안에는 선생님 자신에 대한 표시

① "성경"란에는 한 주간에 선생님 자신이 성경을 읽은 장수를 기록 할 것. (주일학생도 성경책을 준비케 하고 성경 읽기를 권면합시다.)

② "새벽기도"란에는 한 주간에 선생님이 새벽기도 나온 횟수를 기록할 것.

③ "기도"란에는 선생님 자신이 매일 30분씩 기도 한 횟수를 기록 할 것.

④ "요절암송"란에는 선생님이 본문, 제목, 요절 뿐 아니라 공과를 외우고 준비한 것에 대한 표시. (공과를 많이 읽고, 30번 이상) 실행을 통해 경험하여 이치를 깨닫고 은혜 받아 가르칩시다)

※ 미아사고 교통사고 안전사고에 대해서 꼭 기도합시다.

※ 토요일 오후는 전체 재적을 돌아보고 새 전도에 힘쓰는데 심방 하는 날입니다. 새 전도에 힘쓰지 않으면 성적을 올릴 수 없습니다.

※ 재적을 통해 하나님 앞에 충성할 수 있는 기회를 마련합시다. (재적은 많을수록 자신의 신앙에 유익)

※ 주일날 심방은 7시 이전에는 출발합시다.

Ⅳ. 교통 지도

1) 학생들의 인솔은 보행도로 및 횡단도로를 사용하되 줄을 지어서 보행토록 하고 신호등 또는 교통지도 위원의 지시에 의하여 총총 달음질 걸음으로 한다.
2) 차편을 이용하는 선생님은 제일 뒤에 타고 내려 미아나 사고가 없도록 유의하고, 부당한 차비로 기사와 시비하여 보는 이들에게 본이 되지 않는 일은 삼가도록 한다.

Ⅴ. 미아 지도

(1) 대상
① 초등학교 1학년 이하 학생
② 처음 나온 학생
③ 차편을 이용하는 학생
④ 형, 언니와 함께 온 학생

(2) 발생 확률이 많은 반
① 학생이 많은 반(최근 갑자기 학생수가 늘어나는 반)
② 차를 타고 다니는 반
③ 선생님의 학생지도가 허술한 반
④ 어린 유치부 학생이 많은 반

(3) 발생 요인

① 입장시 예배시간이 늦어 뛰어오면서 학생들을 뒤에 두고 입장할 때

② 퇴장시 출구가 복잡하여 학생들이 밀려 잡고 있는 손을 놓을 때

③ 차를 타고 내리면서 학생 수를 확인하지 않을 때

④ 학생들만 보낼 때 책임 맡은 학생의 주의가 소홀하므로

⑤ 집 근처에만 데려다 주고 올 때

⑥ 학생들이 부모님께 사전 말도 없이 친척 집이나 친구 집에 놀러 가는 경우

(4) 선생님 조치 사항

① 1차 : 학생 유무 확인(교회 근처 확인, 가정 방문)

② 2차 : 부모님을 안심 시키고

③ 3차 : 신고 임무 수행 (신고 요령 참조)

④ 찾을 때까지 대기

(5) 신고 요령

① 1차 서기부에 지정된 양식이 비치되어 있음

② 파출소에 신고

③ 찾은 후 신고한 파출소에 신고 해제

미아 발생→ 서기부 신고→ 심방 및 교회 근처 찾음, 오전 예배 후 파출소 신고 파출소마다 전화 확인→22시 이후(시경 상황실 수배 독촉, 여성 회관, 미아 보호소 확인)

(6) 예방 사항

① 미아 명찰 달기

② 학생 관리 철저

　㉠ 차를 타고 내릴 때 인원 확인

　㉡ 사고, 위험 학생 예배 도중 밖에 나가지 않도록 단속

　㉢ 인도시 반드시 부모님 허락하에 인도할 것

　㉣ 안전 귀가 조치

　　차를 타는 학생들은 차비를 학생들에게 맡기지 말고 선생님이 직접 낼 것.

3. 백영희 목사가 발표한 '서부교회 주일학교 운영'

(1) 예배는

① 하나님 중심으로 하나님이 기뻐하시는 그 뜻을 위주로 하고 학생들 기뻐하는 아동심리 위주로 하지 않는다(동화, 영화, 연극, 미술, 오락, 율동 등은 엄금되어 있음).

② 장년반과 꼭 같은 예배 의식으로 찬송은 장년반에서 사용하는 찬송가를 사용하고 설교는 주경 설교로 장로교 신조와 교리를 골자로 한 장년반과 꼭 같은 설교로 가르친다. 간혹 제목 설교로 가르칠 때도 있다. 설교는 전 주일 목사님이 장년반에 설교하신 말씀을 간단명료하게 간추린 것을 인쇄하여 나누어 주는 것이 이번 주일공과가 된다. 반사들의 공과 준비는 전주일 오전 오후 예배 때

에 된 셈이고 학생들은 부장 동반공부와 반사 분반 공부와 또 문답까지 합하면 같은 내용을 3번 공부하는 셈이 된다.

(2) 반편성은

① 사회의 초등학교 학년을 기준으로 편성치 않고 남여 공학으로 편성하는데 그 근거는 각 반사가 전도하여 인도한 학생은 그 반사에게 소속시키고 양육하도록 편성되고 있다.

② 반당 학생수가 50명이 초과될 때는 기회를 보아 보조 반사에게 분반시켜, 그 반이 독립할 수 있을 때까지 분반시킨 모반사가 잘 관리하여 성장시킨다.

③ 전 학생은 장소 관계로 1층, 2층, 3층, 지하층으로 분리하여 각각 부장 1명씩이 담당하고 있다. 남반사들은 남반사들로만 여반사는 여반사들로만 분리된 예배 장소가 정해져 있다.

(3) 반사 양성은

① 주일 오전 오후 예배 참석, 삼일, 오일 예배 참석, 새벽기도회 참석 등으로 하고

② 주일밤, 삼일밤, 오일밤 예배당에서와 예배 후 산에서 기도하고 철야하는 분들도 있음.

③ 매일 밤 7시 ~ 10시까지 교회에 와서 자유 기도

④ 이 외에 모임은 전혀 없고 언제나 남여 반사는 분리되어 있음.

⑤ 중간반(중1학년~고3 학년) 학생들을 보조반사 혹은 원반사로 등용한다.

⑥ 현재 반사 연령은 중 1학년 ~ 70여 세로 분포되어 있음.

(4) 반사 대접은

① 부장으로부터 반사 전부에게 전혀 무보수.

② 기념품이나 연회 등은 전혀 없음.

③ 연중 하기 아동 성경학교 때 수고한 반사들에게 점심 대접, 성탄절 때 학생들 주고 남은 빵 있으면 한두 개씩 나누어 먹음.

④ 참고 : 어떠한 대접이든지 있었을 때는, 혹 반사가 시험에 들었을 때에, 그것이 미혹물이 되어 치료가 잘 안 되고 또 꾸준한 힘을 약화시키는 원인들이 되는 폐단들이 있고, 전적으로 주님의 대속의 사랑과 주님 만날 소망과 그 나라의 영광만의 것을 전 대접으로 삼을 때에 계속하게 되고 권태 없고 또 시험에서 치료되고 한마디 권면에서 반성 회개하게 된다.

(5) 각 반사들의 직무 방편은

① 자신에게 회개와 소망과 믿음에 불이 있어야 되고,

② 자기 학생의 명단을 수첩에 적어 어디서나 매일 1번 이상 학생을 생각하면서 열람 기도한다.

③ 반사 자신의 형편보다 학생들의 형편에 따라 심방하려고 노

력한다.

④ 학생들 방문 시는 반드시 그 부모를 접견하여 학생에 대한 현황과 미래를 상의하여 협동적으로 지도한다.

⑤ 토요일 오후와 주일 아침 4시 30분에 간단한 예배를 드리고 6시에는 심방에 나선다.

⑥ 처음에는 부모님들이 반대하나, 차차 겪어보면 반사에게 맡기기를 원하고 또 부탁하고, 자녀들에게도 선생님 말 잘 들으라고 권해준다.

⑦ 오고 가는 데는 책임지고 안보하고 어린 학생들에게는 집까지 데려다가 부모에게 인계를 하고 끝낸다.

(6) 주일학교 졸업생의 관리

주일학교를 졸업한 학생들의 관리 면에 있어서 원칙적으로 일차적인 관리의 지위에 있는 자가 반사이다. 즉, 주일학생이 졸업을 했다 해서 그를 인도한 반사의 임무가 끝난 것이 아니다. 반사는 학생의 영혼을 돌보는 어미이다. 그러나 지역상, 혹은 기타 여건이 있을 때는 구역장에게로 소개하여 관리를 부탁하거나 혹은 공동으로 관리할 수 있을 것이다.

① 중간반 제도

서부교회는 앞에서 설명한 것처럼 모든 편제와 운영을 될 수 있는 대로 단순히 한다. 원래는 주일학교에서 막 바로 장년반으로 올

렸으나, 갑작스런 모든 환경의 변동으로 학생들이 생소함을 느껴서 장년반에 연결이 잘 되지 않아, 주일학교와 장년반을 연결시켜주는 기관이 바로 중간반이다.

졸업한 학생들의 장년반 진급 혹은 유입을 자연스럽게 해주기 위해서 만들었다. 이래서 주일학생을 챙겨본 결과 중고등 학생이 2,000여 명 출석에 5,000여 명 재적을 헤아리게 되었다.

그러나 중학교, 고등학교를 보내면서 많은 변동들이 있기 때문에 그때그때 주일학교와 장년반 전체의 환경을 보아가며 원래 서부교회 주일학교 제도의 제 2 원리에 따라 구원 중심의 원칙으로 관리하였다. 몇 가지 시행착오와 경험을 통하여 어쨌든지 주일학교 졸업생들이 장년반에 들어오면서부터 교회는 더욱 부흥이 가속화되어 주일학교 제도 개편의 초창기에 4,200여 명, 장년반이 지금은 재적 15,000여 명의 대교회로 급성장하였다.

② 세계가 우리의 교구

물론 많은 졸업생들이 중도에 이사 혹은 타교회 출석으로 특히 원거리에서 나오는 학생의 비율이 60~70%인데 이들이 상급학교로 진학하면서 근처 교회를 많이 다니기도 하였다. 결국세계가 우리의 교구라는 사명감으로 주일학교 때 우리 교회에서 배운 학생들이 어느 지방, 어느 교회로 다니든지 하나님의 교회 하나님의 양들이 되게 했으니, 그것으로 우리는 만족하고 거기서 더 잘 믿도록 기도할 것이요, 또 중도에 낙심한 학생들도 어디서 언제 믿든지 다시 신앙 생활하게 할 성령의 견인 역사를 믿음으로 하나님께 맡기는 것이다.

③ 중간반 제도에 대한 당부

일반적으로 모든 교회는 중등부, 고등부를 활발히 운영하고 있다. 만일 이들의 모든 활동이 주일학교를 위해서 되어 진다면 얼마나 주일학교 부흥과 자신들의 구원에 유익이 되어 지겠는가? 여기서 한 가지 당부할 것은 주일학교를 서부교회식으로 하는 것은 강력히 권면하지만 중등부 고등부의 편제나 운영은 지금까지 설명한 주일학교 편제와 운영의 기본원칙을 생각하며 각 교회의 실정에 맞도록 해야 할 것이다.

4. 서부교회 주일학교 적용한 교회들

서부교회식 주일학교 운영의 외부적 특징 중 가장 중요한 대목입니다.

거창 창동교회

1971년 경남 거창읍에 위치한 창동교회는 100여 명이 출석하던 교회로서 주일학교는 60여 명이었습니다. 이 교회에 새로 부임한 목사님은 부산에서 목회를 하면서 서부교회식의 부흥법을 배워 그대로 새 목회지에서 적용해 보았습니다.

일차로 학년·연령별 반편성을 반사중심으로 바꾸었고 반사를 할 만한 사람은 모두 반사를 시켰습니다. 다른 모든 면은 그대로였는데 불과 4주만에 그냥 3배가 넘어 200여 명이 되고 결국 2. 3개월만에 학생을 수용할 수 없어서 일부는 그냥 돌려보내는 안타까운 일까지 생겼습니다.

1979년 2월 5일 부산 국제신문에 서부교회 주일학교가 보도됨으로써 모든 교계 내외, 국내 주요 신문 언론기관에 계속 소개가 되어 최근까지 전국에 서부교회를 방문한 교회들이 1,000여 교회에 이르고 이들 중 초대교회식으로 부분 혹은 전면 수정하여 운영한 교회들은 예외 없는 부흥의 사례들을 경험하고 있습니다.

서부교회식 운영의 타교회 전용

20여 년 동안 600여 반사와 300여 보조반사로 평균 출석 8,200명, 재적 25,000여 명에 이르는 주일학교를 운영해 왔습니다. 또 부산서부교회의 운영 방식을 서울, 광주, 대구 등의 대도시는 물론 시골 벽촌에 이르기까지 120여 교회에 개편, 적용해 보았습니다. 그리고 지난 10년 동안 1천여 회에 걸쳐서 방문단들이 와서 보고 간 다음 그것을 그대로 개편 적용한 교회들을 살펴보았습니다. 이 대로 적용하여, 적어도 기존의 배는 부흥이 되었고 3배~7배까지 부흥되는 교회의 예들을 보았습니다.

5. 서부교회 주일학교가 주는 교훈

1) 총동원주일 운동과는 다르다

서부교회의 운영방법은 요즘 기성교회를 대상으로 유행되는 총동원 주일식의 일회적, 비상적 극약 처방이 아닙니다. 위에서 설명한 것같이 복음 받은 자의 모임이 교회이니 이렇게 하는 것이 너무나 당연한데 이렇게 하지 않고 있으니 오히려 이상하다는 것입니다. 우리의 복음운동은 비정상적인, 일회성의 복음 운동이 아니라, 정상적인 또 계속적으로 당연히 해야 할 성경적 방법이라 확신하는 것입니다.

2) 시기의 급박성

하나님께서는 주실 때가 있고 기를 때가 있고 준비의 때가 있고 환난의 때가 있어, 천하에 때의 기한을 두시고 인간들이 후회해도 바꾸지 않으시며 전체 국면을 섭리해 나가십니다. 부산 서부교회에 있어 1970~1985년까지는 붙여 주시는 시기였습니다. 서부 교회와 관련된 모든 사회 제도(입시제), 지역 경제, 지역 주민 생활상, 가정의 자녀수, 의식 구조, 빈민촌의 집단적 거주, 교통수단, 도로에 이르기까지 완벽하게 주신 때였습니다. 중학교 2학년 학생이 70명 되는 학생들을 혼자 인도해 오던 반이 한둘이 아니었습니다.

그러나 이제 모든 여건이 1985년을 고비로 하여 기르는 때로 전환시켜 주신 것 같습니다. 한 사람이 하루 오후 50~100명씩 전도하던 때는 지난 것 같습니다. 황무지에 선만 그으면 내 땅 되는 시절은 아닙니다. 그러나 다른 지역들을 볼 때는 아직도 전하기만하면 불길이 일어날 곳이 너무 많습니다. 그러므로 저자는 70년대를 최적기로 보나 아직까지 우리 나라는 전체적으로 얼마든지 개척할 수 있는 때라고 봅니다. 따라서 90퍼센트 이상의 교회는 서부교회식으로만 하면 2배 이상의 부흥은 아주 쉬우리라 확신합니다. 통계와 경험이 그러합니다.

3) 체제 문제

① 구원에 대한 관심

이제 이 책을 출간하는 목적에 관한 것입니다. 이 나라 전국에 예수 믿지 않은 죽은 심령들이 잃어버린 어린 양들이 사방에 깔려 있습니다. 이 땅에 있는 교회들이 관심을 가지지 않더라도, 자기 교회의 체제를 바꾸지 않더라도, 주위에서 교회에 데려갈 학생을 찾아보면(친구 동생, 친척, 이웃집) 당장 전국에 수십만 심령이 구원 받을 것입니다.

② 체제 변경과 관심

만일 체제를 서부교회식으로 변경하고 힘쓴다면, 최소한 반사들이 심방, 전도하여 자기반으로 이끄는 방법만이라도 도입한다면 수백만 명의 심령들이 더 구원될 것이라 확신합니다. 이렇게 되면 결국 이들이 어떤 교회로 옮겨가든지 이 나라 안에 있는 교회에 채워질 것이 아닌가? 이제 하나님께서 이렇게 보내시는 때를 끝내시고 시험하시는 때나 기르시는 때로 만드시면 아무리 사람이 힘을 써도 하나님의 정한 범위 이상은 넘지 못하는 것입니다.

③ 서부교회에만 있었던 특별한 상황이 아니다.

서부교회가 세계 최대의 유년 주일학교라고 해서 남의 일로 생각할 것 없습니다. 반사 1인당 맡은 학생은 10~15명입니다. 서부교회식으로 개편한 교회 치고 반별로 10명 이상이 안 된 곳을 못봤습니다. 따라서 어느 교회든지 서부교회보다 더 잘할 수 있기 때문에 갈급하여 외치는 것입니다. 장년반의 2. 3배는 되어야 정상적인 주일학교입니다.

4) 주일학교를 책임진 종들에게 호소합니다.

기존의 체제를 변경하는 데에 많은 어려움이 있으리라 생각합니다. 서부교회를 답습하라는 것이 아닙니다. 관심과 전도(심방)하는 반사만 만들라는 것입니다. 관심을 갖고 반사마다 챙기되 각 교회의 여건에 따라 자기 교회의 형편에 편리한 대로 하면 되는 것입니다.

만일 기존교회의 핵심 구성원들이 자기 자녀들은 조용히 율동 잘 배우고 동화 잘 듣고 있는데 학생들이 들이닥쳐 분위기를 깨뜨리고 잘못된 버릇 물들이는 것이 좋지 않아 망설인다면, 그것은 교회성장을 방해하는 것이며 멸망을 자초하는 것입니다. 무엇보다도 목회자의 결단이 필요합니다. 결국 목회자 한 사람의 관심 여하에 따라서 수많은 생명의 피 값을 예수님 앞에서 결산해야 됩니다.

II. 천안 갈릴리교회 (이창준 목사)[3]

천안갈릴리교회가 자랑스럽게 생각하고 또 지방의 여러 교회에 그 모델이 되고 있는 것이 바로 주일학교의 활성화입니다. 지방 중소도시에 위치한 교회로서 주일학교 운영을 성공적으로 하고 있다는 평가와 인정을 받고 있습니다. 천안시 인구가 35만 명 정도입니다. 갈릴리 교회 교회학교 학생이 약 2,500명 주일예배 참석 1,600~2,000명 정도 됩니다. 임명된 교사는 902명(정교사 555명/보조교사 347명)입니다.

천안갈릴리교회는 교회학교를 고유하고 독특한 시스템으로 운영하고 있습니다. 학년과 연령을 파괴한 무학년제 반운영과 전도교사 담임제도(전도해온 교사가 담임교사이다) 그리고 일반적인 의미의 교회학교 교재를 사용하지 않고 담임목사의 설교를 중심으로 신앙교육을 가르치고 있다는 점과, 상품이나 시상제도가 전

---

3) 이창준 목사는 천안 갈릴리교회 원로목사이며 학창시절 때 특별히 하나님의 큰 은혜를 체험했던 이창준 목사는 연세대, 감신대(M.Div), 연세대연합신학대학원 등에서 공부했으며 천안지방 감리사와 북방선교회단장으로 일하고 있다. 천안갈릴리교회는 어린이 출석만 2천 5백 명이 넘으며 '후손들의 신앙교육'에 초점을 맞추어 사역하는 교회로 날마다 교인 수가 늘어나는 성장교회이다. 천안갈릴리교회를 담임하는 이창준 목사는 〈교회학교 부흥을 이룬 그의 신앙과 사상을 담은 설교집 I, II, III〉과 선교 보고서 등 4권을 발간했다. 1권 「너, 하나님의 사람아」는 ◇사상 설교 41편 ◇교회학교 운영 ◇중간지도자 훈련 ◇교회성장의 노하우 ◇미래교회가 되기 위한 제안 등이 수록되어 있다. 2권 「주님과 그의 나라를 위하여」는 ◇능력 있는 설교 42편 ◇후손들의 신앙교육 방법론 ◇미래 지도자를 양성하는 교회 ◇교회역사와 자료 등으로 구성되어 있다. 3권 「그 이름 예수」는 ◇절기설교 18편과 주일설교 10편 ◇절기행사 ◇연간(年間)사역 ◇선교사들의 활동 ◇교회활동의 모습 등이 화보와 함께 실려 있다. 4권 선교보고서 「SAIPAN 선교 사역의 시작과 열매」는 ◇제자양육의 과정 ◇훈련단계 ◇선교후원자의 모습 ◇현지 선교사의 사역 등을 보여주고 있다.

혀 없고, 교회학교 아이들의 중간리더십을 순장과 중순장, 그리고 대순장으로 체계화시킨 순장제도 운영 등은 다른 교회에서 쉽게 찾아볼 수 없습니다. 이 시스템을 스스로 '천안갈릴리교회 주일학교운동'으로 부르고 있습니다.

2002년엔 1천 7백 30명이고 2003년에는 2천명의 어린이가 새롭게 등록을 했습니다. 올해에는 교회학교 어린이 새신자 등록목표는 1천 2백 명입니다. 교회학교 아이들의 수가 날로 격감하고 있는 한국교회의 현실에서 천안갈릴리교회는 최근 수년 동안에도 교회학교 아동부 새신자가 폭발적으로 늘어났습니다. 최근 5년 동안 교회학교 어린이 새신자 등록 현황을 보면 99년 9백80명 2000년에 1천 1백 20명, 2001년엔 1천 2백 34명, 현재 교회학교 아동부 인원은 재적 2천 5백여 명입니다. 7시 30분 약 3백 명의 어린이들과 교사들이 드리는 어린이 새벽예배에서부터 1부 9시 예배에 총 15개 부서가 운영되고, 2부 11시 예배에 6개부서가 운영되고 있습니다. 그리고 특화부서인 영어 주일학교 와우 주일학교 등 총 24개부서가 각부서 부장들을 중심으로 약 1천명의 교사들이 역동적으로 사역을 하고 있습니다.

1. 이창준목사의 교육철학[4]

1) 목사님께서 천안갈릴리교회를 통해 지향하시는 목회 방향은

---

4) 교육교회 Vol.366. 2008. 장로회신학대학교 기독교교육 연구원. p. 5~7

어떤 것입니까?

요즘의 한국교회 현실을 보면 교회학교 학생이 장년보다 현저하게 줄어들어 교회의 인적 노쇠화현상을 보이고 있습니다. 미래 한국교회의 힘은 지금의 교회학교의 상황과 맞물려있기에 교회학교의 부흥이 미래의 한국교회의 부흥이라고 말할 수 있을 것입니다. 천안 시내권에는 19개 학교 약 2만 5천명이 있고 우리 교회 지역에는 5개 학교 약 8천 명의 어린이가 있습니다. 담임목사는 이 사역에 직접 개입하고 있으며, 직접 보고를 듣고 지시도 합니다. 만약 누가 필자에게 장년부와 주일학교 중에서 무엇을 우선 순위에 놓겠느냐고 물으면 서슴없이 주일학교라고 말하겠습니다. 그만큼 중요하기 때문입니다.

무엇보다 교사 숫자와 교회학교 어린이 숫자를 똑같이 해야 합니다(교사 수=어린이 수), 교회학교 부흥의 비밀이 이것입니다. 교사 숫자를 늘리는 것만큼 교회학교 학생의 수는 비례하여 늘어납니다. 1:1교육이 가장 좋습니다. 우리 교회는 "전 교인의 교사화"와 "영적지도자 양성"이라는 실천목표를 세우고 움직이고 있습니다.

또한 순장(중간리더)를 세워야 합니다. 교회학교 학생들 중에서 신앙적으로 모범이 되는 학생을 선발하여, 미래의 지도자로 성장하도록 훈련 및 양육을 해야 합니다. 주일 새벽기도로 시작해서, 리더교육 및 리더수련회 등의 프로그램을 통해 하나님 중심, 말씀 중심 교회중심의 가치관을 갖는 제자들로 키워야합니다. 순장은 또 다른 제자들에게 영적인 도전을 주고 도전을 받은 제자들은 순장이 됩니다. 이렇게 계속되는 영향력과 훈련을 통해 미래의 지도자들이 세워가는 것입니다. 훈련받은 제자들은 지도자이며, 미래의 일꾼, 사명자요, 선교사들입니다.

뿐만 아니라 평신도 사역자를 길러야 합니다. 교회학교를 담당하고 있는 사역자들이 교회학교를 위해 충성하고 있는 동안은 수레바퀴가 잘 굴러가듯이 잘 움직입니다. 그런데 막상 사역자들이 다른 부서로 이동을 하면 교회학교는 나사 풀린 바퀴처럼 되어버립니다. 이러한 문제점을 부장 제도를 통해서 해결하고 있습니다. 평신도 사역자들은 늘 그 자리에서 사역을 하고 있고, 경험이 풍부하기 때문입니다. 목회자는 교회학교 운영의 전체 틀을 구상하고, 부장들로 하여금 부서 행사 및 교사 · 제자 관리를 담당하도록 합니다. 영적전쟁의 일선에서 움직이는 이들이 바로 평신도인 부장들입니다.

2) 목사님의 목회 중에서 교육이 차지하는 위치 교육이 감당해야 하는 역할은 어떤 것이신지요?

교육은 목회의 중심이며, 교육을 통하여 교사를 양육하고, 교사들은 제자들을 양육하고 그렇게 모두가 교육을 통하여 하나님의 뜻대로 살아가는 믿음의 자녀들이 되는 것입니다. 그러므로 교육이 감당하는 역할은 매우 큽니다. 어떻게 보면 천안 갈릴리교회 목회의 80%이상을 교육이 차지한다고 할 수 있습니다. 이 정도로 저에게 교육은 큰 비중이 되는 것입니다.

3) 갈릴리교회는 주일학교를 특별하게 운영하고 있다고 들었습니다. 교회학교의 특징과 방향에 대해서 말씀해 주세요.

우리 교회 주일학교는 몇 가지 중요한 특징이 있습니다. 첫째, 초대교회식 제도로 운영합니다. 사도행전 초대교회를 보면 3,000명이 회심 후에야 조직이 생기고(행 6:3), 그리고 나서 전도방법론을 찾습니다(행 8장). 이것은 조직을 우선 만들기보다는 은혜와 감동으로 신앙을 형성하는 것이 우선되어야 함을 의미합니다.

둘째, 유태인의 자녀교육 방식을 적용합니다. 하나님의 말씀을 외우고 말씀 중심으로 사는 것에 최선을 다합니다.

셋째, 학년제, 연령제 폐지입니다. 한 반에는 6학년 학생부터 4살짜리 미취학 어린이까지 다 모여 있습니다. 물론 단점도 있지만 장점이 더 많습니다. 반 자체에서 어린이들 스스로 조직이 생겨나고 상급자 1~2명을 순장으로 임명하여 스스로 자치체제가 되어 주일 예배에 데려오고 심방하고 전도하게 됩니다.

넷째, 순장제도의 활용입니다. 교회학교 어린이들 중에 선별하여 순장으로 훈련을 시킵니다. 이들 스스로 전도도 하고 심방도 합니다. 이들은 교사와 어린이 사이의 중간 지도자들로서 교사와 어린이들 사이에서 연결 고리 같은 역할을 합니다. 또한 리더로서 여러 가지 훈련을 통해 영적인 지도자로 세워집니다.

다섯째, 전 교인의 교사화입니다. 좀더 엄격하게 말하면 제자가 있는 교사입니다. 중등부 이상은 누구나 교사가 되어 반을 꾸려 나갈 수 있습니다. 갈릴리교회에서는 기존의 교회 내 직책인 집사, 권사 장로라는 직책보다 사역의 직책인 교사를 더 귀중하게 여깁니다. 전 교인이 교사가 되는 것은 교회학교 발전은 물론이고 본인에게는 놀라운 훈련의 기회가 됩니다.

우리 교회는 이런 방법으로 14년을 지속했습니다. 그 전에 학년별, 연령별 편성으로 했을 때 평균 200명을 넘지 못했으나 지금은 양적인 부흥을 했을 뿐 아니라 전 교인의 훈련과 신앙적 발전에도 큰 영향을 미치고 있습니다. 우리 교회학교의 성장은 이와 같이 프로그램보다는 성경적 사상과 신앙적 운동에 기반을 두어 발전했습니다.

4) 기독교교육에서 교사의 역할은 매우 중요합니다. 교사 교육에 대한 목사님의 생각 혹은 구체적인 방법을 소개해 주세요.

천안갈릴리교회는 1,000명의 교사 세우기 운동을 하고 있습니다. 모든 직분자는 교사를 하는 것이 기본입니다. 부목사, 사모, 집사, 권사 모두 주일학교 교사를 하는 것이 필수요건입니다. 현재 임명된 교사는 902명(정교사 555명/보조교사 347명)인데, 이 숫자는 우리 교회 임원의 1/3정도가 됩니다. 교회의 목표는 1차로 전체 임원이 반사(교사)가 되는 것이고, 2차로 청·장년부의 세례교인 이상은 모두 반사가 되는 것입니다. 올해는 1,000명의 교사 세우기와 영적지도자 양성이라는 실천목표를 세우고 움직이고 있습니다. 할머니들도 교사를 합니다. 유아부 교사를 하면서 애기 잘 봐주는 할머니들이 있으니 안심하고 맡기시고 예배 드리세요 라고 광고합니다. 우리교회는 중·고등부 학생들까지 주로 보조교사나 찬양인도 등을 합니다.

천안갈릴리교회는 A지역(9시) B지역(9시), C지역 (11시)으로 편성되어 예배를 드립니다. 그러므로 교사교육을 할 경우, 전체 교사교육과 지역별 교사교육 그리고 부서별 교사교육 등으로 나눌 수 있는데, 정기적 교사교육은 분기별로 실시하고 교사로서의 사명감과 교회학교 운영에 대한 계획, Program 개발, 제자관리 등을 배웁니다. 전체 교육은 외부강사를 초청하여, 강의 또는 세미나를 합니다. 또 지역별 교사교육(담당목사)에 참여하게 합니다. 이것은 지역에 필요에 의해서 교사교육을 실시하며, 담당목사 또는 담임목사를 강사로 사명감, 제자관리 등의 내용을 교육합니다. 나아가 부서별 교사교육은 부장을 중심으로 교사들의 신앙성숙을 위해 정기적으로 기도회 또는 교사모임 등을 실시합니다. 예를 들면, 월요 산기도회, 부서 등반대회, 정기 기도회, 부서모임 등 입니다. 또한 최고의 교사교육은 곧 '예배'입니다. 교사가 예배를 드리지 않으면 분반공부를 할 수 없습니다. 그리고 예배를 통한 교사교육이 없이 다른 교사교육을 통한 교회학교의 부흥은 없을 것입니다.

우리는 매주일 아침 7:30에 함께 모입니다. 대략 교사가 150명 정도, 아이들이 100명 이상 나옵니다. 예배를 마치면 빵과 우유, 또는 간단한 아침 식사를 하고 아이들을 태우러 움직입니다. 또한 한 달에 한번 정도는 학부모, 교사, 학생이 함께 드리는 특별 새벽기도회를 합니다. 이때는 본당이 꽉 찹니다. 제 발로 교회 오는 아이들이 몇 명이나 될까요? 교사들이 직접 아이들을 데리러 가야합니다. 걸어서, 차를 이용하여 어린이들의 집으로 방문하고, 직접 깨우고, 씻기고, 옷 입혀서 데리고 옵니다. 아이들을 깨워서 데려와라!

5) 2008년 중점을 두시는 교육 목회의 방향이나 새롭게 계획하시는 교육 프로그램은 어떤 것입니까?

교회학교 교육에 중심을 두고 목회했습니다. 그들이 변화되면, 나라가 변화되고, 세계가 변화될 것이라는 믿음이 있습니다. 그러나 오랜 시간이 필요합니다. 그러므로 우리교회는 중고등부 청년부 교육에도 더 큰 관심으로 나아가고 있습니다. 청년이 변화되면 우리나라의 변화가 10년 빨라지며, 중고등부는 15년, 교회학교는 20년 뒤, 세상에 영향력을 미칠 것이라고 보기 때문입니다. 하나님 나라를 위해 온 교회가 합심할 때 이 일이 가능할 것입니다.

2. 갈릴리 교회학교 운영의 실제

1) 교인 구성비율과 교회학교 관심의 방향

현재 기독교 선진국은 말할 것도 없고, 우리 한국교회의 현실을 보면 교회학교 학생이 장년반보다 현저하게 줄어들어 교회의 인적 노쇠화 현상을 보이고 있습니다. 영국 런던 한복판에 있는 런던 중앙교회는 장년이 400명인데 비하여 교회학교 학생이나 청소년은 모두 10여명에 불과합니다. 이런 식으로 나간다면 앞으로 20년 후 쯤은 기독교가 어떻게 될까요?

한 교계 연구소가 1990년 10월 현재로 전국 300여 교회를 조사한 통계에 의하면, 우리나라의 교회예배 평균 참석비율은 장년반 출석이 65%, 중·고등부 10%, 유년 교회학교 25%였습니다. 특수한 형편의 교회들도 있겠지만 대개의 경우 교회학교 학생은 장년반의 1/3, 그나마 교회학교 학생이 많다는 교회가 1/2정도였습니다.

장년반과 주일학생의 구성비율

일반교회. 장년 / 69%, 주일학교 / 31%.
초대식교회. 장년 / 25%, 주일학교 / 75%.

처음 개척할 때는 몰라도 10여년 이상의 역사를 가진 교회의 힘은 교회학교에서부터 꾸준히 성장해 온 교인들을 기반으로 했을 때 신앙의 성숙도 면에서나 안정된 면에서 훨씬 더 단단할 것입니다.

안타까운 일 중의 하나는 "총동원주일" "교회의 배가운동" 등 수많은 교회의 부흥 노력의 거의 대부분이 장년반을 목표한 것입니다. 장년반에 대하여 교회가 기울이는 관심과 노력이 잘못됐다는 것이 아니라 어린이 교회학교 학생을 위한 노력이 너무 없다는 것입니다.

2) 천안 갈릴리교회 교회학교 제도

(1) 초대교회의 제도

이것은 쉽게 규정된 제도가 없다는 말과 통합니다. 아동심리학적, 아동교육학적 체제와 운영이 못 된다는 것입니다. 성경의 전도방식에서 첫째는 히브리 민족에게서 신앙이 시작되었고, 둘째로 희랍세계를 지나면서 신학이 생겼고, 셋째로 로마세계로 들어가서 전도방법론이 구체화되었듯이 교회의 기본이 되는 신앙, 뜨거움, 확신, 은혜 면에 최대의 초점을 맞추는 것입니다. 어린이가 많이 모이니 어떻게 가르칠까? 구조적 조직을 어떻게 할까 문제를 접하게 되는 것입니다. 사도행전 2장 41절의 3,000명은 바로 이것입니다. 드디어 사도행전 6장 3절에서 조직이 생기고 사도행전 8장 14절에서 전도방법론을 발견하게 되는 것입니다.

(2) 유태인의 자녀교육 방식 적용

① 신명기 6:4~5
② 신명기 6:6~9

1. 이해시킨다.

2. 암기시킨다.

3.반복교육(요 21:15~17)

4. 숙달케 한다.

5. 제2의 습관(행동)을 창출한다. = 새인간

(3) 학년, 연령제 폐지

학년과 연령을 폐지한 반 중심의 어린이 조직과 운영을 택한 것
입니다. 한 선생이 스스로 전도하여 이러한 학생을 6학년 졸업 때
까지 책임 있게 가르치므로 평생교사로서 사명감이 불타는 교사
가 되게 훈련합니다. 예를 들면 강희수 선생님 반(베드로부)은 보
통 30명이 모입니다. 6학년 학생부터 4살짜리 미취학 어린이까지
입니다. 말씀이 어떻게 전달될까? 걱정이 있습니다. 그러나 하나
님의 말씀의 능력을 믿습니다. 장년부 예배엔 불학의 할머니에서
부터 수 십 년 공부한 석학들도 같이 예배드립니다. 이것을 이상
하다고는 생각지 않습니다. 물론 단점이 있습니다. 그러나 우리가
발견한 바로는 장점이 더 많습니다. 어린이들 자체에 스스로 조직
이 생겨나고 상급자 1~2명만 순장으로 임명하여 그들 스스로 자
치체제가 되어 주일 예배에 데려오고 심방하고 전도합니다. 분반
수업시간에 연령끼리만 모이면 장난치고 하지만 우리가 채택한 제
도는 유익성이 많습니다.

(4) 반사 중심제도

21개부에 각각 부장, 총무, 서기, 회계가 있으나 부장 외에는 모두 반사(교사)활동을 해야 합니다. 일단 임명된 반사(교사)는 자기가 전도한 사람은 자기 반에 소속시킵니다. 능력 있는 교사는 50명 이상이 되기도 하고 역량이 모자란 교사는 1~2명이 되기도 합니다.

(5) 가정예배 (속회)

토요일 오후 혹은 주일 오후에 가정에서 드리는 속회예배를 적극 권면 유도합니다.

(6) 예배의식

각부에서 드리는 예배는 어른예배와 같게 진행하며 말씀을 선포 합니다. 어린이 예배도 어른 예배순서와 같은 예배의식을 취합니다. 성가대, 기도, 합심기도, 안수기도를 적극 권장하며 말씀은 완전히 암기식으로, 간단한 설교 내용의 주제를 철저하게 암기시킵니다. 예배의 내용이 중요하기에 말씀 선포의 내용은 담임목사가 지난 주에 설교한 것을 금주에 전파하도록 했습니다. 그러기에 목회자의 복음적인 말씀을 어린이까지 전 교인들이 하나로 인식하고 말씀대로 살게 하여, 선교의 사명자가 되게 하고 있습니다.

3) 교회학교 운영

(1) 교회 전 임원의 반사(교사)임용

현재 임명된 교사 780명(정교사 400명, 보조교사 380명)입니다. 이 숫자는 우리 교회 임원의 1/2 정도가 됩니다. 교회의 목표는 1차로 전체 임원이 반사(교사)가 되는 것이고 2차로 청장년부의 세례교인 이상은 반사(교사)가 되는 것입니다.

(2) 주일 아침 7:30 교사예배 시작

매 주일 아침 7시 30분에는 전체 교사가 기도회로부터 시작합니다. 담임목사가 직접 인도를 하고 있으며 어린이도 120명~150명 정도 같이 참석합니다.

- 오늘 선포될 말씀을 요약해서 전달한다.
- 어린 생명들에게 전도하고 말씀을 전하여 예수 믿게 하는 것은 민족을 살리고 세계를 살리는 길이란 기본적 권면의 말씀을 듣는다. 그리고 교사로 지금 우리가 쓰임 받는 것은 곧 위대한 하나님의 역사를 창조하는 현장에 있는 귀중하고도 가장 보람 있는 일임을 주지시킨다.
- 7시 50분정도에 기도회를 마치면 빵과 우유 혹은 간단한 아침 식사를 교회에서 한다. 각 가정으로 전화심방을 한다.

• 8시에는 주일학교에서 뽑힌 순장들을 위한 간단한 훈련과 기도회가 있다.
• 8시 10분경엔 모든 교사 혹은 어린이들이 심방을 나간다. 여기서부터 본격적인 교회학교 예배활동이 시작된다.

(3) 어린이를 교회로 데려온다.

천안시 인구가 35만명 정도입니다. 갈릴리교회 교회학교 학생이 약 2,500명 주일예배 참석 1,600~2,000명 정도 됩니다. 그런데 중요한 것은 어린이가 저절로 교회에 온 경우는 몇이나 되겠는가? 우리는 나가서 데려옵니다. 이것이 우리 교회 교회학교의 특징입니다. 가정 가정 일일이 새벽에 문을 두드려서 교회로 데려오는 것입니다. 담임목사는 앞으로 가능하면 장년 전체 교인 모두를 교회학교 교사로 임명했다고 하는 그런 감격스러운 날이 어서 오기를 소원합니다.

(4) 교회학교 어린이 숫자 반사 (교사)숫자

교회학교 부흥의 비밀의 핵심은 이것입니다. 반사(교사) 숫자를 늘리는 것만큼 교회학교 어린이 숫자는 정비례합니다. 98년도에는 교사 수를 2백 명 이상으로 늘리는 것이 담임목사의 커다란 목표입니다. 교사 수가 늘어나면 주일학교 어린이는 저절로 늘어나기 때문입니다.

한국교회 위기 극복의 길은 전 임원이 교회학교 교사가 되게 하는 것입니다. 천안갈릴리교회 이창준목사의 목회철학은 다음세대에 초점을 맞추고 있습니다. 목회적인 이 초점을 실현시키기 위한 이목사의 목회컨셉은 '전교인의 교사화'입니다.

이창준 목사는 '교회학교 교사를 하지 않으면 안 될 10가지 이유'를, ㉠ 어린이 전도와 양육사역은 주님께서 기뻐하시는 일입니다. ㉡ 85% 이상의 그리스도인들이 14세 이전에 예수를 믿기 시작합니다. ㉢ 나라와 민족과 한국교회의 장래가 어린이들에게 달려 있습니다. ㉣ 어린이는 일생동안 하나님의 일꾼으로 쓰임 받게 됩니다. ㉤ 사랑 받지 못하고 자라는 오늘날의 어린이들이 불쌍합니다. ㉥ 기존학교 교육의 실패를 교회학교가 감당해야 합니다. ㉦ 주님의 재림이 임박했기 때문입니다. ㉧ 어린이를 잘 양육하면 불신 부모도 전도하게 됩니다. ㉨ 가장 효과적인 방침이고 ㉩ 담임목사의 소망입니다 라고 밝히므로 이 시대가 처한 위기극복은 전 임원이 평생 교회학교 교사가 되게 하는 것임을 강조합니다.

이처럼 교회학교를 위한 교회로 각인 된 천안갈릴리교회의 정체성에 대해서 이창준목사는 "교회의 존재 목적과 목회의 진정한 의미는 예수 그리스도로부터 전수되어, 12제자들에게 계승된 복음을, 오늘 우리가 다음세대에게 전달하고 하나님의 나라를 계속 확장시키는데 있다"고 말하고 있습니다.

목회의 초점을 교회학교에 맞추고 있는 그의 목회철학에는 근간을 이루는 두 축이 있습니다. 그것은 '온 제직의 교사화'와 '평신도 훈련을 통한 교사 세우기'입니다. 천안갈릴리교회의 목회에 근간을 이루고 있는 이 두 축은 지금까지 서로 상호작용하면서 총체적으로 천안갈릴리교회의 성장의 동력이 되고 있습니다.

온 제직의 교사화와 교사 세우기 라는 두 축은 교계에서 이미 널리 알려진 서울의 어느 장로교회에서 시작된 제자화 프로그램과 그 현상적인 체계가 흡사합니다. 다른 점이 있다면 서울 모교회의 소위 제자화 프로그램은 그 훈련 프로그램에 참여한 평신도의 달란트나 전문성 등을 고려하여 다양한 영역의 사역자가 될 수 있는 가능성을 열어 놓고 있다는 점입니다. 여기에 비하면 천안갈릴리교회의 교사화 프로그램은 이 훈련과정을 거친 모든 평신도들을 교회학교의 교사로 세운다는 점이 제자화 교육과 다른 점입니다. 천안갈릴리교회에서 적용하고 있는 교사화 프로그램의 목표는 '전교인의 교사화'라고 말합니다.

왜 전 제직의 교사화가 중요하고, 교회에서 교사 세우기가 중요한가. 교회학교 교사는 특별한 사명감과 헌신성이 없으면 감당하기 버거운 직책입니다. 물론 특별한 사명감과 헌신성은 교사가 아니라도 모든 성도들이 갖추어야할 미덕이기도 합니다. 그래서 이러한 미덕을 강조하기 위하여 천안갈릴리교회가 '전 제직 교사화'나 '교사세우기'를 강조하는 것은 아닙니다. 전 제직의 교사화나, 교회에서 교사 세우기를 강조하는 까닭에 대해서 이 목사는 주저 없이 "하나님의 관심은 현재보다 다음 세대에 있다. 이 시대 교회의 가장 기본적인 책무가 교회역사의 계승과 복음의 연속성에 있다. 교회공동체에서 교사는 이 기본적인 책무를 위해서 부름 받은 사람들이기 때문에, 전 제직의 교사화나 교회에서 교사 세우기가 중요하다"고 힘주어 말합니다.

사실 그렇습니다. 역사적인 의미에서 선교란 교회 역사의 계승과 복음의 연속성에 다름 아닙니다. 이런 점에서 이목사의 목회철학은 '다음세대로 하나님의 음성이 전달되게 하는 것'이라는 교회 존재성의 핵심에 대한 통찰을 갖고 있습니다. 이목사는 말합니다. "오늘 이 시대 교회들이 그렇게 온 힘을 기울이고 있는 교회건축이나 교회의 부흥성장도 이 핵심이 빠져 있을 때는 그 가고 있는 길에서 방향을 틀어야 한다"라고 그는 말합니다. 이것이 이창준목사의 지론입니다. 이런 점에서 천안갈릴리교회 이창준목사의 전 교인의 교사화 라는 목회 컨셉은 교사화 프로그램(제자화 프로그램과 대비하여 기자가 명명한 천안갈릴리교회의 고유한 평신도훈련프로그램이다)을 바탕으로 가시화되었다고 할 수 있습니다. 그 결과 적어도 교회학교 영역에서 만큼은 천안갈릴리교회가 한국교회의 주목을 받는 교회가 되게 했습니다.

(5) 주일학교 설교와 담임목사의 설교

많이 모이는 교회라고 가정해 보았을 때, 그 교회에는 일관되어 흐르는 신앙이 있을 것입니다. 담임목사의 목회철학이든지, 그 교회의 역사적 전통이든지, 갈릴리 교회는 담임목사의 지난주 설교 내용이 다음 주 어린이부 설교로 그대로 적용됩니다. 주일학교 교사는 주일예배 담임목사의 설교를 경청하고 정확히 노트 하는 것이 곧 어린이 설교 준비가 됩니다.

(6) 성경내용 암기와 외적 프로그램

예배시간 전체 예배나 분반공부는 내용이 동일합니다. 그것은 성경내용을 주로 암기하는 것입니다. 반복 반복 그것이 예배내용입니다. 건조할 수밖에 없는 예배 내용이지만 이것이 핵심이니 어떻게 하겠는가? 그러기에 교사의 뜨거운 성령충만이 교사의 제일 요건입니다. 산과 들에 나가서 합심기도회, 수련회를 권면하는 것은 도시 속에 사는 어린이들로 하여금 좀 더 진실하고 거짓 없는 하나님의 자연을 체험케 하는 것입니다.

(7) 상품과 시상문제

될 수 있는 대로 이것을 지양합니다. 순수한 말씀과 하나님의 역사하심 앞에 절대적인 기대를 합니다.

(8) 교사의 책임의식

교사의 사명의식과 사랑의 폭이 얼마나 넓으냐가 결국 그 반이나 그 교회의 주일학교 성장에 성패가 달려 있습니다. 담임목사의 직접적인 독려와 교사의 개인적 신앙 성숙을 호소하며 스스로 그리스도의 삶에 대한 헌신이 절대적입니다. 예를 들어 30명의 반 어린이를 유지하는 데는 얼마나 많은 눈물과 땀이 요청되는지 모릅니다. 더욱 그 반 어린이의 숫자를 늘리는 데는 참으로 커다란 희생이 요청됩니다.

4) 순장제도(중간지도자)

어린이 교육과 순장제도로 어린이 지도자 육성

교사가 전도한 어린이를 자기 반으로 편성해서 양육하고 훈련시킵니다. 어린이 중에 신앙이 있고 교회 출석을 잘하면 10분의 1 정도를 순장으로 선출하고 이들에게 성경의 요절을 외우고 사영리를 외우고, 기도문을 외우게 하는 반복적인 교육과, 새벽기도회와, 십일조생활의 훈련을 통해 육성함으로, 지도자(순장, 중순장, 대순장)로 만들어가 그들이 스스로 전도하고 신앙생활을 하는 일꾼으로 성장하게 합니다. 이들이 주일학교를 이끌어 가는 지도자입니다.

순장으로 선출되면 각종 해외 선교훈련 프로그램에 참여하게 되고 대한민국을 짊어지고 나가야 할 영적 지도자라는 교육을 받게 됩니다. 그들은 훈련을 받으면서 이런 구호를 외칩니다. "나는 순장이다. 나는 하나님의 백성이다. 나는 이 시대 이 땅에 파송된 선교사이다. 주여, 이 민족을 내 손에 붙이소서. 가서 제자삼으라."

(1) 중간 지도자란

① 전통적인 교회 : 교역자 – 장로 – 권사 – 집사 …
② 교육중심의 교회 : 교역자 – 전도사 – 지역장 – 교사 …

③ 천안갈릴리교회 교회학교 : 대순장 - 중순장 - 순장 - 일반 어린이 ...

(2) 순장의 자격

구분	순장	중순장	대순장
대상	4~6학년	4~6학년	5~6학년
말씀생활	1일 3장 이상 읽기, 성경 30구절 암송	매일 5장 이상 읽기, 성경 50구절 암송	1일 7장 이상 읽기, 성경 100구절 암송
기도생활	주1회 이상 새벽기도, 1일 10분 이상 기도	주2회 이상 새벽기도, 1일 20분 이상 기도	주3회 이상 새벽기도, 1일 30분 이상 기도
전도생활	1달 2명 이상 전도, 노방전도 3회 이상	1달 3명 이상 전도, 노방전도 5회 이상	1달 5명 이상 전도, 노방전도 7회 이상
예배생활	주일성수(새벽예배 포함)	주일성수(새벽/저녁예배)	주일성수(수요예배)
헌금생활	십일조, 감사헌금	십일조, 감사헌금	십일조, 감사헌금
신앙생활	신앙일지 기록	신앙일지 및 일기	신앙, 기도, 전도 일지 기록
지도력	학교성적 40% 이내	학교성적 30% 이내	학교성적 10% 이내
교육수준	사영리, 순장교육 자료 암송	사영리, 순장교육 자료 암송, 믿음의 길 10단계 암송	사영리, 순장 교육자료, 믿음의 길 10단계 암송

이목사의 비전은 순장을 재교육하고 다시 중순장을 뽑고 대순장을 선택해서 파송하는 것입니다. 이들이 쉬는 시간에 수시로 운동

장에 무릎을 꿇고 '주여! 우리 학교가 모두 예수 믿게 하소서.' 라고 눈물로 호소하는 영적 군사가 되기를 바랍니다.

5) 승급체계로 예비 중등부 학생관리

상당수의 학생이 초등학교를 졸업하면 중등부에 출석하지 않고 탈락하기 때문에 교회에서는 예비 중등부 학생을 관리합니다. 여름방학에 중등부교사 중심으로 지역별 담당교사별로 반을 편성, 교사출석과 신앙상담을 합니다. 2학기 때는 6학년끼리 9시에 예배드리고 분반공부도 실시해 1월말 경에 중등부 반에 편성하여 운영하게 합니다.

6) 청소년 사역

갈릴리 교회는 청소년 사역에 투자를 아끼지 않습니다. 교인의 절반 이상이 초·중·고교 학생들입니다. 교회가 성장해야 하는 이유 중 또 다른 하나의 미래를 책임질 청소년들을 세상에 빼앗기지 않고 교회 안에서 사명자로 만들어 내기 위해서입니다. 최근 교회는 급격한 청소년 감소 현상을 경험하고 있습니다. 교회를 빠져나간 학생들은 환락의 거리에서 방황합니다. 갈릴리 교회는 성장을 말할 때 항상 청소년부의 성장을 빼놓지 않습니다. 전도 대상 절반이 초·중·고교 학생들입니다. 초·중·고교 학생들을 교회로 불러들여야 합니다. 우리에게 이 사역은 매우 중요합니다.

3. 이창준 목사의 목회철학

1) 사도행전적 교회

교회의 원형은 항상 사도행전에서 찾아야 합니다. 성장을 위한 논리로 사도행전적 교회가 되어야 한다는 것이 아니라, 사도행전적 교회로의 강조가 교회 성장이라는 결과로 나타나는 것입니다. 대표적인 교회가 예루살렘교회와 안디옥교회입니다. 이 두 교회의 공통점은 모여서 주님의 말씀을 공부하고 나아가서는 복음의 증인으로 유대와 이방세계에 복음을 전하는 주역이 되었다는 것입니다. 사도행전의 사람들이 가는 곳마다 교회와 교인이 어마어마하게 증가했습니다. 한 번 설교에 3천명이 회개했습니다. 이것은 교회 성장이 아니라 폭발적인 부흥입니다.

우리나라의 교인수가 인구의 25%가 된다고 하지만 아직도 75%는 불신자입니다. 전 세계적으로 볼 때 그 수는 더욱 미약합니다. 불신자들에게 복음을 전하고 회개를 촉구하는 원색적인 외침에 생명을 거는 것이 사도행전적 교회입니다. 이것은 비단 복음을 증거 하는 것만이 아니라 신앙의 삶 자체가 순교자적인 고백일 때에만 가능합니다.

2) 신앙생활의 방향

우리는 신자들의 올바른 신앙생활 방향을 마태복음 28장 19절에서 찾습니다. "너희(성숙한 신자)는 가서(교회에 오기를 기다리지 말고 세상으로 찾아가서) 모든 족속으로(남녀노소 빈부귀천 누구든지 두려워하지 말고) 제자 삼아야(예수의 사람, 신앙의 사람으로 만들어라)한다." 전도는 예수님의 지상명령입니다. 성숙한 신자라면 우리 주님이 원하시는 전도의 사명을 망각해서는 안 됩니다. 어떤 형태의 전도이든, 즉 그것이 관계전도, 노방전도, 방문전도, 서신전도 중 어느 것이든 성도들의 삶의 영역에서 이루어질 수 있게, 또 의도적인 교회 차원의 전도 계획으로라도 교인들이 전도할 수 있게 목회자는 계획하고 힘 있게 강조해야 합니다. 귀찮아서, 게을러서, 다른 일 때문에 하지 못한다는 목회자는 직무 유기를 범하는 셈입니다.

전도의 궁극적 목표는 예수의 제자를 삼는 일입니다. 여기서 전도의 순수성은 회복 됩니다. 전도하지 못하고 전도를 두려워하는 교인들에게 교육과 훈련을 위해서 상업적인 전도 전략으로 다가갈 때도 있지만 본질은 순수하게 복음을 전하는 것입니다. 한 영혼에 대한 사랑입니다. 전도해서 우리 교회에 출석시키는 것도 중요하지만 한 영혼을 구원하려는 하나님의 뜻에 철저히 복종하는 것이 더욱 중요합니다.

모든 성도가 이 일에 동참한다면 교회는 성장할 수밖에 없습니다. 전도 할 수 있는 교인은 대부분 성숙한 신자들입니다. 전도는 성도들의 질적인 성숙에도 많은 영향을 미칩니다. 한국 교회는 오히려 교인들을 전도의 현장으로 내모는 일에 더 힘써야 합니다. 국내뿐 아니라 선교의 불모지라면 세계 어느 나라라도 달려갈 수 있게, 목회자는 그들을 하나님 앞에 사명자로 사용될 수 있게 교육과 훈련으로 독려해야 합니다.

3) 복음의 역사

교회가 성장해야 하는 또 하나의 이유는 우리에게까지 힘들게 전달된 복음이 고난의 역사성을 가지고 있기 때문입니다. 이것은 교회가 부흥해야 한다는 이유보다도 나에게까지 전달된 피 묻은 그리스도의 복음이 다음 세대와 다른 지역에까지 넓게 그리고 길게 전해져야 한다는 것입니다.

사도행전의 장(場)이 되었던 초대 교인들과 교회들이 어떠했는가? 박해와 죽음 그리고 교인들의 흩어짐.... 하지만 그들은 산산이 부서지고 깨져도 그곳에서 또다시 복음을 외치는 함성이 되었습니다. 수많은 피를 쏟으며 나에게까지 전달된 복음을 내 대(代)에서, 내 교회에서 끊기게 하면 안 됩니다. 1999년 나에게 주어진 바통을 쥐고 뛰어야 합니다. 한가하게 앉아 있을 수 없습니다. 일단은 내가 사는 지역, 내 나라, 그리고 세계 도처에 복음을 품고 뛰는 교회여야 합니다. 이일을 위해서, 아니 이 일 때문에 교회는 계속 성장해야 합니다.

4) 전도운동의 극대화

개인 양육 중심의 전도운동에서는 대중 전도운동을 피합니다.

그렇지만 이 둘을 잘 연결하면 효과가 큽니다. 갈릴리 교회는 일 년에 두 번 총력전도주일을 지킵니다. 6월에는 교회를 소개하는 차원에서, 11월에는 교회도 소개하며 신자를 만드는 차원으로 진행합니다. 이 활동은 주로 교구담당 목사와 전도사, 지역장과 강사들이 담당합니다. 각 지역을 전도 운동 기간 중에 많게는 7번 이상 방문하게 계획합니다. 지역 활동으로 친숙해진 동네 분들을 부담 없이 교회로 초청해서 융숭한 대접으로 호감을 갖게 하고, 집회에 참석해서 교회를 격의 없이 생각하게 유도합니다.

교회는 예배하는 거룩한 장소이면서 동시에 이방인이 죄를 회개하고 구원받는 장소입니다. 전도하는 교회는 이에 관심을 가져야 합니다. 갈릴리 교회는 이 날이 숫자에 부담을 느끼는 괴로운 날이라기보다는 세상을 향한 축제의 날이 되게 힘씁니다.

5) 중·고등부 사역

시내권에는 21개 학교와 3만여 학생이 있습니다. 갈릴리 교회 중·고등부 담당자는 매주 1회 각기 분담된 학교에 들어가 점심시간(12시~1시)과 오후시간(5시~6시)에 행해집니다. 부목사, 전도사들이 총동원되어 일주일에 한 번 담당학교를 방문하여 기도회와 간단한 성경공부를 인도합니다.

정해진 시간에 운동장 구석이나 빈 교실을 이용하는데 수시로 불신자 학생들을 추첨하여 점심식사 혹은 다과회로 친교의 시간을 갖습니다. 우리 교회 학생뿐만 아니라 다른 교회 학생들의 신앙지도도 하고 학생들이 데리고 나온 불신자들에게 복음을 제시하며 가까운 교회로 안내합니다. 또 그들이 다니는 학교의 복음화를 위해 함께 기도하고 노력합니다. 많은 노력과 진땀이 소요되지만 향락, 사치, 음란의 썩은 물결이 너무도 거센 이 시대에 누군가는 저들 청소년을 붙들고 하나님 앞에 엎드려야 하기 때문입니다.

6) 속회강사 교육

전도 · 양육 · 예배 · 교제 등 소그룹의 네 가지 요소는 서로 융통성을 가지고 신축성 있게 결합되어야 합니다. 하지만 교회의 작은 세포인 속회는 전도를 최우선으로 합니다. 그래서 속회강사(speaker, 속장)를 철저히 훈련시킵니다.

먼저 4영리를 반복 암기해서 지도능력을 갖추고 「믿음의 길」(자체 교육 교재)를 외우게 권면하며, 자체 교육 교재인 새로운 피조물, 신앙의 성장을 숙지시킵니다. 「믿음의 길」 10단계는 속회에서 지역장과 속장이 한팀이 되어 속회원들에게 교육합니다. 적어도 1년에 3~4회 같은 방법으로 전체 재교육을 실시합니다. 또 매주 주일저녁 예배 전에 속장과 강사들을 대상으로 한 속회공과 교육이 있는데 담임목사가 직접 합니다.

담임목사는 모든 교인이 복음서 상태에서 사도행전 상태로 발전 하는 것에 관심을 둡니다. 제자단계에서 사도 단계로, 자기 구원 단계에서 다른 사람을 구원하는 단계로, 예수님을 부르는 단계에서 주님으로 부르는 단계로 발전시키려는 것입니다. 자기의 허물을 탄식하는 단계에서 이웃의 죄를 짊어지고 대신 통회하고 호소하는 성도가 되게 하는 것입니다.

7) 하나님 나라 건설

현재 주일학교의 구성은 마태부, 마가부, 누가부 등 9개 부와 그 아래 각각 15~16개의 반(班)이 조직되어 있습니다. 그 속에 총 130여 개가 넘는 소단위의 반들이 활발히 운영되고 있는 매우 큰 규모입니다. 그래서 주일학교는 교회가 최우선으로 역점을 두고 사역하는 부분입니다. 주일학교의 모토는 '우리는 모두 선교사가 되자'입니다.

이창준 담임목사는 교회의 모든 프로그램의 주일학교 운영방향을 이렇게 제시합니다. "지역과 나라에 쓰임 받는 지도자로 양성하는 일과 복음전도를 통한 제자와 훈련에 그 목표를 두고 있습니다." 그러므로 너희는 가서 모든 족속으로 제자를 삼아(마 28:19)라는 말씀의 중요성을 인식하고 교회 밖에 믿지 않는 사람들을 그리스도께 인도함으로써 '사람 낚는 어부'(마4:19)가 되는 역할을 강조합니다. 각자 삶의 현장에서 정도의 역량을 발휘하기 위한 교육과 훈련 프로그램의 주일학교 교육의 핵심을 이루고 있습니다.

천안갈릴리교회는 사역에 있어 큰 기둥을 이루고 있는 주일학교를 효과적으로 뒷받침하기 위해 4층 규모의 교회 구석구석의 공간들을 가능한 한 주일학교를 위한 교회 교육 장소로 최우선으로 배려해서 배치하고 있습니다. 또한 주일뿐만 아니라, 수요일 저녁

예배 역시 설교 메시지와 프로그램은 교사와 학생들의 예배로 대부분 드려지고 있습니다.

이 목사가 특별히 주일학교에 큰 관심을 갖고 있는 데는 그의 지역적 특성을 살리는 '젊은 목회감각'이 한 몫을 차지합니다. 그 동안 개발이 정체된 이곳 천안 지역에 70년대 개발의 붐이 일어나면서 많은 공장이 들어서고 지역 발전이 가속화 되었을 때입니다. 많은 공장 근로자들이 일하게 되면서 이 목사는 그들을 향해 전도하기 시작했고, 그 결과 근로자들의 대부분을 차지하는 많은 청년들이 교회로 모여들기 시작했습니다.

"당시 3, 4백여 명의 청년들을 주 대상으로 10년 이상 목회를 하면서 현장 감각이 쌓였죠. 곧 그들과 같이 지냄으로 말미암은 나름대로의 '젊은 목회감각' 속에서 현장 교육 목회의 이론과 실제의 많은 경험을 했다고 생각합니다. 이것이 바탕이 되어 오늘날 주일학교와 중고등부, 청년부까지 이르는 젊은 세대에 목회의 큰 비중을 두게 되면서 목회의 무게중심을 이 방면에 두게 된 것입니다."

이에 따라 천안갈릴리교회는 한국대학생선교회(CCC)의 순장제도를 도입해서 제자화 운동에 앞장섬으로써 성경이 말하는 영적인 제자를 양성하는 단계를 활성화하고 있습니다. 주일학교의 특색으로는 각반의 구성이 학년 구분에 따르지 않고 선생님들이 직접 전도한 학생들을 자신의 반으로 함께 가르친다는 것입니다. 주일 낮 9시 주일학교 예배를 드리기 위해서 교사들을 아침 7시 30분부터 교회로 나와서 교사 기도회에 참석하며 준비하는 뜨거운 열성을 보여주고 있습니다.

주일학교의 전도는 천안시 전체를 대상으로 전도합니다. 천안시 소재 학교에 시간의 여유가 있는 주일학교 선생님이 직접 찾아가 점심시간을 이용해 학생들을 전도합니다. 특히 총동원 전도주일이 되면 교회로 몰려드는 수많은 아이들로 인해서 천안시 전체에 이 행사의 소문이 퍼지면서 한바탕 축제의 마당이 펼쳐집니다. 지난 7월 첫 주는 맥추감사주일로 지키면서 주일학교와 온 교회가 풍성한 감사의 잔치를 벌였습니다.

천안갈릴리교회 주일학교의 빼놓을 수 없는 프로그램은 지난 95년부터 매년 실시하고 있는 '해외단기선교훈련'[5], 어렸을 때 꿈과 비전을 갖게 하는 선교훈련은 장차 이 민족에게 복음 선포의 사명을 지닌 하나님의 일꾼을 배출하는 길이기에, 단기 선교훈련을 실시하였습니다.

여기서 이들은 준비과정을 통해 교회에 대한 관심을 갖게 되고 이 훈련을 마쳤을 때 신앙의 인격체로 성장했는데, 6년 동안의 선교 훈련 역사를 살펴보면 아래 표와 같습니다.

---

5) 해외 단기선교 훈련, 지역장 속회 강사 그리고 순장들을 그룹별로 선택해서 수시로 해외 선교훈련을 시킨다. 97년도에는 5차례 실시했다. 선교지에서 활동하는 선교사들의 협조를 얻어, 우리 교회에서 배우고 가르치던 교육 내용을 현지인들에게 실제로 전도하고 봉사활동을 실천케 한다. K 국가는 지하 교회에 깊숙이 들어가서 그들을 교육시키고 훈련시키기 때문에, 참여했던 지도자들이 말할 수 없는 감동을 받고 돌아온다. 이들이 우리 동네를 가가호호 방문하면서 전도하거나, 새신자를 교육시키는 정도는 아주 쉬운 일로 생각한다.

〈도표 10〉 6년 동안 선교훈련 역사

년도	국가	참가인원				년도	국가	참가인원			
		학생	교사	기타	계			학생	교사	국가	계
1995	대만	90	17	5	112	1998	제주도	157	36	3	196
1996	사이판	108	25	4	137	1999	제주도	274	50	6	330
1997	필리핀	58	26	4	88	2000	중국	98	38	4	140

　평균 1백 명 정도의 학생들을 선발해서 해외현지를 답사하면서 선교훈련을 받고 있습니다. 대만과 사이판에 이어 지난 2월에는 제3차 해외선교훈련을 필리핀에서 가졌습니다. "1. 우리는 열두 명의 정탐꾼. 2. 하나님이 주시는 땅을 탐지하자. 3. 가서 제자 삼으라. 4. 나는 대한민국사람이요, 이 시대 제사장 민족의 백성이며 복음증거의 역군이다. 5. 나는 천국시민이다" 이들의 구호가 뜨겁습니다.

　이 목사는 해외선교 프로그램의 성격을 이같이 설명합니다. "복음을 맡은 자, 복음을 맡은 민족으로서 세계를 향해 복음을 전파해야 할 사명을 새롭게 인식할 수 있게 돕는 것입니다. 또 외국의 문화를 접촉할 수 있는 기회를 통해 선교적 시각을 해외로 확장시키는데 있습니다. 그리서 앞으로 복음의 일꾼으로서 당당히 나설 수 있는 예수 그리스도의 증인이 되며 땅 끝까지 복음을 전파하는 주일학교와 교회의 모습을 이루고자 합니다." 선교훈련 참가자들이 훈련 소감을 기록한 책자를 발간함으로써 이들의 뜻 깊은 신앙체험을 한데 모으고 있습니다. 이 밖에도 매년 여름에는 주일학교 여름 캠프를 실시, 500여명이 참가해서 뜨거운 신앙을 체험하면서 교육을 받습니다.

이처럼 미래를 내다보고 복음의 씨앗을 뿌리며 이들을 훈련시키고 길러내는데 주안점을 두고 있는 주일학교 교육은 천안갈릴리교회가 불과 몇 년 사이에 현재의 규모로 급성장하게 되는데 중추적인 역할을 했습니다.

8) 선교사 의식을 갖춘 성도로

천안갈릴리교회는 하나님의 경륜과 계획 속에 제2의 이스라엘로 부름 받은 한국이라는 고백을 하면서 제사장 국가로의 책임의식을 일깨우고 있다고 이 목사는 밝힙니다. "교회의 모든 예배, 교육, 봉사, 친교 등의 프로그램이 통일성을 갖고 있습니다. 이 민족을 행한 하나님의 선교의 역사라는 부르심에 응답해서 동참하게 함으로써 성도들 개개인이 일생동안 개인 선교사라는 정체성에 그 초점을 맞추고 있죠. 따라서 성도들은 1차적으로 천안지역에 파송된 선교사라는 고백 아래 지역 사회와 나라와 민족을 위한 선교의 사명을 감당할 수 있게 이끌어 줍니다."

이 같은 교회의 비전 아래 교회의 각 기관은 일치단결하고 있습니다. 중고등부, 대학 청년부 등 각 부서의 활동이 활발하게 펼쳐집니다. 특히 천안갈릴리교회는 속회활동에 있어 5개 교구 20개 지역 산하 140여 개 개별 속회를 구성하고 있습니다. 천안 전지역을 20개 지역으로 분담해서 각 지역에서 이웃과 함께 하고 돌보는 '사귐과 교제'를 통해 전도활동이 활발히 일어나도록 함으로써 속회의 활성화를 도모하고 있습니다. 총력전도주일 행사를 통해 지역민들의 영혼 구원뿐만 아니라 그늘진 이웃들을 돌보고 찾아가는 일에도 적극 나섬으로써 교회가 지역사회와 이웃을 향한 봉사와 섬김의 활동을 펼치고 있습니다. 이 같은 일에 있어 10개의 남 선교회와 25개 여 선교회의 많은 활동 역시 교회의 이 같은 전도와 이웃사랑이라는 취지를 따라 아름다운 교회의 모습을 만들어가고 있습니다.

천안갈릴리교회는 현재 7명의 선교사를 중국을 비롯한 아시아 여러 지역을 중심으로 파송해서 지원하고 있습니다. 여기에는 아시아 지역 여러 종족 전도에 남다른 관심을 갖고 이를 구체화 시킨 이 목사의 노력이 그 바탕을 이루고 있습니다. 그런가하면 성도들의 중국 연변 등지에 대한 선교지 방문은 선교 현장에 대한 산 체험을 불러 일으켜주고 있습니다.

9) 신앙교육이 더 중요

"학교에서 가르치는 지식교육보다 교회에서 배우는 신앙교육이 더 중요하다." 이것은 갈릴리교회공동체의 고백입니다. 여기에 더하여 천안갈릴리교회는 지식교육보다 신앙교육을 더 중요하게 생각하는 그것만으로 완결적이라고 생각하지 않습니다. 여기에서 한 걸음 더 나아가야 한다고 생각합니다. 그것은 "나의 신앙이 나에게서 머무르지 않고 다음 세대를 향하여 방향을 잡고 나아 간다"는 고백입니다. 이런 고백은 그리스도 안에서 다음 세대에 사로잡힌 사람들이 아니고서야 불가능한 고백입니다.

천안갈릴리교회는 특별히 교회역사의 계승과 복음의 연속성에 대한 시대적 소명을 가진 교회입니다. 교회공동체의 총체적인 힘을 다음세대 신앙교육에 집중시키면서 오늘도 "후손들의 신앙교육을 위하여!" 라는 목표아래 온 교회가 하나로 움직이고 있습니다.

4. 이창준목사 대담. 2002.4

교회성장연구소, 명성훈목사

천안갈릴리교회는 특별히 지도자 양성에 열정적인 교회입니다. 천안갈릴리교회는 이 교회의 개척자이자 담임목사인 이창준 목사의 삶과 더불어 성장해 왔다고도 할 수 있습니다. 기성세대보다는 미래를 짊어질 주일학교와 청소년부에 사역의중심을 두고 교회를 이끌어 온 결과 이제는 어린이 교육과 신앙훈련에 있어서 천안지역은 물론 한국 전체 교회에 큰 영향력을 미치고 있습니다. 이창준 목사의 사역방향과 교회성장의 비결을 알기 위해서 명성훈 목사와 대담을 나눴습니다. (주일학교 사역 부분만 발췌)

명 : 명성훈 목사(교회성장 연구소),

이 : 이창준 목사(천안갈릴리 교회)

명 : 천안갈릴리교회에서 특별히 활발하게 운영하고 계시는 사역이나 프로그램 등이 있습니까? 제가 듣기로 본 교회는 장년 성도 못지 않은 숫자의 주일학교 학생들이 출석하고 있고 영어 주일학교라든가 영어 유치원 등 지방 교회로서는 상당히 파격적이고 혁신적인 앞서가는 사역과 프로그램을 많이 하셔서 전국 각지에서 주일학교 활성화를 위해서도 많이 탐방한다고 들었거든요 천안갈릴리교회의 본질 혹은 목회의 핵심을 그대로 표현하고 있는 프로그램을 설명해 주십시오.

1) 어린이 사역

이 : 확신이 있는 프로그램으로 어린이 사역과 전도를 열심히 하고 있는 것입니다. 저희 교회는 어른 숫자와 어린이 숫자가 비슷합니다. 현재 교회학교 어린이 교사가 약 455명 예비 교사들이 약 250명 정도가 되기 때문에 2월말까지 약 640명 정도가 됩니다.

명 : 그러니까 주일학교 교사만 약 600명 정도가 된다는 것이지요? (예) 그렇다면 한 명의 교사에게 5명씩만 붙여줘도 3천명의 아이들이 생기게 되는 것이군요.

이 : 저희 교회는 어린이를 중요시합니다. 어린이들에게 한국 교회의

장래를 위해서, 유대인의 교육처럼 어릴 때부터 하나님 중심을 가져라, 인생의 가야 할 길이 그것밖에 없습니다. 성장한 후에 얼마나 큰 인물이 되느냐 하는 것은 전능자의 손에 잡혀 있는가의 문제입니다. 재능이나 인격이나 그 어떤 졸업장보다도 더 큰 전능자의 손에 잡힌 너 자신이 되어져야 합니다. 그것은 이를수록 빠를수록 좋다 라고 거듭 강조합니다.

명 : 그러면 어린이들이 '전능자의 손에 잡힌 자가 되라'는 말을 계속 듣게 되겠군요.

이 : 그렇죠. 또 교사들에게는 '미래 역사를 짊어지고 갈 지도자'를 강조합니다. 우리 교사들이 갖는 긍지는 '오늘 우리 품에서 역사가 창조 된다'라는 것입니다. 교사들의 가르침을 통해서 역사적인 인물들이 일어나고 있습니다. 물론 20~30년 후가 되겠지만 그 때를 미리 보고 교사들이 긍지를 갖도록 훈련하고 있습니다. 또 하나의 교육은 '교사인 우리들은 영광 받지 말자'하는 것입니다 요한복은 12장에 있는 대로 우리는 한 알의 밀알이 되고 우리의 이름이 영광되기를 바라지 말고 무명의 교사가 되어, 내가 가르친 제자가 큰 인물이 되도록 하고 그가 자라 내가 말한 예수를 전하도록 만들자는 생각을 온 교사가 갖도록 하고 있습니다.

명 : 참 분명한 가르침이네요. 어린이들에게는 전능자의 손에 잡혀라. 교사들에게는 우리의 품 안에서 그것이 이루어지되, 우리는 영광 받

지 말고 우리가 가르치는 아이들의 미래에 하나님께 영광 돌리는 지도자가 되자.

이 : 네. 그것이 우리 교회의 가장 핵심적인 흐름입니다. 그런데 기대하지도 않았는데 이런 방침이 교회학교 성장에 굉장한 영향을 끼쳤습니다. 사람들은 자녀교육을 아주 중시하더군요. 우리 교회가 이렇게 어린이 교육을 강조한다는 소문이 나니까 부모는 원래의 교파를 따라 다른 교회로 다니더라도 아이들만은 우리 교회로 보내는 예가 많이 있습니다.

명 : 그럼 아이들은 데리고 오는 교회의 셔틀버스 시스템이 되어있습니까?

이 : 우리 교회 버스 운행제도는 비교적 잘 되어 있습니다. 교회학교 운영방식은 지역별로 조직되어 있습니다. (예: 아브라함부는 신방동의 두 구역입니다) 그러므로 교회학교의 축제나 추수감사절 행사 같은 경우 전체 인원이 다 교회 본당에 모일 수가 없기 때문에 그 지역의 학교나 체육관을 빌려 지역축제를 갖습니다.

명 : 그러면 교사들은 학년별 담임이 아니고 지역별 담임입니까?

이 : 그렇죠

명 : 아. 그러면 같은 반에 다른 학년의 아이들이 모여 있겠군요. 그러니까 어른들의 구역, 셀 방식으로 아이들을 지역으로 분반해서 그 지역을 맡을 선생님을 세우고, 그 선생님이 아이들을 그 지역에서 가르치고 주일날도 교회로 데려오기도 하고, 때로는 그 지역 자체적으로 축제도 한다는 말씀이시죠?

이 : 천안이 개발되기 시작한 것은 3~4년 전부터이고 제가 처음 왔던 20년 전에는 이 지역이 워낙 미개발지역이어서 아쉬운 것이 있었습니다. 아이들에게 큰 비전을 심어주는 일환으로 우선 세계무대를 보게 하고 싶어서 외국에 가는 프로그램을 많이 진행했습니다. 외국에 갈 때 비행기도 꼭 외국 비행기를 타게 했습니다. 당시에는 외국 비행기를 타면 한국어는 나오지 않고 영어만 방송했거든요. 일부러 그런 체험을 하게 훈련했죠.

명 : 아이들을 외국에 데리고 다니셨다구요?

2) 전도 사역

이 : 네. 그런 프로그램을 많이 진행했습니다. 어떻게 하면 아이들이 눈을 뜰 수 있을까 해서 고민을 많이 한 뒤에 결정한 프로그램들이죠. 교회학교 운영은 정신적인 훈련과 체험적인 훈련을 많이 하고 있구요. 한편으로는 전도운동을 열심히 합니다. 2000년도에는 새로 등록한 어른 성도가 약 1,300여명, 2001년에는 1,130여명 정도 5~6년

전부터 보통 600명 정도의 등록자가 있었습니다.

명 : 새신자들이 많이 들어오는 특별한 전략이나 방법은 없으십니까?

이 : 우리가 특별히 성과를 얻는 부분이 지역장 제도입니다. 우리 교
회는 7교구 → 44 지역 → 220속회와 학생부로 되어 있습니다. 같은
아파트 단지, 같은 동, 같은 마을을 한데 묶어 조직합니다. 한 개 지
역 안에는 5~10개 속회(40~50가정)가 있습니다. 평신도 중에서 지
역장을 임명해 반(半) 전임 사역자로 일하게 하는 것이 핵심입니다.

저희는 천안시내를 약 23개 지역으로 나누었습니다. 경부선을 중심
으로 동쪽은 이 곳에서 너무 멀어서 그 곳은 두 지역으로 묶었고, 서
부지역은 21개 지역으로 나누고 있습니다. 각 지역마다 그 지역에 사
는 집사님 중에 열심 있는 사람이 그 지역의 지역장이 됩니다. 교회에
서 월급을 주는 것은 아니지만 거의 풀타임으로 활동하되 교회에 출
근은 하지 않습니다. 토요일에 모여서 그 동안의 활동을 보고하고 인
원을 체크하는데, 그분들 밑에는 인턴 지역장들이 2~3명씩 배치되어
있고 그 밑에는 순장과 강사들이 수십 명씩 조직이 되어 있습니다. 이
들은 교회와 가정 또는 담임목사와 개인을 직접 연결해 주는 다리 역
할을 합니다. 그 지역에 거주하는 이에게 맡기는 것을 원칙으로 하되
경우에 따라 두 지역을 맡기기도 하며, 적절한 사람이 그 지역에 없으
면 필요한 사람을 그 지역으로 이사시켜서 맡기기도 합니다. 지역장
은 꼭 그 동네에 사는 사람이어야 합니다. 예를 들어 어느 지역 아파

트가 약 3천세대가 되면 거기에 지역장이 한명 있고, 지역장을 중심으로 한 중간 사역자들이 그 아파트 전체를 관리인이나 경비원들이 파악하고 있는 것보다 훨씬 더 잘 파악하고 있습니다. 각 가정의 애경사나 이사 등을 상세히 파악하고 있지요. '나는 이 지역에 파송된 선교사'라는 작은 목자의 심정으로 활동합니다. 아마 이것이 저희에게 장점이 되지 않나 싶습니다.

매년 봄과 가을에 각 지역별로 지역예배를 드립니다. 지역마다 날짜와 시간을 달리하여 야외로 나가 예배를 드리고 친교를 나눕니다. 이 행사에는 담임목사가 직접 참여하여 지역 교우들과 만나는데 이 지역예배의 초점은 그 지역 전도운동에 맞춥니다. 현재 우리 교회에는 교구담당 목사 5명과 지역장 13명, 인턴 지역장 11명이 각 지역의 작은 목회자로서 좋은 성과를 거두며 활동합니다.

지역장 교육을 위해 일주일에 두 차례 하는 모임 외에 해외실전훈련과 입산 기도회 등을 실시합니다. 지역장 제도로 평신도를 통한 관계전도가 얼마나 효과가 있는지 실감하고 있습니다.

명 : 지역들은 전적으로 사역을 담당해서 웬만한 교역자 못지 않은 일을 감당하겠군요.

이 : 어떤 면에서는 지역장들이 젊은 목사님들보다 더 성숙되었다고 느낄 때가 있습니다.

명: 그분들을 위한 훈련과정은 어떠십니까?

이 : 지역장 교육을 위해 일주일에 두 차례 하는 모임 외에 해외 실전 훈련과 입산 기도회 등을 실시합니다. 지역장 제도로 평신도를 통한 관계 전도가 얼마나 효과가 있는지 실감하고 있습니다. 저희가 하는 훈련들의 과정을 모두 마스터하고 모든 교육과 세미나를 참석하여 정식적인 신학학위는 없지만 그에 버금가는 기초지식과 일반 상담이론을 갖추고 있지요. 그렇다면 교역자들의 역할은 무엇입니까?

이 : 목사님들의 역할은 가정에 심방을 다니면서 하는 강사역할입니다.

명 : 그러면 성도들을 돌보고 관리하는 사역들은 다 지역장님들이 하는군요.

이 : 이 제도의 좋은 점은 목사님들이 바뀌었을 때, 보통은 목사님들이 담당하던 지역이 속수무책일 수밖에 없는데, 지역장님들은 지속성이 있기 때문에 그런 당황스런 일이 적습니다. 또 지역장님들이 이사를 하더라고 그 밑에 인턴지역장들이 있고 이분들의 95%가 여성이기 때문에 낮과 밤 상관없이 가정에 심방을 해도 되고 비밀스런 이야기들도 상담이 가능합니다. 그래서 우리가 어디에 관심을 가져야 할지를 쉽게 파악할 수가 있지요

명 : 그러면 남성 성도들은 어떻게 하나요? 지금 말씀하신 23개 지역은 모두 여성 지역장님인 모양인데....

이 : 기혼 남성이 약 700명 정도 되는데, 그분들을 맡은 남성 지역장이 따로 있어서 그분들은 교회를 직장으로 활동합니다. 너무 적어 두 팀만 더 있었으면 하고 바라고 있습니다.

3) 교사 훈련

명 : 주일학교의 사역이 잘 되는 이유 중에 가장 큰 것이 바로 교사의 역할인데요. 교사들이 바로 이 지역장 같은 사명감을 가지고 열심을 냈기 때문에 아이들이 교회에서 은혜를 받고 있고 또 부흥이 이루어지는 것 같습니다. 그런데 교사들을 선발하고 훈련하는 과정도 지역장과 유사합니까? 어떻게 교사들을 훈련하시죠? 그런 motivation을 준다는 것이 쉽지 않거든요. 교사하겠다는 사람들도 많지 않고.. 이런 문제들을 어떻게 해결하시죠?

이 : 저희 교회는 전체 무게 중심점이 교육, 특히 어린이, 중, 고등부에 가 있고 어른들의 헌금사역이나 봉사사역보다 더 중요시하는 것이 이 교육사역입니다. 그리스도를 전하는 사역에 무게중심이 다 가 있어서 저희 교회에서 1년 정도를 보내면 성도들의 초점도 다 그 쪽으로 맞춰지는 것 같습니다.

명 : 이 교회에서 정식 성도가 되면 주일학교 교사가 되든지, 지역장이나 순장이 되든지 그리스도의 제자로서 재생산하는 길에 자연스럽게 투입되게 되는 거군요. 하기야 목회 처음부터 청년들을 좋아하고 청년사역을 하셨으니까 그들 중에 교사도 많이 나왔을 것 같은데요.

이 : 그렇습니다. 장로님이 된 분들도 있죠.

명 : 영어 주일학교나 영어 유치원도 소개를 해 주시죠.

이 : 유치원은 전체를 영어로 하지는 않고 파트별로 운영하고 있습니다. 영어 주일학교는 주일날 외국인이 직접 와서 사역을 합니다. 오후 1시부터 4시까지 어린이들과 영어 예배 및 영어 활동을 하고 있는데, 교회에서 상주 하는 분도 있고, 주일날만 오셔서 사역하는 미국인도 있습니다. 그것은 교회에서 상징적인 의미를 갖습니다. 어린이들에게 국제화시대에 맞는 관심과 감각을 키우도록 하는 것이죠. 영어예배에 참석하는 어린이들은 수요일이나 주일날에 교인들 앞에 자주 활동을 시킵니다. 영어노래, 영어뮤지컬, 영어연극 등... 그런 활동을 보고 어른들이나 중·고생들이 자극을 받기를 원하죠.

명 : 항상 인터뷰를 하면서 느끼는 것은 역시 목회의 본질에 충실할 때 하나님께서 쓰신다는 것과, 자기개발을 위해 끊임없이 노력하고 변화 시킬 때 다른 사람을 새롭게 하는 목회자가 될 수 있구나, 공부를 열심히 하고, 하나님과 만남의 시간, 즉 기도와 묵상과 경건의 영

성 개발 시간에 목숨을 걸 때 모든 일을 하나님이 책임져 주시는 구나 하는 것을 깨닫게 됩니다.

모쪼록, 목사님 건강하시고, 천안갈릴리교회가 한국교회에 크게 공헌하는 교회로서 세계적으로 쓰임 받는 교회가 되어 계속 성장 발전하기를 바랍니다. 바쁘신 데 대단히 감사했습니다.

5. 전망

갈릴리 교회가 이런 방법을 전용한 것은 9년이 됩니다. 학년별, 연령별, 반편성으로 했을 때 평균 200명을 넘지 못했습니다. 지금은 적어도 그때보다 4배 이상~7배로 모이고 있습니다. 그런데 더 큰 목표는 적어도 내년까지는 장년반보다 2배정도 모이는 주일학교를 하고 싶습니다. 여기서 한계성을 느끼는 것이 있는데 시설부족, 우리 지도자 스스로의 역량 부족을 자인합니다. 그럼에도 불구하고 이 일은 중단할 수 없습니다. 우리 반, 나의 반에서 이 민족과 세계를 위해 참으로 위대하게 쓰임 받을 일꾼이 지금 양성되고 있다는 엄청난 기대와 희망을 갖고 어린이를 가르칩니다. 시골이나 농촌에서는 여건이나 상황이 다릅니다. 이 프로그램은 도시 교회들에겐 꼭 필요합니다. 이제는 개척교회를 비롯한 어떤 교회도 더 큰 관심을 갖고 주일학교에 접근해야 될 것 같습니다. 어쩌면 이 일만이 이 나라와 민족을 살리는 길일 수도 있습니다.

한국교회가 1990년대에 들어서면서 그 성장이 정지 내지는 줄어들고 있습니다. 1970, 1980년대 매년 13~15%의 성장률을 보여 왔는데 이제는 위기입니다. 그 내용을 분석해 보면 어린이, 중·고등부, 청년·대학부가 현저히 감소하고 있습니다. 교회 수는 늘고 있지만 교인 수는 크게 감소하고 있습니다. 이대로 30년 후면 어떻게 될 것인가?

그동안 한국 교회는 오직 교회성장이라는 목표뿐이었습니다. 방법론만 찾아 여기저기 쫓아다녔습니다. 그러다가 알맹이를 잃어버렸습니다. 주님 예수의 지상명령은 전도이지만 우리에게 최고 최대의 급선무는 예수 자체입니다. 그를 사랑하고 신앙하는 순수하고도 뜨거운 체험입니다. 교회부흥보다 더 큰 일은 예수 사랑에 도취하는 것입니다.

또 하나 한국교회는 청년·학생을 잃고 있습니다. 장년 중심의 일시적 현상에서 벗어나야 합니다. 역사의 계승과 민족 전체를 생각하고 더욱 세계와 하나님을 생각한다면 빨리 청년 · 학생을 찾아야 합니다. 더욱 귀한 일은 주일학교 어린이를 찾는 일입니다. 다음으로 한국 교회는 계속적인 교육이 모자랐습니다. 그리고 영적 각성이 미흡합니다. 사도행전 같은 원색적 인간개조 운동과 그에 따른 파급효과 말입니다. 사람 많이 모이게 하는 재주보다는 개개인의 인격이 변화되는 일과 이에 따르는 교육 프로그램이 필요합니다. 예수가 좋다고 전파하는 당신은 과연 예수 그리스도를 닮아가고 있으며 그 안에 있는 행복과 기쁨 자유를 누리고 있는가?

이런 사역은 청년과 학생들에게는 씨앗을 뿌린 지 불과 몇 주만

되면 꽃이 피고 열매가 맺힙니다. 개신교가 한국에 전파된 지 117년 그동안 성장 일변도이었습니다. 그러나 지금은 위기임에 틀림없습니다. 교회 지도자들 특히 일선 목회자들에게 분명하고도 진지한 진단과 빠른 처방이 없으면 반만년 한국역사에서 모처럼 얻은 복음의 황금물결은 사라지고 그 촛대가 옮겨질까 걱정이 됩니다.

* 위 글에서 숫자 통계는 2003. 8. 31 까지 기준으로 합니다.

III. 거창 중앙교회 (이병렬 목사)[6]

거창중앙교회는 이목사님이 교회에 부임한 2000년도, 거창군 총인구는 6만 3천 명, 읍내 인구는 40,000여 명! 기독교인 10% 미만의 열악한 지방 교회인 거창. 그중 아이들의 숫자가 6천 5백 명 정도 되었습니다.(지금은 4천 명 정도임)

이병렬 목사님은 17년 전 첫 부임 당시, 5명 출석하던 거창중앙교회 주일학교를 1,000여 명으로 부흥시키셨는데, 지금 거창읍 내에 있는 4개의 초등학교 어린이들에게 복음을 적극적으로 전하여, 그 학교들에서 약 50%의 학생들을 복음화 시키는 놀라운 성과를 이루게 되었습니다.

---

6) 이병렬 목사는 〈교회의 미래 어린이 안에 다 있다〉 저자. 거창중앙교회 담임목사. 부임 3년 만에 "유년주일학교 천 명 하라!"는 하나님의 사명을 받고, 오로지 다음세대 사역을 위해 전심전력을 다해 달려왔다. 2000년도 부임 당시, 다섯 명의 어린이로 시작된 거창중앙교회 주일학교는 2004년 말 재적 인원 1,000명을 넘어서며 지속적으로 성장하여 오늘에까지 이르렀다. 저자는 대학 졸업 후 LG그룹에 입사하여 젊은 시절 대부분을 회사에 몰두하다 하나님의 부르심을 받고 뒤늦게 총신대학교 신학대학원을 졸업하고 목회자의 길을 걷게 되었다. 40대 중반을 넘긴 나이에 처음 담임목사로 부임하게 된 거창은 불교의 강력한 영향 아래 있으며 복음화율이 10%가 채 안 되는, 그야말로 부흥의 요소를 찾아볼 수 없는 곳이었다. 그런 거창 땅에서 다음세대를 향한 하나님의 애타는 마음을 깨닫고 전성도가 한마음으로 유년주일학교 사역에 집중하여 거창의 어린이들 중 절반 가까이가 예수를 믿게 되는 기적과도 같은 은혜를 경험한다. 거창중앙교회의 부흥 이야기는 2014년에는 91개국 1,200명의 교계 지도자들이 모인 '뉴욕 4/14 세계대회'에서 다음세대 부흥 사례로 발표된 바 있으며, 저자는 한국교회를 다시 회복하고 다음세대를 살리기 위한 일환으로 거창중앙교회 사역의 다양하고 풍성한 사례와 노하우들을 아낌없이 나누고 소통하고자 노력하고 있다.

1. 유년주일학교를 하라고요? 그것도 천 명을?…

'기적의 날'로부터 거슬러 1년 8개월 전, 매일 세 시간씩 드리는 새벽기도회를 시작했습니다. 끝을 가름할 수 없는 기도의 대장정이 시작된 것입니다. 설교 한 시간에, 통성기도 한 시간, 그리고 마지막으로 개인묵상기도 또 한 시간! 이렇게 하루 세 시간씩 진행되는 처절한 기도의 강행군이었습니다. 수많은 기도 제목들이 있었지만 결국 우리의 제목은 단 하나로 귀결됐습니다. "우리에게 말씀하옵소서. 우리가 듣고 따르겠나이다." 그리고 하나님께서는 우리에게 명령 하셨습니다. 간절히 고대하던 응답이었습니다. 그런데 도무지 믿기지 않는 명령이었습니다. 우리 공동체에 뚜렷하게 정해주신 목표는 바로 이것이었습니다. '유년주일학교 하라! 천 명하라!'

거창중앙교회가 본격적으로 어린이 주일학교 사역에 박차를 가하기 시작했던 2003년 무렵까지도 우리에게 '다음세대'란 그렇게 간절한 주제가 아니었습니다. 그럼에도 우리 교회가 다음세대 사역에 주력하게 된 것은 전적으로 하나님의 인도하심 때문이었습니다. 먼저 간절한 기도의 시간들을 거쳐 하나님께 답을 얻고 나니 목회 방향이 선명해졌습니다. 이후로는 하나님께서 붙여주신 뜨거운 가슴속 불을 품고 다음세대 사역에 몰두하는 시간들이 이어졌습니다.

2004년 10월 31일, 지난주 유년주일학교 재적이 932명, 드디어 목표했던 1,000명을 돌파해 1,034명이라는 엄청난 기록에 도달한 것입니다. 부임 당시, 다섯 명의 아이들이 덩그러니 앉아있던 어린이 주일학교가 오늘날 천여 명이 출입하는 모습으로 탈바꿈할 수 있었던 것은 전적으로 하나님의 깊은 뜻 가운데 이뤄진 결과라고 확신합니다.

새로운 목표도 확인했습니다. 어린이 성도 1,000명 재적 달성이 첫 번째 목표였다면, 두 번째 목표로 어린이 성도 1,000명 출석. 그리고 마지막 세 번째 목표로 우리 교회에서 헌신된 어린이들을 뜻하는 불꽃목자 1,000명 파송이라는 미래가 남아있었습니다.

언젠가 서울의 한 신학교 교수님이 목회현장연구를 위해 교회를 찾아온 적이 있습니다. 교회 상황과 주변 환경을 세밀하게 관찰하고 난 그 수님의 결론은 이랬습니다. "하드웨어 상으로, 거창중앙교회가 부흥할 수 있는 요소는 하나도 없네요"

2. 성령께서 깨닫게 하신 말씀

특히 다음세대를 향한 주님의 불타는 마음은 성경 여러 곳에서 확인할 수 있습니다. 그중에 대표적인 말씀이 바로 마태복음 18장 5절입니다. "또 누구든지 내 이름으로 이런 어린아이 하나를 영접하면 곧 나를 영접함이니"(마 18:5). 이 짧은 구절 가운데 아이들을 사랑하는 마음으로 마치 활화산처럼 이글이글 타오르는 하나님의 심정이 적나라하게 드러나 있습니다. 바로 다음 구절을 보면 어린아이를 얼마나 소중하게 여기시는지 더욱 분명하게 드러납니다. 성경말씀대로 다음세대를 주님처럼 불타는 가슴으로 열심히 돌보고 섬기는 일입니다. 청년세대, 장년세대, 노년세대는 대충 소홀히 여겨도 된다는 이야기가 아닙니다. 하나님의 자녀라면 누구든지 나이를 불문하고 고귀한 존재로 존중받으며, 사랑으로 보살핌을 받아야 합니다. 하지만 그중에서도 자라나는 어린세대, 즉 다음세대는 우리가 결코 잃어버리지 않도록 더욱 정성을 쏟아야 할 대상들이라는 말입니다.

다음세대를 향한 하나님의 심정을 대변하는 또 하나의 성경 본문이 있습니다. 바로 요나서 말씀입니다. "여호와께서 이르시되 네가 수고도 아니 하였고 재배도 아니 하였고 하룻밤에 났다가 하룻밤에 말라 버린 이 박넝쿨을 아꼈거든 하물며 이 큰 성읍 니느웨에는 좌우를 분변하지 못하는 자가 십이만여 명이요, 가축도 많이 있나니 어찌 아끼지 아니하겠느냐 하시니라"(욘 4:10~11). 여기에서 좌우를 분변하지 못하는 자는 4살 이하의 어린아이를 지칭하는 표현입니다. 다시 말해, 니느웨가 아무리 이스라엘 백성들의 철천지원수라도 어찌 저 귀중한 어린아이들과 함께 니느웨를 멸망 시킬 수 있겠느냐!라는 의미입니다. 어린아이를 향한 하나님의 마음이 그러하시다는 뜻입니다. 결국 하나님께서는 그 마음을 돌이키십니다. 그 주인공은 다름 아닌 어린아이들이었습니다. 다음세대를 귀중하게 여기는 마음을 품는 것. 그것이 바로 하나님의 대적 중의 대적인 니느웨의 어린아이들까지 아끼셨던 하나님의 불타는 마음을 본받는 것입니다.

잠언 22장 6절에서는 "마땅히 행할 길을 아이에게 가르치라 그리하면 늙어도 그것을 떠나지 아니하리라."라고 교훈합니다. 이 말씀에는 가장 위력 있는 가르침은 어린 시절에 이루어진다는 또 다른 명제가 내포되어 있습니다. 히브리어 성경에서는 여기에 '나아르'라는 단어를 사용합니다. '나아르'는 젖먹이, 심지어 산모의 배 속 태아까지도 나아르에 해당한다고 봅니다. 다음으로 '가르치라'는 단어에 집중해 보자. 이 단어에 해당하는 히브리어는 '하나크'입니다. '하나크'에는 다양하고 풍부한 여러 의미들이 담겨 있는데 그중 대표적인 것이 좁히다, 맞추다, 연단하다, 바치다 등입니다.

성경은 세상과 달리 넓고 쉬운 길을 가르치지 않습니다. 하나님을 향해 말씀을 향해 시선을 집중하고 좁은 길, 구별된 길, 힘든 길을 걷도록 지도합니다. 지금까지의 이야기를 종합하자면 잠언의 말씀은 이렇게 표현할 수 있습니다. '마땅히 행할 길은 길을 태중의 새 생명 때부터 가르치라. 하나님 말씀에 합당하게 가르쳐서 행동화시켜라. 그래서 하나님 앞에 온전한 사명자로 만들라.' 그렇다면 우리는 이 말씀을 구체적으로 어떻게 실천해야 할까요? 다른 이야기들은 일단 뒤로 미뤄두고, 여기서는 '더욱 어린나이에 시작하자'라는 데 초점을 맞춰보겠습니다.

3. 아이들, 교회를 살리는 킹핀이다.

볼링을 해 본 사람들이라면, 자기 손을 떠난 공이 열 개의 핀들을 모조리 쓰러뜨릴 때의 그 짜릿함을 잊지 못합니다. 무턱대고 공을 중앙에 던진다고 강한 힘을 실어 보낸다고 스트라이크가 되는 것은 아닙니다. 전문가들은 '킹핀'에 집중해야 한다고 조언합니다. 신기하게도 특정 핀 하나를 잘 공략하면 나란히 세워진 모든 핀들을 함께 넘어뜨릴 수 있습니다. 그 핀을 바로 킹핀(King pin)이라고 부르는데, 10개의 핀 중에 한가운데 위치한 5번 핀입니다. 킹핀에 어떻게 접근하느냐에 따라서 스트라이크 성공확률이 달라집니다.

우리 교회처럼 다음세대 사역을 자신의 인생에 킹핀으로 삼은 사람이 있습니다. '백화점의 왕'이라고도 불리는 존 워너메이커입니다. 워너메이커 본인에게 있어 가장 중요한 것은 백화점 사업이나 정치가 아니라 바로 주일학교였습니다. 그는 무려 67년 동안이나 주일학교 교사로 섬길 만큼 다음세대 사역에 사명감을 품고 있었습니다. 그에게는 주일학교가 주업이었고, 백화점 사업은 부업이었던 셈입니다. 그 결과 1858년에 27명의 학생으로 시작한 주일학교가 1년 만에 275명으로, 10년 후에는 1,000명으로 급증했습니다. 1898년에 이르면 베다니주일학교에 몸담은 학생 수가 6,027명으로 집계됩니다. 워너메이커는 그 많은 수의 아이들 이름을 일일이 기억했다고 합니다. 그리고 그것은 자신의 뛰어난 암기력 때문이 아니라, 아이들을 향한 관심과 애정의 결과라고 고백했습니다.

워너메이커의 생애는 우리 성도들에게 많은 영감을 주었습니다. 베다니주일학교와 같은 부흥의 꿈을 우리 거창중앙교회도 꾸게 됐습니다. 킹핀 전략은 여전히 유효합니다. 이쯤해서 참고로 그 전략이 발전되어온 시간들을 세 단계로 요약해 보겠습니다.

첫 번째 단계는 다음세대 사역으로 중심을 전환하는 과정이었습니다. 하나님 앞에 처절하게 기도하면서 응답을 구하고, 거창이라는 독특한 환경 속에서 벽에 부딪친 목회의 길을 타개하기 위해 고심했던 기간을 말합니다. 그 결과 유년주일학교 천 명을 이루라는 응답을 받고, 목회 방식을 대대적으로 전환하게 됐습니다.

두 번째 단계는 성도들과 다음세대의 비전을 공유하는 과정이었습니다. 이 기간에는 모든 성도들의 마음 밭에 주일학교 사역에 대한 꿈의 씨앗을 뿌리는 데 집중했습니다. "또 누구든지 내 이름으로 이런 어린아이 하나를 영접하면 곧 나를 영접함이요"(막 9:37)라는 말씀을 붙잡고, 매일 같이 강단에 올라 두려움과 의심으로 굳어진 마음들을 깨뜨렸습니다. 단단한 껍질들에서 벗어나자 우리는 같은 소망을 품고 기도하게 됐습니다. 새벽기도 시간에는 매일 3시간, 저녁에 다시 모여 또 2시간 이렇게 하루 다섯 시간을 힘든 줄도 모른 채 다음세대 사역에 대한 도전의 말씀을 듣고, 거창의 모든 어린이들을 위해 기도하는 일에 바쳤습니다.

마지막 단계로 다음세대 비전을 현실화시키는 과정이었습니다. 아무것도 없던 백지상태였지만, 비전에 맞춰 모든 힘과 지혜를 집중했더니 온갖 전략들을 배출했습니다. 무학년 제도처럼 다른 교회들에서 보기 드문 방식들도 도입했습니다. 어렵게만 보였던 문제들이 하나둘씩 해결됐고, 결국 그렇게 모두의 힘으로 쌓인 하루하루가 기적의 날로 이어졌습니다.

4. 다음세대를 세우는 7개의 기둥

이병렬 목사님은 거창이라는 독특한 환경 속에서 벽에 부딪친 목회의 길을 타개하기 위해 하나님 앞에 처절하게 기도하면서 다음세대 사역으로 목회 중심을 대전환했습니다. 주일학교를 일으켜 세우기 위해 성도들과 다음세대의 비전을 공유하며 모든 성도들의 마음 밭에 주일학교 사역에 대한 꿈을 뿌리는 데 집중했습니다. 옛 생각과 관습의 단단한 껍질에서 벗어나 거창의 모든 어린이들을 위해 기도하며 다음세대 비전에 맞춰 모든 힘과 지혜를 집중하였고 예수생명, 무학년제, 전성도의 교사화, 전자원의 집중화, 불꽃목자, 예다미 성품훈련, 참된 예배자라는 7개의 기둥을 세워갔습니다.

1) 예수생명 기둥. 모든 사역의 시작과 목표, 복음의 핵심!

'예수생명'이라는 기둥은 거창중앙교회 다음세대 사역의 근본이고 중심축이라고 말할 수 있습니다. 그리스도의 십자가 보혈, 부활의 권능, 우리에게 주신 구원의 은총을 성도들 가슴에 '예수 생명'이라는 확신으로 새기고, 나아가 다른 사람들 그중에서도 어린이들의 가슴속에 이 예수생명을 심어주는 일에 성도들이 헌신하도록 하는 것을 말합니다. 이 기둥은 가장 중심부로 다른 모든 기둥을 지탱해 주는 역할을 합니다. '예수생명'이라는 그 생기의 힘이 나머지 여섯 개의 기둥들의 원동력이 되도록 하는 것입니다. "우리가 이 보배(예수 그리스도)를 질그릇에 가졌으니 이는 심히 큰 능력은 하나님께 있고, 우리에게 있지 아니함을 알게 하려 함이

라. 우리가 사방으로 욱여쌈을 당하여도 싸이지 아니하며, 답답한 일을 당하여도 낙심하지 아니하며, 박해를 받아도 버린바 되지 아니하며, 거꾸러뜨림을 당하여도 망하지 아니하고, 우리가 항상 예수의 죽음을 몸에 짊어짐은 예수의 생명이 또한 우리 몸에 나타나게 하려 함이라"(고후 4:7~10). 이 말씀대로 연약한 질그릇 같은 모든 성도의 가슴에 예수 그리스도의 보배를 품고 사는 사역자가 되게 하는 것입니다. 이로써 하나님의 큰 능력이 각 사역 현장에서 예수생명의 능력으로 나타나게 하는 것입니다.

2) 무학년제 기둥. 한번 영적인 자녀로 품었다면, 끝까지!

무학년제는 자신이 낳은 아이가 충분히 자랄 때까지 양육할 책임이 부모에게 있는 것처럼, 자신이 전도했거나 한번 영적인 자녀로 품은 아이라면 끝까지 돌봐야 할 사명이 교사에게 있다는 것을 전제로 합니다. 무학년제 도입으로 교사들은 전도에 대한 더욱 확실한 동기부여가 생겼고, 아이들에게도 동생들을 돌보는 책임자로서 역할이 부여되며 자연스러운 리더십과 섬김 훈련이 이루어질 수 있었습니다.

이처럼 교사는 자신이 한번 맡은 아이의 일생을 책임질 각오로 임합니다. 아이가 결석하면 심방을 가고, 병을 얻으면 문안을 하고 고민이 생기면 상담도 합니다. 함께 하는 시간이 늘어갈수록 아이의 성격이 어떠한지, 신앙 수준이 어느 정도인지 꿰뚫어 볼 수 있기 때문에 문제가 생기면 신속히 대처할 수 있습니다. 생일을 챙겨주고, 가정 형편을 살피다보면 부모와도 친숙한 관계가 형성됩니다.

이런 과정을 통해서 교사는 학생에게 영적인 부모, 학생은 교사에게 영적인 자녀로서 자격을 갖습니다. 이는 성경적인 원리이기도 합니다. 사도 바울과 제자 디모데의 관계가 이와 같았습니다. 바울은 디모데에게 보내는 편지에서 그를 '내 사랑하는 아들'(딤후1:2)이라고 호칭합니다. 무학년제를 다른 말로 친자 양육체제라고 부릅니다.

사실 이 '종합반'과 같은 학급을 다른 말로 '무학년제반' 혹은 '무디반'이라고도 부릅니다. 세계적인 전도자 무디의 이름을 딴 것입니다. 무디가 하나님의 은혜를 경험하고 교사로 섬기겠다고 자원하여 주일학교를 찾아갔는데, '당신이 누군지도 모르는데 이 중요한 일을 맡길 수는 없습니다.'라는 대답이 돌아왔습니다. 몇 차례 다시 요청해도 요지부동이자 무디가 새로운 제안을 했습니다. '그럼 제가 직접 전도해서 아이들을 데리고 오면 어떨까요?' '그건 괜찮겠네요.' 결국 학년에 상관없이 데려왔던 무디의 반이 그 주일학교에서 가장 크게 부흥했다는 것은 주지의 사실입니다. 무학년제의 위력이 이러합니다.

3) 전성도의 교사화 기둥, 예외 없이 누구든지 교사가 된다.

실제로 이게 본래 성경에서 유래한 원리입니다. 특히 고린도전서 12장은 교회의 은사론에 대해 많은 것을 배울 수 있는 말씀입니다. 사도 바울은 이 말씀에서 교회를 세우는 다양한 은사들에 대해 한참 나열한 후 "너희는 그리스도의 몸이요 지체의 각 부분이라"(고전12:27)라고 말하며 몸의 원리를 설명합니다. 우리 교회에서는 이를 '전성도의 교사화'라는 새로운 방식으로 바꾸어 적용했습니다. 다음세대를 향한 하나님의 불타는 심정을 모두가 공유하자는 뜻으로, 온 교우들에게 교사의 직분을 맡긴 것입니다.

'어린이 천 명을 이루라'는 골인 지점까지 낙오자 없이 전체 교우들이 함께 달려가기를 소망했고, 그 소망을 위해 모든 성도들이 교사했습니다. 각자 은사와 형편에 따라 다양한 역할을 부여했습니다. 주일학교를 운영하려면 가르치는 주교사만 필요한 게 아닙니다. 담당교사를 돕는 보조 교사, 자동차로 아이들을 운행 하는 차량 교사, 각종 필요한 재원을 마련해 주는 재정 교사, 음식을 만들어 주는 간식 교사, 기도로 후원하는 기도 교사 등 다양한 재능들이 동원되어야 합니다. 유초등부를 졸업하고 중고등부에 올라간 선배들 중에서 자원하는 학생들을 보조교사로 임명하고, 현장에서 봉사하기 어려운 연로하신 어른들에게는 기도 교사를 맡깁니다. 요리 잘하고 남 대접하기 좋아하는 성도들은 간식 교사, 시간을 내어 자기 차를 운행할 수 있는 성도들은 차량 교사 하는 식으로 역할이 나뉩니다. 이름 붙이기에 따라서 교사들의 종류는 얼마든지 더 늘어날 수 있습니다.

한때 권사님들이 주도해서 '걸레 부대'가 만들어진 적이 있습니다. 어린이 예배를 마치면 연세 높으신 걸레 부대원들이 등장해서 강대상 위아래는 물론이고, 의자와 바닥 등 구석구석을 말끔히 정리합니다. 이분들 덕에 청소 교사라는 명칭도 새롭게 태어났습니다. 행여나 도로에서 아이들이 사고 나지 않도록 플래시를 켜 들고 봉사하는 교통지도 교사라는 자리도 만들어졌습니다. 이렇게 했더니 직접적으로 아이들을 가르치고 이끄는 사역을 감당하는 주교사들이 대략 80명 정도인데, 어느 날인가 주일학교 사역에 이모저모 동참하는 교사들을 전부 헤아려보니 무려 430명이 함께 뛰고 있었습니다.

앞에서 살펴보았던 마태복음 18장 4~6절의 말씀에는 같은 단어가 여러 차례 반복되는 것을 발견할 수 있습니다. '누구든지' 라는 네 글자의 단어인데, 바로 이 단어가 거창중앙교회의 전성도의 교사화 기둥의 근거입니다. 창세 전에 하나님의 택하심을 받은 자는 누구든지, 하나님으로부터 거창중앙교회에 나오도록 부름을 받은 자는 누구든지, 어린생명에 대한 불타는 가슴만 가지고 있다면 누구든지 교사가 됩니다. 이상 필요한 게 없이 충분하다는 뜻으로 '여축이 없다'라는 말을 우리끼리 종종 사용하는데, 정말로 거창중앙교회에서는 교사가 되는 조건에는 여축이 없습니다.

이처럼 자신에게는 아무런 은사가 없다고 열외가 되는 법이 우리 교회에는 없습니다. 앞으로도 계속해서 새로운 이름과 역할을 가진 교사들은 계속 등장할 것입니다. 세상에 아무런 은사가 없는 사람이 존재하지 않는 것 같이 교사가 될 수 없는 사람 또한 존재하지 않을 것입니다. 혹시라도 다음세대를 섬길 자리를 찾지 못한 사람이 있다면 하나님께 지혜를 구하라. 그리고 그 자리에서 헌신하라.

교사가 되기 위한 조건은 심각하게 제한하지 않지만, 교사라는 이름을 짊어지는 데 꼭 필요한 마음가짐 한 가지를 교우들에게 당부하는 게 있습니다. '아이의 일생을 책임진다는 자세로 섬기라'는 것입니다. "어린 아이하나를 영접하는 것이 곧 나를 영접함이니"(마 18:5)라고 하신 주님의 마음을 가슴에 담고 한번 교사가 되었으면 평생 교사가 되라는 것입니다. 단순히 지식이나 성적을 책임지는 교사가 아니라 영혼을 책임지는 교사이기에 더욱 그러해야 합니다. 그 영혼이 천국에 이르기까지 무한책임을 져야 하는 것이 교사된 이들의 사명입니다. 아이들의 삶으로 들어가고, 영혼으로 들어가고 할 수 있으면 무의식의 세계까지라도 찾아 들어가서 바른길로 인도해야 합니다.

4) 전자원의 집중화 기둥. 다음세대 사역에 모든 힘을 집중시키다.

우리 교회 '전성도의 교사'는 자연스럽게 '전자원의 집중화'로 연결됐습니다. 고폭탄처럼 철갑을 뚫을 정도의 위력을 발휘하려면 현재 가진 자원에서 최대치를 끌어내야 했습니다. 더욱이 어린이 일천 명을 목표로 삼을 당시 거창중앙교회는 그다지 많은 자원을 가진 상태도 아니었습니다. 오직 '어린이 사역'이라는 한 가지 목표에만 집중해야 했습니다. 작은 힘이라도 새어나가게 할 수 없었습니다. 이 때문에 집중을 위해 다른 많은 것을 포기할 수밖에 없었습니다. 대표적인 예가 찬양대 사역이었습니다. 대개의 교회들에서 가장 유능한 인력이 동원되는 파트가 바로 주일학교와 찬양대입니다. 그래서 서로 좋은 인재들을 끌어들이기 위해 두 파트 사이에 소리 없는 경쟁이 벌어지는 일이 드물지 않습니다. 어느 것 하나 중요하지 않다고 말할 수 없기에 이런 상황에 봉착하면 담임목사 입장에서는 누구 편을 들기가 참 애매합니다. 우리 교회가 딱 그런 상황에 빠지기 좋은 형국이었습니다. 안타깝지만 찬양대 사역을 일정 기간 중단하기로 했습니다. 대신에 예배시간에는 회중 찬양을 강화하는 쪽으로 방식을 전환했습니다. 우리가 지닌 모든 잠재력을 한곳에 모으기 위해서는 어쩔 수 없는 선택이었습니다. 교회의 표어, 조직 체제, 예배 시간, 재정 배분, 심지어는 예배당 구조까지 온통 주일학교 사역에 초점을 맞춰 대대적인 수술을 감행했습니다. 앞서 설명했듯이 교회 역사상 유례가 없던 변화에 미처 적응하지 못한 이들도 있었지만, 다 감수하기로 하고 추진했습니다.

5) 불꽃목자 기둥. 예수님의 뒤를 따라가며 헌신하는 작은 예수들.

불꽃목자에게는 자신이 맡은 영혼들을 향해 불타는 사랑을 품은 사역자, 곧 "나는 선한목자라 선한목자는 양들을 위하여 목숨을 버리거니와"(요 10:11)라고 말씀하시는 예수님과 닮은 사역자라는 뜻이 담겨있습니다. 우리 교회 아이들은 마냥 어른들의 보살핌만 받는 수동적인 존재들로 자라지 않습니다. 학년이 올라갈수록 반 선생님들을 돕고, 어린 동생들을 돌보는 등, 능동적인 역할을 맡습니다. 또한 장성해서는 온 세상 사람들을 그리스도께로 이끄는 리더 역할을 감당하겠다는 꿈에 매일매일 다가가고 있습니다. 이는 '불꽃목자'라는 이름으로 헌신한 아이들을 예수님을 닮은 영혼 사역자로 키운 결과라고 믿습니다.

그렇게 많은 아이들이 한꺼번에 예배를 드려도 무학년제로 운영되는 학급이 아무리 커진다고 해도 아이들이 흐트러지지 않고 일사불란하게 움직이는 이유는 바로 불꽃목자들이 배후에서 보이지 않는 역할을 아주 잘 감당하고 있기 때문입니다. 불꽃목자들은 아직 철모르는 동생들과 교회에 새로 나온 친구들을 영적으로 압도하며 모두가 예배에 집중하도록 목사와 교사들의 가르침에 순종하도록 분위기를 만듭니다. 그뿐만 아니라 전도에도 앞장서며, 선생님을 도와 반 관리나 심방까지 중요한 역할을 합니다. 특히 자신이 전도한 친구들과 선생님을 이어주는 끈이 되어주고, '신앙생활은 이렇게 하는 것이다.'라는 본보기 역할까지 톡톡히 해 냅니다.

불꽃목자는 아무에게나 덥석 붙여주는 명칭이 아닙니다. 그 이름을 얻기 위해 아이들은 평소 꾸준한 성실함과 적극적인 자세를 보여주어야 하고, 수많은 시험의 관문들을 통과하고, 최후의 미션까지 해결해야 합니다. 그처럼 힘들게 얻은 '불꽃목자'라는 이름에 아이들은 엄청난 자부심을 갖습니다. 아직 불꽃목자에 선발되지 못한 아이들도 그 위치에 오르기 위해 의욕을 불태우며 분발합니다. 처음 우리 교회에 나온 아이들에게는 구원의 확신부터 가르칩니다. 그 뒤로 예배훈련, 성품훈련 사역훈련 등이 이어집니다.

이런 훈련들을 잘 따라오고, 예배 시간에 휴대폰이나 게임기 같은 것을 가지고 노는 모습 등 잘못된 습관들이 깨끗이 정리하기를 갈망하는 아이들 중에서 불꽃목자 훈련생들이 매년 150명가량 선정됩니다. 이 아이들은 여름성경학교와는 별도로 마련되는 불꽃목자 수련회에 교사들과 함께 참가하게 됩니다. 수련회는 3박 4일로 진행되며, 오전 9시부터 보통 밤 11시를 넘겨야 하루 프로그램이 끝나는 다소 벅찬 일정입니다.

수련회 기간 아이들은 기본 신앙을 다루는 베이직 코스를 비롯해 성경을 중심으로 한 바이블 코스, 거기에 성품 코스까지 총 30여 가지 테스트를 하나도 남김없이 통과해야 합니다. 하지만 이게 끝이 아닙니다. 모든 테스트를 마친 후에도 최후의 미션이 남아있는 것입니다. 그것은 영혼 사역에 동참하는 일입니다. 누군가가 자신이 출석하는 교회의 진정한 일원으로 정착했다는 증거는 바로 영혼사역의 현장으로 들어오는 일 즉 전도 사역에 함께하고 있느냐의 여부로 확인할 수 있는 것과 같은 원리입니다. 불꽃목자가 되기 위한 마지막 단계는 적어도 두 명 이상의 친구를 전도해 교회로 인도해 오는 임무를 수행하게 하는 것입니다. 앞서 모든 과정들을 고생스럽게 통과해 놓고도 이 미션을 완료하지 못해 불꽃목자 임명이 미루어지는 경우도 있습니다.

6) 예다미 훈련 기둥. 예수님의 성품을 본받는 아이

성품훈련은 다른 식으로 표현하면 예절교육 혹은 자리교육이라고 할 수 있습니다. 성경에서는 주님을 '질서의 하나님'(고전

14:33)으로 묘사합니다. 질서가 무엇일까요? 각자가 있어야 할 자리에서, 자기의 일을 하는 것입니다. 예수님이 그런 성품을 가진 분이라면 예수님을 닮은 사람들도 그렇게 행동하는 게 당연합니다. 목사도, 부모도 자녀도 각자의 자리에서 예의를 지키며 제 역할을 감당하도록 하는 것이 바로 성품훈련입니다.

어린이들을 열심히 전도하고, 불꽃목자들을 세우면서 이 아이들을 하나님의 자녀답게 키우는 방법을 고심했습니다. 교회에 열심히 다닌다는 사람들이 자신들에게 아무런 감동을 주지 못하는데, 결국에는 성품훈련에서 해결책을 찾아야 한다고 생각했습니다. 예수님의 성품을 본받으라는 것은 성경의 명령입니다. "너희 안에 이 마음을 품으라 곧 그리스도 예수의 마음이니"(빌 2:5)라고 말씀하십니다. 죄인들을 죽기까지 사랑하사 그 몸을 희생해 주신 예수님, 겸손히 허리 굽혀 제자들의 발을 씻기신 예수님, 자비와 긍휼로 병든 자와 약한 자들의 친구가 되어 주신 예수님의 마음을 배우고 훈련해서 그대로 따르라는 교훈입니다.

성품훈련을 도입하기로 결심하면서 4~5년에 걸쳐 여러 가지의 성품훈련 방식에 대해 연구하고, 매일 아침, 이 문제를 가지고 집중적으로 씨름한 시간들이 있었습니다. 그 결과 진실, 정화, 엄격, 근면, 관대함, 섬세함, 견고함. 오래 참음, 깊이 있음. 순수, 올바름, 침착, 몰두 등 총 30가지에 달하는 예수님 성품을 차례대로 한 가지에 8주간씩 훈련하는 교육과정을 만들었고, 이를 '예수님 닮은 아이'를 키운다는 의미에서 '예다미 성품훈련'이라고 이름 붙였습니다.

7) 참된 예배자 기둥. 예배의 참된 의미를 깨닫는 아이들

하나님의 백성은 하나님 앞에서 참된 예배자가 되어야 합니다. 참된 예배자가 되는 것은 어린아이 때부터 바르게 훈련시켜야 합니다. 언제 어디서나 하나님을 의식하며 코람데오(Coram Deo)의 삶을 살도록 마음 깊이 각인시켜야 합니다. 그래야 성인이 되어서도 자연스럽게 참된 예배자의 삶을 살 수 있게 될 것입니다.

주일학교 교육의 궁극적인 포인트는 아이들을 훌륭한 신앙인, 성실한 예배자로 만드는 데 있습니다. 앞에서 말했던 예다미 성품훈련도 외면적 목표달성에 만족해하는 것이 아니라, 이를 반드시 예수님의 십자가 복음과 그리스도인들의 선교 사명에 연관 지어 아이들에게 최종적인 학습의 결론을 제시하는 것은 이 때문입니다. 그래서 유년주일학교의 부흥을 위한 일곱 번째 기둥은 모든 아이들이 참된 예배자로 하나님 앞에 나아가게 하는 것입니다.

우리 교회의 특징 중 하나는 거의 모든 공 예배 시간에 아이들이 참여하고 있다는 점입니다. 유년주일학교 예배 시간 외에도 부모나 교사들과 함께 예배하는 아이들의 모습을 새벽 예배 주일 낮 예배, 저녁 예배, 교사 기도회 등 언제나 볼 수 있습니다. 아이들은 단지 많은 예배에 참여하는 것만이 아닙니다. 가장 앞자리에 앉아, 누구보다도 열심히 예배드립니다. 어려서 참된 예배자로 자란 아이들은 장성해서도 예배의 자리를 떠나지 않으리라 확신합니다.

5. 거창중앙교회 교사들의 하루 일과

주일날 아침 7시가 되면 교사들의 예배가 시작됩니다. 여기서 교사란 각 반을 담임하며 직접 아이들에게 성경을 가르치는 선생님들만 일컫는 게 아닙니다. 찬양과 율동으로 섬기는 이들, 아이들 간식을 준비해 주는 이들 차량으로 운행해 주는 이들, 기도로 후원해 주는 이들, 그리고 장년들의 예배가 진행되는 동안 어린 동생들이 다치거나 사고 당하지 않도록 인솔하고 보호해 주는 역할을 하는 중고등부 학생들까지 모두 '교사'라는 직함을 갖습니다.

이들과 함께 '불꽃목자' 직분을 받은 어린이 리더들과 자발적으로 나오는 아이들까지 참석하다 보니 교사 예배에는 꽤 많은 인원이 모이게 됩니다. 한 시간 가량 말씀으로 도전받고, 다음세대를 위해 뜨겁게 기도하기를 마치고, 함께 식사한 후 이들은 일제히 사역 현장으로 향합니다. 각자 흩어져 어린이들을 전도하고 데려 오기 위해 나서는 것입니다. 보통은 자신이 담당하는 초등학교를 중심으로 진행되지만, 읍내 골목골목 심지어 멀리 면 단위 시골 마을까지 찾아가는 교사들도 있습니다. 교회 소유의 차량이 턱없이 부족하니 대개가 자기 차량으로 운행을 합니다. 전도가 이루어지는 과정에서 바로 따라나서는 아이는 그대로 교회로 데려오고, 부모의 허락을 받아야 하거나 다른 사정이 있는 경우는 오후 2시 어린이 예배가 시작되기 전에 다시 만나기로 약속하고 일단 헤어집니다. 그러다 보면 예배당은 일찌감치 아이들로 북새통을 이루기 일쑤입니다.

주일 낮 예배를 마치고 간단히 식사를 끝내기 무섭게 교사들은 다시 서둘러 예배당을 나섭니다. 이번에는 오전에 전도한 아이들

교회에서 멀리 떨어진 곳에 사는 아이들을 데려오기 위해 길을 떠납니다. 물론 새로운 아이들을 전도하는 일도 계속됩니다. 그때부터는 여느 교회에서 보기 힘든 진풍경이 펼쳐집니다. 여기저기서 차량들이 달려와 아이들을 쏟아낸 후 사라지고, 이어서 다른 차량이 달려오고 하는 광경이 반복되는 것입니다. 한 번 다녀간 차량이 십여 분 후 또 다른 아이들을 가득 싣고 오는 모습도 종종 볼 수 있습니다. 교회당 곁에 살며 이 모습을 늘 지켜보던 한 주민이 "계속 자동차와 아이들의 파도가 밀려오는 것 같다"고 표현하기도 했습니다.

어린이 예배가 파하고 저녁 늦은 시각, 교사회까지 마무리 하고서야 주일학교 교사들의 하루 일과가 비로소 끝납니다. 토요일이면 낮 12시부터 교사 기도회와 반목장 모임이 진행되고, 매일 저녁 두 시간씩 따로 모여 기도하는 시간을 갖습니다. 유년주일학교 천 명이라는 목표가 정해진 이후 우리 교회에서는 매주 이런 과정이 반복되었습니다.

6. 기자가 들려주는 거창중앙교회의 생생한 이야기

거창중앙교회(이병렬 목사)의 주일 아침.

오전 7시, 주일 1부 예배이자, 주일학교 교사들의 예배가 시작된다. 아이들은 이미 예배당에 나와 맨 앞자리를 점령하고 있다. 교사 직분을 맡은 엄마 아빠를 따라 눈 비비며 앉은 어린아이들도 있지만, 상당수는 스스로 원하여 예배에 참석하는 아이들이다. 강단에서는 '울며 씨를 뿌리는 자는 기쁨으로 단을 거두리로다'라는 시편의 말씀이, 다시 숨 가쁜 하루를 보내게 될 교사와 불꽃목자들의 가슴을 두드리며 울려 퍼진다.

부흥회를 방불케 하는 한 시간 동안의 예배를 마친 교사와 아이들은 일제히 식당 겸 교육관으로 사용 중인 1층으로 향한다. 이들은 주일 아침과 점심을 늘 같은 식탁에서 맞이한다. 심심찮게 하루 세끼를 함께하기도 한다. 다른 방법이 없다. 주일이면 언제고 시계 초침이 더 빨리 돌아간다.

오전 8시 20분, 숟가락을 내려놓는 순간부터 본격적인 운행 작전 돌입이다. 교회 소유 차량이 소수에 불과한 거창중앙교회에서는 모든 성도의 차량이 운행에 동원된다. 수송은 각 부별, 목장별로 이루어진다. 특히 70여명의 차량 교사들은 읍내 각지로 흩어져 아이들을 옮기는 일을 하루에도 몇 차례씩 반복한다. 주일학교 부서는 학령이 아니라 거창 읍내 4개 초등학교를 중심으로 구분된다. 각 부서에는 학생들을 직접 담임하는 73명의 주교사 외에도 차량 수송, 교통 지도, 간식 준비 등으로 보조하는 교사들이 두루 배치되어있다. 한 성도가 몇 몫을 감당하기도 하는데, 그 숫자를 모두 합하면 무려 430명에 달한다. 한 마디로 온 교우들이 어떤 방식으로든 주일학교 사역에 동참한다는 의미이다. 아이들의 운행이 이루어지는 동안 주방에서는 간식 교사들이 감자튀김을 준비하고, 중고등부 학생들인 보조교사들은 아기들을 업어주거나, 어린 동생들과 놀아주며 각자의 역할을 한다.

드디어 주일학교 예배가 시작되는 오전 9시, 어느 순간 아이들로 가득 찬 예배당은 이병렬 목사의 표현처럼 '꿈동이들의 천국'으로 변해있다. 인도자의 신호에 따라 뛰고 춤추고 노래하는 아이들의 표정과 몸짓에는 마지못해 따라하는 어설픔을 찾아볼 수 없다. 마냥 생기가 넘친다.

30여분 가량 찬양 시간이 진행되는 동안에도 밀려드는 행렬은 멈출 줄 모른다. 통로까지 발 디딜 틈 없이 메워지면, 저학년 작은 아이들은 강단위로 올라가 말씀을 듣기 위해 준비한다. 놀라운 것은 이런 북새통 속에서도 물 흐르듯 예배의 질서가 유지되고 있다는 것이다.

고사리 같은 두 손을 모아 담임목사의 설교를 위해 기도하는 아이들의 앙증맞은 중얼거림, 낯익은 얼굴이든 처음 만나는 얼굴이든 어른을 보면 일단 고개를 꾸벅이는 정중한 태도, 분반공부 시간에는 책상부터 활동도구까지 알아서 챙겨오고 정리하는 모습들 속에서 어른 못지않은 성숙함을 발견할 수 있다. 성품훈련이 잘 이루어지고 있다는 증거이다. 이병렬 목사의 주일학교 설교는 주로 아이들의 성품을 바르게 인도하는 데 초점이 맞춰진다. 총 30개의 성품들 중 오늘의 테마는 23번째 항목인 '겸손'이다. 설교 시간을 대화와 질문 형태로 꾸미기를 좋아하는 이병렬 목사는 오늘도 아이들에게 쉴 새 없이 물음표를 던진다. '하나님은 왜 겸손한 사람을 사용하실까요?', '겸손을 어떻게 실천했는지 발표해 볼 친구?' 바로 이순간이라는 듯 아이들은 여기저기서 손을 번쩍 든다.

담임목사의 설교는 매주일 이어지는 분반공부시간을 통해 재학습이 이루어지고, 오후 2시에 시작되는 주일학교 2부 예배 시간에는 복습게임, 스킷 드라마, 코스체험 등으로 다시 이를 심화하는 활동이 전개된다. 학교나 가정에 돌아가서도 매일 복습할 관련 암송구절과 실천 과제들이 주어진다. 반복을 통해 아이들은 지혜와 습관을 형성한다. 예배 집중도도 함께 높아진다.

오후 3시 반, 오늘도 폭풍 같았던 하루 일과를 마친 아이들이 집으로 돌아갈 공식적인 시간이다. 하지만 아이들 중 상당수는 다시 교사들과 함께 오후 5시에 시작하는 저녁예배까지 참여한다. 이 아이들에게는 예배가 그저 지루하거나 알쏭달쏭한 구경거리일 수가 없다. 반목장 모임이 열리는 토요일 오후 2시, 선생님을 도와 활동지를 준비하고 소란한 철부지 동생들을 따끔하게 야단치며 자리에 앉히는 불꽃목자의 몸놀림에 능숙함이 서려 있다. "주일 분반공부나 토요일 반목장 모임을 하다 보면 인원도 많고, 학년도 다양한 아이들 때문에 정신없을 때가 종종 있는데 우리 불꽃목자의 도움을 크게 받죠." 선생님의 칭찬은 끝이 없다. 거창중앙교회에는 불꽃목자와 중고등부 보조교사를 거쳐, 나중에 정식 교사가 되는 젊은 교사들이 많다. 일종의 교사 도우미라고 할 수 있는 불꽃목자의 자격은 주일학교에서 모범적으로 활동하는 학생들에게 부여된다. 담임교사의 추천을 받아야 하고, 2명 이상을 전도해야 하며, 시험(test)이라는 관문까지 통과해야 하니 아무나 얻을 수 있는 자리가 아니다. 무학년제로 운영되는 주일학교 체제에서 불꽃목자의 역할은 대단히 중요하다. 평소 생활에서부터 동생들이나 새로 전도한 친구들에게 신앙적인 모범이 되어야 하고, 선생님이 가르치는 데 집중할 수 있도록 학습 도구와 간식을 챙기는 등 할 일도 많다. 토요 휴무제 등으로 교사들의 학교 방문 전도가 어려워진 요즘에는 불꽃목자들이 또래들을 전도하는 데 첨병 역할을 한다.

토요일 낮 12시, 교사들이 주일학교 사역에 돌입하는 시간이다. 교사들은 주말 오후에 진행되는 반목장 모임에 앞서 한 시간가량의 기도회를 갖는다. 정오에 시작하는 예배에 참석하려면 적어도 한두 시간 전부터 준비를 해야 한다. 사실상 주말에 누릴 수 있는 달콤한 휴식을 포기하는 것이다. 점심 식사는 기도회가 끝난 후 반목장 모임에 나오는 아이들과 함께 한다. 반목장은 어른들의 구역 예배와 같은 개념의 모임이다. 지난 주일에 배운 성품훈련의 내용을 복습하고 체험활동 등으로 학습을 더욱 확장하는 형식으로 진행된다.

주일에도 이른 아침부터 12시간가량을 아이들과 씨름하며 보내는 교사들이 토요일까지 시간을 바쳐 섬기는 일이 대체 어떻게 가능할까 싶기도 하다. 그분만이 아니다. 상당수 교사들은 매일 저녁 8시부터 교회당에 나와 두 시간여 동안 교사 교육과 아이들을 위해 기도하는 시간을 갖는다.

무학년제에다 중고등부에 진학할 때까지 무한책임제로 주일학교를 운영하다 보니 한 번이라도 출석한 아이들은 끝까지 담임교사의 책임으로 남는다. 그 때문에 한반의 재적이 수십 명에 이르는 경우도 적지 않고, 아이들을 일일이 챙기고 날마다 아이들을 위해서 기도하는 교사들은 거의 목회자에 버금가는 수준의 에너지를 쏟아내야 한다.

거창중앙교회에서 주일학교 사역이 본격화된 2004년부터 무려 13년 동안 이 같은 강행군을 펼치고 있음에도 대오가 흔들리지 않는다는 것은 외부에서 보기에 기적에 가깝다.

정재영 기자 / 2014년 7월 9일 자 기독신문

7. 거창중앙교회 주일학교가 성장하는 다섯 가지 비밀[7]

이제 거창중앙교회에서 느낀 것들을 몇 가지 적어 보겠다.

첫째, 교사들이나 학생들이 한결 같이 밝고 구김이 없다는 것이다. 그들은 어디에서 만나도 고개를 숙이고 인사했다. 다섯 번을 만나면 다섯 번 열 번을 만나면 열 번. 그것이 참 신기했다.

둘째, 예배 중에나 행사 중에 자신을 내세우려고 하는 사람이 없었다. 그저 있는 듯 없는 듯 소리 없이 들어와서 하나가 되었다. 그들의 예배와 행사는 작은 부분들이 모여 하나의 화음을 이루는 합창이었다. 누구 하나 소리치거나 짜증내는 사람이 없었다. 인간의 목소리가 없었다. 거기에 성령이 역사하시는 것 같았다.

셋째, 목사님의 리더십이 인상적이었다. 목사님께서도 모든 순서에 흐름을 타고 계셨다. 모든 것들을 총괄하고 계셨지만, 많이 개입하지 않으면서도 하나로 엮어가고 계신다는 생각이 들었다. 필요할 때 적절히 개입하셔서 사람들을 하나 되게 하는 리더십, 그러면서 하나님의 주파수에 예배와 행사를 맞추려는 모습이 인상적이었다.

넷째, 도처에서 볼 수 있는 다양한 교사들의 헌신된 모습이다. 거창중앙교회는 일반 교사뿐 아니라 보조 교사, 차량 교사, 기도 교사, 봉사 교사라고 명명하며 모든 성도들의 달란트를 이끌어 내

---

7) 대구영동교회의 거창중앙교회 탐방은 2013년 9월 8일에 실시되었다. 당시 영동교회 주일학교에는 1년에 10명 이상을 전도하는 교사들이 몇 명 있었다. 탐방은 이 교사들을 중심으로 이루어졌다. 대구영동교회 손진은 장로의 거창중앙교회 주일학교가 부흥 성장 하는 다섯 가지.

고 있었다. 어떤 분은 금요일부터 주일까지 교회 주방을 책임지며 어린이들의 간식과 식사를 위해 헌신하시고, 어떤 분들은 차량으로 어린이들을 태워주신다. 또 어떤 분들은 교회 식탁과 청소를 담당하신다. 그들 모두가 교사들인 것이다.

다섯째, 이 모든 것 위에 기도의 훈련이 있다는 것이다. 매일 저녁 8시부터 10시까지 뜨거운 기도로 사역을 준비한다고 한다. 어쩌면 여기에 교회 성장의 비밀이 있는지도 모른다. 아니 분명히 여기에 비밀이 있을 것이다.

IV. 부산 예환꿈교회 (한성택 목사)[8]

1. 한성택 목사의 목회철학

1) 목양교사란? "제자 되어 제자 삼지 말고 제자 삼으면 제자 된다."

모든 족속으로 제자를 삼으라는 것은 통합 제자론을 말씀 하신 것입니다. 한국교회 대부분 목사님들은 다음세대를 제자훈련 하지 않고 방치하고 있습니다. 마음속에 다음세대가 자리를 잡지 못하고 있기 때문입니다. 그로 인하여 많은 청년들이 온전한 훈련이 되지 않고 교회 봉사를 하고 세상에 나가므로 많은 혼란 속에 살아가고 주님을 떠나기도 합니다. 주님의 명령인 통합 제자론을 이해하지 못하였기 때문입니다. 마태복음 4장에 씨 뿌리는 비유에서 옥토에 제자훈련을 명하시는 것을 볼 수 있습니다. 신명기 6장 7절에 보면 자녀를 부지런히 제자 삼으라고 명하셨습니다. 성경에 이처럼 다음세대를 제자삼고 세상을 정복하게 하라고 하는데 교회는 장년만 제자삼고 있습니다. 제자훈련 받은 많은 장년들이 훈련 받은 만큼 변하지 않아 갈등 속에 있기도 합니다. 우리는 제자

---

8) 한성택 목사는 총회신학원 졸업, 부산 예환꿈교회 담임, 목양훈련원 대표, 다목연 대표, 목양 청소년캠프대표, 극동방송 "교사의 시간" 진행, cts 기독교tv "그리 아니하실지라도" 출연, cts 기독교tv "4人4色, 다음세대 비전회복강사"(5대 관계회복) [저서] 목양교사(교사필독서) 귀신의 공격받는 크리스천 아이들, 6개월의 기적, 세대간 통합비전, 5대 관계회복학교, 목양교사대학훈련교재(7권) 다음세대훈련교재(5권)

훈련의 진정한 정의를 살펴보아야 합니다.

결국 하나님은 신명기 6장 7절, 네 자녀를 부지런히 가르치라. 새로운 계획을 세웠습니다. 2세대로 가나안을 정복하기로 하였습니다. 여기서 우리는 꼭 기억해야 하는 것이 체질은 어릴 때 만드는 것이라는 것입니다. 바로 제자훈련을 다음세대부터 해야 하는 이유입니다. 모든 족속으로 제자 삼으라는 것은 그곳에 다음세대가 있다는 것입니다. 체질은 어릴 때 만드는 것입니다. 세상교육은 그렇게 하는데 교회만은 그렇지가 않습니다. 한국교회의 위기는 다음세대를 나실인으로 삼는 제자훈련을 하지 않는 것입니다. 다음세대를 제자 삼으면 통합예배는 자연스럽게 만들어 지는 것입니다. 하나님은 1세대를 버리지 않고 2세대를 가르치므로 그들의 체질을 변화시키려고 하였습니다. 저는 제자 되어 제자 삼지 말고 제자 삼으면 제자 된다. 고 외치고 다닙니다.

어린이나 어른이나 같은 말씀으로 훈련되면 영으로 하나가 되는 것입니다. 통합 제자훈련을 하면 통합예배가 되는 이유는 임마누엘 때문입니다. 가서 모든 족속으로 제자를 삼으면 세상 끝 날까지 주님께서 항상 함께하신다고 약속 하셨습니다. 임마누엘 하는 곳에 통합이 이루어집니다. 하나님은 통합의 영이기 때문입니다. 세대 간의 통합은 주님께서 함께 하실 때 가능 합니다. 분열이 있는 곳에 성령이 임하고 갈라진 곳에 성령이 역사하면 하나가 되는 것입니다. 가정에도 온 가족이 목양제자가 되면 가족이 하나가 되는 행복이 넘치게 됩니다. 임마누엘을 경험한 사람은 한 시대를 다스리고 정복하는 은혜를 누렸습니다. 대표적인 인물이 야곱의 아들 요셉과 다윗 왕이었습니다. 요셉은 어릴 때부터 아버지 야곱에게 제자훈련 받았습니다. 그러므로 그가 가는 곳마다 하나님은 함께 하였습니다. 그리고 형통한 자가 되어 하나님을 증거 하였습니다. 다윗도 아버지로부터 훈련을 받고 항상 하나님이 함께하는 축복을 받았습니다. 수많은 시련 속에서도 형통한 축복이 그를 따라다녔습니다. 통합 제자훈련을 하는 교회는 임마누엘의 축복이 넘치므로 큰 부흥과 기적이 일어납니다. 많은 증거로 하나님을 증거 하게 됩니다.

2) 한국교회의 부흥

한국교회는 1980년대까지 고속 성장을 하였습니다. 전 세계가 부러워할 정도로 큰 부흥을 하였습니다. 그 결과 세계 최대의 교회가 세워지고 세계 10대교회 안에 여러 교회들이 한국에 있습니다. 정말 자랑스럽습니다. 저는 1990년 1월 1일 27평 지하에서 개척을 하였습니다. 제가 개척할 때만해도 개척을 하면 부흥한다는 말이 있었지만 이제 어렵다는 말들이 나오고 한국교회가 성장이 멈추기 시작하였습니다.

70~80년대 한국교회 부흥을 잘 살펴보아야 합니다. 나라가 산업화 되면서 시골에 있던 예수 믿던 사람들이 도시로 몰리면서 도시에 있는 교회는 자연히 성장하는 경우가 많았습니다. 그러면서 시골 교회는 쇠퇴하기 시작하였습니다. 과거에 한국교회에 기억에 남는 것은 어린이가 교회에 많았다는 것입니다. 교회 안에 장년

에 비해 몇 배나 다음세대가 많았습니다. 이들이 청년이 되고 장년이 된 시점이 70~80년 후반까지입니다. 그러므로 장년성장은 자연히 이루어졌습니다. 집회 때마다 주일학교를 다닌 사람을 조사하면 90%가 손을 듭니다. 어릴 때 예수 믿었던 사람들이 교회로 돌아왔습니다. 장년이 성장 하면서 교회의 모든 시스템이 어린이가 자연히 소홀해지기 시작하였습니다. 그리고 담임목사님에 관심에서 그들이 벗어나기 시작하였습니다. 80년 이후 주일학교는 급격히 줄어들었습니다. 그 결과가 지금의 마이너스 성장이라는 위기를 가져왔습니다. 우리는 영국교회의 몰락을 잘 알고 있습니다. 다음세대를 키우지 않으므로 지금의 영국교회는 희망이 사라졌습니다.

한국교회 부흥 뒤에는 교회학교의 부흥이 먼저 있었습니다. 초대교회 부흥은 성령의 역사입니다. 성령은 통합으로 모여 기도할 때 부흥을 주는 것입니다. 요사이 저희교회는 저녁 겟세마네기도회와 금요철야기도회에 다음세대가 더 많이 모입니다. 정말 하나님께 감사하지 않을 수가 없습니다. 과거에는 장년중심의 모든 기도회였습니다. 초대교회는 가정에서 온가족이 모여 사역을 하였습니다. 통합모임의 초대교회가 대 부흥을 이루었듯이 통합예배(셀)로 가면 초대교회 부흥을 지금도 맛볼 수 있습니다.

3) 목양교사운동과 통합예배

목양교사운동을 교회 안에서 하게 되면 통합예배는 자연적으로 이루어집니다. 짧으면 1년 길면 2년 안에 자연적으로 세대 간에 통합적으로 모이게 됩니다. 전국에 목양사역 하는 교회가 자연스럽게 통합모임으로 가는 것을 보았습니다. 저희교회도 전혀 예상하지 못하였습니다. 어느 날 모임에 다음세대가 많이 함께 있는 것이었습니다. 목양교사운동이 무엇이길래 통합예배와 셀로 가는 것일까요?

베드로에게 주님께서 내 어린양을 먹이라고 명하셨습니다. 사람을 전도하여 양육하고 제자 삼는 것이 목양입니다. 주님은 배신하고 도망간 그에게 마지막 사명을 부여 하였습니다. 그것이 목양입니다. 목양은 목회자만 하는 것이 아닙니다. 모든 성도가 목양을 하여야 합니다.

창세기 1장 28절에 생육하고 번성하라고 모든 사람에게 명하였습니다. 가서 모든 족속으로 제자 삼는 것은 모두가 하여야 합니다. 지금까지 목회자만 목양을 하므로 목회에 지치고 힘든 일들이 많았습니다. 저희교회는 전교인 어린아이까지 목양을 하는 것이 목표요 기도제목입니다. 그러므로 모든 세대가 비전이 똑같습니다. 영성이 똑같습니다. 자연히 하나 되는 것입니다. 과거에 저는 혼자 목양을 하므로 목회에 큰 위기가 많았습니다. 목양을 모르는 교인과 동역을 하자니 서로가 고통이었습니다. 평안한 날이 없었습니다. 저희 목양교사운동은 5년이 되었습니다. 2002년 목양교사운동에 응답을 받고, 2003년부터 전교인이 본격적으로 시작하였습니다. 많은 어려움도 있었지만 주님의 은혜로 지금에 축복된 자리에 오게 되었습니다. 아직도 우리교회는 응답과 축복의 길

로 갈 길이 많습니다. 목양교사운동을 하지 않았으면 나와 우리성
도들은 과연 어떻게 되었을까 생각하면 앞이 캄캄할 따름입니다.

4) 한국교회와 세계교회는 통합예배(셀)로 가야한다.

예수님은 제자들이 통합이 잘 안 되는 것을 안타까워하였습니
다. 요한복음 17장에서는 하나 되기를 간절히 기도하고 계시는 모
습을 보게 됩니다. 하나님은 인간에게 창조의 명령으로 통합을 명
하셨습니다. 주님은 이 땅을 떠나시면서 마지막으로 통합의 사역
을 명령 하셨습니다.

나는 통합예배를 생각해 본적이 없습니다. 그리고 통합예배를 드
려 성공하였다는 말을 들어본 적도 없습니다. 그러나 나는 지금 통
합예배(셀) 사역에 흥분과 감격과 기대 속에 있습니다. 하나님은 나
에게 통합예배(셀)가 하나님의 뜻이며 간절한 소원임을 말씀하시
고 보여 주셨습니다. 목양교사 사역을 5년을 넘기면서 하나님은 우
리교회와 목양 사역하는 교회에 자연적으로 통합예배의 선물을 주
셨습니다. 과거에는 어린이와 어른이 함께 예배를 드린다는 자체
가 상상할 수없는 일이었습니다. 지금은 너무나 자연스럽고 전에
맛보지 못한 예배의 감격을 느끼고 있습니다. 어린이와 장년이 함
께 축제와 눈물의 예배를 드린다는 것은 분명 성령님의 역사입니
다. 우리교회에서 이 일이 일어난 것이 믿기지가 아니하였습니다.

하나님의 기름 부음의 예배는 모두가 은혜 받고 기뻐하는 것을
통합예배를 통하여 보았습니다. 세대를 뛰어넘어 하나가 되어 은

혜 받는 것 이것이 정말 하나님이 원하는 교회입니다. 교회 안에 세대 간을 나눔이 가정문제까지 발생하여 부모와 자식이 신앙으로 하나 되지 못하고 사단의 분리의 영에 의해 서로가 신앙생활에 일치가 되지 못하고 있습니다. 온가족이 하나가 되어 사단의 권세를 무너뜨리고 세상을 정복하고 다스리는 것이 하나님의 뜻입니다. 교회 안에서 세대 간의 통합이 이루어져야 가정과 사회도 통합되는 것입니다.

5) 다음세대(어린이, 청소년)가 살아야 교회가 산다.

한국교회는 다음세대를 살려야 합니다. 장년에 30%가 안 되는 다음세대를 장년 2배 이상으로 부흥을 시켜야 합니다. 멈춘 성장의 동력을 주일학교에서 찾아야 합니다. 지금도 다음세대는 어른에 비해 전도가 잘되고 있습니다. 이것은 아직도 하나님은 한국교회를 사랑하신다는 증거입니다. 모든 개척교회가 어른중심의 전도에서 어린이 전도중심의 교회로 전략을 바꾸어야 합니다. 그러면 1년 안에 100명 이상 부흥을 할 수가 있습니다. 모든 한국교회가 다음세대를 살려야합니다.

다음세대를 담임목사님들이 맡아 관심을 가져야 합니다. 그리고 세대 간에 통합으로 예배드림으로 부흥을 일으켜야 합니다. 이스라엘 백성들이 위기를 맞았을 때 하나님은 다음세대인 자녀들을 훈련시키라고 명령하셨습니다. 그 결과 그들은 가나안을 정복하는 부흥을 보았습니다. 다음세대를 일으키지 아니하고는 한국

교회 위기를 극복할 수가 없습니다. 위기가 곧 기회입니다. 지금이 바로 우리가 다음세대에게 눈을 돌려야할 때입니다.

지금 이 시대 한국교회는 물론 전 세계 교회들마다 다음세대가 사라져가고 있습니다. 미국이나 영국교회는 물론 수많은 유럽교회들 속에 다음세대(교회학교)가 3%가 채 안된다고 합니다. 그러므로 세월이 지나면서 교회들이 문을 닫고 있는 실정입니다. 충격적인 것은 교회들이 문을 닫은 그 곳이 술집으로 나이트클럽으로 바뀌어 있다는 것입니다. 교회의 십자가와 벽면의 예수상이 그대로 방치된 상태로...

언제 어느 시대이든지 교회 부흥의 중심에는 다음세대(교회학교)가 교회 성장의 견인차 역할을 감당한 것은 어느 누구도 부인할 수 없는 사실입니다. 따라서 "잘되는 교회, 살아 있는 교회, 성경적 교회"일수록 다음세대(교회학교)가 살아있다는 것은 확실한 사실이며 증거입니다. 하지만 안타깝게도 이것이 '옳다'는 것을 잘 알고 있으면서도 교회 내 인본주의의 급속한 유입과 함께 탄탄대로를 내달리는듯한 한국교회 급성장이 주춤하는 사이 교회학교를 교회 내 하나의 부속기관으로 치부해 버리는 분위기가 만연하여, 급기야 '차세대 사무엘(나실인) 양성'이라는 교회의 본래 사명까지 도외시하기에 이르렀습니다.

이에 대한 결과는 점점 비참해지기 시작했으며 그것이 결과로 드러나고 있습니다. '소외된 교회학교 = 교회의 마이너스 성장'이라는 상상조차 하기 싫은 공식이 자리 잡기 시작했기 때문입니다. 한국교회 마이너스 성장의 돌파구는 다음세대(교회학교)에 있습니다. 어릴 때 전도해놓으면 얼마 지나지 않아 아니 지금부터 큰 일꾼으로 세워져있음을 어느 순간 느끼게 됩니다. 선교사 85% 이상이 유년시절 예수님을 영접했습니다. 교회마다 적어도 어른과 아이들의 비율이 1:1은 돼야 합니다. 목양교사운동, 즉 다음세대 사역은 숫자의 부흥만을 의미하는 게 아닙니다. 한 나라와 한 시대를 준비하는 귀한 사역입니다. 다음세대를 준비하는 귀한 목양사역에 목회자를 중심으로 한 교회학교 교사들 또한 우리 다음세대(어린이, 청소년)의 뜨거운 동참을 소망해 봅니다.

6) 다음세대(어린이)는 일감이 아니라 일꾼(동역자)

전 세대와 함께하는 통합예배로 하나가 됩니다. 창세기 1장 28절 말씀을 보면 생육하고 번성하라는 것은 세대 간에 통합을 의미하며 땅을 정복하고 다스리는 것이 하나님께서 우리에게 주신 최초의 선물입니다. 생육하고 번성하는 가정과 교회에 정복과 다스림의 복을 약속 하셨습니다. 목양교사를 온가족이 함께하는 가정을 보면 가족들이 통합되는 것을 보게 됩니다. 그러므로 가정에 하나님의 정복과 다스리는 언약의 복이 성취되는 것을 봅니다.

지금 제 눈에는 어린이가 어린이로 보이지 않습니다. 내 속에 통합의 영의 기름 부음이 임하였음을 의심치 않습니다. 창조의 영은 통합의 영입니다. 창세기 1장 28절을 수년에 걸쳐 집중 설교하였습니다. 이 말씀이 선포된 곳마다 통합의 영이 임하는 것을 생생하게 보고 있습니다. 정말 놀라운 감격의 사건입니다. 하나님은 창조에서부터 통합을 명령 하셨습니다. 그리고 예수님도 자신을 알파와 오메가라고 하셨습니다. 이것은 모든 통합의 주체임을 보여주시는 것입니다. 통합의 영이 임하여 통합의 축복을 받고자 하는 분들은 창조의 명령의 말씀을 믿고 기도하여야 합니다.

먼저 우리가 다음세대(어린이, 청소년)를 보는 시각이 달라져야 합니다. 어린이는 교회에서 일일이 챙기고 섬겨야 하는 일감이 아니라 함께 기도하고 예배드리고 사역하는 일꾼으로, 동역자로 보는 영안이 열려야 합니다. 교회내의 중요한 기도제목, 부모로서 가정문제, 선생님으로서의 사역중 기도거리가 있을 때마다 그들에게 기도를 부탁하고 함께 모여 기도하고 응답받는 분위가 살아나야 합니다. 지금 현재 교회학교의 시스템으로는 교회 내에서 교회학교 교사들이 너무 많은 일을 감당한다는 것입니다. 과거와 달리 목양교사는 목양을 하는 목회자와 같은 집중력을 요구합니다. 교회가 '교사 직분자'들에게 '목양의 사역'을 잘 감당할 수 있도록 다른 일들을 줄여 줄 필요가 분명히 있습니다. 그리하여 교회 내 교사들이 오직 교사직만을 잘 감당 할 수 있도록 하여 다음세대(어린이)를 말씀으로 양육하여 그들을 나실인으로 키울 수 있도록 해야 합니다.

초스피드 시대, 급변의 시대, 사람 키우는 일 만큼 중요한 일이 어디에 있겠습니까. 구제도 좋고, 친교도 좋지만 바야흐로 사람 키우는 일에 최선을 다해야 합니다. 우리의 일감이 아니라 일꾼(동역자)인 다음세대(어린이, 청소년)와 함께... 그리고 현재 교회마다 드려지는 성인 중심의 예배를 꼬집어 볼 수 있습니다. 현재 교회학교는 영아부, 유치부, 초등부, 중등부, 고등부 등... 각각 제각기 따로 예배를 드리므로 같은 교회 내에서도 말씀이 다르고 영적 흐름이 달라 가정으로 돌아가면 부모와 자녀 간에도 말씀으로 하나가되지 않는 분위기입니다. 이는 다가올 세대, 미래를 위한 일에 우리 모두가 무감각하기 때문입니다.

다음세대를 하나의 인격체로 보지 않고 그냥 있는 그대로 어린아이라는 고정관념에 사로잡혀 '애들이 뭘 해' '애들이 하면 얼마나 하겠어.'라고 어른들 스스로의 판단아래 방치하기 때문입니다. 이런 사고방식이 현재 교회학교가 사라져가는 큰 문제가 된 것입니다. 하지만 이제는 달라져야 합니다. 우리의 다음세대가 일감이 아니라 함께 기도하고 예배드리고 사역하는 일꾼으로, 동역자로 보는 영안이 열려 다 함께 모여 예배드리고 기도하는 전세대가하나 되는 통합예배의 분위기가 교회마다 살아나야 할 것입니다.

7) 목양교사는 임시직이 아니라 평생직으로 목숨 건 목회의 동역자

아무나 교사를 해서는 안 됩니다. 그러나 누구나 교사 할 수 있습니다. 교사의 직분을 맡은 자가 바로 서면 즉, 성령에 사로잡히면 부흥은 저절로 됩니다. 더 나아가 교회학교만 부흥되는 게 아니라, 모든 기관이 부흥의 열매를 맺게 되는 것입니다. 이러한 맥락에서 교회학교 교사들이 다시금 사명을 회복하고, 영적으로 무장하여 견고히 서있어야 합니다. 이른바 '목양교사운동'이 벌써 5년이 지나 6년째로 접어들었습니다.

전국의 많은 교회들이 교회학교의 중요성을 재인식하고 대거 훈련프로그램에 참가하고 있습니다. 다음세대(어린이, 청소년)를 통한 교회 부흥의 불길을 피우고 있습니다. 참으로 잘된 일이라 할 수 있습니다. 필연적으로 한 시대는 가고 새로운 시대는 옵니다. '다음세대 부흥을 위해 그 길을 터 줘야 한다'라는 것은 모두가 잘 알고 있는 사실입니다. 더욱이 말씀 속에 살아있는 목회자라면 더욱 간절할 것입니다. 분명 한국교회는 물론 전 세계 교회들이 큰 위기를 맞고 있습니다. 위기의 원인은 뛰어난 인재가 없어서가 아닙니다. 교사직분을 수행해 낼 수 있는 인력은 오히려 넘쳐납니다.

그러나 사명을 깨닫고 "내 모든 뼈가 으스러지는 한이 있어도 하나님 나라를 위해 살겠다"는 일시각오를 가진, 참 믿음을 지닌 사명자가 없기 때문입니다. 바로 '하나님 마음에 합한 사명자'의 부족이 한국 교회성장의 최대 걸림돌이 되고 있습니다. 따라서 지금부터라도 미래를 준비하지 않으면 안 됩니다. 10~20년 뒤에 크게 후회하게 될 것입니다. 사실 오늘날 한국교회 성장세 둔화는 이미 예견된 일이기도 합니다. 다음 세대 사역을 제대로 준비하지 않았기 때문이라고 해도 틀린 말이 아닙니다. '목양교사운동'에 참가한 많은 교회들이 부흥되고 있습니다. 고작 6개월 만에 5배~10배로 부흥된 사례... 더욱이 감사한 것은 단순히 교회학교만 부흥 된 것이 아니라 교회전체가 헌신의 분위기로, '목양의 분위기'로 변화되고 있다는 점입니다.

작은 교회일수록, 어려운 교회일수록 '목양의 동역자'가 참으로 부족합니다. 모든 교회학교 교사가 '목양의 동역자'가 되면 장년사역에도 힘을 받아서 대 부흥이 일어나는 것은 필연적인 사실입니다. 그래서 목회자들도 힘을 얻고 웃음을 되찾아야 합니다. 그래야 교회가 위치한 지역을 영적으로 바로 이끌어 갈 수 있습니다. 목양이란 양을 치는 일입니다. 희생을 각오해야 합니다. 그래서 사명자가 아니고서는 목양교사의 직분을 제대로 감당해 낼 수 없습니다. 소명의식 없는 교사는 단순히 어린이들을 관리하는 간사 정도의 역할에 머무를 수밖에 없습니다. 적어도 하나님으로부터 교사로 부름 받은 사람이라면 하루에 1시간 이상의 기도, 일주일에 1시간 이상 인근 지역, 학교 전도, 꾸준한 심방 그리고 말씀으로 양육하는 성령충만 함이 있어야 합니다. 이 정도의 일로 혀를 내두를 사람이라면 아직 사명이 없거나 사명을 깨닫지 못했기 때문입니다.

따라서 교사로 부름 받은 사람은 반드시 내게 맡겨주신 사명을 깨달아야 합니다. 사명자에게는 하나님께서 이미 가르치는 은사와 자질을 주셨습니다. 단지 이성적 생각과 세상적 안목이 소명의식을 흐리게 할 뿐입니다. 교회에서 교사로 세웠으면 인간적인 판단을 내세우기 전에 "하나님께서 불러 주셨으니 감당하겠다."라는 믿음을 갖고 성실히 훈련받고 섬겨야 합니다. 이것이 그리스도인의 마땅한 도리요, 영(靈)이 살아 있는 하나님의 자녀로서의 아름다운 삶의 자세인 것입니다.

2. 한성택 목사 사역 간증[9]

목양교사운동으로 저희교회가 하나님께 쓰임 받는 것에 너무나 감사하고 있습니다. 때로는 믿어지지 않을 때도 있습니다. 그리고 왜 우리교회에 먼저 은혜를 주셨는지 아직도 모르겠습니다.

예환꿈교회는 1990년 1월 1일 27평 지하에서 우리가족을 중심하여 몇 명 돕는 손길을 통하여 개척되었습니다. 그 당시 개척에 두려움은 하나도 없었던 것 같습니다. 하나님께서 일방적으로 담대함을 주시고 길을 열어 주셨고 그렇게 시작한 교회가 4번 임대건물을 옮긴 후에 지금의 성전으로 신축하여 입당하였습니다. 임대교회에서 받은 많은 서러움을 통하여 성전건축에 대한 불타는 소원을 주셨습니다. 기도한지 10년 만에 응답하시고 축복하셨습니다.

성전이 건축되기까지 많은 일들이 있었습니다. 건축하고 입당하는 날, 그렇게 소원하던 성전 입당식에 감격과 감사가 나오지를 아니했습니다. 입당식이 끝나면 떠나겠다고 한 성도가 있었기에 마음이 무거웠습니다. 하나님은 밤새 기도한 나의 기도소리를 들으시고 지금까지도 내 곁에서 든든한 동역자로 일하고 있습니다.

저희교회 개척 10년 동안은 기도와 전도중심의 목양사역을 하였습니다. 건축한 이후 이제부터는 제자훈련을 본격적으로 해야

---

9) 한성택 목사 외 다수, 목양사역 교회들의 10배 부흥 이야기 6개월의 기적, 목양교사훈련원 2007, 7, 16, 초판 1쇄 발행, p 8~25. 이 때 당시에는 주안선교교회였으나 예환꿈교회를 교회 명을 바꾸다.

겠다고 결심하였습니다. 2박 3일 제자훈련 지도자 세미나를 다녀왔습니다. 불타는 마음을 가지고 제자훈련을 시작하였습니다. 확신반과 성장반, 바나바 사역을 통하여 교회분위기가 새로워지는 것 같았습니다. 그러던 어느 날 성장반 공부를 하다가 그만 목회의 최대위기가 다가왔습니다. 소그룹 공부하던 성도님 한분과 토론 중에 오해가 발생하여 교회 큰 위기가 왔던 것입니다. 그분은 교회를 떠난다고 하였습니다. 그때 나는 나에 대한 한계를 느끼게 되었고 성도들에 대한 불신이 생기기 시작하였습니다. 모든 교인이 보기가 싫어졌습니다. 교회를 떠나야 되겠다고 생각했습니다. 그러나 한쪽 마음에는 29세때 개척하여 이제 자리를 잡고 성장하는 중인데 떠나기는 아쉬움도 있었습니다. 기도도 되지 않고 설교도 하기가 싫어지기 시작하였습니다. 정말 쉬고 싶었습니다. 그러나 나의 마음대로 되지 않았습니다. 그러던 중 하나님은 나에게 기도하기를 요구하셨습니다.

저녁 9시 평상시 기도하는 시간이라 그 시간에 강단에 올라가 기도를 하였지만 기도가 나오지를 않고 성도들에 대한 섭섭함만 생각났습니다. 하루 이틀 지나고 이래서는 안 되겠다 생각이 들어 그제서야 기도하기 시작했습니다. 기도라기보다는 내 마음속에 있는 분노와 미움을 토하기 시작하였습니다. 주님 저들이 나를 무시합니다! 주님 저들이 나를 버렸습니다! 주님 나를 크게 세워주셔서 저들에게 나도 하나님의 종임을 보여주소서! 나를 띄어 주셔서 저들을 밟아 버리게 하옵소서! 이 기도를 반복적으로 울면서 기도하였습니다. 어떤 상황에도 늘 부족합니다. 사랑을 주소서 더욱 희생하고 기도하게 하소서라고 기도하였습니다.

그러나 그날 밤의 기도는 기도라기보다는 아버지 앞에 투정이었습니다. 하나님은 나의 기도소리를 조용히 듣고 계시다가 말씀하시기 시작하였습니다. 종아! 정말 뜨고 싶냐! 정말 크고 싶냐!. 이렇게 다가왔습니다. 나는 울면서 '예'라고 대답하였습니다. 주님은 뜨는 길 크게 세움 받는 길이 있다는 것이었습니다. 주님 무엇입니까? 라고 물었더니 한국교회 사각지대에 빠져있는 교회학교 다음세대를 살리라는 것입니다. 지금 살리지 않으면 큰 위기를 맞을 거라는 것입니다. 다음세대를 살리면 예환꿈교회와 나를 크게 세워 주신다는 것입니다. 그 음성을 듣는 순간 나에게 하나님의 한이 들어왔습니다.

다음세대에 기름 부으심이 있었습니다. 그 순간부터 나의 내면에 그렇게 복잡했던 교인들과의 갈등과 목회에 두려움 부족함에 대한 염려, 그 모든 것이 사라지고 오직 하나님의 눈물만이 흘러내렸습니다. 3개월 동안 기도만 하면 아무 기도 제목도 생각나지 않고 다음세대를 살려야 하는 절박한 마음과 한국교회 미래에 대한 걱정으로 눈물이 마르지를 않았습니다.

그 때가 월드컵이 한창인 계절이었습니다. 6개월을 준비하였습니다. 나의 마지막 목회 승부수로 생각하고 신중하게 기도하면서 하나님의 인도를 받기 시작하였습니다. 하나님은 모든 에너지를 다음세대 살리는데 집중하도록 하였습니다. 최근에서야 하나님께서 우리교회를 왜 선택하고 전문가가 아닌 나를 선택한지를 알았습니다. 우리 교회 같은 교회가 한국교회 70%가 넘습니다. 우리

교회를 모델 삼으면 70% 교회에 소망을 주기 때문에 선택을 하였습니다. 우리교회를 방문한 목사님들은 힘을 얻고 갑니다. 너무 보잘 것 없는 예환꿈교회에서도 부흥이 일어났는데 우리교회도 부흥이 일어 날것이라고 믿고 목사님들이 돌아갑니다. 비전문가인 나를 선택한 것은 한국교회 모든 목사님이 비전문가입니다. 그러나 다음세대 사역은 전문가가 나오면 안됩니다. 교회 사역에 본질임으로 담임목사님들이 직접해야하기 때문입니다.

6개월의 준비 과정 중에 제일 힘들었던 것은 성도들이 처음에는 다음세대를 살려야 하는 비전을 신뢰하지 않았습니다. 청년들이 특히 신뢰하지 않아서 많이 울기도 하였습니다. 중직자와 구역장들을 설득하고 또 설득하고 교사하기로 약속을 받고 30여명의 교사들과 함께 겟세마네 기도회 21일을 작정하여 준비 기도한 후 2003년 1월 1일부터 제가 직접 맡아서 교회학교를 목양체제로 전환하여 시작하였습니다.

처음에는 전도가 되지 않고 어려운 일들이 많이 생겼습니다. 그러던 중 부활주일을 앞두고 총력전도주일을 하였습니다. 500명을 돌파하자고 목표삼고 외쳤습니다. 모든 교사가 힘을 합쳐 매일 전도한 결과 6개월 여 만에 전도가 1,000여 명 되고 출석이 500여명에 이르기 시작하였습니다. 정말 상상하기 어려운 결과였습니다. 그러면서 저희교회 소문이 밖으로 나가기 시작하였습니다.

그때부터 마귀에 총공격이 시작되었습니다. 교사들 끼리의 불화와 다툼 그리고 학생들끼리의 싸움과 새로 온 학생들이 물건을 훔치는 도벽증세가 있는 아이들... 참 감당하기 어려울정도로 정신이 없었습니다. 교사 하지 않는 사람의 불만까지... 지금 생각하면 하나님께서 모든 것을 간섭하시고 인도 하였기에 그때는 그렇게 어려운지 몰랐습니다.

철저하게 목양교사운동을 통하여 목양 제자를 세우시려고 저와 교회를 훈련시켰습니다. 기도, 전도, 양육, 심방에 대한 전략은 처음부터 나온 것이 아닙니다. 하나하나 경험하게 하시고 인도하셨습니다.

저희교회는 목양교사운동을 통하여 처음에는 부흥과 혼란을 동시에 겪었습니다. 30명 교사 외에 성도들은 불만을 가지기 시작하였습니다. 제가 워낙 강하게 비전을 받았기에 일방적이고 강하게 밀고 나갔습니다. 교사하지 않으면 신앙 자체가 문제가 있다고 하였습니다. 그리고 성가대를 일시적으로 폐쇄시키고 구역도 1년 동안 쉬게 하였습니다. 모든 힘과 에너지를 다음세대를 살리는데 쏟았습니다. 지금생각해 보면 너무한 것도 있었지만 그때는 하나님께서 저를 강하게 이끌었다고 확신하고 있었습니다.

사역이 1년이 넘으면서 밖으로 부흥회와 세미나를 인도하기 시작하고 교회 안에서 목회자세미나도 월 1회 하였습니다. 집회 하는 교회마다 10배 부흥이 일어났습니다. 저희 교회에 새가족이 너무 많이 밀려와서 전도를 그만하고 양육하라고 하였습니다. 그로부터 저희교회는 부흥의 분위기가 가라앉기 시작하고 교사들이 힘을 잃어가는 것입니다. 어떤 환경 속에서도 전도를 멈추면 안 된다는 것을 값비싼 댓가를 지불하고 알게 되었습니다.

사역을 시작한지 3년이 넘어가면서 두 가지 현상이 나타나기 시작하였습니다. 하나는 더 이상 움직이지 않는 멈춘 것 같은 현상과 교사들이 학생들에 변화가 없음을 보고 낙심하고 흔들리기 시작하였습니다. 밖으로 집회를 다니다가 멈추었습니다. 교회 안을 더욱 든든하게 해야겠다고 생각하였습니다. 그러나 하나님의 생각은 달랐습니다. 몇 개월이 지나서 기도 중에 하나님은 나에게 밖으로 나가서 다음세대 부흥을 알리라는 것입니다.

그때 나는 하나님 지금 우리교회도 코가 석자나 빠져있는데 내가 어디를 간다 말입니까? 라고 기도하였습니다. 주님은 응답 하시기를 코가 넉자나 빠져서 심각한 교회가 더욱 많다는 것입니다. 우리교회가 한국교회를 섬기면 주님은 우리가 깜짝 놀랄만한 축복을 교회에 주신다고 약속하셨습니다. 그렇게 하여 밖으로 다시 나오면서 컨퍼런스를 주셨고 체험훈련을 주셨고 통합예배를 주셨습니다. 더 중요한 사실은 목양에 영성을 가진 목양제자가 나오기 시작하였습니다.

교회가 건강해지고 우리가 상상 할 수 없는 정도로 변하기 시작하였습니다. 가장 큰 변화는 교회 안에 다음세대들이 나실인으로 변화되어 예배와 기도와 전도에 앞장서고 목양교사를 한다는 것입니다. 저희교회 비전은 2010년까지 300명에 목양제자와 3000명의 다음세대를 세우는 것입니다. 또한 열방에 목양교사 사역으로 다음세대를 세우는 교회 7천 교회를 세우는 것입니다. 이 일을 위해 오늘도 겟세마네 기도회에 어린이부터 어른까지 모여서 기도합니다. 사도행전에 120명이 마가다락방에 모인 목양 제자를 세우는 일에 최선을 다하고 있습니다.

3. 우리 교회가 목양교사 사역을 하니

(1) 온 교회가 하나로 통합이 되었습니다. 성도들의 대화가 달라졌습니다. 목양을 하니 화제 거리가 전에는 부정적인 얘기들이 많았지만 기도에 대해 전도에 대해 자기반 아이들 간증으로 변화되었습니다. 그러므로 교회 분위기가 완전히 달라졌습니다.

(2) 목사의 목회에 자유함이 왔습니다. 전에는 내가 저들을 변화시키려고 애썼지만 목양교사 하다가 제자 되고 제자삼다가 제자되어 자연히 성숙하고 목양의 영성을 받게 될 것을 믿으니 성도들을 바라보는 시각이 달라지고 문제가 문제로 보이지 않습니다. 목양하면 될 것이니까 말입니다. 충성하는 목양교사는 그 교사대로 사랑스럽고, 충성하지 못하는 교사들은 그 교사대로 잘할 수 있도록 기회를 만들어 주고 기다려주는 여유가 생겼습니다.

(3) 성도들이 이구동성으로 목양을 하니 복을 받았다고 합니다. 창세기 1장 28절의 말씀과 마태복음 28장 18~20절 말씀대로 임마누엘, 말씀, 기도, 전도, 면류관, 믿음, 은사 등 영적인 축복과 사랑, 예수님 마음, 목자 마음, 평안 등 마음의 복과 가문, 리더, 사람, 건강과 물질 등 범사의 복을 누리게 된 것입니다.

(4) 모든 사람이 목양교사 할 수 있으니 숨겨진 일꾼들이 발굴되어지고 그들이 목양교사하면서 성숙하는 것을 보게 됩니다. 특히 우리교회는 학생들이 열심히 목양제자의 꿈을 품고 열심히 사역하고 있습니다. '제자 되어 제자 삼지 말고 제자 삼으면 제자 된다.'는 말씀이 실감 납니다.

(5) 서로 축복해주는 은혜가 임했습니다. 처음에는 경쟁적으로 했지만 성경의 복의 개념을 깨달으며 서로가 나 보다 잘되기를 축복하니 너와 내가 모두 복을 받는 것입니다.

(6) 회복의 은혜가 임했습니다.

(7) 통합예배를 통해 세대가 통합이 되고 전 교회가 통합이 되어 지고 있습니다.

(8) 요즈음은 가족회복 새벽기도를 월요일마다 하는데 하나님의 임재가 충만합니다. 온 가족이 모여 기도하는 자체가 복이고 평상시에 하고 싶어도 잘하지 못했던 가족 한사람 한사람을 위해 기도할 때 성령님의 역사하심이 큽니다. 가정마다 눈물로 서로 고백하고 축복 기도하는 분위기에 성령님의 강한 기름 부으심으로 말미암아 가정마다 가족의 관계가 회복되는 것을 볼 수 있습니다.

4. 목양교사 간증문

이제 목양교사로서 축복받고 목양제자로 변한 간증들을 소개하고자 합니다.

1) 목양교사 장미자

결혼을 하고 난 후 현실에 안주하여 주님을 떠나 살다가 1999년 겨울 예환꿈교회에 인도되어 지금까지 7년의 세월이 흘렀다. 가만히 돌아보니 많은 사건과 변화의 모습들이 주마등처럼 스쳐간다.

이제 막 초등학교 입학을 앞둔 큰애와 작은애를 데리고 성전 맨 뒷자리에서 목사님의 설교를 들으면서 신앙생활이 시작되었다. 청년시절 주님을 영접했었지만 결혼을 하고 헤이해진 마음속에 주일날 듣는 목사님의 설교 메시지가 가뭄에 갈라진 논바닥에 물고가 트이듯 어찌 그리 달고 오묘한지…

이렇게 예배를 드리기 얼마 되지 않은 어느 주일 예배. 축도가 시작되기 전 목사님께서는 항상 아픈 곳에 손을 올려놓고 있으라고 하시면서 치유의 강한 선포를 하셨다. 그때 큰 아이는 심한 축농증에 걸려 유치원 때부터 이비인후과를 쫓아다니며 온갖 치료를 했지만 더 심해져서 귀에 물과 고름이 차 심하게 고통을 당하고 있던 터라 무척이나 힘들어 했던 나와 큰애는 간절한 마음으로 코에 손을 포개어 올리고서는 "하나님 우리 목사님의 말씀대로 손을 올려놓았습니다. 우리 건명이의 축녹증을 깨끗하게 고쳐주세요" 하면서 그 다음 주도 또 그 다음 주도 예배 때마다 손을 올리고 기도하였다. 그 이후로 축녹증은 깨끗하게 고쳐졌고 큰 아이도 고백하는 첫 번째 치유의 흔적이 되었다.

그런 기적이 있은 후 나의 예배자리는 점점 앞으로 당겨졌고 교회와 목사님의 변화에 따라 훈련을 받으면서 성령체험과 기도의 체험들도 깊어져갔다. 2003년 교회와 목사님의 목회의 큰 전환점이 있으면서 우리교회에 목양의 바람이 불기 시작했다. 모든 직분자와 성도들이 교사화 되어져갔고 교회에는 목양과 하나님의 한에 대한 울부짖음이 있었다. 정교사가 되고 나에게도 영혼이 붙여지면서 서서히 목양을 알아 가기 시작할 무렵 평탄했던 나의 삶에 변화들이 일어났다. 갑자기 찾아온 허리디스크 그리고 작은아이의 신장질환...

그때는 잘 몰랐다. 목사님이 영적 전쟁이라고 하셔서 그런가 보다 하고 겟세마네기도회와 새벽기도 때마다 울며 울며 기도하고 주책스럽기 까지 목사님께 안수를 받았다. 특히 작은 아이가 신장질환을 앓을 때는 눈물로 하루하루를 넘겼었다. 소변에서 검붉게 나오는 피와 단백뇨가 치료되지 않으면 어른이 되어서 신부전증이 될 거라는 의사선생님의 말씀이 청천벽력 같은 소리로 들렸다. 그러나 목양하는 교사들의 중보기도가 있었고 목사님의 안수기도로 허리디스크와 작은아이의 신장질환도 깨끗하게 고쳐주셨다. 두 번째 흔적이었다.

질병의 치유와 여러 가지 기적을 체험하면서도 나는 목양을 잘 몰랐다. 목사님의 말씀에 순종하며 목양만이 하나님의 마음을 아버지의 마음을 아는 것이라고 하니 아이들을 만나 전도하고 심방하며 기도하고 양육하면서 사역을 했었다. 목양의 더 깊은 은혜가 교회 안에 있을수록 나의 몸에는 이유 없이 여러 가지 고통스런 흔적들이 나타나기 시작하였다. 갑작스런 죽을 것 같은 호흡곤란과 두통으로 응급실에 실려 가기를 몇 번.. 나는 그때 알았다. 치열한 영적 전쟁을.. 사단이 얼마나 목양사역자가 세워지는 것을 싫어하는 지를 그리고 목양으로 교회가 회복되어지는 것은 더더욱 싫어한다는 것을..

목사님과 목사님의 가정이 겪은 그리고 우리 교회 안에 있는 많은 앞장 서가는 사역자들의 영적 전쟁 속에 이겨낸 간증들, 그리고 나의 사역을 뒤돌아보았다. 철저한 기도, 전도, 양육, 심방을 들어가라 하신다. 사역도 삶도 온전히 믿음으로 맡기라 하신다. 하나님께서 목양으로 철저하게 훈련시키시고 준비하셔서 한 사람의 나실인을 세우기 위해 허락한 계획 속에 믿음으로 견고케 하시려고 허락하신 것임을 안다.

아직도 그 과정 속에 있지만 두 아이가 주님 앞에서 든든히 세워져 가고 있고 두 아이의 기도로 남편이 주님께 돌아왔으며 그렇게 완고하시던 시어머니도 얼마 전 주님을 영접하시고 자녀들을 위해 새벽기도에 나가시는 통합의 축복을 우리 가정에 보너스로 주님께서 허락하셨다.

이제 나에게 맡겨진 열 명 남짓한 어린 영혼들.... 이들을 잘 양육하여 하나님의 간절한 소원인 이 땅의 부흥을 그들을 통해 이루어 나갈 수 있도록 목양제자로 세우는 것이 나의 사명이요 나의 십자가임을 알고 이 길을 오늘도 기쁘게 걸어간다. 주님과 사랑하는 내 교회 예환꿈교회 안에서…

2) 목양교사 차원영

5년 전 목양이란 단어도 모른 채 목사님의 뜨거운 마음도 모른 채 교사로, 차량으로 봉사하실 분 손들라 하실 때 차량봉사로 손을 들었었는데 결국 모두 교사로 반이 주어졌었습니다. "그래, 하나님이 하시는 거야. 나는 최선을 다하면 되는 거야"라고 생각하고 다짐하면서 시작한 목양사역이 나에겐 엄청난 영적 충전의 시간이었습니다. 한마디로 이건 수지맞은 장사였습니다. 영혼을 놓고 기도할 때 눈물과 통곡으로 위로도 받으면서 하나님과의 깊은 교재를 나누게 되었으며 "기도 외는 이런 유가 없느니라" 이 말씀을 묵상하게 되었습니다.

무엇보다 영혼 사랑의 뜨거움을 주셔서 만나는 사람마다 복음을 전하고 싶고 기회만 되면 복음을 전하는 사람이 되었습니다. 전에는 하지 못했던 행동이었습니다. 한번은 무당집 아들을 전도하였는데 어머니의 강력한 문전박대로 결국 교회로 인도는 못하였지만 그래도 영접하였고 기도하고 있으니 기쁨과 감사가 넘쳤습니다. 심방을 위해 저녁 9시가 넘어 아파트 초인종을 누를 때에도 하나님께서는 담대함을 주셨으며 먼 거리를 걸어 심방을 갈 때도 주님의 섬김을 알 수 있었습니다. 양육을 다 마친 아이들이 변화되지 않는 모습에서 나 자신의 부족함을 더욱 깨달았으며 목사님의 마음도 알 수 있었습니다.

그러던 어느 날, 남편의 사업 실패와 보증으로 재산의 전부를 탕진하면서 이사를 할 수 밖에 없었습니다. 남편은 상상할 수 없을 정도로 술을 마셨고 영적 전쟁이 시작되었습니다. 기도 하던 중에 "사랑하는 내 딸아 여태껏 잘 참고 견디며 인내하였으니 한 번 더 승리의 깃발을 높이 들 때 창세기 1장 28절과 히브리서 6장 14절 말씀이 너희 두 자녀와 가정에 성취케 할 것이다"라는 주님의 음성을 듣고 기도, 전도, 양육, 심방을 꾸준히 하였습니다. 사역 2년 뒤 남편은 완전히 술 마귀에서 벗어났습니다. 할렐루야! 그리고 14개월 전 정년퇴임, 없는 든든한 믿음의 직장도 주셨습니다. 이것은 우리에게 기적입니다. 왜냐하면 큰돈을 벌어서가 아니라 15년 만에 주어진 일입니다.

어느새 자녀들도 어려운 상처를 보듬으면서 목양교사로 우뚝 서 있었습니다. 목양교사는 나 자신을 관리하는 지름길이며 목사님 마음을 이해하는 지름길이며, 응답 받는 지름길이며, 모든 연합의 지름길, 주님의 사랑에 그의 희생에 동참하는 이 시대 최고의 사역임을 확신합니다.

이제 목양사역을 통하여 통합을 이루는 더욱더 하나 되는 놀라운 기적을 만들어 낼 것입니다. 목양교사를 하게 하신 한성택 목사님께 감사드립니다. 모든 영광을 하나님께 돌려 드리면서 참으로 좋으신 우리 하나님을 찬양합니다. 사랑하는 남편이 목양교사를 할 그날을 기대하면서...

3) 목양교사 윤덕임

어느 날 목사님께서 주일학교 교사를 좀 하라고 하셨습니다. 저에겐 그 말이 주일학교 전도로 들려졌습니다. 처음엔 마음이 좀 시큰둥하였습니다. 목사님께선 그동안 많은 전도전략을 가져 오셨고 성도들은 너무도 자주 바뀌는 전도 전략에 좀 피곤해져 있었던 것 같았습니다. 모든 성도들이 다 그랬던 건 아니겠지... "목사님 또 저러신다. 또 얼마못가서 바꾸시겠지" 하는 마음이었습니다. 하지만 모두들 순종하는 마음을 가지고 최선을 다했습니다.

다음세대가 중요하다. 다음세대를 살려야 한다. 다음세대들이 꿈을 잃었다. 다음세대를 전도하여 양육하고 지도자로 세워야 한다. 다음세대를 목양제자로 삼으면 목양제자가 된다. 이러한 것들이 결국엔 우리가 목양제자가 되어져 가는 것임을 알았습니다.

이 시대를 살릴 나실인을 찾아야 한다. 한 명의 나실인, 폭포수같이 쏟아지는 외침 속에서 목사님께 임한 하나님의 마음 아버지의 한을 조금씩 느끼기 시작했습니다. 나도 모르게 한 아이를 심방하여 출석하지 않고 있는 한 성도의 아이를 출석시키면서 나의 목양사역은 시작되었습니다.

강단 말씀에 깨달음이 왔고 아버지의 한을 조금씩 느낄 수 있었습니다. 처음엔 매일 학교 앞 사탕전도를 시작하였습니다. 일정한 시간, 일정한 장소를 정해놓고 지속했습니다. 날마다 겟세마네 기도회와 새벽기도 시간에 맡겨진 지역과 학교 복음화를 위하여 기도하면서 돌았습니다. 지속적인 만남을 통하여 거리감이 없어지고 신뢰감이 쌓여 갔습니다. 복음을 전하고 영접을 시키고 교회로 인도하고, 이 일들이 끊임없이 반복되어지는 가운데 부흥이 되기 시작했습니다. 20,30명 어떤 날은 60여명, 우리 반 뿐만 아니라 다른 반들도 부흥이 시작됐습니다. 교회가 정신이 없었고 나 자신도 정신이 없을 정도였습니다. 반면, 갖가지 영적전쟁을 치러야 했습니다. 그러나 정말 기쁘고 즐거웠습니다. 주일학교 전도는 너무 쉬웠습니다.

그런데 아이들의 관리에 정착에 문제를 느끼면서 양육이 시급함을 느낄때 즈음에 강단을 통하여 양육 메시지가 주어졌고 한명 한명 양육을 시작했습니다. 양육을 통하여 은혜 받은 아이들은 정착

률이 높았고 제자화되어져 감을 보았습니다.

이제 여러 아이들 중에 목양교사로 세워진 한 제자를 말씀드리고, 세워져 가고 있는 저의 영적 가문을 말씀드리고자 합니다.

한 아이를 전도하여 양육이 되어져 가는 중 이 아이가 다른 친구를 전도했고 교사인 제가 양육을 하며 그 아이의 어머니를 아이와 함께 전도하여 양육하고 보조교사로 세웠고 함께하는 사역현장 가운데서 목양훈련이 되어져 정교사로 세워지고 반을 맡아 독립되어 졌습니다.

그의 아들이 보조교사로 불려 졌었고, 그 반이 다시 부흥되어지면서 그 아이가 또 정교사로 세워졌습니다. 친구를 전도하여 양육했는데 그 친구가 또 다른 친구를 데려오는 일이 일어났습니다. 목양을 알고 목양하는 것이었습니다. 놀라운 일이었습니다. 그 아이는 지금 중1이며 기도, 전도, 양육, 심방하는 멋진 목양제자가 되었습니다. 이 일이 얼마나 엄청난 일인지 저는 잘 모르는 가운데 영적가문 6대가 되어져가고 있는 것이었습니다.

조금 애썼는데 하나님께서 이렇게 세워 가시는 것을 보면서 절대 내가 하는 것이 아니고 나는 한 것이 아무것도 없음을 깨달았고 더욱 기도할 것을 다짐합니다. 끊임없이 이어질 영적가문의 번식과 목양사역을 통한 강력한 통합의 파장을 바라보면서 기쁨과 감사가 넘쳐났습니다. 자연스럽게 되어 진 통합셀(cell) 모임도 세대간 통합이 되어져 있음에 감격스럽고 놀랍습니다. 목사님과 하나님의 마음은 또 얼마나 기쁘실까 생각하니 더욱 기뻐집니다.

물론 이 모든 일들이 쉽게 이루어진 것은 아니지만 너무 감사합니다. 처음 전도한 아이는 아직 세워지지 못했지만 곧 세워질 줄 믿으며 재 양육을 계획하고 있습니다. 오늘도 한명의 나실인을 찾기 위한 영적전쟁은 계속되고 있으며 이 사역을 통한 영적가문의 번식은 영원할 것이며 이 목양사역을 통한 세대 간 통합의 열풍은 멈추지 않을 것을 확신하며 감사와 찬양을 드립니다.

5. 전교인이 목양교사로

앞서 언급한 각오가 있어야 다음 세대가 살아날 수 있고, 한국 교회가 제2의 부흥기를 맞이할 수 있습니다. 이런 면에서 예환꿈 교회 한성택 목사가 펼치고 있는 전교인의 목양교사 사역은 우리 시대에 꼭 필요한 운동이라고 생각합니다. 목양교사의 핵심은 평생 교사로서 양을 위해 목숨을 바칠 각오를 갖고 양육하고 제자로 만들어 다시 목양 교사가 되도록 하는 것입니다. 목양 교사는 "나는 선한목자라 선한 목자는 양들을 위하여 목숨을 버리거니와"(요 10:11)라는 말씀에 따라 유.초등부 및 중·고등부까지 교사가 학생과 함께 가며 책임을 집니다. 학생들은 고교생부터 보조 교사로 활동하며 목양 교사가 될 기본 소양을 갖춥니다. 목양교사의 큰 특징은 매일 밤 교사들이 사역을 위해 기도하며 어린 아이를 키우듯 모성애와 부성애를 갖고 정성을 쏟는 것입니다. 한성택 목사도 인터뷰를 통해 "위기의 한국 교회는 제2의 부흥을 위해 어린이를 양육해야 한다. 목양 교사를 통해 교회의 혁명과 부흥을 이룩하자"라고 강조했습니다.

목양교사운동을 펼치고 있는 교회의 한 교사는 목양교사운동을 이렇게 요약해 놓았습니다. "... 목양 교사를 한마디로 정의하면 전도하고 양육하는 교사다. 목양교사라는 말에는 많은 의미가 함축되어 있다."

목양교사는 어머니와 같다. 목양 교사에서 가장 강조되는 것은 모성애다. 곧 주님의 마음이다. 주님의 마음과 가장 비슷한 마음이 어머니의 마음이기 때문이다. 모성애는 학문을 통해 얻어지는 것이 아니다. 아이를 잉태하고 낳고 기를 때 생긴다. 하나님의 마음도 영혼을 낳고 양육하고 섬기면서 생긴다. 한 사람을 전도하고 그 사람이 성숙하도록 섬기면서 교사가 얻는 가장 큰 유익은 주님의 심정을 품는 것이다. 어머니의 자녀를 향한 무조건적 사랑을 가슴에 품게 되고 그것을 통해 십자가의 사랑을 실감하는 것이다. 윤리와 법과 인간의 기준을 초월하여 조건 없이 사랑하시고 우리에게 생명을 주시는 하나님의 마음이 학생들의 마음에 심겨지는 것이다.

목양 교사는 시범 조교와 같다. 교사라고 하면 가르치는 것을 생각한다. 가르치려면 많이 알아야 한다고 생각한다. 그러나 목양 교사는 신앙생활을 보여주어서 가르치는 것이다. 사람은 듣고 배우기보다는 훨씬 많은 것을 보고 배우기 때문에 목양교사는 이론을 가르쳐서 배우게 하는 것이 아니라 삶을 보여주어서 배우게 하는 것이다. 목양교사는 장인과 같다. 장인은 자신의 일에 전문가가 되어간다. 많은 실수를 통해 실제적인 기술을 습득한다. 많은 실습을 통해 실력을 갈고 닦는다. 자신의 분야에 있어 독특한 지식과 방법을 터득한다. 자기 작품에 대하여 자부심이 있다.

목양교사는 한 영혼을 섬기는 데 많은 실수를 통해서 자신을 갈고 닦는다. 영혼을 사랑하여 기도하고 전도하고 양육하고 심방하는데, 자신만의 독특한 길을 터득한 사람이다. 그리고 자신과 같은 제자를 만들어낸다. 목양교사는 쉽고 단순하여 누구나 할 수 있다는 것이 큰 장점이다. 목양 교사는 일반적인 의미의 전문가가 하는 것이 아니라 평범한 사람이 목양 교사를 하다 보면 전문가가 되고 어머니가 되고 시범 조교가 되고 장인이 된다.

참고문헌

• 강정훈, 교사 다시 뛰자, 두란노, 2019.
• 교육교회, Vol.366, 장로회신학대학교 기독교교육 연구원, 2008. p. 5~7
• 박연훈, 교회학교 뉴 패러다임, 물맷돌, 2020.
• 박종우, 성장하는 주일학교 리포트, 야곱의 우물, 2010.
• 백영희 목회연구소, 새로운 주일학교 운영의 실제, 기독지혜사, 1991.
• 이병렬, 교회의 미래 어린이 안에 다 있다, 생명의말씀사, 2018.
• 이창준, 설교 1집 너 하나님의 사람아, 한국문화, 2003.
• 이창준, 설교 2집 주님과 그의 나라를 위하여, 한국문화, 2004.
• 이충섭, 교회학교 해봤어, 누가, 2021.
• 한성택, 6개월의 기적, 목양교사훈련원, 2007.

목양교사를 위한 반목회 길라잡이

초판 1쇄   2023년 11월 30일
지은이   임계빈
펴낸이   이규종
펴낸곳   엘맨출판사
등록번호   제13-1562호(1985.10.29.)
등록된곳   서울시 마포구 토정로 222
            한국출판콘텐츠센터 422-3
전화   (02) 323-4060, 6401-7004
팩스   (02) 323-6416
이메일   elman1985@hanmail.net
            www.elman.kr

ISBN   978-89-5515-092-6   03230

값 19,000 원